The 4th Industrial Revolution Era and Leadership

4차 산업혁명시대와 리더십

김태열 · 이덕로

pnc publishing and culture
피앤씨 미디어

머리말

인공지능관련 영화들이 많다. 그중에서 단연 최고로 꼽히는 영화가 바로 스티븐 스필버그의 2001년작 'AI'다. 적지 않은 비판을 받기도 했지만 스필버그 생애 최고의 걸작으로 일컬어지는 이 영화에서 주인공인 소년 데이비드(할리 조엘 오스먼트)는 감정을 가진 최초의 인공지능 로봇이다. 데이비드는 딥러닝을 통해 자신을 진짜 사람으로 여기게 되고, 엄마와의 사랑을 찾아 긴 여정을 떠나는 미래 모습을 그린 영화다. 비록 2000년의 기다림 끝에 얻은 엄마와의 단 하루의 만남을 끝으로 헤어져야만 하는 슬픈 스토리이긴 하지만... 이런 영화 속의 상상력이 불과 20년도 채 되지 않아 가까운 미래로 성큼 다가오고 있다.

ICBM + AI, 즉 IoT, Cloud, Bigdata, Mobile과 인공지능을 상징으로 하는 4차 산업혁명이 빠르게 전개되면서 그 속도를 제대로 따라가지 못하면 아무리 잘나가던 기업도 성장동력을 잃고 만다. 20세기를 지배해온 자동차의 GM, 통신업계의 ATT, 휴대전화의 Nokia, 전자산업의 Sony는 이미 1등 자리를 내놓았거나 역사의 뒤안길로 사라졌고, 21세기를 전후하여 새롭게 등장하여 시장을 주도하고 있는 Amazon, Apple, Google, Facebook, Alibaba도 언제 새로운 기업이 혜성처럼 나타나 자신의 위치를 뺏을까 전전긍긍하고 있다.

난세일수록 영웅을 필요로 하듯 그 어느 때보다도 각계각층의 훌륭한 리더가 필요하다. 옛날과는 달리 이제 리더는 타고나는 것이 아니라 만들어진다. 4차 산업혁명 시대의 도래는 리더십에 대한 기존의 정의와 역할에 대한 근본적인 수정을 요구하고 있다. 탈퇴와 해체를 반복하던 2000년대 초반의 아이돌 그룹과는 달리 부드러운 카리스마에 서번트 리더십까지 곁들인, BTS를 비롯한 오늘날의 많은 아이돌 그룹은 공유, 헌신, 배려, 소통에 이르는 과정의 미학이 돋보이면서 생존은 물론, 생산성과 창의성까지 보장받고 있다.

본서는 미래한국을 이끌어나갈 우리 대학생들에게 4차 산업혁명시대에 필요로 하는 리더의 자질과 특성이 무엇인가를 이해하게 함으로써 바람직한 대학생활은 물론이고 향후의 조직생활에서 성공하기 위한 토대를 마련하는 데 그 목적이 있다. 이러한 목적을 달성하기 위하여 본서는 크게 3부 11개장으로 범주화하였다. 구체적으로 제1부는 리더십의 기초와 한국의 리더십을, 제2부는 리더십 특성이론, 리더십 행동이론, 리더십 상황이론, 새로운 리더십이론 등을, 그리고 제3부는 모티베이션과 리더십, 갈등과 리더십, 커뮤니케이션과 리더십, 스트레스와 리더십 그리고 조직변화와 리더십 등을 다루고 있다.

본서는 경영학을 전공하는 경영학도뿐만 아니라 교양으로 공부하고자 하는 일반 대학생들과 산업현장에서 인사조직관련 부서의 담당자나 각층 관리자 모두를 대상으로 했기 때문에 책에 등장하는 전문용어는 가급적 쉽게 표현하거나 자세히 설명하였으며 아울러 이해하는 데 조금이나마 도움이 되었으면 하는 마음에서 한국과 관련된 다양하고도 생생한 사례와 통계자료를 망라하여 제시하였다.

저출산·고령화에다 자동화·기계화·정보화·지능화로 고용 없는 성장이 지속되면서 고용빙하기와 취업절벽을 경험하고 있는 우리의 젊은이들이 미국과 일본처럼 취업걱정 없이 원하는 일자리를 마음껏 골라갈 수 있는 날이 하루빨리 오기를 간절히 소망한다. 나아가 한국형 리더십 DNA를 심층분석한 리더십연구의 권위자 백기복 교수의 바람처럼 자기긍정, 성취열정, 솔선수범, 수평조화, 상향적응, 하향온정, 환경변화, 그리고 미래비전 등을 두루 갖춘 한국형 리더의 이상형들이 대한민국을 역동적으로 만들고 "한국형 리더의 신바람 축복"을 리더십의 재앙, 리더의 핍박으로 신음하는 세계 각국에 전파할 수 있는 날이 하루속히 오기를 고대해본다.

책이 빛을 볼 때쯤이면 늘 그러하듯 시간에 쫓기곤 한다. 그래서 일찍 시작했고 자료준비도 잘 되었으며, 그리고 집필진 구성도 무난하게 이루어지는 듯했다. 그러나 우리 경제가 이제 겨우 사드문제에서 벗어나는가 했더니 미중간 무역전쟁, 일본의 경제도발, 북한의 시도 때도 없는 미사일발사, 게다가 불안한 홍콩시위까지 우리 경제에 마이너스되는 것들만 동시다발로 전개되면서 중간에 숱한 우역곡절을 겪었다. 그러다 보니 원고를 다 끝낸 지금도 여전히 아쉬움이 남아 있다. 미진한 부분에 대해서는 독자제현의 조언과 기탄없는 채찍질을 받아들여 지속적으로 수정·보완해 나가고자 한다.

본서가 완성되기까지 몇몇 분들의 산소 같은 도움이 있었다. 제자인 직장초년생 박경선 양과 허승희·정우경 조교는 휴일과 방학중임에도 불구하고 늦은 시간까지

꼼꼼하게 교정을 봐주었다. 글쓰는 작업이 실로 고단하기는 하지만 영혼이 맑고 성실한 젊은이들과 함께한 시간이기에 힘들지 않았고 행복했으며 그리고 앞으로도 함께할 수 있어 기쁘게 생각한다.

끝으로 본서가 나오기까지 어려운 여건 속에서도 온갖 지원과 조력을 아끼지 않았던 최준규 전무님과 편집과 교정을 신속하고도 정확하게 도와주신 심성보 이사님께 심심한 사의를 표한다.

2019년 8월 20일

여름과 가을의 갈림에서

저자 적음

차 례

Chapter 01

리더십의 기초

제 1 절
리더십의 의의와 중요성

1. 리더십의 의의

동서고금을 막론하고 인류역사에서 리더십(leadership)은 가장 오래된 관심거리 중 하나이다. 가족이 탄생하고 부족이 형성되면서부터 리더는 항상 존재해왔다. 그것은 어느 사회 어느 국가이든 마찬가지였다. 다만 오늘날과 같이 조직의 규모가 커지고, 기술이 고도화되며, 그리고 사회가 복잡화·다원화되면 될수록 그 중요성이 더해갈 뿐이다.

원시사회에 있었던 사냥을 한 번 생각해 보자. 수십 명의 원시인들이 몸에 황토흙을 바르고 땅에 엎드려 있다가 산양떼가 나타나면 그들을 절벽 아래로 몰고 간다. 그러면 그 곳에서 기다리던 사람들이 절벽에 떨어져 신음하는 산양들에게 돌을 던져 죽게 한 후에 자기들이 사는 절벽 밑이나 동굴입구로 끌고 와서 돌칼로 가죽을 벗겨 나눠 갖곤 했다. 사냥감을 계획하고, 사람들을 모으며, 그들에게 적절한 일, 즉 매복, 몰이, 공격, 운반 및 해체 등을 배분하고, 그리고 경우에 따라서는 예기치 못한 사태에 적절하게 대응하도록 하는 것은 리더가 없이는 도저히 불가능하다.

미국의 사회학자 스톡딜(R.M. Stogdill)에 의하면 리더란 말이 맨 먼저 사용된 것은 서기 1300년경의 영국에서였고, 또한 리더십의 사용은 그로부터 500년이 지난 1800년대의 영국이라고 한다(송복, 1988). 하지만 리더십에 대한 연구가 시작된 시점은 플라톤(Platon)으로까지 거슬러 올라간다(윤종성, 2015). 사실상 플라톤의 〈국가론〉과 마키아벨리(Niccol Machiavelli)의 〈군주론〉에서 비롯된 리더십에 대한 기록은 이미 5천여 년전 고대 이집트에서 상형문자로 쓰여 있었다. 여기에 왕이 되기 위한 조건을 세 가지로 요약하고 있다. "그대의 입에는 단호한 '권위'가 있어야 하고, 그대의 가슴에는 모든 것을 '통찰'할 수 있는 능력이 있어야 하며, 그리고 그대의 혀에는 '정의'의 창고가 있어야 한다"(정종진, 1996).

이처럼 오래전부터 리더십이 인간의 큰 관심사가 되어 온 이유가 무엇일까? 그것은 인간이 조직생활을 영위하기 때문이다. 조직은 여러 개인들 또는 작은 집단들이 모여서 이루어진 구성체이다. 이러한 조직의 구성요소들인 개인 또는 집단들의 상호작용과 협동적 활동이 없이는 조직목표가 효율적으로 달성될 수 없다. 따라서 조직에는 개인과 집단의 상호작용과 협동활동을 주도하고 돕는 활동이 반드시 필요하다. 그것이 바로 리더십이다. 즉 리더십은 개인이나 집단들의 행동과 조직의 목표를 연결해 주는 가장 중요한 기능을 하는 것이다.

이와 같이 리더십이 개인행동과 집단행동의 형성은 물론 이들 행동을 조직체 성과에 연결시키는 가장 중요한 요인이 되고 있기 때문에 리더십은 정치뿐만 아니라 국방과 경제를 비롯한 여러 분야에서 가장 오랫동안 주요 관심의 대상이 되어왔고 (Lussier & Achua, 2017, 9~10), 이에 관한 이론과 지식도 다양하게 개발되어 왔다. 리더가 없는 세계란 지휘자가 없는 오케스트라와 같아서 이제 상상조차 하기 어렵다.

그러면 개인이나 조직의 목표달성에 이렇게 중요한 리더십을 어떻게 확보하게 되는가? 이와 관련하여 한 때 "리더는 타고 나는가? 아니면 만들어지는가?"라는 고전적인 질문이 많았다. 이러한 질문에 대한 해답은 역사적으로 달랐다. 리더십연구의 초기에는 선천적으로 타고난다는 주장이 지배적이었으나, 그 후 후천적으로 육성된다는 주장이 주를 이루게 되었다. 하지만 최근에는 타고나는 측면도 있고 육성되는 측면도 있다는 식으로 다시 바뀌었다(백기복·신제구·김정훈, 2009, 51~52).

사실 리더가 타고난다면 그건 분명 행운임에 틀림이 없다. 하지만 태어날 때부터 위대한 리더가 있는 것은 아니다. 자기가 존경하는 사람들의 가치와 행동들로부터 배우고 스스로 성공과 실패를 학습하면서 리더십을 터득하게 된다. 미국의 비폭력 인권운동가 마틴 루터 킹(Martin Luther King, Jr.) 목사는 인도의 간디(M.K. Gandhi)로부터 비폭력적 정치행동 및 다양한 제휴로 정치 사회제도를 바꾸는 방법을 배웠고, 빌 클린턴(Bill Clinton) 대통령은 존 F. 케네디(John F. Kennedy) 대통령으로부터 카리스마와 희망의 메시지로 대중을 고무시키는 방법을 배웠다고 한다.

리더가 발휘하게 될 역량인 리더십과 가장 많은 혼돈을 가져오는 개념이 바로 관리 혹은 경영관리(management)라는 용어다. 많은 리더십 학자나 연구자들이 리더십과 관리 혹은 리더와 관리자의 차이를 비교설명하고 있다. 이를테면 관리가 현재를 관리한다면, 리더십은 미래를 관리한다. 관리가 과학(science)이라면 리더십은 예술(art)이다(양영철, 2022). 관리가 조직의 질서와 일관성, 즉 안정성을 추구하는 것이라면 리더십은 변화와 발전을 추구한다(Kotter, 1990), 특히 Kotter는 관리와 리더십의 기능을 계획·예산, 조직화·충원, 통제·문제해결 측면에서 비교하면서 조직이 번창하기 위해서는 관리와 리더십 모두가 필수적이라고 주장한다.

본격적인 논의에 앞서 먼저 리더십의 주체인 리더는 관리자와 어떻게 다른가부터 살펴보기로 하자. 리더십연구로 유명한 베니스와 나누스(W. Bennis & B. Nanus)는 관리자(manager)는 주어진 일을 올바르게, 즉 보다 효율적인 방법으로 하려는(do things right) 사람인 반면에, 리더는 옳은 일을 하려는(do the right thing) 사람이라고 정의한 바 있다. 유클과 밴플리트(G. Yukl & D. Van Fleet)는 리더는 추종자들의 조직몰입(commitment)에 영향을 미치지만 관리자는 단순히 직위책임과 권한을 행사한다고 말했다. 끝으로 21세기에도 살아남고 발전하기 위해서는 관리자가 아니라 조직 각 계층에서 리더가 필요하다고 역설하고 있는, '리더십 구루(guru, 위대한 스승)들의 학장'이라 불리는 워렌 베니스(W. Bennis)는 21세기 리더와 관리자의 근본적인 특성 차이를 〈표 1-1〉과 같이 11가지로 요약하고 있다(Bennis & Goldsmith, 2003). 하지만 리더는 좋은 사람, 관리자는 나쁜 사람 하는 식으로 보는 것은 잘못이다. 관리자

표 1-1 | 관리자와 리더의 특성차이

관리자 특성	리더 특성
• 책임수행	• 혁신주도
• 모 방	• 창 조
• 유 지	• 개 발
• 시스템과 구조에 초점	• 인간에 초점
• 통제 위주	• 신뢰에 기초
• 단기적	• 장기적
• 언제, 어떻게 관심	• 무엇을, 왜에 관심
• 수직적 관점	• 수평적 관점
• 현상태 수용	• 현상태 도전
• 전통적 충복	• 독자적 인간
• 일을 올바르게 함 ('How' 중심)	• 올바른 일을 함 ('What' 중심)

자료: W.G. Bennis & J. Goldsmith(2003), *Learning to lead: A Workbook on Becoming a Leader*, 3rd ed., New York: Basic Books,

의 역할과 리더의 역할은 둘 다 조직경영에 중요하다(백기복, 2014, 337; 백기복·신제구·김정훈, 2018).

이 밖에도 많은 실무자들도 관리자와 리더의 차이를 구분하여 설명하고 있다. 미국 커뮤니케이션 전문가 다이애나 부서(D. Boother)는 "똑똑한 관리자(smart manger)와 현명한 리더(wise leader) 사이엔 여러 면에서 차이점이 있다"고 주장한다. 부서에 따르면, 우수한 리더십은 크게 똑똑한 매니저형과 현명한 리더형으로 나뉜다. 어느 한쪽에 더 가치를 매길 수 없다. 직종과 조직 구성원에 따라 요구되는 리더십이 다르기 때문이다.

먼저 똑똑한 매니저들은 쉬운 일에서 시작해 복잡한 일을 해결한다. 또한 이들은 어떠한 일이든 정확하고 제대로 처리하려 한다. 반면에 현명한 리더들은 조직에 옳은 일을 하며 어렵고 복잡한 일을 쉽게 만들어 해결하려 한다.

이 둘은 방대한 일을 떠 앉았을 때 처리하는 방식에서 차이점을 엿볼 수 있다. 똑똑한 매니저는 일을 어떻게(how) 처리해야 하는지 잘 알고 있다. 자신의 숙달된 방법으로 일을 하나씩 쪼개서 분석하고 처리한다. 이들은 자신만의 방법이 있기 때문에 이 틀에서 벗어나지 않는다. 자신이 이 분야에서 능숙한 전문가라고 믿고 있기 때문이다. 반면 현명한 리더는 이 일을 왜(why) 하려는지 근본적인 이해를 꿰뚫고 있다. 따라서 이들은 개별적으로 일을 처리하지 않고 하나로 통합해 처리하며 결론을 낸다. 이 과정에서 자신만의 방식보단 믿을 만한 정보를 입수해 이를 응용해 일을 처리한다.

똑똑한 매니저는 풍부한 정보와 노련한 기술을 가지고 있다. 이들은 팀원들에게 자신이 이 직종에 숙달됐다는 것을 보여주며 학습시킨다. 이에 반해 현명한 리더는 가지고 있는 정보와 사실 등을 특정한 상황에 적절히 응용할 줄 안다. 일의 근본을 이해함으로써 정보의 응용력이 뛰어난 것이다. 팀원과 소통하는 방식에서 이 둘의 공통점을 볼 수 있다. 누군가를 통하지 않고 당사자와 '직접' 그리고 '자주' 얘기를 나눈다. 현명한 리더들은 여기에 더해 대화 방식이 더 정다우며 요령 있고 또 일관성 있게 한다. 이들은 또 열린 자세로 주변의 정보와 사실을 들으며 평가하는 경향이 있다. 자신의 고정관념으로 섣불리 결과를 내지 않는 것이다. 이는 자신만의 확고한 철학과 개념으로 행동하는 똑똑한 매니저와 상반되는 자세다(허정민, 2015.12.6; 홍석환,

표 1-2 똑똑한 관리자와 현명한 리더의 차이

똑똑한 관리자(smart manager)	현명한 리더(wise leader)
❶ 쉬운 일에서 시작해서 복잡한 일을 해결한다.	❶ 복잡한 일을 쉽게 만든다.
❷ 일을 제대로 처리한다(do things right).	❷ 조직에 옳은 일을 한다(do the right things).
❸ 일 처리하는 방법(how)을 안다.	❸ 일을 하는 이유(why)를 안다.
❹ 자신의 숙달된 방법으로 일을 처리한다.	❹ 믿을 만한 정보를 입수해 일을 처리한다.
❺ 풍부한 정보와 노련한 기술을 가지고 있다.	❺ 정보와 사실 등을 적절히 응용할 줄 안다.

자료: 허정민(2015.12.6), "똑똑한 매니저와 현명한 리더의 차이는?," 「머니투데이」.

2017.5.22). 이들을 정리하면 〈표 1-2〉와 같다.

끝으로 '보스'와 '리더'의 차이에 대해 살펴보기로 하자. 잘못된 리더십을 가진 직장상사를 흔히들 '보스(BOSS)'로, 좋은 리더십을 지닌 상사는 '리더(LEADER)'로 부르곤 한다. 나쁜 상사인 이 보스와 좋은 상사인 리더는 어떤 특성, 어떤 차이점이 있을까? 한 리더십 전문가가 분석한 내용을 소개하면 〈표 1-3〉과 같다. 요약하면 보스의 목표는 일을 끝내는 것이지만 리더들은 일을 끝내는 것만이 아니라 팀원들에게 권한을 부여해 스스로 이뤄내도록 한다는 것이다. 또한, 보스는 항상 관심의 중심에 있지만 리더는 뒤에서 받쳐주며 팀이 최고의 성과를 내도록 유도한다. 보스는 팀 내 누군가 한 명에게 업무를 맡기는 특성이 있지만 리더는 팀원들과 함께 업무를 해결

표 1-3 보스와 리더의 차이

보스의 특성	리더의 특성
• 비인격적임	• 온정적임
• '나'를 말함	• '우리'를 말함
• 사람을 이용함	• 사람을 발전시킴
• 공포를 조장함	• 존경을 받음
• 신뢰를 구함	• 신뢰를 줌
• 꼼꼼하게 따짐	• 대표가 됨
• '해'라고 말함	• '하자'라고 말함
• 단기적인 안목	• 멀리 내다봄
• 당신의 '보스'	• 당신의 '동료'
• 과정에 집착함	• 사람을 생각함

자료: 김종명(2016.7.16), "[직장인 톡] ④ 스트레스를 부르는 그 이름 '직장 상사'," 「KBS 뉴스」.

해간다고 한다. 일이 끝나면 보스는 자신이 공을 가져가는 반면 리더는 전체 팀원들에게 공을 돌리며 간단한 파티를 여는 특성이 있다고 한다. 보스는 사무실 한편에 있는 깔끔한 방에 앉아 지시만 해대지만, 리더는 팀원들 곁에 앉아 사무집기를 함께 쓰는 동료가 된다고 한다. 결국 대부분 보스는 부서원의 대접을 받게 되고, 대부분 리더는 사랑을 받는다고 전문가들은 강조한다(김종명, 2016.7.16).

2. 리더십의 정의

리더십이 무엇이며 이에 대한 연구가 어떤 방향으로 발전되어 왔는가를 알기 위해서 리더십의 정의부터 살펴볼 필요가 있다. 지금까지 수많은 학자들이 리더십에 대한 정의를 내려왔다. 그래서 리더십에 대한 정의는 리더십을 연구하는 학자들만큼이나 많다고들 한다.

카츠와 칸(D. Katz & R.L. Kahn)은 리더십을, '조직의 일상적인 지시에 기계적으로 순응하도록 집단의 활동에 영향력을 주는 과정'으로 보았으며, 트리켓(J.R. Trickett)은 '리더십은 동기부여다(leadership is motivation)'라고 간단히 정의내리고 있다. 이것은 리더십이란 집단의 단합과 사기를 증대시키고 또한 그들 집단구성원의 개인적인 발전을 촉진시킬 수 있도록 집단 내에서 형성되는 상호작용을 통제하는 것을 의미한다.

또한 플라이쉬만(E.A. Fleishman)은 리더십을 "어떤 목표나 목표들의 달성을 향하도록 의사소통과정을 통해서 개인 간에 영향력을 행사하려는 시도"로 보고 있다. 로빈스와 저지(S.P. Robbins & T.A. Judge)는 리더십을 "비전이나 목표의 성취를 위해 집단에 영향을 행사할 수 있는 능력"으로 정의하였다(Robbins & Judge, 2019). 아쿠아와 루지어(C.F. Achua & R.N. Lussier)는 5 가지 핵심요소를 사용하여 리더십을 "변화를 통해 조직목표를 달성하기 위한 리더와 부하의 영향력 행사과정"이라고 정의내리고 있다(Achua & Lussier, 2010). 번즈(T. Burns)는 "특정한 동기나 목표를 가진 사람들이 제도적, 정치적, 심리적, 그리고 다른 수단으로 부하들의 동기를 일깨우고, 약속하고 만족하도록 이끌어 낼 때 발휘되는 것"이라고 했다(Burns, 1978).

이러한 다양한 문헌들을 포괄적으로 개관한 뒤 스톡딜(R.M. Stogdill)은, "리더십의 정의는 그 개념을 연구하는 학자들의 수만큼이나 많다(Yukl, 2013)"라고 말하면서 리더십의 정의를 아래와 같은 열한 가지의 범주로 나누고 있다. 즉, 집단과정의 초점으로서의 리더십, 인성(personality)과 그 영향으로서의 리더십, 순응을 이끄는 기술로서의 리더십, 영향력 행사로서의 리더십, 행동으로서의 리더십, 설득형태로서의 리더십, 권력관계로서의 리더십, 목표달성의 수단으로서의 리더십, 상호작용의 결과로서의 리더십, 분화된 역할로서의 리더십, 구조주도(initiation of structure)로서의 리더십 등이다.

리더십은 학자들의 관점뿐만이 아니라 시대별로도 조금씩 다르다. 급격한 환경의 변화가 이루어지던 1980년대에는 변화주도와 비전을 강조하여 Heifetz & Sinder(1988)는 리더십을 "자기 자신의 비전이나 이슈실현을 목적으로 메시지를 분명히 하고 거래적 수단을 통해 다른 사람의 지원을 확보하여 결과를 산출하는 것"이라고 정의하였다. 혁신, 자아, 추종자를 강조하던 1990년대에 Manz & Sims(1989)는 리더십을 "다른 사람들(추종자)이 스스로를 효과적으로 이끌도록 영향을 미치는 과정"으로 보았다. 신뢰와 네트워크를 강조하던 2000년대에는 Marion & Uhl-Bien(2001)은 리더십을 "조직의 인적자본과 사회적 자본의 증진을 통하여 집단지능을 향상시켜 조직의 적응력을 극대화하는 행위"로 보았다(이덕로, 2018, 291).

이상과 같이 리더십에 대한 여러 학자들의 견해를 살펴보았는데, 대부분의 학자들은 리더십이 어떤 주어진 상황 속에서 목표를 달성하기 위해 개인 또는 집단의 활동에 영향을 미치는 과정이라는 견해에 일치하고 있다. 따라서 본 연구에서는 리더십을 〈그림 1-1〉과 같이 리더, 부하 및 상황의 복합적 산물로 보아 "리더십이란 주어진 상황하에서 조직목표를 달성하기 위하여 리더가 부하에게 영향력을 행사하는 과정"으로 정의하고자 한다.

이것을 수식으로 나타내면 다음과 같다.

$$L = f(l, f, s)$$

여기서 L=leadership(리더십), l=leader(리더), f=follower(부하), 그리고 s=situation(상황)을 나타낸다.

그림 1-1 **리더십의 구성요소**

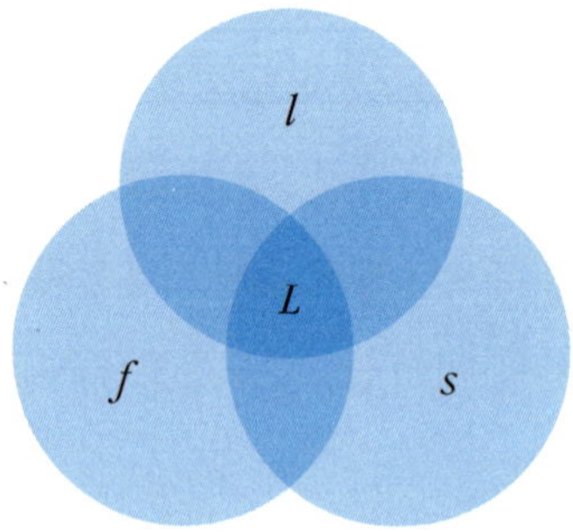

3. 리더십의 중요성

금세기 최대의 경영학자였던 피터 드러커(P. Drucker)는 "21세기는 이미 시작되었기 때문에 이에 어떻게 대응해 나가느냐 하는 것은 바로 리더의 능력에 달려 있다"라고 할 만큼 리더십을 중요하게 생각하고 있다. 그러면 오늘날과 같은 4차 산업혁명 시대에서 리더십이 중요한 이유는 무엇인가? 머리말에서도 언급한 바와 같이 리더십은 조직체 성과에 결정적으로 중요하기 때문이다. 그래서 예로부터 상탁하부정(上濁下不淨)이라 하지 않았는가? 이는 윗물이 흐리면 아랫물도 깨끗하지 못하다는 뜻으로, 윗사람이 부패하면 아랫사람도 부패하게 됨을 이르는 말이다. 그만큼 윗물이, 리더가 중요하다는 말이다.

동양 전쟁이론의 상징이 〈손자병법〉이라면 서양 전쟁이론의 상징은 클라우제비츠(Carl von Clausewitz)의 〈전쟁론〉이다. 프로이센 왕국의 군인이자 군사 사상가였던 클라우제비츠는 〈전쟁론〉에서 "한 마리의 사자가 이끄는 100마리의 양떼는 한 마리의 양이 이끄는 100마리의 사자떼를 이긴다"고 밝혔다. 나폴레옹(Napoleon Bonaparte)이 이끄는 프랑스군의 위용을 가까이서 지켜본 경험을 아랍 속담에 담은 말이다. 불세출(不世出 좀처럼 세상에 나타나지 아니할 만큼 뛰어난 것)의 지도자인 나폴레옹에 대한 선망이, 전통적으로 프랑스를 깔본 프로이센의 잠재의식을 배경으로 뚜렷하게 부각돼 있다. 지도자의 중요성을 이처럼 극적으로 강조한 말도 드물다. 그렇다. 명장

그림 1-2 초우량기업의 조건

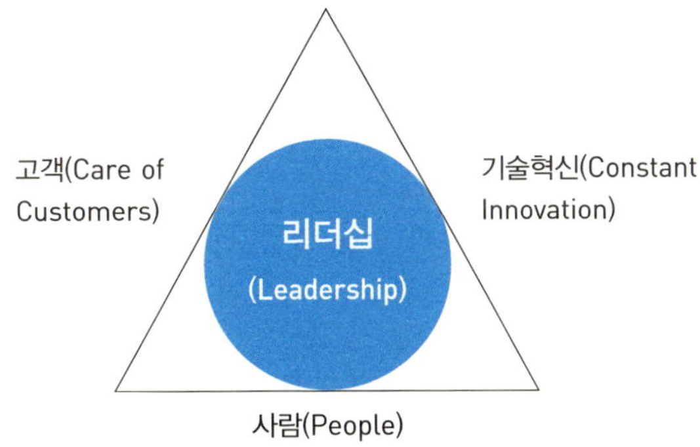

자료 : T.J. Peters, & N. Austin(1985), *A Passion for Excellence*, N.Y. : Random House, 5.

(名將) 밑에 약졸(弱卒) 없고 약장(弱將) 밑에 강병(强兵) 없는 법이다.

베니스와 나누스는 "조직에 자본이 부족하면 빌릴 수 있고 위치가 나쁘면 옮길 수도 있지만 리더십이 부족하면 생존 가능성 자체가 희박하다"라고 하여 리더십이 생존에 필수 불가결한 조건임을 밝혔다(Bennis & Nanus, 1985). 이렇게 볼 때 현대사회에서 리더십에 대한 필요성과 중요성은 아무리 강조해도 지나침이 없을 것이다.

1982년 〈우량기업연구(*In Search of Excellence*)〉라는 저서로 일약 세계적인 유명 컨설턴트가 되었던 피터스(T.J. Peters)가 에토스(A.G. Athos)와 공동으로 저술한 〈우수성에의 열정(*A Passion for Excellence*)〉에서 저자들은 초우량기업의 조건을 [그림 1-2]와 같이 세 가지, 즉 고객(Care of Customers), 혁신(Constant Innovation), 사람(People) 등으로 제시하고 있는데, 이들 세 요소를 결합하는 것이 바로 리더십, 특히 배회관리(MBWA : Management By Wandering around 현장방문경영방식)라고 할 정도로 현대조직에 있어서 리더십은 가장 중요한 요소로 인식되고 있다.

위에서 살펴보았듯이 훌륭한 리더의 리더십은 조직의 흥망성쇠를 좌우할 정도로 중요하다. 리더십의 주체는 리더이다. 그러면 지구촌에서 누가 가장 영향력 있는 인물일까? 미국의 시사주간지 〈타임(*TIME*)〉은 매년 '세계에서 가장 영향력 있는 인물 100인'을 선정하는데, 〈타임〉은 4월 17일(현지시간) '2019 가장 영향력 있는 100인(TIME 100 Most Influential People 2019)'으로 방탄소년단(BTS), 프란치스코 교황, 도널드 트럼프(Donald Trump) 미국 대통령, 전 미국 영부인 미셸 오바마(Michelle

Obama), 가수이자 영화배우 테일러 스위프트(Taylor Swift), 가수 레이디 가가(Lady Gaga) 등 100인의 명단을 발표했다.

타임의 가장 영향력 있는 100인은 자신의 영역에서 열정과 노력을 쏟아 최고가 된 이들, 세상을 바꾸어 가는 이들이 선정되었다. 왕성하게 활동 중인 발레리나부터 용감한 은행가, 세계인의 가슴을 울리는 가수까지. 각양각색의 100인 리스트는 거물(Titans), 선구자(Pioneers), 아티스트(Artists), 리더(Leaders), 아이콘(Icons) 다섯 개의 카테고리로 구분되어 있다. 방탄소년단은 칼리드(Khalid), 아리아나 그란데(Ariana Grande) 등과 함께 아티스트 부문에 이름을 올렸다(김수영, 2019.4.18).

연예분야에서는 '가장 영향력 있는 100인'에 오른 또 다른 인물은 가수 비다. 비는 2006년과 2011년 두 번 100인에 선정된 바 있다. 2006년 비가 100인에 처음으로 선정될 당시 〈타임〉은 비에 대해 "천사 같은 얼굴, 경이로운 몸매, 저스틴 팀버레이크와 같은 춤을 추는 23살의 청년으로 한류를 타고 아시아 전체의 팝 문화를 사로잡았다"고 극찬하고, 단칸방에서 살던 어려운 시절을 딛고 일어나 세계적 스타가 된 비의 성실함과 인간승리에 대해서도 높이 평가했다. 그 뒤 싸이, 그룹 빅뱅과 투애니원(2NE1)의 씨엘이 '타임 100' 후보에 올라 끝까지 접전을 벌인 바 있다.

아이돌 그룹 방탄소년단(아래 사진)은 〈타임〉이 해마다 집계하는 '인터넷에서 가

장 영향력 있는 25인'에도 3년 연속 선정됐다. 타임은 소셜미디어에서의 세계적 영향력, 뉴스 생산과 파급 능력을 평가하는 이 리스트를 2015년부터 발표해 왔다.

타임은 7월 16일(현지 시간) "방탄소년단, 알렉산드리아 오카시오코르테스(Alexandria Ocasio-Cortez) 미국 민주당 하원의원(30), 도널드 트럼프 미국 대통령(73), 가수 아리아나 그란데(26), 영국 해리 왕손(35)과 메건 마클 왕손빈(38), 배우 제이다 핑킷 스미스(Jada Pinkett Smith, 48) 등을 '인터넷에서 가장 영향력 있는 25인'으로 선정했다"고 밝혔다. 한국인은 방탄소년단이 유일하다.

〈타임〉은 "한국의 슈퍼그룹 방탄소년단은 이제 누구에게나 친숙한 이름이 됐다. 온라인에서 그들의 음악을 열광적으로 소비하고 홍보하는 수백만 명 규모의 팬클럽 '아미(Army)' 덕분에 방탄소년단은 빌보드 뮤직 어워즈의 '소셜 아티스트' 부문 정상을 3년 연속 차지했다"고 전했다. 이어 타임은 "방탄소년단은 최근 1년간 앨범 3개를 '빌보드 200' 차트 1위에 올려놓았다"며 "4월에 발표한 곡 '작은 것들을 위한 시(Boy With Luv)' 뮤직비디오는 첫 공개 후 24시간 만에 조회수가 7,500만 회를 넘었다"고 소개했다(손택균, 2019.7.18).

기업과 관련하여 리더는 바로 경영자다. 특히 다양한 경영계층 중에서도 CEO, 즉 최고경영자다. 최고경영자는 한 조직의 전반적인 방향과 운영에 책임을 지고 있는 사람들을 말한다(서도원·이덕로, 2016). Walt Disney의 마이클 아이즈너(Michael Eisner), 세계 최고의 부자로 최근 승승장구하고 있는 Amazon의 제프 베조프(Jeff Bezos) 회장, 알리바바의 마윈(馬雲) 회장, 네이버의 이해진 회장, 카카오의 김범수 회장, Microsoft의 설립자인 빌 게이츠(Bill Gates), 황의 법칙(Hwang's law)으로 유명했던 삼성전자 반도체부문의 황창규 전 사장(현 KT회장), 현대자동차의 정몽구 회장 등이 바로 그러한 경영자들이다.

그러면 사실상 한국 경제를 이끄는 주역이라 할 수 있는 우리나라 100대 기업 최고경영자들은 어떤 프로필의 소유자들일까? 한경비즈니스가 매년 100대 기업 CEO들을 전수조사해 발표해오고 있다. 2019년 대한민국 100대 기업의 CEO 101명(2인 공동대표 2개사, 대표 공석 1개사)을 분석해 본 결과 '56~60세', '서울대 출신', '경영학 전공'의 '남성'이 주축이 돼 기업을 이끌고 있었다.

먼저 연령별로 볼 때 2019 대한민국 100대 기업을 이끄는 CEO들의 평균연령은

그림 1-3 | 100대 기업 CEO 연령별 분포

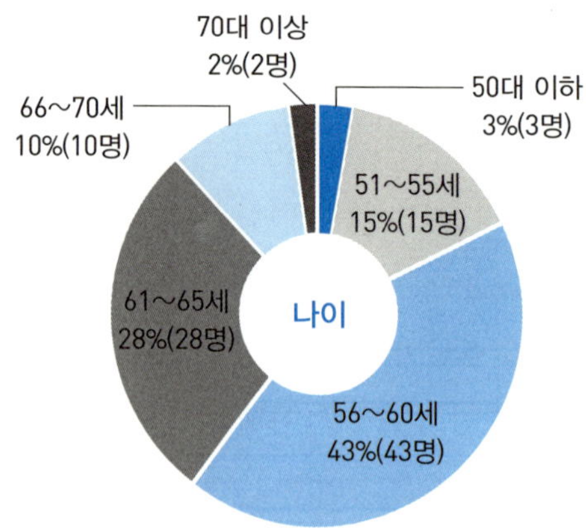

자료: 이현주(2019.6.26), "대한민국 100대 CEO & 기업," 「한경비즈니스」, 1230호, 15.

만 60.2세로 나타났다. 101명의 대표이사 나이를 평균값으로 구한 결과다. 한국을 이끄는 대표 기업 수장들의 적령기는 60대 초반이었다. 올해 100대 기업 CEO 중 가장 많은 수는 1957년생(62세)이었다. 1957년생 닭띠 CEO는 총 12명으로 4년 연속 100대 기업 CEO 중 가장 큰 비율을 차지했다. 이어 1960년생(59세)이 12명, 1959년생이 11명으로 뒤를 이었다. 1961년생, 1964년생도 각 10명으로 많은 수를 차지했다.

연령대 기준으로 보면 [그림 1-3]에서 알 수 있듯이 56세부터 60세 사이가 43명(43%)으로 1위를 차지했다. 2위는 28명이 포함된 61세부터 65세까지다. 이어 51세부터 55세 사이가 15명, 66~70세는 10명이 포함돼 있었다. 최고령 CEO는 1947년생으로 72세인 최창근 고려아연 회장이었다. 최연소 CEO 타이틀은 1978년생으로 41세인 구광모 LG 회장이 차지했다.

출신대학으로 보면 100대 기업의 수장들을 가장 많이 배출한 학교는 〈표 1-4〉에서 알 수 있듯이 서울대가 25명으로 가장 많았다. 이어 고려대 출신이 18명으로 2위를 차지했다. 연세대 출신 CEO가 12명으로 3위에 해당한다. 소위 'SKY(서울대·고려대·연세대)' 출신 CEO가 55명(54.4%)으로 전체의 절반 이상을 차지한다.

국내 비수도권 대학 출신 CEO들도 한 축을 차지했다. 비수도권 대학 중에서는 부산대의 비율이 가장 높았다. 부산대 출신 CEO는 총 4명으로 서울대·고려대·연세

표 1-4 100대 기업 CEO 출신대학 분포

대학(학사 기준)	인원(명)	대학(학사 기준)	인원(명)	대학(학사 기준)	인원(명)
서울대	25	경북대	2	애들레이드대	1
고려대	18	한국외국어대	2	매머머스트대	1
연세대	12	농협대	1	영남대	1
성균관대	10	동국대	1	용산공고	1
부산대	4	로체스터공과대	1	인하대	1
경희대	3	명지대	1	아오야마가쿠인대	1
단국대	3	사우디 킹파드대	1	전남대	1
한양대	3	서강대	1	청주대	1
건국대	2	서던캘리포니아대	1	한국방송통신대	1
				호원대	1

자료: 이현주(2019.6.26), "대한민국 100대 CEO & 기업,"「한경비즈니스」, 1230호, 14.

대·성균관대에 이어 가장 많은 CEO를 배출했다. 청주대(1명)·영남대(1명)·경북대(1명)·호원대(1명)·전남대(1명) 등 전국 곳곳의 비수도권 대학 출신들이 대한민국 대표 기업들의 CEO로 맹활약하고 있다.

해외 대학 출신 CEO는 총 6명이었다. 지난해 결과에서도 해외 대학 출신은 6명으로 동일했다. 외국인 CEO 두 명을 제외하면 총 4명의 CEO가 해외 대학에서 학부를 졸업했다. 조정호 메리츠금융지주 회장, 구광모 LG 회장, 최희문 메리츠종금증권 대표, 신동빈 롯데그룹 회장이 그들이다.

이어서 조사대상을 100대기업에서 500대기업으로 확대하고 출신고등학교까지 포함하여 조사한 기업 경영성과 평가사이트 CEO스코어의 조사결과를 보면 [그림 1-4]에서와 같이 출신대학의 경우 소위 SKY의 순위변동은 없었다. 다만 4~10위권에 이르는 순위에는 다소의 순위변동이 있었다. 구체적으로 CEO스코어가 국내 500대 기업 495개사 최고경영자(CEO) 676명의 출신 이력을 조사한 결과를 보면 서울대가 131명으로 가장 많았고, 고려대(64명), 연세대(46명), 성균관대(32명), 한양대(26명)가 5위권을 형성했다. 뒤이어 서강대(21명), 부산대(18명), 한국외대(15명), 경북대(13명), 영남대(13명)가 Top10에 포함됐다. 이 중 영남대학교는 국내 500대 기업 최고경영자 배출 대학 순위에서 총 13명의 CEO를 배출하여 전국 9위로 비수도권 사립대학으로는 유일하게 톱10에 이름을 올렸다(오경묵, 2019.7.10; 이연정, 2019.7.10).

그림 1-4 국내 500대 기업 CEO 출신학교 현황 '톱 10'

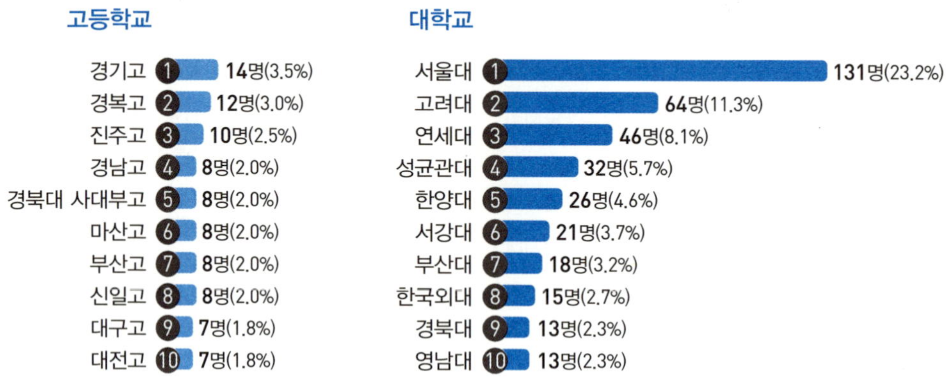

주: 국내 500대 기업 가운데 495곳의 대표이사 CEO 676명의 출신 조사 결과, 2019년 기준
자료: 이연정(2019.7.10), "경북대·영남대, 국내 500대 기업 CEO 배출 전국 9위,"「매일신문」.

출신 고교별로는 경기고(14명)가 가장 많았고, 경복고(12명)가 뒤를 이었다. 3위는 경남의 명문고인 진주고(10명)였으며 경북대 사대부고가 국내 8명(2.0%)을 배출해, 경남고·마산고·부산고·신일고와 함께 전국 4위를 기록했다. 대구고도 7명(1.8%)으로, 대전고와 함께 공동 5위였다. 예전에 비해 서울 소재 전통 명문고 출신 비중이 작아지고 지방의 명문 고교가 상위권에 포진했다. 이는 1974년 고교평준화 이후 세대들이 경영 일선에 등장하기 시작했기 때문으로 보인다는 분석이다(이연정, 2019.7.10).

전공별로 보면 〈표 1-5〉에서 알 수 있듯이 다양하게 분포돼 있는 가운데 경영학 전공자(34명)가 가장 많았다. 경영학 출신 CEO들의 약진은 매년 공통적으로 나타나는 특징이다. 지난해 경영학 전공자는 27명이었다. 100대 기업 CEO를 가장 많이 배출한 단일 학과는 고려대 경영학과(11명)였다. 경영대 단일 학과로 볼 때 연세대 경영학(6명), 서울대 경영학(5명)이 뒤를 이었다. 경영학과 다음으로 경제학(9명)·화학공학(6명)·법학(5명)·전자공학(5명) 등이 뒤를 이었다. 계열별로 보면 이공계 출신 CEO가 28명으로 높은 비율을 차지했다. 그중에서도 서울대 공대 출신이 눈에 띄었다.

경제주간지 〈이코노미스트〉가 금융감독원 공시자료를 바탕으로 '2019 대한민국

표 1-5 100대 기업 CEO 대학 전공별 분포

학과(학사 기준)	인원(명)	학과(학사 기준)	인원(명)	학과(학사 기준)	인원(명)
경영학	34	농학	1	자원공학	1
경제학	9	섬유공학	1	조선해양공학	1
화학공학	6	물리학	1	토목공학	1
법학	5	식물보호학(생명공학)	1	농업경제학	1
전자공학	4	협동조합	1	사회학	1
행정학	4	공과대학	1	전기전자공학	1
전기공학	3	무역학	1	요업공학	1
사학·국사학	3	생산기계공학	1	지질학	1
회계학	2	정밀기계학	1	정치외교학	1
영문학·영어영문학	2	무기재료공학	1	상학	1
통계학·응용통계학	2	심리학	1	용산공고	1
기계공학	2	의학	1	스페인어학	1
				포르투갈어학	1

자료: 이현주(2019.6.26), "대한민국 100대 CEO & 기업," 「한경비즈니스」, 1230호, 14.

그림 1-5 2019 대한민국 100대 기업 CEO의 출신지역

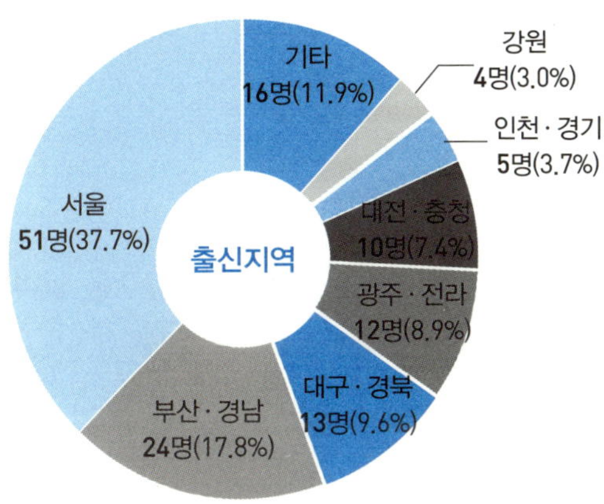

주: 금융감독원 공시자료를 바탕으로 '2019 대한민국 100대 기업의 CEO'에 선정된 CEO 총 135명의 프로필
자료: 최윤신·배동주(2019.5.25), "[이코노미스트] 1959년 서울生, 서울대 출신이 주류," 「중앙일보」.

100대 기업의 CEO'에 선정된 CEO 총 135명을 대상으로 실시한 프로필조사결과를 지역별로 보면 [그림 1-5]에서 알 수 있듯이 100대 기업 CEO는 서울 출신이 주를 이뤄 전체 135명 중 51명(37.7%)이 서울생인 것으로 조사됐다. 다음으로 부산·경남

(PK)과 대구·경북(TK) 출신이 뒤를 이었다. PK와 TK 출신 100대 기업 CEO는 각각 24명(17.8%), 13명(9.6%)이었다. 광주와 전남·전북 출신 CEO는 12명으로 TK에 이어 네 번째로 많았다. 대전·충청이 10명으로 그 다음이었다. 인천·경기 출신 CEO는 5명, 강원 출신 CEO는 4명인 것으로 집계됐다. 해외 출신 CEO는 4명으로 전체의 약 3%를 차지했다(최윤신·배동주, 2019.5.25).

끝으로 성별로 보면 〈이코노미스트〉가 금융감독원 공시자료를 바탕으로 '2019 대한민국 100대 기업의 CEO'에 선정된 CEO의 프로필조사에서는 전체 135명의 CEO 중 여성 CEO는 이부진 호텔신라 사장, 성래은 영원무역홀딩스 사장, 김선희 매일유업 사장 등 3명이며 이 중 전문경영인은 김선희 사장뿐인 것으로 나타났다(최윤신·배동주, 2019.5.25).

제 2 절 관리자의 역할

관리자의 역할이란 관리행동의 구체적 범주를 의미한다. 실로 많은 논자들이 관리자가 구체적으로 해야 할 역할에 대해 설명하고 있다. 이 주제와 관련된 가장 저명한 학자인 민츠버그(H. Mintzberg)는 관리자는 10가지의, 각기 다르지만 상호밀접하게 관련된 역할들을 수행한다고 결론지었다(Mintzberg, 1973; 이덕로, 2002). 이 10가지 역할은 [그림 1-6]과 같이 주로 대인관계, 정보전달 및 의사결정과 관련된 역할 등으로 집단화될 수 있다.

그림 1-6 관리자의 역할

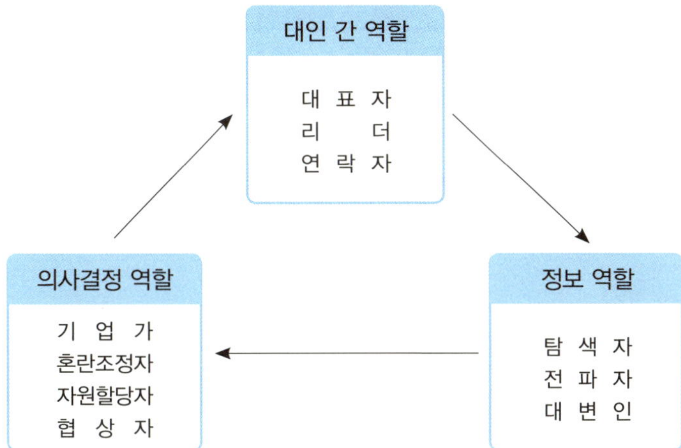

자료 : H. Mintzberg(1975), "The Manager's Job : Folklore and Fact," *Harvard Business Review*, July-August, 16.

1. 대인 간 역할

대인 간 역할이란 사람들 사이의 관계와 관련하여 관리자가 해야될 일을 말한다. 관리자들은 부하, 동료, 상사, 고객, 공급업자, 노동조합간부 및 지역사회 유지들을 포함한 조직 안팎의 여러 사람들과 상호작용을 하는 데 상당한 시간을 보낸다. 이러한 상호작용을 하는 과정에서 관리자들은 세 가지의 주요 대인 간 역할, 즉 대표자(figurehead) 역할, 리더(leader) 역할 및 연락자(liaison) 역할 등을 수행하게 된다.

(1) 대표자 역할

대표자 역할은 모든 관리역할 중 가장 기본적인 역할로 관리자는 각종 의례의식과 상징적인 기능에서 조직을 대표하게 된다. 단위조직의 장으로서의 관리자는 각종 의례의식의 주관, 방문객의 접견, 소속구성원들의 관혼상제 참석, 중요 고객에 대한 접대, 그리고 각종 행사에의 참석 등과 같은 의식적인 일을 수행함으로써 조직의 이미지제고와 성공에 필요한 대표자 역할의 의무를 수행하고 있다.

(2) 리더 역할

리더 역할은 조직목표를 달성하기 위하여 부하의 활동을 이끌고 동기부여시키며 조정하는 역할을 말한다. 그러므로 리더 역할은 모든 관리활동에 두루 영향을 미치게 된다(Achua & Lussier, 2010, 10). 이를테면 리더 역할의 몇몇 측면은 충원이나 교육훈련과 관계가 있다. 다른 측면은 조직목표를 달성하도록 부하를 동기부여시키는 것과 관계된다. 또 다른 측면은 종업원이 확신할 수 있는 비전(vision)의 설계에 관련되어 있다.

Apple의 스티브 잡스(Steve Jobs) 전 회장과 Polaroid의 에드윈 랜드(Edwin Land) 회장은 종업원이 가지지 못한 비전을 갖고 있었다. 잡스는 기존제품과는 완전히 차이가 나는 제품을 설계한다는 꿈을 갖고 그의 기업을 개인용 컴퓨터산업으로 이끌었다. 랜드는 즉석사진이라는 단일제품 시장에서 기술혁신에 초점을 맞추었다. 그의 모토(Motto)는 "다른 사람이 할 수 있는 일은 어떤 것도 하지 말라"는 것이었다. 이러한 비전이 종업원을 자극시켜 신제품을 개발할 수 있었다. 랜드가 Polaroid에 재임하는 동안 2,000개 이상의 새로운 제품과 공정이 만들어지고 특허를 받았다(Hellriegel, Jackson, & Slocum, 2008).

(3) 연락자 역할

연락자 역할은 관리자가 조직 안팎의 다양한 사람들과 갖는 각종 접촉을 말한다. 조직의 외부인사에는 고객, 정부관리, 소비자, 공급업자, 유통업자, 경쟁업체, 금융기관, 정부나 정부기관 및 지역사회 등과 같은 수많은 이해관계자들이 포함된다. 조직 내에서도 관리자는 종업원이나 경우에 따라서는 노동조합원들과 끊임없이 상호작용을 하지 않으면 안 된다. 왜냐하면 연락자 역할을 통해 관리자나 경영자는 조직의 성공에 영향을 미칠 수 있는 여러 사람들과 각종 단체들로부터의 지원을 모색할 수 있기 때문이다.

2. 정보 역할

유능한 관리자는 각계 각층 사람들과의 대인 접촉을 통해 많은 연결망을 구축한다. 대표자와 연락자 역할을 수행하는 동안 이루어진 많은 대인 접촉에서 관리자는 중요 정보에 접근할 수 있다. 이러한 접촉으로 말미암아 관리자는 사실상 조직의 신경중추(nerve center) 역할을 하게 된다. 정보역할에는 세 가지 역할, 즉 탐색자(monitor) 역할, 전파자(disseminator) 역할 및 대변인(spokesperson) 역할 등이 포함된다.

(1) 탐색자 역할

탐색자 역할이란 조직의 유지와 성장에 영향을 미칠지도 모를 조직 안팎의 각종 정보를 체계적으로 탐지하고, 수집하며, 분석하는 것을 말한다. 정보를 수집하는 방법에는 메모, 보고서, 전문간행물, 신문, 기타 등등을 읽는 방법, 다른 사람과 얘기하거나 조직내외의 각종 모임에 참석하는 방법, 그리고 제품, 가격 및 사업과정을 비교하기 위하여 경쟁자의 가게를 방문하는 것과 같은 관찰방법이 포함된다(Achua & Lussier, 2010, 11).

(2) 전파자 역할

관리자는 직무와 관련하여 조직 안팎에서 지득한 정보를 직속부하와 조직내 관련된 구성원들과 나누어 갖는다. 몇몇 관리자는 통상적으로는 특정 정보에 접근할 수 없는 어떤 부하에게는 특별정보를 건네주기도 한다. 실제에 있어서 부하들에게 많은 정보를 건네주는 것은 시간낭비이고 비생산적일 수도 있다. 성공적인 관리자는 정보의 홍수 속에 어떤 정보가 그리고 얼마만큼의 정보가 유용한 것인가를 결정하는 중요한 일을 한다.

(3) 대변인 역할

대변인 역할에서 관리자는 다른 사람들에게, 특히 조직 외부의 사람들에게 그 회사의 공식입장에 관한 정보를 전해준다. 오늘날 대변인 역할이 중요성에 있어서 점차 증대되고 있는데, 그 이유는 적어도 부분적으로는 언론과 일반 대중이 보다 많은 정보를 실시간으로 요구하고 있기 때문이다. 실제로 많은 기업들이 이러한 요구에 부응하기 위하여 홍보실이나 홍보팀과 같은 전담부서를 두어 기업설명회(IR: Investor Relations), 기자회견 혹은 기자간담회 등을 해오고 있다.

3. 의사결정 역할

관리자는 조직을 새로운 목표와 활동으로 이끌기 위한 시기와 방법을 결정하는데 취득한 정보를 사용하게 된다. 관리자나 경영자가 내리는 의사결정은 소속 조직의 흥망성쇠와 직결되기 때문에 의사결정 역할은 아마도 세 가지 역할 중 가장 중요한 역할일 것이다. 일반적으로 의사결정 역할에는 네 가지, 즉 기업가(entrepreneur) 역할, 혼란조정자(disturbance handler) 역할, 자원배분자(resource allocator) 역할 및 협상자(negotiator) 역할 등이 있다.

(1) 기업가 역할

기업가 역할은 새로운 프로젝트나 사업의 설계와 착수를 의미한다. 샘 월턴(Sam Walton)이 1962년에 Walmart를, 1983년에 Sam's Wholesale Club을 창업했을 때, 그의 주된 목표는 양질의 제품을 값싸게 제공하는 것이었다(Always Low Prices: Save Money, live better!). 저가격 목표를 달성하기 위하여 Walmart는 재고를 줄이고 관리계층을 단축했으며, 자사의 상점을 대부분 작은 마을에 두었다. 10년 만에 Walmart는 미국 내 최대의 할인점이 되었다. 월마트는 2019년 4월 30일 현재 전 세계 27개국에 걸쳐 11,368개의 점포를 갖고 있고, 2018년말 기준 종업원 230만 명에 연간매출액은 5003.43억 달러, 순이익 98.62억 달러에 이르고 있다. 기업가로서 월턴은 할인소매업에서 변화의 설계자이자 주창자였다.

GE의 전 회장이었던 잭 웰치(Jack Welch)의 업계 1위를 위한 노력(No. 1 or No. 2, if not, fix, sell, or close it 1등 또는 2등을, 그렇지 않으면 그것을 고치거나, 매각하거나 아니면 폐쇄하라) 또한 마찬가지이다(김태열·이덕로, 2014, 16). 3M의 아더 프라이(Arthur Fry)가 포스트 잇(postit) 종이를 만들었을 때에도 이러한 역할을 했던 것으로 알려지고 있다(서도원·이덕로, 2016, 369~370).

(2) 혼란조정자 역할

관리자는 자시의 직접적인 통제 밖의 문제와 변화를 다룰 때 혼란조정자 역할을 한다. 전형적인 문제에는 노동자에 의한 파업, 주요 공급업자의 파산, 그리고 고객의

리더십 **사례**

4차 산업혁명 키워드 '기술이 아닌 사람'

세계적으로 '4차 산업혁명'이 화두다. 미국은 '디지털 트랜스포메이션', 독일은 '인더스트리 4.0', 일본은 '로봇 신전략' 그리고 중국은 '중국제조 2025'라는 4차 산업혁명의 전략을 만들어 추진하고 있다. 우리 정부도 신성장 동력을 발굴하고 대규모 일자리 창출을 위해 '4차산업혁명위원회'가 출범했다. 기업도 스마트공장, 로봇, 인공지능 등을 도입해 혁신을 추진하고 있다. 4차 산업혁명은 추상적인 마케팅 언어가 아니라 우리 생활에 하나씩 실현되고 있는 개념이다. 4차 산업혁명은 사물인터넷, 빅데이터, 클라우드, 인공지능 기반의 만물초지능혁명이다. 사람, 사물, 공간을 초연결·초지능화해 산업구조와 사회 시스템을 혁신하는 것이다.

4차 산업혁명이 몰고 올 변화는 무엇인가. 첫째, 전반적인 산업구조의 대변혁이다. 인공지능과 로봇 등 정보통신기술로 촉발되는 4차 산업혁명은 인류가 지금까지 경험하지 못한 새로운 세상을 펼쳐놓을 것으로 예상된다. 산업지도가 급변하고 노동, 사회, 경제, 정치, 문화, 교육 등 삶이 근본적으로 바뀔 것이다.

둘째, 일의 개념과 일자리의 변화다. 4차 산업혁명은 인간 삶의 모든 움직임을 센서, 로봇 등으로 디지털화하고 거대 용량의 데이터를 수집해 클라우드에 축적한다. 클라우드에 축적된 모든 정보와 데이터는 인공지능과 빅데이터 기술로 분석되고 우리생활에 활용될 것이다.

일하는 패턴도 기존의 정규직 중심으로 정해진 한곳에 모여 일하는 것에서 정규직·비정규직의 경계없이 언제 어디서나 자신이 원하는 곳에서 일하는 방식으로 변하게 될 것이다. 한편으로 사람이 아닌 인공지능이 상급자가 되는 세상이 생각보다 멀리 있지 않다. 번트 슈미트 컬럼비아대 경영대학원 교수는 "로봇과 인공지능이 앞으로 15~20년 동안 우리들의 삶과 비즈니스 환경을 크게 바꿀 것"이라고 했다.

4차 산업혁명 시대에는 정형화된 업무의 자동화와 근로시간·장소 제약감소한다. 단기 프로젝트형 일자리 증가하고 근로자간 일자리 경쟁, 문제해결 능력을 갖춘 근로자 선호하게 된다. 또 네트워크 기반 업무수행으로 듣지도 보지도 못한 직업이 나타날 것이 분명하다. 일의 가치와 직업의 형태가 근본적으로 변화된다는 것을 의미한다.

마지막으로 4차 산업혁명을 이끌 새로운 리더십이 요구된다. 산업 구조의 대변혁과 새롭게 다가올 노동의 문제를 어떻게 대응해야 하는지가 국가나 기업이 준비해야 할 주요 이슈로 부각되고 있다. 이런 변화에 제대로 대응하느냐 하지 못하느냐는 국가나 기업의 생존에 직결된 문제다.

지식을 외우고, 계산하고, 분석하는 방법에서는 기계가 인간을 월등하게 앞선 세상에서 살게 될 것이다. 사람들도 과거의 기술과 경험을 가지고 정해진 룰에 따라 일했다면 4차 산업혁명 시대에는 창의적이면서 융합능력을 가지고 좀 더 룰을 벗어난 상태에서 일을 하게 될 것이다.

기존의 리더십으로는 구성원을 리드하기 어렵다. 한층 자유로워진 사람과 인공지능, 로봇을 상황에 맞게 통합하고 활용하는 새로운 리더십이 필요하다. 이제 리더십도 4차 산업혁명 시대에 맞춰야 한다. 4차 산업혁명 시대 리더의 역할은 지식을 필요로 하는 자와 가진 자가 상호 공유하고 연결시킴으로써 머무르는 공간에 존재하는 누구나 '가치'를 만들 수 있도록 하는 것이다.

4차 산업혁명의 키워드는 '기술'이 아니라 '사람'이다. 그 공간에 머무는 사람들이 '가치'를 찾을 수 있도록 리더십을 발휘하는 것이다. 그리고 그 리더십의 핵심에 '언어'가 있다.

자료: 은서기(2018.4.10). "[은서기의 리더십 이야기] 4차 산업혁명 키워드 '기술이 아닌 사람'". 「세이프타임즈」

계약파기 등이 포함된다. 때때로 혼란은 훌륭하지 못한 관리자가 상황을 무시하여 이것이 하나의 위기로 전환되기 때문에 일어난다. 그러나 심지어 훌륭한 관리자마저 그들의 의사결정의 모든 결과를 좋은 방향으로만 기대할 수 없는 경우도 있다.

문제를 좀 더 확대하여 국제질서를 한 번 생각해보자. 1990년 여름 이라크의 사담 후세인(Saddam Hussein) 대통령이 쿠웨이트를 침공함으로써 유가가 하룻밤 사이에 천정부지로 치솟았다. 이라크의 쿠웨이트에 대한 침입은 세계평화에 대한 위협으로 보아, 미국의 부시(G. Bush) 대통령은 1991년 1월 16일에 미국 주도의 사막의 폭풍작전(Operation Desert Storm)을 전개하여 단 42일 만에 이라크 사태를 종결하여 걸프만에서 혼란조정자 역할을 했다.

(3) 자원할당자 역할

자원할당자 혹은 자원배분자 역할이란 자금, 설비, 사람 및 관리자의 시간에 대한 경쟁적인 요구들 중에서 적절한 선택을 하는 것을 의미한다. 관리자는 정해진 예산의 얼마를 광고에 배분하여 기존 제품라인을 늘리는데 어느 정도의 예산을 사용해야만 할 것인가? 새로운 주문을 충족시키기 위하여 제2 교대조가 보강되어야 할 것인가? 아니면 초과근로수당(overtime)을 지불해야 할 것인가와 같은 질문을 제기하여 이에 슬기롭게 대처할 수 있어야 한다.

(4) 협상자 역할

자원배분자 역할과 밀접한 관계가 있는 것이 바로 협상자 역할이다. 이러한 역할에서 관리자는, 상호간의 차이점을 토의하여 합의에 도달하기 위하여 밀고당기는 과정을 거치지 않으면 안 된다. 협상결과는 관리자의 능력이나 소속 조직에 적지 않은 영향을 미치기 때문에 협상은 관리자 직능의 중요한 부분이다. 이러한 협상은 관리자가 관리자의 모든 목표를 공유하지 않는 사람이나 집단(예, 노동조합)을 다루어야 할 때 특히 힘이 든다(Hellriegel & Slocum, 1992, 12~16).

지금까지 관리자가 발휘해야 할 10가지의 역할에 대해 살펴보았다. 그러면 이들 각각의 역할이 실제로 얼마나 중요한가를 살펴보기로 하자. [그림 1-7]에서 알 수 있듯이 복수응답의 경우 협상자 역할이 가장 높은 72%로 나타났고, 이어서 기업가

그림 1-7 **경영효과성에 대한 관리자의 역할별 중요성** (단위: 점수)

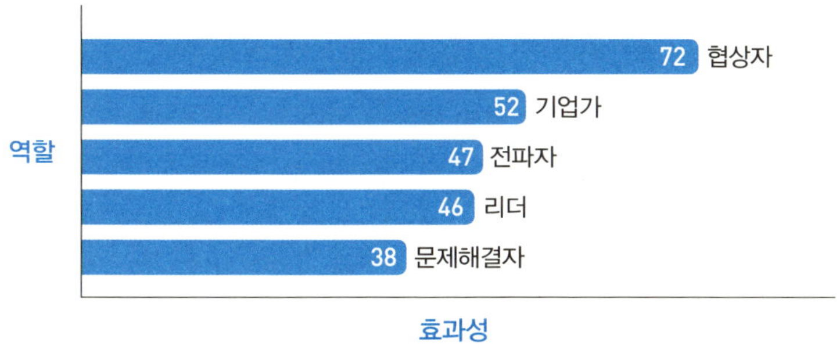

역할(52%), 전파자 역할(47%), 리더 역할(46%), 문제해결자 역할(38%)의 순으로 나타났다(서도원·이덕로, 2016, 365~371).

제 3 절

경영관리와 리더십

1. 경영관리의 의의

(1) 경영관리의 의의

관리(management) 혹은 경영관리가 무엇인가에 대한 정의는 학자마다 매우 다양하게 정의가 내려져 있음을 볼 수 있다. 그리고 'Management' 용어 자체가 다양한 뜻을 가지고 있기 때문에 하나의 뜻을 가진 용어로 사용하기는 어렵다.

전통적으로 경영관리는 '조직목표를 달성하는 과정'으로 간주하였다. 관리과정학과의 대표격인 쿤쯔(H.D. Koontz)는 "경영관리란 집단 속에서 함께 일하는 개인들이 정해진 목표를 효율적으로 달성하기 위하여 환경을 조성하고 유지해 나가는 과정"으로 정의하였다. 이러한 관리과정적 의미의 개념에는 ① 구체적인 관리과정으로 계획(planning), 조직(organizing), 충원(staffing), 지휘(leading) 및 통제(controlling)의 관리기능이 있다. ② 경영관리는 모든 종류의 조직에 적용된다. ③ 경영관리는 조직의 모든 계층에 적용된다. ④ 모든 관리자들의 목표는 동일하다. 즉 잉여(surplus)를 창출하는 것이다. ⑤ 경영관리를 하는 것은 생산성과 관련된다.

관리에 대한 과정적 관점은 조직목표를 달성하기 위하여 수행해야 할 활동체계를 논리적 순서로 명확하게 제시해준다. 이러한 관점은 페욜에 의해 제창된 이래 경영학자와 실무자들 사이에 널리 받아들여지고 있다. 페욜은 다섯 가지의 관리기능의 과정, 이를테면 계획(planning), 조직(organizing), 명령(commanding), 조정(coordinating) 그리고 통제(controlling)를 제시하였다. 그러나 이러한 다섯 가지 관리과정의 요소는 학자에 따라 조금씩 수정되어 제시되고 있다.

(2) 경영관리의 내용

관리과정학파들에 의하여 논의되어온 경영관리의 과정적 기능을 구성하는 요소에 무엇이 포함되는가에 대해서는 학자들마다 매우 다양하다. 따라서 관리기능에 대한 정의도 다양하게 내려질 수 있다. 앞서 언급한 바와 같이 페욜은 다섯 가지의 관리기능의 과정, 이를테면 계획, 조직, 명령, 조정, 통제 등을 제시하였다. 그러나 이러한 다섯 가지 관리과정의 요소는 〈표 1-6〉에서와 같이 학자에 따라 조금씩 수정되어 제시되고 있는데, 최근에는 대부분 계획, 조직, 지휘(명령), 그리고 통제 등의 네 가지를 들고 있다(서도원·이덕로, 2016, 506).

아래에서는 관리과정의 내용에 대해서 관리과정론의 선구자인 페욜의 관리과정과 미국 경영학의 주류인 관리과정학파의 대가인 쿤쯔의 관리과정 요소를 중심으로 살펴보고자 한다.

표 1-6 경영관리 기능의 내용

연대별	연구자별 \ 내용별	계획	조직	명령	동기부여	통제	조정	충원	기타
1916	페욜(H. Fayol)	◎	◎	○		◎	○		
1934	데이비스(R. C. Davis)	◎	◎			◎			
1937	굴릭(L. Gulick)	◎	◎	○			○	○	○ (보고)
1947	브라운(A. Brown)	◎	◎	○		◎			○ (결합)
1950	뉴먼(W. H. Newman)	◎	◎	○		◎			○ (결합)
1953	테리(G. R. Terry)	◎	◎		○	◎	○		
1964	알렌(L. A. Allen)	◎	◎	○		◎			○ (결정)
1971	매시(J. A. Massie)	◎	◎	○		◎		○	○ (전달)
1973	데일(B. Dale)	◎	◎		○	◎			
1984	쿤쯔 외(H. Koontz et al.)	◎	◎	○		◎		○	
1993	홀트(D. H. Holt)	◎				◎			
2004	르위스 외(P. S. Lewis et al.)	◎	◎	○		◎			
2005	헬리겔 외(S. E. Hellriegel et al.)	◎	◎	○		◎			
2016	니켈스 외(G. Nickels et al.)	◎	◎	○		◎			

자료: 서도원·이덕로(2016), Hellriegel, Jackson, & Slocum(2005), Holt(1993), Lewis, Goodman, & Fandt(2004), Nickels, McHugh, & McHugh(2016), Robbins & Coulter(2016).

2. 페욜의 일반관리이론

테일러가 미국에서 과학적 관리원칙을 개발하고 있을 무렵 프랑스의 기업가인 헨리 페욜(Henri Fayol)은 프랑스에서 관리사고를 혁신시키고 있었다. 광산기사로 훈련받은 그는 1860년에 철강회사와 제철소의 청년중역(junior executive)으로 출발하였다. 그러다가 1918년 퇴직할 때는 그 회사의 관리이사가 되었다. 그 회사가 1899년 거의 파산에 직면해 있을 때 페욜은 그 회사를 인수하여 동사를 재정적으로 강한 조직으로 바꾸어 놓았다(서도원·이덕로, 2016, 19).

공장관리에 큰 관심을 두었던 테일러와는 달리 30년간에 걸친 석탄 및 철도회사의 최고경영자로서의 자신의 경험에 기초하여 페욜은 경영자의 관점에서 조직을 관리하는 과정을 기술한 관리이론(administration theory)을 최초로 체계화하였다. 그의 주요 저서인 〈산업 및 일반관리(*Industrial and General Administration*)〉는 1916년에 출간되었지만 1930년에 가서야 비로소 영어로 번역되었다(Fayol, 1930).

쿤쯔와 오도넬(H.D. Koontz & C. O'Donnell)은 이러한 페욜을 두고 현대관리론의 참된 아버지라고 치켜세우고 있을 정도이다.

(1) 페욜의 보편주의

페욜은 관리를 "여러 가지 과업을 수행하는 과정"으로 정의하였으며, 이러한 과정은 모든 형태의 사업조직에 보편적이라고 주장하였다. 이러한 보편주의(universalism)는 [그림 1-8]과 같이 세 가지 수준, 즉 조직적, 관리적 및 업무적 수준에서 관찰될 수 있다.

조직적 수준에서 하나의 기업은 여섯 가지의 주요 관리활동(기능), 즉 기술적 활동(생산), 영업적 활동(구매, 판매 및 교환), 재무적 활동(자본의 조달과 활용), 보전

그림 1-8 페욜의 관리기능 및 원칙

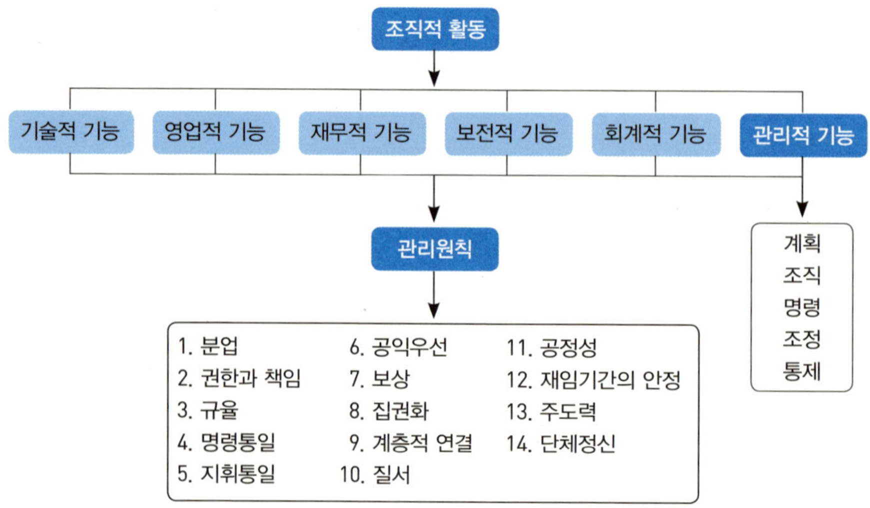

자료: K.H. Chung(1987), *Management: Critical Success Factors*, Boston: Allyn and Bacon, Inc., 70.

표 1-7 | 페욜의 6가지 관리활동

관리계층	각 계층에 필요한 능력						전체능력 (%)
	관리	기술	영업	재무	보전	회계	
작업자	5	85	–	–	5	5	100
직장(職長)	15	60	5	–	10	10	100
계장	25	45	5	5	10	10	100
과장	30	30	5	5	10	20	100
부장	35	30	10	5	10	10	100
경영자	40	15	15	10	10	10	100

자료: 민경호(2010), 「리더십 이론과 개발」, 무역경영사, 10.

적 활동(인적, 물적 재산의 보호), 회계적 활동(재무적 기록의 유지), 관리적 활동(계획, 조직, 명령, 조정 및 통제)을 수행한다.

이러한 활동은 작업자나 관리계층에 따라 각각 다르다. 〈표 1-5〉에서 알 수 있듯이 작업자에게서 가장 중요한 활동은 제조, 가공, 조립, 운반 등에 필요한 기술적 활동인 반면에 경영자에게 가장 필요한 활동은 관리적 활동이다.

앞의 다섯 가지 활동은 당시의 많은 실무가들에 의해 쉽게 이해되었기 때문에 페욜은 마지막 활동인 관리기능에 관심을 집중시켰다.

관리적 수준에서 페욜은 관리자가 다음과 같은 다섯 가지 활동을 수행하지 않으면 안 된다고 주장하였다. 이들 활동은 기업조직뿐만 아니라 정치, 종교, 군대, 자선 등 어떠한 조직에도 적용될 수 있는 보편적인 것임을 누차 강조하였다.

① 계획: 기업경영의 미래에 대한 검토와 조직목표 달성을 위한 행동계획을 체계적으로 수립하는 활동

② 조직: 수립된 계획을 실행하기 위해 인적·물적 자원을 동원하기 위한 조직구조를 편성·운영하는 활동

③ 명령: 조직구성원들이 필요로 하는 과업을 수행하도록 하기 위해 그들에게 지시·명령을 내리는 활동

④ 조정: 조직구성원들의 모든 활동을 오로지 조직의 전반적인 목표달성을 향하도록 통일·조정시키는 활동

⑤ 통제 : 목표가 계획된 바대로 달성되고 있는가를 검토·평가하여 잘못된 경우 이를 시정하는 활동

끝으로 업무적 수준에서 페욜은 관리자는 바로 이어서 얘기할 열네 가지 관리원칙을 적용해야만 한다고 주장하였다. 관리란 모든 조직에 보편적이기 때문에 페욜은 관리기능과 원칙의 전반적인 지식을 획득한 사람들은 모든 형태의 조직을 관리할 수 있으며 더욱이 그는 조직관리에 관심을 갖고 있는 사람이면 누구든지 이러한 기능과 원칙들을 배울 수 있다고 주장하였다. 그러나 페욜은 신체건강, 정신적 활력 그리고 건전한 도덕성과 같은 개개 특질은 관리자가 되는 데 필수적이라고 믿었다. 그러한 자질을 소유하고 있는 개인은 우선은 학교에서 그리고 뒤에는 직장에서 관리원칙을 배움으로써 관리기술을 얻을 수 있다고 주장하였다(이덕로·서도원·이원우, 2008, 54~55).

(2) 페욜의 일반관리원칙

앞서 살펴본 바와 같이 관리란 모든 조직에 보편적이기 때문에 페욜은 관리기능과 관리원칙의 전반적인 지식을 획득한 사람들은 모든 형태의 조직을 관리할 수 있으며 더욱이 그는 조직관리에 관심을 갖고 있는 사람이면 누구든지 이러한 기능과 원칙들을 배울 수 있다고 주장하였다. 그러나 페욜은 신체건강, 정신적 활력 그리고 건전한 도덕성과 같은 개개 특질은 관리자가 되는 데 필수적이라고 믿었다. 그러한 자질을 소유하고 있는 개인은 우선은 학교에서 그리고 다음에는 직장에서 관리원칙을 배움으로써 관리기술을 얻을 수 있다고 주장하였다.

업무적 수준에서 페욜은 관리자는 〈표 1-8〉과 같은 열네 가지 관리원칙을 적용해야만 한다고 주장하였다. 관리원칙이란 경영자나 관리자가 경영관리기능을 수행할 때 따르게 되는 일반적인 기준들로 페욜은 이러한 관리원칙들을 모두 나열한 것은 아니지만 어떠한 경우이건 가장 많이 활용되는 원칙이라고 주장하고 있다. 그러나 이들은 절대적인 것이 아니라 신축적으로 적용되어야 함을 강조하고 있다.

표 1-8 | 페욜의 일반관리원칙

1. 분업(division of work): 분업은 노동을 보다 능률적으로 활용하기 위해 필요한 작업의 수를 줄여 전문화 내지 특화함으로써 동일한 노력으로 보다 좋고 많은 생산을 하기 위해서 이루어진다.
2. 권한과 책임(authority and responsibility): 권한이란 다른 이에게 영향을 미칠 수 있는 권리이며, 책임은 권한을 행사함에 따라 당연한 결과로서 생기는 것이다.
3. 규율(discipline): 규율이란 기업과 종업원 사이의 행동에 대한 계약이며 복종관계로 조직의 순조로운 운영을 위해서는 어느 정도의 규율이 필요하다.
4. 명령의 통일(unity of command): 조직 내의 한 사람의 하급자는 항상 한 사람의 직속상급자로부터 명령을 받고 보고를 해야 한다.
5. 지휘의 통일(unity of direction): 동일한 목적을 가진 일단의 활동에는 반드시 한 명의 상사와 한 가지 계획을 가져야 한다는 원칙으로 4의 원칙이 개인과 관련된 것인 데 비해 이것은 협동체와 관련된 원칙이다.
6. 공익우선(subordination of individual interest to general interest): 개인이나 소집단의 이익이 사회나 조직전체의 이익보다 먼저 추구되어서는 안 된다.
7. 보상(remuneration of personnel): 조직이 종업원의 충성과 지원을 얻기 위해서는 노력에 상응하는 적절한 보상체제를 갖추어야 한다.
8. 집권화(centralization): 의사결정 권한이 상위 몇 사람에게 집중되어 있는 것을 말하는데 분업과 마찬가지로 조직경영에 있어서 집권화 역시 필요하다.
9. 계층적 연결(scalar chain): 조직은 최고경영자로부터 최하급자에 이르기까지 공식적인 계층적 구조가 형성되어 명령과 보고의 소통이 이루어져야 한다.
10. 질서(order): 조직 내의 여러 활동이 차질없이 이루어지기 위해서는 모든 인적·물적자원이 제자리에 놓여 있어야 한다는 것으로 곧 적재적소의 원칙을 의미한다.
11. 공정성(equity): 친절과 정의의 개념을 적절히 조화시킨 것이 공정성으로 대인관계에서 애정과 공평한 처리를 하도록 하여야 한다.
12. 재임기간의 안정(stability of tenure of personnel): 불필요한 인력의 이동은 나쁜 관리의 원인이자 결과이므로 가능한 한 이를 하지 말아야 한다.
13. 주도력(initiative): 사업계획을 창안해서 실행하는 힘이 바로 주도력인데, 조직의 모든 계층에서 주도력이 열정적으로 발휘되어야 한다.
14. 단체정신(esprit de corps): 생산성을 향상시키려면 집단구성원 상호간의 단결이 중요한데, 그것은 개인들 사이의 조화로부터 나오게 된다.

자료: H. Fayol(1949), *General and Industrial Management*, London: Sir Issac Pitman & Sons, 20~41.

이와 같이 페욜의 관리원칙은 ① 모든 조직에 보편적으로 적용될 수 있는 일반 원칙이며, ② 상층관리자의 입장에서 설정되었고, ③ 각 원칙들이 절대적인 것이 아니라 상황에 따라 신축성 있게 적용될 수 있는 것이며, ④ 경영자 교육을 강조하고 있다는 등의 네 가지 특징을 지니고 있다(서도원·이덕로, 2016, 70).

3. 쿤쯔의 관리과정 요소

페욜 이후 여러 관리학자들이 관리과정론을 꾸준히 계승·발전해왔다. 이 중에서도 쿤쯔에 의해 더욱 이론적인 체계화가 이루어졌는데, 그는 관리과정의 요소를 계획(planning), 조직(organizing), 충원(staffing), 지휘(leading), 통제(controlling)의 5개 요소로 분류하고 있다.

그러면 이와 같은 관리과정 요소를 간략히 설명해 보도록 하겠다.

(1) 계획

계획 혹은 계획수립(planning)이란 조직의 사명(missions)이나 비전(vision), 목표(objectives), 전략(strategy), 그리고 이들을 달성하기 위한 행동방안을 선택하는 것이 포함된다. 즉 여러 가지 대안들로부터 미래의 행동과정을 선택하는 의사결정이 필요하다. 그러나 의사결정이 이루어지기 전에 행해지는 계획수립에 대한 연구, 분석 또는 제안 등은 실질적인 계획은 아니다.

(2) 조직

조직내 구성원들은 그들이 담당할 역할의 구조를 의도적으로 설정하는 기능으로서 목표를 달성하기 위해 필요한 모든 '일'을 확인하여 배분하고 그 일을 최선을 다하여 수행할 수 있는 사람에게 할당하도록 한다는 점에서 의도적이라고 할 수 있다. 이러한 조직화(organizing)의 목적은 조직구조를 설정해가는 과정인 것이다. 조직화의 결과 생겨나는 조직구조의 목적은 구성원들이 좋은 성과를 낼 수 있는 환경을 조성하는 데 있다. 따라서 효과적인 직무설계는 중요한 관리활동이 되는 것이다.

(3) 충원

쿤쯔는 충원 혹은 충원화(staffing) 기능을 별도로 구분하고 있으나 이 기능을 별도로 분류하지 않은 관리론자들은 이 기능을 조직화 기능 속에 포함시키고 있다. 왜냐하면 충원 기능은 조직화에 의해 설정된 직위를 채우고 그 상태를 유지하기 위한 인적자원관리기능을 포함하기 때문이다.

(4) 지휘

지휘(leading)란 구성원들로 하여금 조직과 집단목표를 달성하는 데 공헌하도록 하기 위하여 그들과 의사소통하고 그들을 동기부여시키는 관리기능으로 경영관리상 대인관계 측면과 밀접한 관계가 있는 분야이다. 따라서 관리자의 지휘기능에는 동기부여(motivation), 리더십, 커뮤니케이션, 사기 및 태도 등의 기능이 포함되어 논의되고 있다. 그러나 일반적으로 동기부여(motivation), 리더십, 커뮤니케이션 등이 주류를 이루고 있다.

(5) 통제

통제 혹은 통제화(controlling)는 수행되는 일들이 계획에 일치되도록 하기 위하여 조직과 개인의 성과를 측정하고 수정하는 관리기능 요소이다. 즉 모든 활동들이 계획에 수립된 대로 잘 수행되고 있는가를 탐지하고 확인하여 수정하는 과정이다. 따라서 통제기능은 계획수립 기능과 밀접한 관련이 있다. 물론 계획수립 기능이 선행되는 것이지만, 계획이 저절로 달성되는 것은 아니다. 계획은 다만 특정목표를 달성하기 위하여 경영자가 제반·자원을 사용하는 방법을 제시해준다. 그리고 모든 활동은 계획된 행동에 일치하고 있는가의 여부를 파악하기 위해 점검을 받는다. 또한 통제활동은 일반적으로 목표달성의 측정과 관련이 있다. 따라서 이를 위한 여러 가지 통제수단도 이용되고 있다.

위에서 설명한 관리기능의 과정적 요소는 단독적으로 성립되고 실행되는 것이 아니라 서로 밀접한 관계를 가지고 하나의 순환체계를 이루게 되는데, 이를 관리순환(management cycle)이라 한다. 이러한 관리순환체계는 관리과정 요소의 기능적 결합으로서 과정요소 간의 상호관련성 내지 상호의존성을 중심으로 형성되는 것이며 경영관리의 동태적 개념을 경영의 측면에 이용하고자 한 것이다.

이러한 관리순환의 모형은 [그림 1-9]와 같이 흔히 핵심적인 세 가지 요소의 첫 자를 따서 PDS 또는 POC방법으로 제시된다. PDS방법은 계획(planing), 실천(doing), 평가(seeing)의 첫 글자로 표시한 약어로서 기능상의 관련성을 표현한 것이다. 그리고 POC는 계획(planning), 조직(organizing), 통제(controlling)의 첫 글자의 약어 표시로서 학자들마다 다양한 관리과정 요소의 공통적인 기능의 의미를 가지고 있다고 할 수 있다.

그림 1-9 관리순환

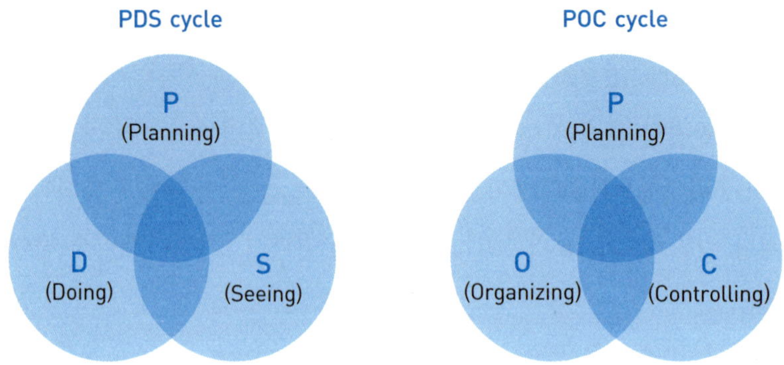

4. 경영관리와 리더십

앞서 관리과정의 요소와 관련하여 페욜의 계획, 조직, 명령, 조정 및 통제와 쿤츠의 계획화, 조직화, 충원화, 지휘화, 통제화 등의 5개 요소를 살펴본 데 이어 관리의 핵심적인 세 가지 요소의 첫 자를 딴 PDS(planing, doing seeing) 또는 POC(planing, organizing controlling)에 대해서도 살펴보았다. 페욜의 5가지 요소 중에서 명령과 조정은 지휘로 묶을 수 있고 쿤쯔의 충원은 조직으로 묶을 수 있어 결국 경영관리는 계획, 조직, 지휘 및 통제 등의 요소로 이루어져 있다고 볼 수 있다.

따라서 경영관리의 주요 과정으로서 경영계획이 적절히 수립되고 이를 수행할 조직체계가 완성되고 나면 관리자나 리더는 조직구성원으로 하여금 업무를 효율적으로 수행하게 하는 지휘기능을 발휘하여야 한다. 지휘(leading)란 관리자가 담당해야 할 세 번째의 기능으로 구성원들이 맡은 임무를 효과적으로 수행하여 조직의 목표달성을 위해 성실하게 노력하도록 이끌어 나가는 것을 의미한다. 즉 비전을 제시하고 목표를 설정하여 구성원들이 그것을 달성하기 위하여 열심히 노력할 수 있도록 이끄는 것이다. 그렇게 했을 때 목표가 달성되고 생산성이 향상될 수 있다. 경영자의 지휘기능에는 리더십, 커뮤니케이션, 동기부여, 사기 등의 기능이 포함되어 논의되고 있다.

[그림 1-10]에서 알 수 있듯이 관리, 즉 경영관리는 조직성과에 결정적으로 영향을 미친다. 보다 구체적으로 볼 때 경영관리의 4요소인 계획, 조직, 지휘 및 통제 각각은 모두 조직의 성과에 영향을 미치지만 그중에서도 경영성과는 일반적으로 경영자들이 발휘하는 지휘기능의 질과 매우 밀접한 관련성이 있다. 왜냐하면 업무의 성격이나 종류, 조직의 특색, 업무를 수행하는 개인이나 집단의 특성에 따라 지휘방법이 달라질 수 있기 때문이다. 따라서 지휘기능의 질을 높이는 것은 조직의 성공적 운영을 위한 가장 중요한 요소들 중의 하나일 뿐 아니라 조직경영의 필수적인 요소이기도 하다.

그림 1-10 | 경영관리와 조직성과

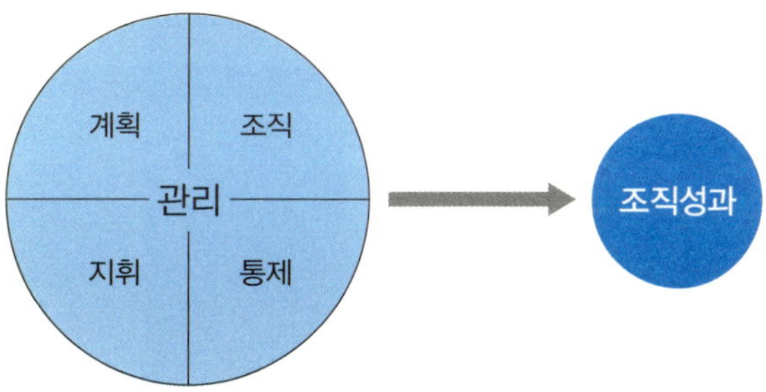

Chapter 02

한국의 리더십

제 1 절
한국의 리더십 부재

1. 리더십 부재

오늘날 사람들은 자신들의 주변에서 진실된 리더를 찾기가 어렵다고 토로하곤 한다. 물론 그 이유는 현 시대의 최고의 화두인 '리더십의 부재' 때문일 것이다. 특히 최근 들어 우리 사회에 미투(Me Too)운동이 전개되면서 사회 각 계층의 전도유망한 지도자들이 하루 아침에 몰락하는 과정을 많이 보아왔다.

우리나라 지도자들의 리더십 부재에 관한 얘기는 비단 어제 오늘의 이야기가 아니다. 정치권의 리더십 부재로 인한 정국경색과 혼란은 말할 것도 없고, 경제, 사회, 문화, 국방, 심지어 최근에는 노동에 이르기까지 각계 각층의 지도자들의 자질에 대한 문제가 심심찮게 불거지곤 한다. 열악한 근로환경이 일하고 싶은 의욕을 꺾는 게 아니라 오히려 지도층의 리더십의 부재가 그렇게 만든다는 볼멘 소리마저 들린다.

그런 의미에서 '*Asian Wall Street Journal*' 1997년 12월 12일자 기사에서 "한국의 IMF외환위기는 리더십 부재에서 비롯되었으며, 현재 한국의 리더십은 달러보다 더 고갈되어 있다"는 지적은 무척이나 자존심을 상하게 하는 기사이긴 하지만 보다 설득력 있게 들린다. 한국경제가 왜 외환위기를 맞았는지에 대한 보고서 격인 〈한국경제 실패학〉이란 저서에서도 백우진은 당시 외국 언론의 말을 빌려 "한국에 달러보다 부족한 것은 리더십이었다"고 꼬집기도 했다(백우진, 2002).

리더십 부재나 실종과 관련하여 우리나라의 경우 막말파문, 뇌물수수, 소모적 정쟁 등으로 어떤 분야보다도 일반적으로 정치지도자들에 대한 리더십이 결여되어 있는 것으로 알려지고 있다. 그것은 맥쿼리증권이 한국시장을 전망하면서 내놓은 영문 보고서에서 "한국의 정치 리더십 부재가 한국(경제)을 짓누를 수 있다"고 강한 우려를 표시한 데서도 잘 알 수 있다(조민정, 2016.12.24). 맥쿼리는 한국이 정치 리더십 부재로 새 대통령을 맞이한 미국 등 주요 상대국과 현안 논의를 제대로 못하고 관련

정책 결정도 적절히 추진하지 못하는 상황을 지적하면서 이는 중장기 성장 전망에 큰 타격을 줄 것이라고 예상했다.

이러한 맥락에서 먼저 이와 관련된 한 설문조사결과를 살펴보기로 하자. 매일경제신문사가 창간 38주년(2004. 3. 24)을 맞아 2004년 3월에 LG경제연구원과 공동으로 국내 오피니언 리더 200명을 대상으로 리더십에 관한 설문조사를 한 바 있다. 매일경제신문사와 LG경제연구원은 리더십 부재의 상황에서 '소득 2만 달러 달성'이라는 구체적 목표를 달성하기는 요원하다는 생각에서 당시 노무현 대통령 탄핵결의(3월 12일)에 따른 대통령 권한정지로 국정리더십이 흔들리는 상황을 감안하여, 한길리서치연구소에 의뢰해 리더십에 대한 오피니언 리더들의 목소리를 들었다.

설문대상은 각계 오피니언 리더 200명이었다. 구체적으로 기업·금융기관 50명, 교수·연구소 51명, 국회의원 보좌관 21명, 공무원 21명, 법조인 18명, 시민단체 19명, 언론인 20명 등이 전화면접에 응했다. 연령별로는 30대 이하가 98명, 40대가 81명, 50대 이상이 21명이었다. 조사기간은 3월 12일과 15~18일 등 총 5일간이었다. 물론 표본오차가 95% 신뢰수준에 ±6.9%p로 표본이 많지 않아 오차가 커질 수 있었지만 그래도 한국 사회를 이끌고 걱정하는 사람들의 목소리라는 점에서 의미를 찾을 수 있었다. 그러면 리더십 관련 조사결과를 보다 구체적으로 살펴보기로 하자.

(1) 리더십 부재

국내 오피니언 리더들을 대상으로 한국의 리더십에 대해 물어본 결과 [그림 2-1]에서 알 수 있듯이 '리더십에 큰 문제가 있다'는 응답률은 43.0%, '다소 문제가 있다'는 응답률은 47.5%로 오피니언 리더들의 90.5%가 한국사회 전반에 걸쳐 '우리나라 리더십에 문제가 있다'고 응답했다. '리더십 부재'로 한국호가 방향을 잃고 갈팡질팡하는 모습을 보였다는 것이다. 반면에 '리더십이 제대로 발휘되고 있다'는 비율은 전체의 9.5%에 그쳤다.

이 같은 조사결과는 일차적으로 대통령 탄핵이라는 사상 초유의 사태에 따른 실망감이 작용한 것으로 분석된다. 하지만 근본적으로는 한국사회에 리더십이 없어 사회혼란을 더욱 부추기고 국민의 힘을 국가적 목표에 결집시키지 못하는 걸림돌로 작용하고 있음을 의미한다. '리더십에 큰 문제가 있다'는 응답비율은 특히 연령이 높을

그림 2-1 실종된 한국의 리더십

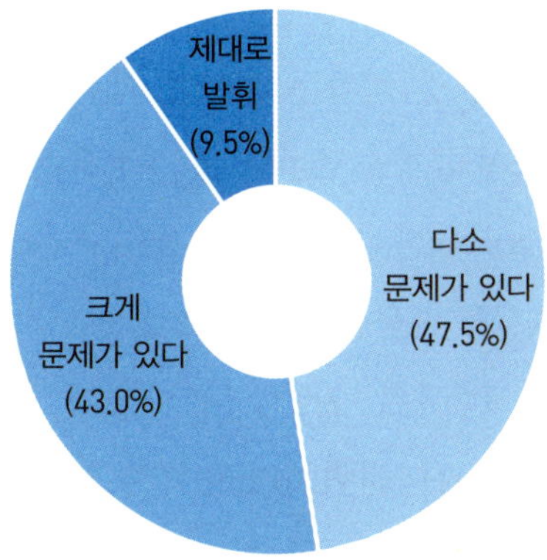

수록 높았다. '리더십에 큰 문제가 있다'고 응답한 국내 오피니언 리더들을 연령별로 보면 50대 이상 66.7%, 40대 45.7%, 30대 이하 35.7%로 나타났다.

(2) 리더십 부재의 책임소재

한국의 정치리더십의 부재나 실종의 책임소재와 관련하여 무엇보다도 국회의 리더십 실종이 가장 큰 문제로 지적됐다. 따라서 가장 먼저 변해야 할 1순위로 국회(48.0%)를 꼽았던 것이다. 대통령 탄핵여파로 그 어느 때보다도 국회에 대한 변화 요구가 많았고, 존경하는 리더도 거의 없었다. 그만큼 한국사회에 대한 절망감을 호소하는 목소리와 진정한 리더를 원하는 목소리가 컸다. 이는 국민의 뜻을 받들어 국정을 안정시켜야 할 국회가 국회의원들의 당리당략적 행태로 인해 국민에게 전혀 신뢰를 주지 못했기 때문으로 분석된다.

이러한 결과는 〈시사저널〉이 '정치쇄신 및 정치개혁'에 대한 국민들의 요구가 어느 정도 수준인지를 파악해보고자 2013년 1월 8~9일 사이에 여론조사 전문 기관 '미디어리서치'에 의뢰해 전국 19세 이상 성인 남녀 1천명을 대상으로 'RDD(무작위 임의 걸기)' 방식을 이용하여 실시한 대국민 여론조사결과(95% 신뢰수준에 오차범위는 ±3.1%p)와도 거의 일치한다.

이번 여론조사를 준비하면서 〈시사저널〉은 '국회의원의 이미지 하면 가장 먼저 떠오르는 것이 무엇인가?'라는 질문을 마련하고, 그 보기로 각각 긍정적 이미지와 부정적 이미지 5가지씩 총 10가지를 제시했다. 하지만 미디어리서치측에서 "특정 보기를 제시해서 대답을 제한하는 것보다는, 보기 없이 그냥 응답자들의 다양한 목소리를 듣는 편이 더 의미 있을 것"이라는 의견을 제시함에 따라 당초 객관식 문항에서 아예 보기를 없애는 주관식 문항으로 바꾸어 진행하게 되었다.

그런데 그 결과가 놀라웠다. [그림 2-2]에서 알 수 있듯이 당초 보기로 책정했던 부정적 이미지 5가지 중 '싸움꾼'이 28.6%로 압도적 1위로 나타났다. 다음으로 2위 '부정부패·비리'(15.8%), 3위 '권력 남용'(9.0%), 4위 '기득권(패거리)'(8.0%), 5위 '밥그릇 챙기기'(6.5%), 6위 '권위주의'(6.3%), 7위 '혈세 낭비'(6.2%), 8위 '비(非)신뢰 집단(거짓말)'(5.4%), 9위 '이기주의'(4.4%), 10위 '특권층'(4.0%) 등이었다. 이밖에도 20위권 안에 포함된 항목을 보면, '공약 비준수' (2.9%), '호의호식'(2.5%), '외유'(2.4%), '무책임'(2.3%), '도둑놈'(2.1%), '무능'(1.4%), '사기꾼'(1.1%), '허례허식'(1.1%) 등 온통 부정적 이미지 일색이었다.

반면에 당초 긍정적 이미지로 책정했던 보기 항목 중 실제 대답이 나온 것으로는 16위에 오른 '일꾼'(2.0%)이 그나마 가장 많았다. '엘리트(지도층)'는 0.9%, '책임감'은 0.1% 수준에 그쳤다. '소통'과 '원칙·소신'에는 단 한 명의 응답자도 없었다. 오히려 '비소통'이 0.4%, '무소신'이 0.3%로 각각 나타났다. 지금의 국회를 바라보는 국

그림 2-2 | 국회의원 하면 어떤 이미지가 생각나는가? (단위: %)

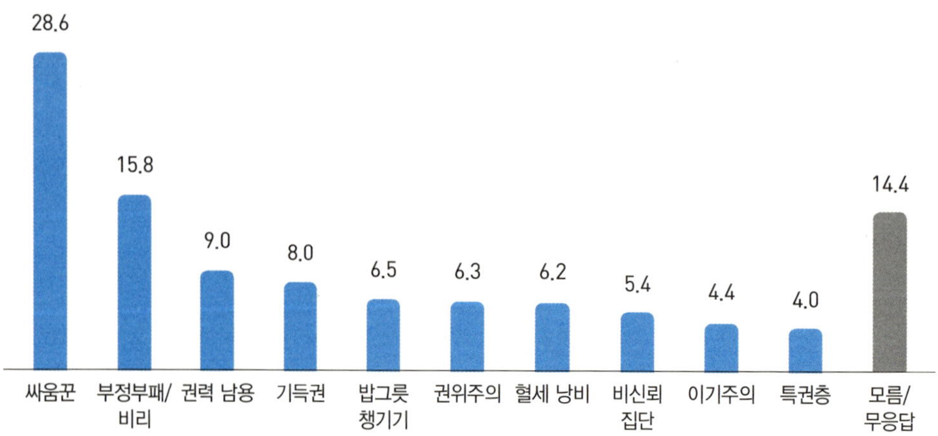

자료: 감명국(2013.1.19), "국회의원 하면 떠오르는 첫 이미지는 '싸움꾼'," 「시사저널」, 1213호, 6~10.

민들의 불신이 가득한 눈높이가 극명하게 드러나는 대목이다(감명국, 2013.1.19).

리더십 회복을 위해선 '대통령이 먼저 변해야 한다'는 응답률은 37.5%로 국회에 이어 2위로 나타났으며, 언론의 책임(7.5%)도 상당한 것으로 지적됐다. 이 같은 조사결과는 '대통령 탄핵'으로 나타난 국민 불안정서의 가장 큰 책임은 국회에 있지만 대통령도 책임을 면할 수 없다는 '쓴소리'로 해석된다. 한편 리더십을 위해 변해야 할 분야에 대한 복수 선택에서도 국회(77%)가 가장 높았고, 대통령(44%)과 언론(43%)이 그 뒤를 이었다.

실제로 우리 사회의 오피니언 리더들은 정치지도자들이 리더십을 제대로 발휘하지 못하고 있는 가장 큰 원인으로 '당리당략적 의회운영 관행'(53.0%)을 꼽았다. 국회에서 몸싸움이 벌어지고 대통령 권위 실추를 위해 탄핵을 시도했다는 생각이 적지 않았기 때문으로 보인다. 정치분야 리더십 실종의 다른 요인으로는 강력한 집단 및 지역이기주의(22.5%),[1] 미래에 대한 비전 부족(16.5%), 부패집단이라는 일반적 인식(7.5%) 등이 꼽혔다.

(3) 한국 리더에게 부족한 요소

한국의 오피니언 리더들은 리더들에게 가장 부족한 요소로 사회·조직에 대한 책임의식과 신뢰감(49.5%), 국민 또는 조직구성원과의 의사소통(18.0%), 비전 제시(12.0%), 그리고 결과도출을 위한 실천력(8.5%) 순으로 응답을 보여주었다. 이와같이 오피니언 리더들은 특히 '책임의식과 신뢰부족'을 한국 리더들의 가장 큰 문제로

1 강력한 집단 및 지역이기주의는 비단 우리나라 정치지도자들만이 강한 것은 아니다. 일반 국민도 마찬가지이다. 반상회서 아파트 가격단합하는 나라, 군인아파트 들어서는 것을 반대하는 아파트 주민, 지역내 특수학교 신설을 결사반대하는 엄마들, 그래서 어느 나라보다도 님비(NIMBY: Not In My Back Yard) 현상과 핌피(PIMFY: Please In My Front Yard) 현상이 강한 나라다(성유진, 2017.8.25; 신지수, 2017.9.5; 이설, 2018.9.8).
경제학의 아버지라 불리는 애덤 스미스(Adam Smith)는 '도덕감정론'에서 경제 주체인 개개인이 공유하는 '공통 감각(common sense)'을 강조했다. 그는 공통 감각을 가진 경제인을 '타인에 대한 동정심을 갖고 남을 배려하는 사람'으로 정의했다. 즉, 애덤 스미스는 결코 이기심만을 강조하지 않았으며 타인에 대한 공감과 윤리적 정서 위에서 자신의 이익을 추구할 때 비로소 자본주의사회가 제대로 움직인다고 보았다. 최근 들어 경영학에서도 마이클 포터와 마크 크레이머(M.E. Porter & M.R. Kramer)가 소개한 공유가치창출(CSV: Creating Shared Value), 즉 기업의 경제적 이윤을 보장하면서도 사회적 이익을 동시에 창출하는 혁신활동이 하나의 새로운 경영전략으로 떠오르고 있다(박흥수 외, 2014; 서도원·이덕로, 2006, 457~459; Porter & Kramer, 2006, 2011).

꼽았다. 그만큼 한국 리더들에겐 '권한만 있고 책임은 없다'는 강한 비판이 내포된 것으로 분석된다. 한국 리더들의 무책임한 언행과 행동이 '한국사회의 분열'을 더욱 조장하는 것으로 해석할 수 있는 부분이다.

한편 특임장관실이 2011년 10월 성인 1,018명과 청소년 730명을 대상으로 세대 간 가치관·의식수준을 조사한 결과에서도 성인 응답자의 87.1%와 청소년의 85.6%가 각각 "정치·정치인을 신뢰하지 않는다"고 응답한 것으로 나타났다. 세대별로는 40대(91.6%)가 불신한다는 답변이 가장 많았고, 30대(91%), 50대(87.6%), 10대(85.6%), 20대(85.2%), 60대 이상(79.8%) 등의 순으로 뒤를 이었다.

리더십 **사례**

정치리더십 부재가 한국경제 짓누를 수도

맥쿼리증권이 최근 내년도 한국 시장을 전망하면서 내놓은 '살얼음판을 걷고 있다'는 제목의 보고서에서 "지난 2년간 하락세를 걷던 원자재·원유 가격이 상승세로 돌아서면서 한국경제 회복에 청신호가 켜졌지만 실질수요 회복이 이뤄지지 못한다면 장기적인 경기 침체를 겪게 될 수 있다"고 전망했다.

이어 "소비자물가지수는 2.0% 가까이 회복되고 무역도 소폭의 성장세를 보일 것"이라면서 "국내총생산(GDP) 성장세도 지난 2년 동안에 비해 크게 높아질 전망"이라고 밝혔다. 다만 이 같은 성장이 가능해지려면 실질수요의 회복이 필요하다고 강조했다. 맥쿼리는 특히 "원자재와 원유의 가격 상승은 초반에는 리플레이션을 가져오겠지만 실질수요를 끌어올리지 못할 경우 오히려 스태그네이션(장기침체)을 초래할 가능성이 커진다"고 경고했다. 리플레이션은 디플레이션에서 벗어나 심한 인플레이션까지는 이르지 않은 상태를 말한다.

최근의 한국 정치 상황에 대해선 "정치리더십 부재가 한국(경제)을 짓누를 수 있다"고 강한 우려를 표시했다. 맥쿼리는 한국이 정치 리더십 부재로 새 대통령을 맞이한 미국 등 주요 상대국과 현안 논의를 제대로 못하고 관련 정책 결정도 적절히 추진하지 못하는 상황을 지적하면서 이는 중장기 성장 전망에 큰 타격을 줄 것이라고 예상했다.

한국 경제의 실질수요 회복 가능성에 대해서는 "도널드 트럼프 대통령 당선인의 대규모 인프라 투자 공약과 관련된 몇몇 분야에서는 가능할 것"이라고 했다. 그러면서 "세계 경제의 흐름이 탈세계화(de-globalization)와 보호주의로 흐르면서 국제무역이 많은 압박을 받고 있다"며 각 국가는 일자리와 소득 증대에 힘써야 한다고 조언했다.

맥쿼리는 탈세계화 리스크를 언급하면서 내년 코스피 지수 상단을 2,150선에서 2,100선으로 하향 조정했다. 한국 주식 중 최선호주로는 삼성전자, SK하이닉스, KB금융, 현대해상, S-Oil, 포스코, 롯데케미칼, 한샘, 네이버, 이마트를 꼽았다.

자료: 송현정(2016.12.24). "맥쿼리 "정치리더십 부재가 한국경제 짓누를 수도" KBS News.

이처럼 국민 10명 중 8~9명은 우리나라 정치와 정치인을 신뢰하지 않는다는 여론조사 결과가 나온 것은 얼마전 잠시 동안이기는 했지만 정치권을 강타한 이른바 '안철수 신드롬'이 기성 정당의 한계와 위기를 드러냈다는 평가와 맥을 같이하는 것으로 풀이된다(장하나, 2011).

이상과 같이 한국의 오피니언 리더들은 책임의식과 신뢰감이 높아져야 비로소 리더십이 되살아날 것임을 강조하고 있다. 특히 법조인(55.6%)들이 책임의식을 크게 강조했다. 이는 리더들은 권한을 가진 사람들로 권한만큼이나 충실한 책임의식이 뒤따라야 한다는 의미이다.

2. 경영진 리더십 '낙제점'

자본주의의 꽃인 기업은 물론이고 국가의 흥망성쇠도 리더십에 달렸다는 명제를 부정하거나 이에 토를 달 이는 아무도 없다. 이는 우리가 봐온 숱한 역사적 사실로 이미 증명되었다. 한국사회를 이끌어갈 정치적 리더십이 실종되면서 경제적 리더십도 표류하고 있다.

초저출산, 고령사회, 고용없는 성장, 북핵문제, 무역전쟁의 소용돌이 속에서 우리경제가 저성장과 침체의 늪으로 빠지지 않고 지속적인 성장의 모멘텀을 유지하려면 조직관리 측면에서 무엇보다도 리더십 강화에 힘써야 한다고 전문가들은 이구동성으로 말한다.

리더십이란 앞서 바람직한 영향력을 행사해서 탁월한 성과를 창출하는 과정으로 정의된 바 있다. 주어진 지위나 힘에만 의존하지 않고 비전·동기부여·정직함·역량·봉사·혁신·헌신 등 바람직한 수단을 통해 조직을 이끄는 상태를 말한다. 일제강점 100년을 맞은 현재 우리 사회에 이런 리더십은 있는가? 아니면 없는가?

실제로 한 경영컨설팅업체의 최근 연구조사 자료도 이런 리더십 위기가 잘 반영돼 있다. 세계적인 컨설팅기업인 타워스왓슨은 2012년 8월 한국 직장인 1,000명을 비롯한 북미 유럽 아시아 등 세계 28개국에서 3만 2,000명을 대상으로 조사한 '2012 글로벌 인적자원 연구(The 2012 Towers Watson Global Workforce Study)' 결과를 발표했는데 한국 직장인들은 경영진의 리더십에 대해 낙제점(30~40점)을 주었다. [그림 2-3]

그림 2-3 | 국가별 경영진 리더십 신뢰도

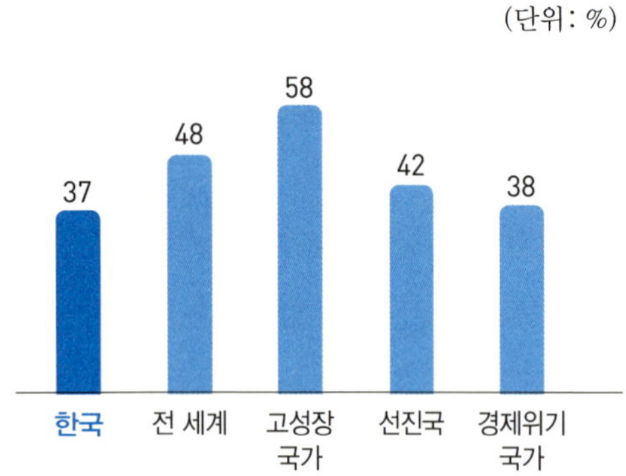

자료: 타워스왓슨

그림 2-4 | 직속상사에 대한 만족도

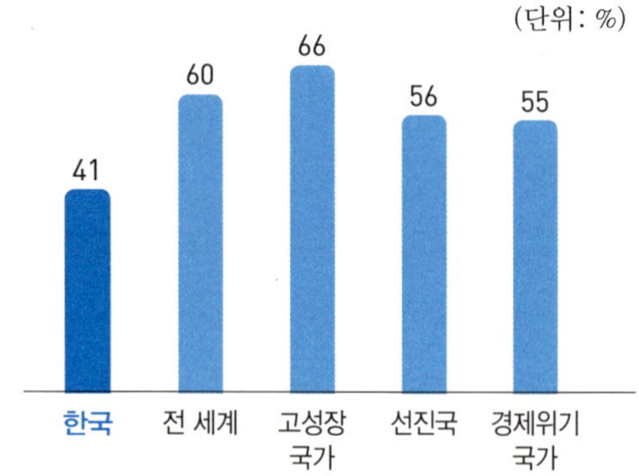

자료: 타워스왓슨

에서 알 수 있듯이 한국 직장인중 37%만이 경영진의 능력과 비전을 신뢰한다고 응답했다. 이는 아일랜드, 스페인, 이탈리아 등 경제위기에 빠졌던 유럽 국가(38%)보다 낮은 수치다. 중국, 인도, 브라질 등 12개 고성장 국가의 경우 경영진 리더십에 대한 신뢰도는 58%였다. 전 세계 평균 48%에 비해서도 낮은 수치다. 경영자를 믿지 못하는 직장인이 많다는 점에서 한국 CEO가 당면한 리더십 위기이기도 하다.

동 조사에서 또 절반 가량의 직장인이 회사의 경영목표에 대해 제대로 이해하지 못했다. 자신이 맡은 업무의 가치에 대해서도 제대로 설명을 듣지 못한 것으로 나타났다. 이 밖에 경영진 스스로 자신이 내세운 목표와 가치에 맞춰 일관성 있는 경영을 하지 못한다는 답변도 60%에 달했다. 대부분의 경영진이 회사의 발전이 직원 개인의 발전에 어떻게 도움이 되는지도 제대로 설명하지 못하고 있다. 업무를 배정하는 과정에서 개인의 목표와 가치관을 제대로 고려하지 않는다는 평가도 있다.

직장인들의 불신의 대상에는 경영진뿐 아니라 직속상사 등 중간관리자도 포함된다. 타워스왓슨의 조사에서는 [그림 2-4]와 같이 절반도 안 되는 41%의 직장인만이 직속상사에 대해 만족한다고 답했다. 이는 경제위기 국가(55%)의 직장인보다도 훨씬 낮은 수치다. 한마디로, 세계 10위권의 경제대국이 리더 또는 팀리더와 직원간 불신과 불통(不通)의 함정에 빠져 있다는 뜻이다.

이는 대부분의 경영자가 목표량 하달 등의 일방 지시에 매몰돼 있는 현상과도 무관치 않아 보인다. 황철주 벤처기업협회장(주성엔지니어링 대표)이 전경련 포럼행사에서 "국민소득 4만 달러 시대를 열려면 과거처럼 일을 지시하던 보스(Boss)형 리더에서 벗어나 혁신을 이끄는 '창조형 리더'가 필요하다"고 강조한 이유이기도 하다.

이와 같이 시대에 따라 경영진의 리더십이 달라져야 하는데 1인당 국민소득도 30,000달러를 넘어섰고 ICBM(IoT, Cloud, Bigdata, Mobile)과 AI(Artificial Intelligence 인공지능)를 특징으로 하는 4차 산업혁명이 도래하고 있지만 기업의 중추적인 인물은 여전히 이에 제대로 부응하지 못하고 있음을 보여준다.

리더십 위기는 기업의 최대 자산인 직원들을 겉돌게 하고 있다. 앞의 조사에서 직장인 84%는 업무에 지속적으로 몰입하지 못했으며, 열정도 떨어져 '마지 못해 직장에 다니고 있다'는 것으로 나타났다. 회사와 일에 애정을 느끼지 못하다 보니 항상 이직을 고려하고 있다. 35%의 직장인이 이미 조직에서 마음이 떠나 적절한 제의만 있으면 이직하겠다고 답했다.

경영교육업체 휴넷의 조영탁 대표는 이와 관련, "현재 우리사회 리더십의 위기 원인은 소통부재, 인기영합, 좌고우면 등으로 정리할 수 있다"며 "정치 리더뿐 아니라 기업의 경영진도 멀리 보고 올바른 길을 가려는 태도를 가져야 한다"고 강조했다. 또 "리더의 시각과 대중의 시각은 다를 수 있기에 한 번 정한 일은 뚝심있게 밀고 나가는 결단력도 리더에게 요구된다"고 말했다(원호연, 2012.8.8).

3. 직장상사 리더십 'F학점'

LG경제연구원은 2008년 한국 직장인들이 느끼는 리더십에 대한 만족도와 팔로워(follower) 특성을 파악해 보고자 하는 취지에서 취업포털업체인 (주)잡코리아와 동아일보와 공동으로 20~50대 직장인 843명을 대상으로 온라인 방식에 의한 설문조사를 진행했다. 응답자 중에는 IBM, HP, 3M, Dupont, Sony 등 국내에 진출한 외국계 글로벌 기업(300인 규모 이상)에 다니는 직장인 102명도 포함되어 있었다. 설문은 총32개 항목으로 '리더십 만족수준', '팔로워 특성' 및 '주요 정성적 성과요인 인식' 등을 묻는 내용으로 구성되었다. 특히 경영학자 퀸(R.E. Quinn)이 리더십평가측정을 위해 개발한 경쟁가치모델(Competing Value Model)에 나오는 8개 리더십역량에 대한 기대와 만족수준을 물어보았다.

그림 2-5 리더십 만족도에 대한 인구특성별 비교(100점 만점)

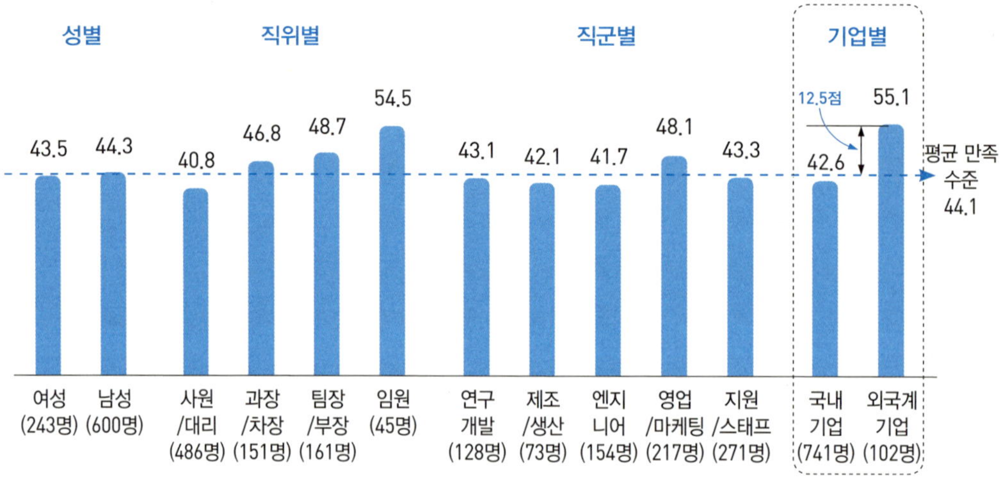

분석결과 대한민국 직장인들이 느끼는 리더십에 대한 만족수준은 100점 만점으로 환산했을 때 44.1점에 불과한 것으로 나타났다. 대학의 시험성적으로 치자면 예외없이 F학점이다. 만족도 측면만 놓고 보자면 한국 기업은 리더십 부족이 아니라 심각한 리더십 결핍이나 리더십 실종 상태에 봉착해 있다는 해석도 가능하다.

보다 최근에 취업포털 인크루트가 인크루트 직장인 회원 470명을 대상으로 '직장 상사의 리더십 만족도' 설문조사를 실시한 결과에서도, 직장인 61%는 10점 만점에 '5점 이하'로 응답해 낙제점을 면하지 못하는 것으로 조사됐다. 특히 '사원에서 대리급(4.6점)'이 가장 낮은 점수를 줬으며, 그다음으로 '과장에서 차장급(4.7점)', '팀장에서 부장급(5.4점)', '임원급(5.5점)' 순으로 상사에 대해 높은 점수를 줬다[2](김아름, 2016.11.23).

LG경제연구원의 분석결과를 성별, 직위별, 직군별 및 기업별로 보다 구체적으로 비교하면 [그림 2-5]와 같다.

집단별로 볼 때, 성별, 직군별로는 리더십 만족도에 큰 차이가 없었다. 하지만

2 '회사의 성공과 구성원의 만족을 위해 직속 상사의 리더십 역량이 중요하다고 생각하십니까'라는 질문에는 직장인 47%가 '9점 이상'이라고 답해 중요하다고 생각하였으며, '6점에서 8점(33%)', '5점 이하(21%)' 순으로 집계됐다. 직속상사의 리더십 역량은 직급이 높을수록 중요하다고 평가했다. '임원급(8.1점)'>'팀장에서 부장급(7.9점)'>'사원에서 대리급(7.4점)' 순으로 답했다(김아름, 2016.11.23).

계층별 비교에서 차이가 나타났다. 임원이 54.5점인 데 반해 팔로워의 대다수인 사원/대리 계층이 40.8점으로, 하위직급으로 갈수록 리더십에 대한 불만 수준이 높게 나온 것이다.

집단별 분석에서 또 하나 흥미로운 결과는 국내에 진출한 외국계 기업 구성원과의 차이이다. 외국계 기업에 다니는 직장인의 리더십 만족도는 55.1점이다. 반면 토종 국내 기업의 리더십 만족도는 42.6점으로 무려 12.5점이나 낮았다. 토종 국내 기업과 대비해 체계적으로 리더십 개발에 주력하고 있다는 외국계 기업과의 차이는 우리 기업에 시사하는 바가 크다. 같은 한국인이라 하더라도 회사가 리더십 개발에 얼마나 신경 쓰는가에 따라 큰 차이를 만들어낼 수도 있다는 점 때문이다.

이번 설문조사에서 리더십 만족도는 [그림 2-6]과 같이 크게 4가지 영역에 걸쳐 조사되었다. 이 가운데 흥미로운 부분은 마케팅에서 흔히 활용하고 있는 '재구매 의향'을 리더들에게 적용해 본 결과이다. '현재 같이 일하고 있는 직장 상사와 다시 일해 볼 생각이 있는가?'라는 질문에 대해 외국계 기업의 구성원들은 55.1점, 국내 기업은 39.5점으로 나왔다. 무려 15.6점이나 차이를 보이고 있다.

이는 리더십 역량이나 정직/도덕성을 묻는 질문에서는 외국계 기업보다 10점 정도 낮게 나온 점을 감안할 때 상대적으로 두드러진 차이이다. 즉, 구성원들이 직장 상사의 개별적 역량을 묻는 질문에 비해 전반적인 느낌을 묻는 감성적 요인에 더 부

그림 2-6 리더십 만족도에 대한 주요 항목별 비교(100점 만점)

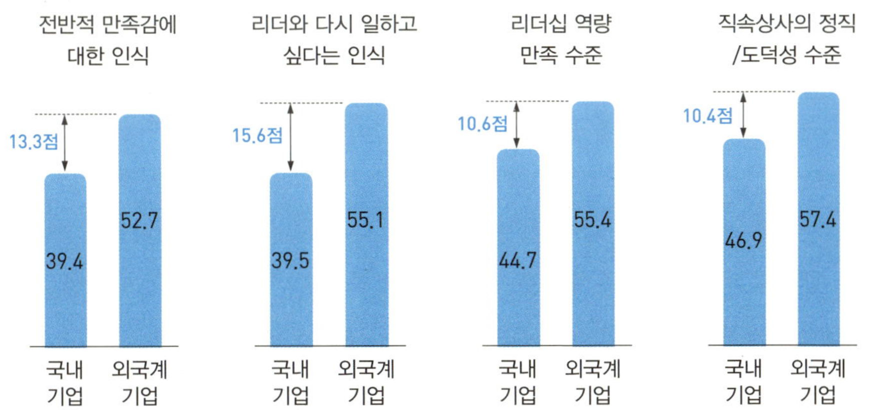

그림 2-7 리더십 역량 수준 비교(100점 만점)

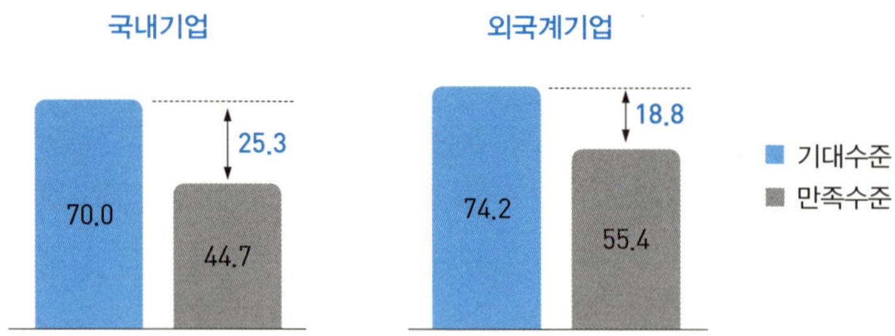

자료: 퀸(R.E. Quinn)이 개발한 경쟁가치모델에서 제시한 8개의 리더십 역량을 기준으로 기대수준과 만족수준을 설문/점수화함.

정적인 평가를 하고 있다는 얘기이다. 여기서 우리는 구성원들이 리더의 개별적 능력이 모자라서 다시 일하기 싫은 경우보다는, 감정적으로 싫은 느낌을 더 받고 있다는 해석도 가능하다.

그렇다면, 구성원들은 리더들에게 어떤 역할을 기대할까? 그리고 상사들은 그 기대에 얼마나 부응하고 있을까? 먼저, '회사의 성공과 구성원만족을 위해 직속 상사의 리더십 역량은 얼마나 중요한가?'라는 리더십 기대수준을 물어보았다. 그 결과 국내 기업이 70.0점, 외국계 기업은 74.2점으로 약간 차이는 있지만, 통계적으로 의미 있는 차이를 보이지는 않았다. 즉, 리더십이 특정 기업에 더 중요하거나 덜 중요한 것은 아니라는 얘기다. 그런데, 여기서 문제는 상사의 리더십 역량 발휘에 대한 구성원들의 만족수준이다. 외국계 기업이 55.4점인데 비해 우리는 44.7점으로 리더십에 대한 기대수준과 만족수준 간의 차이(gap)가 큰 것으로 나왔다([그림 2-7] 참조).

결과만 놓고 볼 때, 토종 국내 기업 리더들의 자질이 그만큼 모자란 것으로 보일 수도 있다. 하지만 그 원인이 꼭 개인에게만 있을까? 그렇지 않다. 문제의 근본 원인은 좀 더 다른 곳에서 찾아봐야 할 것으로 보인다. 우리 기업의 리더들이 기본적인 자질은 갖추고 있지만, 이를 제대로 계발하고 발휘할 수 있는 체계나 시스템, 기업의 풍토 등이 문제가 될 수도 있기 때문이다(노용진·김현기, 2008).

지금까지 한국 직장상사의 리더십의 현주소에 대해 살펴보았다. 어쨌든 직장상사의 리더십에 대한 불만은 회사나 일에 대한 만족감이나 몰입도를 떨어트리고, 열정을 저하시키며, 이직을 부추길 수도 있다. 이는 결국 기업성과에 부정적인 영향을 미칠 수밖에 없을 것이다. 따라서 우리 기업의 재무적·비재무적 성과를 끌어올려 지속가능한 경영을 하기 위해서는 조직 구성원들의 긍정적 에너지를 높일 수 있는 리더십 역량부터 한 단계 끌어 올려야 할 것으로 보인다.

리더십 **사례**

특권 만연한 한국사회…OECD 35국 중 30위

〈그림 1〉 경제협력개발기구(OECD) 35개 회원국 특권추구지수 순위

(자료: 자유경제원)

〈그림 2〉 부문별 법질서 경쟁력 지수

(전체 평가대상 66개국)

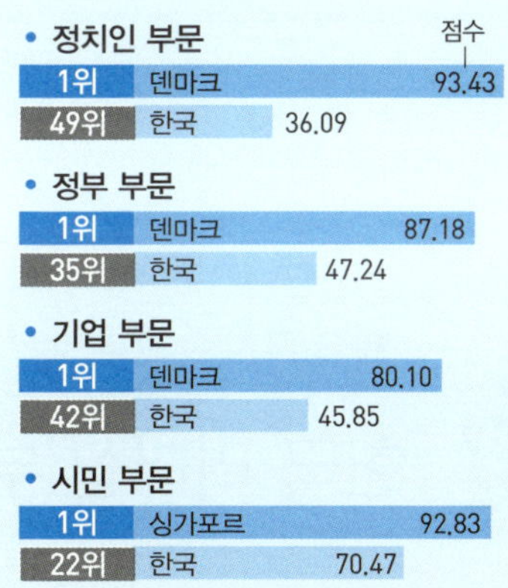

※ 한국 종합순위는 36위(49.91점)

우리나라의 특권추구지수는 전 세계 150개국 가운데 44위, 경제협력개발기구(OECD) 회원국 가운데 30위인 것으로 나타났다. 순위가 처질수록 특권추구가 만연돼 있다는 의미다. 국내총생산(GDP) 등 우리나라 현 위상에 비춰볼 때 정치·경제·사회 등 각 분야에서 특권추구 행위가 다른 나라에 비해 상대적으로 많이 이뤄지고 있는 것이다. 자유경제원은 23일 오전 서울 마포구 마포대로 리버티홀에서 '한국 정부의 특권추구 어디까지 와 있나'라는 주제로 '2017 특권추구지수 세미나'를 개최했다. 특권추구지수란 정치, 정부, 사회, 경제, 개방 등 5개 분야에서 발생하는 특권추구 행위에 따른 사회적 비용을 측정하고 평가하기 위해 자유경제원이 만든 지수다.

최승노 자유경제원 부원장은 세계은행, 국제통화기금(IMF), 미국 프리덤하우스, 미국 헤리티지재단 등의 지표를 바탕으로 각 나라의 특권추구 지수를 도출해냈다. 예를 들어 정치 분야는 절차 합리성(프리덤 하우스), 안정성(세계은행 세계거버넌스지표(WGI)), 공정성(WGI), 법치(WGI) 등의 평가 항목으로 구성돼 있다.

최 부원장에 따르면 우리나라의 특권추구지수는 10점 만점에 4.91로 OECD 35개 국가 가운데 30위를 기록했다. 지수가 낮을수록 특권추구 구조가 고착화돼 있음을 의미한다. 우리나라 밑으로는 이스라엘·이탈리아·그리스·터키·멕시코 등이다. 정부에선 5위로 상위에 올랐지만 사회 25위, 개방 26위, 정치 29위, 경제 31위 등을 차지했다. 전 세계 150개국 가운데에선 44위에 머물렀다. 최 부원장은 "정치 분야에선 합리적으로 효율적인 정부가 될 수 있도록 경쟁 지향적 입법 노력이 필요하다"고 밝혔다. 김수정 고려대 지속발전연구소 연구원은 이와 관련, "최근 한국사회는 기득권층의 특권추구 행위로 몸살을 앓고 있다"며 "명확한 원칙과 제도를 수립하고 법질서가 잘 작동할 수 있도록 해야 하며 정해진 원칙을 넘어서 특권을 추구하는 집단이 있을 경우 강력한 사법적 제재를 가해야 한다"고 주장했다.

주: 〈그림 2〉는 산업정책연구원의 '법질서 경쟁력 평가 지표 개발 및 활용에 관한 연구'의 자료임.

자료: 유희경(2017.1.23), "특권 만연한 한국사회…OECD 35國 중 30위," 「문화일보」; 김정우(2009.2.26), "국민에 법·질서 외치더니 정부·정치인이 더 안 지켜," 「한국일보」.

제 2 절 한국 리더십 부재의 이유

우리나라는 2006년 1인당 국민소득 20,795달러로 2만 달러를 넘어선 데 이어(2012년에는 22,720달러) 2012년 6월 22일부로 국내 인구가 5,000만 명을 넘어섬으로써 마침내 세계에서 7번째로 새로운 선진국의 기준으로 통하는 20-50클럽에도 가입하게 되었다.

이에 대해 기획재정부는 "'1인당 국내총생산(GDP) 2만 달러~인구 5천만 명' 달성이 2차 세계 대전 후 개발도상국으로는 최초의 사례"라고 의미를 부여했다. 기재부는 보도자료를 통해 "세계 7번째의 20-50클럽 진입은 경제규모 확충과 질적 향상이라는 두 마리 토끼를 잡았다는 긍정적 의미가 있다"면서 이같이 강조했다.

미국의 20-50클럽 달성은 [그림 2-8]에서 알 수 있듯이 1988년, 일본은 가장 빠른 1987년, 프랑스와 이탈리아 1990년, 독일 1991년, 영국 1996년이다. 기재부는

그림 2-8 20-50클럽(1인당 소득 2만 달러-인구 5천만 명)

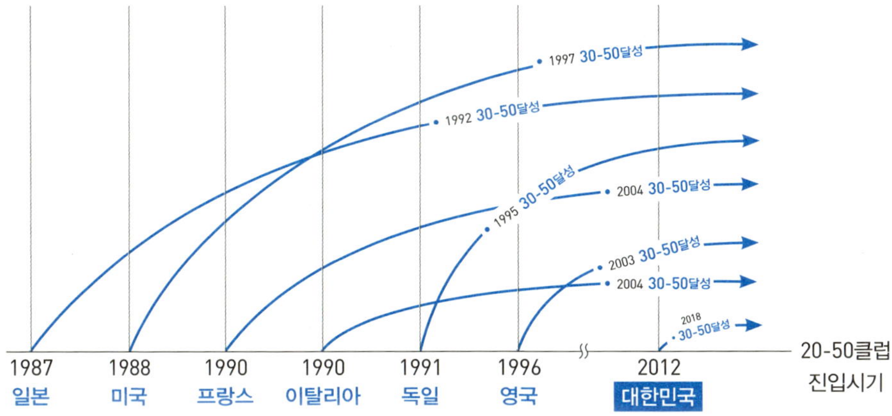

"이들 국가는 모두 1인당 GDP 3만 달러를 돌파했다"라고 소개했다(이승환, 2012).

한국의 국내총생산(GDP) 규모는 2017년 기준 약 1조 5,300억 달러로 세계 12위다. 수출은 전 세계에서 6번째로 많이 하고 외환보유액 규모는 4,030.7억 달러(2019년 6월말 기준)로 세계 9위에 올라 있다. 경제 외형만 보면 한국은 진작에 선진국이 됐다는 평가를 받는다. 실제 국제통화기금(IMF)은 한국을 '선진 경제권'으로 분류하고 있다. 최근에는 선진국의 표식 하나가 더 추가됐다. 한국은 2018년 1인당 국민소득(GNI)이 3만 1,349달러를 기록해 처음 3만 달러 고지에 올라섰다. 1인당 국민소득은 한 나라 국민이 벌어들인 모든 소득을 인구 수로 나눈 것으로 한 나라 국민의 평균적인 소득·생활 수준을 나타낸다. 이 수치가 3만 달러를 넘었다는 것은 우리나라가 경제의 양적인 측면뿐 아니라 질적인 부분도 선진국 대열에 들어섰음을 뜻한다(서민준, 2019.3.18).

20-50클럽에서 30-50클럽으로 올라서는 데 걸린 시간은 독일이 4년으로 가장 짧고 다음으로 일본 5년, 영국 7년, 미국 9년, 그리고 이탈리아와 프랑스는 각각 14년으로 6년이 걸린 우리나라는 독일과 일본 다음으로 짧았다. 참고로 가입 당시 소득과 인구를 보면 [그림 2-9]와 같다.

개별기업의 성장도 괄목할 만하다. 한국 기업 16곳이 2019년 포춘이 선정한 세

그림 2-9 30-50클럽 가입 당시 소득과 인구

	일본	독일	미국	영국	이탈리아	프랑스
가입연도	1992년	1995년	1997년	2003년	2004년	2004년
소득	3만 1,000달러	3만 1,000달러	3만 1,000달러	3만 1,000달러	3만 달러	3만 4,000달러
인구	1억 2,400만 명	8,200만 명	2억 7,300만 명	6,000만 명	5,800만 명	6,100만 명

계 500대 기업(Fortune Global 500) 리스트에 올랐다. 포춘 글로벌 500은 웹스터 사전에 등재될 정도로 권위와 역사를 자랑하는 세계 기업 랭킹 리스트로, 연결재무제표상 매출액 기준으로 글로벌 기업을 평가해 매년 7월 상위 500대 기업을 발표한다.

16개 한국 기업 중 톱은 올해도 삼성전자였다(글로벌 IT기업 순위는 Apple에 이어 2위). 매출 2,215억 7,940만 달러를 기록해 지난해보다 3계단 떨어진 15위를 기록했다. 그 뒤는 SK홀딩스(73위), 현대차(94위), POSCO(171위), LG전자(185위), 한국전력(193위), 기아차(227위), 한화(261위), SK하이닉스(335위), GS칼텍스(376위), 현대모비스(393위), 삼성생명(426위), KB금융지주(434위), 삼성물산(444위), CJ(463위), LG화학(490위)가 이었다.

한국 기업 중 지난해 대비 순위가 가장 많이 오른 기업은 반도체 호조에 따라 107계단 상승한 SK하이닉스였고, 가장 많이 떨어진 기업은 17계단 떨어진 한화였다. LG화학은 올해 포춘 글로벌 500 리스트에 신규 진입했고, 지난해 483위를 기록했던 LG디스플레이는 올해 500대 기업에서 탈락했다.

한편 월마트는 6년 연속 1위에 올랐고, 중국 에너지 기업 시노펙과 네덜란드 정유사 로얄더치셸, 중국석유천연가스공사(China National Petroleum), 중국국가전력망(State Grid)이 그 뒤를 이어 톱5에 랭크됐다(〈표 2-1〉 참조). 국가별로는 미국이 121개사로 가장 많았고, 중국이 119사로 올라 글로벌 공룡 기업 수에서 G2가 대등한 모습을 보였다(정재웅, 2019.7.23).

이러한 한국경제의 위상강화로 한국기업의 브랜드가치 또한 크게 상승하였다. 삼성전자의 브랜드 가치 규모가 사상 최대를 기록했다. 현대차와 기아차도 전년 대

표 2-1 글로벌 500대 기업 Top 5와 한국기업순위

순위	기업	매출(백만 달러)	순위	기업	매출(백만 달러)
1	Walmart	554,405	193	한국전력	54,568
2	Sinopec	414,649	227	기아차	49,238
3	Royal Dutch Shell	396,556	261	한화	44,303
4	China National Petroleum	392,976	335	SK하이닉스	36,763
5	State Grid	387,056	376	GS칼텍스	33,052
	⋮	⋮	393	현대모비스	31,949
15	삼성전자	221,579	426	삼성생명	29,305
73	SK홀딩스	95,905	434	KB금융지주	29,000
94	현대차	87,999	444	삼성물산	28,319
171	POSCO	59,223	463	CJ	26,835
185	LG전자	55,757	490	LG화학	25,617

비 브랜드 가치가 상승하며 100대 브랜드 자리를 지켰다. 4일 글로벌 브랜드 컨설팅 전문업체 인터브랜드(Interbrand)가 발표한 글로벌 100대 브랜드에서 삼성전자 브랜드 가치는 599억 달러(약 67조 6,500억원)로 평가됐다. 올해 삼성전자 브랜드 가치는 지난해 562억 달러보다 6.5% 증가해 600억 달러 돌파를 눈앞에 뒀다. 브랜드 순위는 6위로 지난해와 동일했다.

인터브랜드는 삼성전자가 갤럭시노트9, 퀵드라이브 세탁기, 더월 등 제품을 통해 혁신을 이어가고 있고, 5세대(5G) 통신, 인공지능(AI), 자동차 전장 등 미래 혁신기술 기반의 성장 가능성이 높은 점을 긍정적으로 평가했다. 또 반도체 시장에서 확고한 1위를 유지하며 성장세를 이어가고 있는 점과 기업 간 거래(B2B)에서 브랜드 경쟁력을 높게 평가했다. 삼성전자는 2012년 브랜드 가치 329억 달러로 전체 9위를 기록하며 처음으로 10위권에 진입한 이후 7년 연속 10위권 안에서 순위를 유지해 오고 있다.

국내 완성차의 맏형 격인 현대차는 4년 연속 글로벌 40위 이내에 브랜드에 이름을 올렸다. 현대차 브랜드 가치는 전년 대비 3% 상승한 135억 달러로 집계됐다. 종합 브랜드 순위 36위로, 자동차 부문에서 6위를 달성했다. 현대차는 2005년 글로벌 100대 브랜드에 처음으로 이름을 올린 이후 올해까지 14년 연속으로 선정됐다. 기아차는 전년비 4% 상승한 69억 달러로 자동차 부문에서 11위를 기록했다. 전체 순위는

표 2-2 글로벌 브랜드 순위 (단위: 억 달러)

순위	기 업	브랜드가치	순위	기 업	브랜드가치
1	Apple	2,145	7	Toyota	534
2	Google	1,555	8	Mercedes Benz	486
3	Amazon	1,008	9	Facebook	452
4	Microsoft	927	10	McDonald	434
5	Cocacola	663	36	현대자동차	135
6	삼성전자	599	71	기아자동차	69

71위로 전년 69위에서 소폭 하락했다.

인터브랜드는 △기업의 재무 성과, △제품 구매 시 브랜드가 고객에게 미치는 영향, △브랜드 경쟁력 등을 종합적으로 분석해 매년 글로벌 기업의 브랜드 가치를 발표하고 있다. 2018년 브랜드 가치 1위는 〈표 2-2〉에서와 같이 2,145억 달러(약 242조원)의 브랜드 가치를 평가받은 Apple이 차지했고 Google(1,555억 달러), Amazon(1,008억 달러), Microsoft(927억 달러), Cocacola(663억 달러)가 그 뒤를 이었다(전경운·강영운, 2018.10.4).

끝으로 수출경쟁력이 곧 국가경쟁력으로 통하는 지금 우리나라의 수출경쟁력을 어느 정도인지 한 번 살펴보기로 하자. 중국의 수출 경쟁력이 파죽지세로 성장하고 있다. 수출로 먹고살 수밖에 없는 한국의 입장에서 무역전쟁과 중국의 기술추격으로 입지가 점점 좁아지고 있는 현실이다. 특히 국내 중소 수출기업들은 한국의 고고도 미사일방어체계(THAAD 사드) 배치 발표 후 중국의 견제로 몸살을 앓아 왔다.

한국무역협회 국제무역연구원이 발표한 '세계 수출시장 1위 품목으로 본 우리 수출의 경쟁력 현황'에 따르면, [그림 2-10]에서 알 수 있듯이 2017년 세계 수출시장 점유율 1위 품목 최다 보유국은 중국으로 1,720개였다. 중국의 뒤를 이어 독일(2위, 693개)과 미국(3위, 550개)이 선두권을 구성하고 있으며 우리나라의 세계 수출시장 점유율 1위 품목수는 77개로 세계 12위였다.

중국과 독일은 지난해에 비해 세계 수출 1위 품목이 각각 48개, 21개가 증가한 반면 미국과 일본은 각각 19개, 8개가 감소하였다. 우리나라의 글로벌 수출시장 1위 품목은 2012년 69개에서 2013년 68개, 2014년 67개로 소폭 감소하다가, 2015년 68개, 2016년 71개를 거쳐 2017년에는 77개로 6개 늘어나며 단독 12위를 기록했다(〈표

2-3〉 참조).

1위 품목의 총 수출액은 1407억 달러로 전체 수출의 24.5%를 차지했다. 1위 품

그림 2-10 2017년 세계 수출시장 점유율 1위 품목보유 상위 15국 현황 (단위: 개)

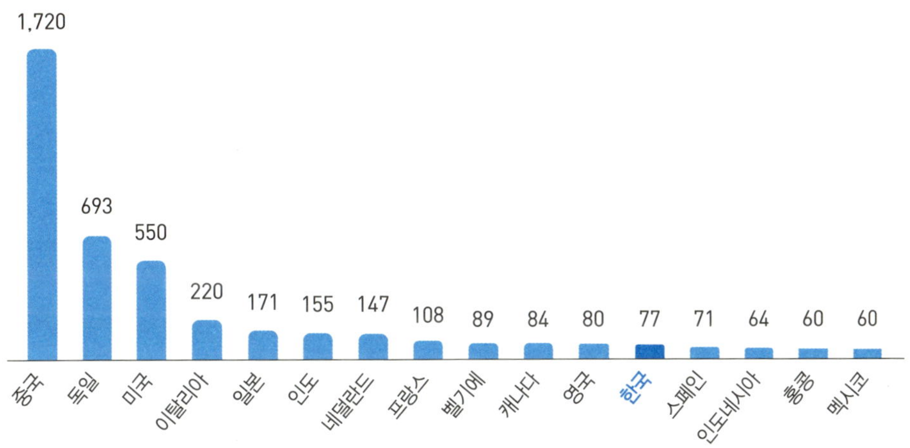

자료: 이유진(2019.3), "세계 수출시장 1위 품목으로 본 우리 수출의 경쟁력 현황(2017년 기준)", *Trade Focus*, 한국무역협회 국제무역연구원, 2.

표 2-3 주요 국가별 세계 수출시장 점유율 1위 품목수 추이 (단위: 개)

국가명	2015		2016		2017		품목수 증감
	순위	품목 수	순위	품목 수(a)	순위	품목 수(b)	(b-a)
중국	1	1,741	1	1,672	1	1,720	48
독일	2	635	2	672	2	693	21
미국	3	606	3	569	3	550	-19
이탈리아	4	196	4	207	4	220	13
일본	5	175	5	179	5	171	-8
인도	7	126	6	149	6	155	6
네덜란드	6	137	7	138	7	147	9
프랑스	8	102	8	99	8	108	9
벨기에	10	83	9	85	9	89	4
캐나다	11	77	10	80	10	84	4
한국	14	68	공동 12	71	12	77	6

자료: 이유진(2019.3), "세계 수출시장 1위 품목으로 본 우리 수출의 경쟁력 현황(2017년 기준)", *Trade Focus*, 한국무역협회 국제무역연구원, 2.

표 2-4 한국의 세계 수출 1위 품목 중, 중·미·일·독의 2위 품목 간 점유율 격차 (단위: 개, %)

한국과의 점유율 격차	중국	일본	미국	독일	소계	
					품목 수	비중
5% 미만	6	4	3	3	16	33.3
5% 이상 ~ 10% 미만	3	4	6	3	16	33.3
10% 이상 ~ 15% 미만	0	2	0	1	3	6.3
15% 이상 ~ 20% 미만	0	1	0	1	2	4.2
20% 이상	6	2	3	0	11	22.9
소계	15	13	12	8	48	100.0

자료: 이유진(2019.3), "세계 수출시장 1위 품목으로 본 우리 수출의 경쟁력 현황(2017년 기준)", *Trade Focus*, 한국무역협회 국제무역연구원, 2.

목 중 화학제품(31개), 철강(13개), 섬유제품(8개)이 67.5%의 비중을 보였다. 특히 화학제품은 1위 품목이 전년보다 6개 늘어나 가장 큰 폭으로 증가했다.

77개 1위 품목 중 48개는 〈표 2-4〉에서 알 수 있듯이 중국, 일본, 미국, 독일이 바짝 뒤쫓고 16개는 점유율 격차가 5%p 미만에 불과했다. 1위 제품 가운데 비중이 가장 큰 화학제품의 경우 독일과 미국의 2위 품목이 전년보다 2개와 3개가 늘어 이들의 추격을 경계해야 할 것으로 보인다.

우리나라는 중국과 대부분의 1위 품목에서 경쟁 중이며 일본과는 화학 및 철강 제품에서 선두를 다투는 것으로 나타났다. 주요 경쟁국 가운데 중국은 세계 수출시장 1위 품목이 1,720개로 가장 많았고 독일(693개), 미국(550개), 이탈리아(220개), 일본(171개)이 뒤를 이었다.

전체 수출에서 반도체의 비중이 급속도로 높아지는 상황에서 세계 수출시장 점유율 1위 품목의 꾸준한 증가는 수출품목 다변화와 성장동력 확보에 분명 청신호다. 하지만 이러한 위상에도 불구하고 우리나라는 아직도 넘어야 할 산과 건너야 할 강이 많다. 무역전쟁으로 수출여건 악화가 우려되는 상황에서 주요 선진국과 경합하는 품목이 여전히 많은데다 중국의 추격도 만만치 않아 수출경쟁력제고와 첨단기술 중심의 신규 품목 발굴을 위한 다각적인 노력이 필요하고(이유진, 2019.3; 최우석, 2019.3.20) 또 그러한 안목과 비전을 갖고 안팎의 어려움을 슬기롭게 극복할 수 있는 리더십이 어느 때보다 필요하다.

세계 속의 한국의 위상은 실로 대단하다. 이러한 대단한 위상에도 불구하고 한국 리더의 리더십은 어떠한가? 리더십연구의 전문가인 백기복 교수는 리더십과 관련하여 "선배가 있고 보스가 있으며, 어른이 존재하고 사장, 회장은 많지만 새 시대의 모델로 내세울 만한 리더는 한국에서 찾아볼 수 없다. 이유없이 설치는 패거리 정치인들과 요령 하나로 승진해온 붙박이 관료들과 오래전부터 자유의지를 포기한 봉급쟁이 경영자들과 소유의 의미를 모르는 채 박제된 후대 소유주들… 이 걸식동물들이 나라의 중추를 이루어 봄나물처럼 자라나는 리더의 싹들을 먹어치우고 있는 한, 한국의 리더기근은 새롭게 펼치진 2000년대의 널푸른 초원 위에서도 해소되지 못할 것이다(백기복, 2000, 17)"라고 리더십부재를 아쉬워하고 있다. 그러면 한국에 리더다운 리더가 없는 이유에 대해 간단히 살펴보기로 하자.

1. 리더육성체계의 부재

우리나라의 많은 기업들은 리더십 파이프라인을 통해 사원에서 경영자까지의 리더십 육성 과정과 내용, 필요 역량 규명과 행동특성 기술, 육성의 시기와 기간 등을 정한 리더십 육성체계를 가지고 있다. 중요한 것은 이러한 리더십 육성체계에 따라, 회사의 관리자와 경영자를 제대로 된 방향에서 체계적이고 지속적으로 이끌어 조직과 구성원 성장을 이끌고, 회사성과에 이바지하고 있느냐는 점이다.

실제로 많은 기업을 방문하여 리더들을 어떻게 육성하고 있는가를 살펴보면, 10이면 10, 체계적이고 지속적인 리더 육성체계와 프로그램이 없다. 있다면 1년에 의례적으로 실시하고 있는 임원 세미나 수준이다. 이 세미나에 CEO가 참석하지 않으니까 본부장과 중요 포지션의 임원들조차 참석하지 않는다(홍석환, 2017.5.22). 리더 육성체계가 제대로 돌아갈 리 만무하다.

교육부와 한국교육개발원(2018.9)에 따르면 우리나라의 취학률과 교육이수 비율은 경제협력개발기구(OECD) 다른 국가들을 압도하는 것으로 나타났다.[3] 그만큼

3 교육부와 한국교육개발원은 2018년 9월 11일 공개된 'OECD 교육지표 2018'을 인용해 우리나라의 연령별 취학률(2016년 기준)을 보면 15~19세 87.0%, 20~24세 50.0%를 기록해 OECD 평균(85.0%, 42.0%)보다 높았다. 특히 만 3세의 취학률은 97.0%로 OECD 평균(76.0%)을 무려 19.0%포인트 앞질렀다. 이는 어린이집, 유치원 등 가정 외 돌봄서비스에 기대는 수요가 많다는 의미다.

교육열이 뜨겁다는 얘기다(김이삭, 2018.9.11). 교육열로 보면 우리나라는 단연 세계 최고 수준이다. 하지만 우리나라 유치원에서 대학 심지어 대학원에 이르기까지 리더 육성을 위한 교육훈련체계는 거의 없다.

어린아이들에게 뜻 모를 단어나 암기시켜 천재(?)를 만들려 하고 그것도 모자라 집 팔고 대출받아 가장과 생이별을 해가면서 초등학교부터 호주, 뉴질랜드, 미국, 영국, 캐나다 등으로 조기유학을 가기도 한다. 2000년대 들어 꾸준히 증가세를 보이던 초·중·고 조기 유학생이 2006년 2만 6천 명을 정점으로 지속적으로 줄어들고는 있지만(오윤희, 2010.10.25) 묻지마' 해외 조기 유학 열풍이 한풀 꺾였을뿐 여전히 많은 학생들이 영어 등을 배우러 비행기에 오른다(유대근, 2017.7.7; 한여진, 2019.6.3).

대학에서는 21세기 지식인으로서 글쓰기와 자기표현의 기본을 제대로 배우기도 전에 입학과 더불어 취직을 위한 어학특강이나 자격증준비에 온갖 힘을 쏟아붓고 있다. 어떤 학과 어떤 교과과정에서도 이웃사랑, 공동체의식, 동반성장, 국가와 세계의 미래에 대한 진지한 고민을 바탕으로 다른 사람들을 이끌어가는 리더십의 기법은 제대로 학습되지 않고 있다.

사회적으로도 시대가 요구하는 범용한 리더가 탄생할 수 있는 체제를 갖추지 못하고 있다. 학연, 혈연, 지연 및 각 패거리별로 원시적 정서가 결박되어 있어, 공공의 선을 지향하는 리더는 근본적으로 만들어질 수 없는 체제 속에 우리는 살고 있다. 만나면 출신부터 묻고 그 결과에 따라 서로간에 관계형태가 결정되고 만다.

중국 당나라시절 산문의 대가이며 탁월한 시인인 한유(韓愈)는 사설(師說)의 말미에서 제자불필불여사(弟子不必不如師: 제자가 반드시 선생만 못한 것은 아니다)라고 했거늘 제자나 후배는 스승이나 선배를 앞설 수 없고 혈족은 누구보다도 우선시 된다. 각 결속체별로 우두머리는 있어도 경계를 초월하여 존중받는 국가의 지도자, 사회의 큰 어른, 조직의 리더는 탄생하기 어렵다. 망국적인 지역감정문제가 어느 정도 해소되는 듯하다가도 한 차례 선거를 거치면서 '우리가 남이가!' 하나로 불과 며칠 전의 여론조사 결과와는 180도 다른 결과가 도출되기도 한다.

청년층(25~34세)의 대학 이상 고등교육 이수율도 OECD 평균(44.0%)보다 월등히 높은 70.0%를 찍었다. 부모는 대학을 나오지 않았지만 자녀 세대가 고등교육을 이수한 비율(27.0%)이 OECD 평균(21.0%)를 웃돈 점도 눈 여겨 볼 부분이다. 교육부 관계자는 "다른 나라보다 교육을 통한 학력의 세대 이동성이 높다는 것"이라고 설명했다(교육부·한국교육개발원, 2018.9).

지금까지 교육훈련과 기업성과 간의 관계에 대해 많은 연구들이 진행되어왔다. 이에 관한 이론적, 논리적 근거는 인적자원관리의 중요성을 강조한 인적자본이론(Human Capital Theory)에서 찾아 볼 수 있다. 인적자본이론은 근로자의 교육과 훈련에 투자하는 것이 인적자원으로서의 근로자의 서비스수준(Carmeli & Schaubroeck, 2005)과 혁신능력(Subramaniam & Youndt, 2005)을 향상시켜, 궁극적으로 기업의 생산성과 이익향상에 기여하며, 근로자의 소득향상으로 이어질 수 있다는 것이 본질이다(이덕로·김태열, 2013; Skaggs & Youndt, 2004).

Tharenou 등(2007)은 교육훈련과 ROE(Return On Equity, 자기자본수익률), ROA(Return On Assets, 자산수익률), ROI(Return On Investment, 투자수익률)와의 관계를 분석한 결과 대부분 유의하지 않는 결과를 보여주었다. 우리나라의 김기태·조봉순(2008), 김민경·나인강(2012) 등의 연구에서도 교육훈련이 단기적 재무성과를 비롯한 기업성과에 직접적인 영향을 미치지 못하는 것으로 나타나기도 했다.

그러나 대부분의 연구에서는 교육훈련이 기업성과에 정의 영향을 미치는 것으로 나타나고 있다. 구체적으로, 교육훈련이 높을수록 직무능력 및 동기부여, 이직방지 등의 인적자원 성과를 높여주고(나인강, 2010), 교육훈련비의 투자가 많을수록 매출총이익률과 경상이익을 비롯한 기업의 재무성과를 높여주며(신건권 등, 2003; 이경희·정진화, 2008), 1인당 교육훈련비 투자가 증가할수록 객관적인 경영성과 지표인 1인당 당기매출액과 당기순이익이 증가시키고(임정연·이영민, 2010) 그리고 교육훈련투자의 생산성 효과에 대해 긍정적으로 보고하고 있다(나인강, 2016; 반가운, 2011, 2009; 김안국, 2002).

우리 기업들도 말로는 "오늘날과 같은 지식경영시대에 기업경영의 요체는 사람이다"라고 외치면서 인재전(talent war)시대에 인재육성과 인간존중을 부르짖고 있다. 또한 실제에 있어서도 〈표 2-5〉에서 알 수 있듯이 대한상공회의소가 전국 500개 제조업체를 대상으로 실시한 '신입직원에 대한 교육훈련 실태조사' 결과에서 우리 기업들은 교육훈련의 가장 큰 중점을 '리더십 향상'(44.6%)에 두고 있는 것으로 조사되었다. 다만 규모별 조사에서는 100인 미만 중소기업의 경우 전문 기술훈련에 더 비중을 두었고(47.2%), 300인 이상 대기업은 리더십 훈련에(54.4%) 더 많은 교육을 할애하고 있는 것으로 조사됐다(대한상공회의소, 2006.11.2).

표 2-5 신입직원의 교육훈련 중점사항 (단위: %, 개)

구분		리더십 훈련	전문기술 훈련	특별이슈 교육	정보화 교육	어학 교육	기타	합계
전체 (응답 업체 수)		44.6 (223)	40.8 (204)	7.0 (35)	3.4 (17)	2.2 (11)	2.0 (10)	100.0 (500)
규모별	100인 미만	35.8 (38)	47.2 (50)	7.5 (8)	2.8 (3)	2.8 (3)	3.8 (4)	100.0 (106)
	100~300인 미만	43.5 (117)	41.6 (112)	6.7 (18)	4.5 (12)	2.2 (6)	1.5 (4)	100.0 (269)
	300인 이상	54.4 (68)	33.6 (42)	7.2 (9)	1.6 (2)	1.6 (2)	1.6 (2)	100 (125)

자료: 대한상공회의소(2006. 11. 2), 「신입직원에 대한 교육훈련 실태조사」.

아울러 박준성·김환일 연구팀이 전국 100인 이상 기업체 189개를 대상으로 실시한 '한국기업의 인사평가제도 실태조사'에서도 능력과 역량평가의 주요 요소로 〈표 2-6〉과 같이 리더십능력(76.4%)을 가장 중시하는 것으로 나타났다. 이러한 요소는 비제조업보다는 제조업에서, 그리고 중소기업보다는 대기업에서 더욱 강하게 나타났다(박준성·김환일, 2008, 25).

하지만 실제에 있어서는 경쟁력 있는 리더육성체계를 제대로 갖추고 있지 못하다. 정해진 틀도 없고, 어떤 리더들을 어떤 단계를 밟아 확보하고 개발할 것인가에 대한 체계적인 계획도 없다. 연수담당자도 인사담당자도 리더육성의 새로운 틀을 갖고 있지 못하다. 그저 선발, 배치, 이동, 승진 등의 과정을 과거를 답습하며 기계적으로 관리하고 있는 수준이다. 육성이라고 내세우는 한국기업들의 인적자원관리체계 속에는 붕어빵의 붕어처럼 '육성'이 없다.

최고경영자(CEO)는 기업 경영을 둘러싼 파워 피라미드의 최정점을 차지하는 사람이다. 이 때문에 CEO가 잘못되면 기업 전체가 흔들릴 수밖에 없다. 이른바 CEO 리스크다. CEO를 둘러싼 최고의 리스크는 승계(succession) 문제다(김광기, 2011.2.24). 리더 중의 리더인 최고경영자의 경영승계프로그램 또한 말할 것도 없이 제대로 갖추어져 있지 않다. 오너나 몇몇 대주주의 의중이 결정적으로 작용되는 풍토에서 구태여 경영승계에 신경쓸 필요조차 느끼지 못하는 것일까?

미국의 경우 리더확보와 승계전략이 제대로 구축되어 있는지의 여부에 따라 기

표 2-6 능력과 역량평가의 주요 항목 (단위: %, 개)

구 분	산업별		계	규모별	
	제조업	비제조업		대기업	중소기업
전략수립능력	47.9(57)	52.7(29)	49.4(86)	50.9(54)	47.1(32)
목표실천능력	65.6(78)	74.5(41)	68.4(119)	67.9(72)	73.5(50)
기획분석능력	40.3(48)	54.5(30)	44.8(78)	56.6(60)	26.5(18)
리더십능력	73.9(88)	81.8(45)	76.4(133)	81.1(86)	69.1(47)
부하육성능력	63.9(76)	65.4(36)	64.4(112)	70.7(75)	54.4(37)
대외교섭능력	24.4(29)	32.7(18)	27.0(47)	32.1(34)	19.1(13)
직무관련 지식	79.8(95)	65.4(36)	75.3(131)	75.5(80)	75.0(51)
업무수행태도	74.8(89)	69.1(38)	73.0(127)	67.0(71)	82.4(56)
인간관계	42.0(50)	47.3(26)	43.7(76)	44.3(47)	42.6(29)
충성심	18.5(22)	23.6(13)	20.1(35)	20.7(22)	19.1(13)
커뮤니케이션능력	52.1(62)	52.7(29)	52.3(91)	65.1(69)	32.3(22)
직무관련 경험	22.7(27)	21.8(12)	22.4(39)	19.8(21)	26.5(18)
문제해결능력	73.1(87)	74.5(41)	73.6(12)	78.3(83)	66.2(45)
기 타	6.7(8)	9.1(5)	87.5(13)	7.5(8)	7.3(5)
합 계	100.0(119)	100.0(55)	100.0(174)	100.0(106)	100.0(68)

주: 복수응답. 20% 이하로 나온 네트워크활용능력(18.4%)과 QA관련 능력(16.1%)은 제외.

자료: 박준성·김환일(2008), 「한국기업의 인사평가제도 실태조사」, 한국경영자총협회, 25; 정종진·이덕로·이지만(2018), 「21세기 인적자원관리」, 집현재, 254에서 재인용.

업의 주가가 등락한다. 한 기업이 어떤 리더들을 확보하고 있는가는 그 기업이 얼마나 이익을 냈는가에 못지않게 중요하다는 인식이다. 그 결과 우량한 기업일수록 앞다투어 리더를 육성하고 있다. 보통 CEO 취임 다음날부터 바로 후계 준비를 하는데 이사회가 중심역할을 맡고 승계 작업은 5~10년 내다보고 추진하게 된다.

대표적인 사례가 GE다. 1878년 발명왕 에디슨(T. Edison)이 창업한 140년 전통의 GE는 모범적인 경영권 승계로 유명하다. 한번 CEO를 맡기면 20년 넘게 안정적으로 경영할 수 있는 권한을 주되, 혹독한 선출 과정을 통해 검증에 검증을 거듭한다. 얼마전까지만 해도 16년째 회장을 맡고 있던 제프리 이멜트(Jeff Immelt)가 단적인 예다. 전임 회장인 잭 웰치(Jack Welch)는 자신의 후계자를 뽑는 데 무려 7년을 공들였다. 1994년에 전 임원 중에서 23명의 후보를 추려냈고, 98년에 3명을 최종 후보로 압축했다. 이어 2년간 후보끼리 경쟁시킨 후 2001년 이멜트가 선임됐다.

*Business Week*가 선정한 '최고경영자감 20선'에 GE의 경영자들이 무려 5명이나 포함되어 있는 것은 1981년부터 20년간 GE를 이끌어오다가 지난 2001년 9월 7일 제프 이멜트에게 경영권을 넘겨준 잭 웰치 회장이 그동안 얼마나 리더 키우기에 노력해 왔는가를 단적으로 보여주는 통계이다.

오늘날의 시대를 흔히들 학습시대 혹은 학습기반사회라고 한다. 그만큼 지식경영시대에 있어서 교육훈련이나 개발의 역할이 중요함을 의미한다. 이러한 맥락에서 선진국의 많은 기업들은 핵심인재의 유치에 이어 이들 인재를 키우는 일에 주력하고 있다. 이것의 으뜸은 단연 GE사이다. GE하면 GE를 20년 동안 이끌어오면서 세계 제1의 기업으로 성장시킨 잭 웰치 전회장이 심혈을 기울여 핵심인력을 키워내는 요람으로 만든 세계 최고의 인재사관학교로 알려진 GE의 크로톤빌 연수원을 떠올리게 된다. 그는 20년 동안 격주마다 한 번도 빠지지 않고 크로톤빌 최고경영자훈련센터를 방문하여 잠자는 리더십능력을 깨우는 데 혼신의 힘을 다했다(이재규·이덕로, 2000; Tichy & Cohen, 1997; Peters & Astin, 1985).

2. 리더에 대한 투자의 결핍

리더 육성체계가 제대로 갖추어져 있지 않을 뿐만 아니라 리더학보를 위한 투자 또한 크게 결여되어 있다. 전통적으로 우리나라는 조선시대의 사농공상(士農工商)의 계급제도에서도 알 수 있듯이 인간에 대한 투자의 효율을 불신하거나 의심하고 있었으므로(정종진·이덕로, 1998) 당연히 리더나 인간에 대한 육성에 인색할 수밖에 없었다.

그러나 오늘날의 선진국들은 그렇지 않다. 나라뿐만 아니라 기업의 경우도 마찬가지이다. 글로벌 선진 기업들은 리더십 개발을 위한 투자를 아까워하지 않는 모습이다. IBM의 경우, 'Basic Blue for Managers'라는 프로그램을 통해 신규 관리자가 효과적으로 팀을 이끌고 관리할 수 있도록 돕는 리더십 교육을 진행하고 있다. 이 프로그램은 12개월이라는 긴 시간이 소요되며, 비용도 만만치 않은 것으로 알려져 있다.

세계 최대의 항공특송업체인 FedEx의 사례도 눈여겨 볼 만하다. 이 회사는 매출액의 3%를 교육훈련비로 투자할 정도로 교육을 많이 시키고 있다. 그래서 '기업대학교'라고 불리기도 한다. 이 중 대표적인 리더 교육프로그램으로 'LEAP(Leadership Evaluation Assurance Program)'이 있다. 이 프로그램은 관리자가 되고 싶은 사람은 반드시 거쳐야 하는 과정이다. 그러나 교육만 이수하면 되는 게 아니다. 본인의 역량을 입증해야 한다. 일종의 자격 인증 과정이라고 할 수 있다. 요구 수준이 높기 때문에 합격률은 약 63% 정도에 불과하다고 한다. 우리 기업들 대부분이 관리자로 승진시킨 이후에 '신임관리자 과정'을 이수하게 한다는 것과는 매우 대비되는 부분이다(장성근, 2012).

미국의 교육훈련전문가협회인 ASTD(American Society for Training & Development 미국기업교육협회)의 2010~2011년 산업보고서에 따르면, 2010년 인당 교육훈련비는 2009년 1,081달러에서 1,228달러로 인상되었다. 전반적으로 약 13%가 인상되었으며, ASTD의 자료조사가 시작한 이후로 인당 교육훈련비가 가장 높은 것으로 나타났다(ASTD, 2010). 또한 미국 기업들이 매년 리더십 훈련 및 교육을 위해 투자하는 금액만 약 1,600억 달러 이상을 그리고 리더를 고용하기 위해 720만 달러에 이르고 있다. 전 세계적인 지출 규모는 3배 더 크다. 여기서 나타나는 공통점은 'a) 더 많은 리더가 필요하고, b) 현재의 리더는 리더십 개선을 위한 기술이 필요하다'는 것이다(May, 2017.5.10), 거대한 '리더십산업'이 형성되어 있는 상황이다. GE라는 한 기업이 리더육성에 투자하는 액수만도 연간 10억 달러에 이른다(김태열·이덕로, 2014).

우리나라의 경우는 어떠한가? 기업들이 노동시간 단축 등으로 생산성 제고에 고민인 가운데, 정작 직원들 교육에는 소홀한 것으로 나타났다. 주 52시간 근로제의 정착과 부작용으로 예상되는 생산성 향상을 위해서라도 직원 교육과 훈련에 대한 투자를 늘려야 한다는 주문이 나온다.

고용노동부가 2018년 8월 23일 발표한 '2017년 회계연도 기업체 노동비용 조사 결과'에 따르면 지난해 기업이 지출한 월 교육훈련비는 〈표 2-7〉과 같이 2만 2,800원으로 전체 노동비용 502만 3,400원의 0.5% 수준이었다. 금액은 전년보다 1,700원(증감률 8.1%) 올랐지만 전체금액이 워낙 낮아 총 노동비용 중 교육훈련비가 차지하는 비중은 0.1% 늘어나는데 그쳤다. 이와 같이 교육훈련비의 절대액이 낮을 뿐만 아니라 한국 기업은 외환위기 이후 교육훈련투자에 있어서 추세적 하락을 보이고 있고

표 2-7 최근 10년간 노동비용 중 교육훈련비 현황 (단위: 천원)

	2008년	2009년	2010년	2011년	2012년	2013년	2014년	2015년	2016년	2017년
총 노동비용	3,823	3,866	4,022	4,329	4,487	4,550	4,670	4,782	4,934	5,023
직접 노동	3,025	3,014	3,166	3,332	3,476	3,585	3,662	3,786	3,938	3,995
간접 노동	798	852	856	997	1,011	965	1,008	996	996	1,029
교육훈련비	30	25	25	27	28	26	25	24	21	23
증감률(%)	2.4	-14.1	-1.6	11	1.8	1.8	-5.4	-3.6	-11.3	8.1

자료: 고용노동부

(배진한, 2018), 대기업과 중소기업 간 격차가 크다(반가운·김봄이, 2016)는 점 등이 문제로 지적되고 있다.

노동비용은 기업이 상용직 노동자를 고용할 때 들어가는 비용이다. 직접고용비용(급여, 상여금 등)과 간접고용비용(퇴직급여, 법정노동비용, 교육훈련비 등)이 노동비용에 포함된다. 지난해 노동비용은 전년보다 1.8% 올랐으며, 월 500만원을 돌파한 건 이번이 처음이다. 총 노동비용은 매년 오르는 추세다. 물가상승률과 최저임금 인상 등으로 2008년부터 지난해까지 10년 동안 총 노동비용은 120만원 올랐다. 반면 같은 기간 교육훈련비는 오히려 7,000원 떨어졌다. 기업이 임금 인상에 대응하기 위해 교육훈련비를 깎았기 때문으로 풀이된다(구태우, 2018.8.28).

이어서 우리나라의 교육훈련에 대한 투자를 EU나 미국과 비교해 보기로 하자. 한국직업능력개발원이 고용노동부의 기업직업훈련실태조사와 Eurostat의 Continuing Vocational Training Survey를 이용하여 2015년 기준 한국과 EU 기업의 교육훈련 참여 종업원 비중을 비교한 것이 [그림 2-11]이다. 여기서 알 수 있듯이 연간 교육훈련에 참여한 종업원 비중은 한국이 30.8%로 EU 평균 40.8%에 비해 낮다. 기업규모별로 비교하면 한국과 EU 평균의 소기업(10~49인)은 각각 24.3%와 30.0%, 중기업(50~249인)은 32.2%와 37.2%, 대기업(250인 이상)은 35.3%와 47.7%로, 한국이 모든 기업규모에서 EU 평균에 비해 비중이 더 낮고, 특히 대기업의 순위가 낮다. 이는 대기업의 교육훈련 실시 비율이 비교 대상 국가 중 최하인 것과도 관련이 된다. 즉, 한국 대기업의 경우 체계화되고 조직화된 교육훈련을 한 번이라도 실시한 경험 자체가 매우 부족하고, 이에 참여한 종업원 역시 부족하다.

그림 2-11 교육훈련 참여 종업원 비중(2015) (단위: %)

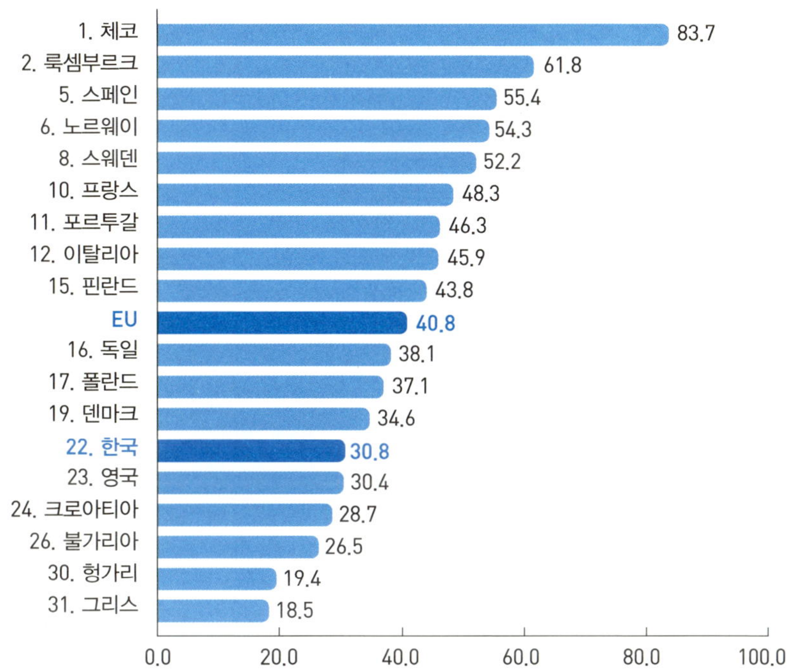

자료: 반가운 외(2018), 「한국의 기업은 왜 교육훈련에 투자하지 않는가?」, 한국직업능력개발원, 88.

[그림 2-12]는 인당 교육훈련 시간을 EU와 비교한 것이다. 한국의 인당 교육훈련시간은 종업원 1인당 연간 6.5시간으로 EU 평균 10.0시간에 비해 짧다. 한국과 EU 평균의 소기업은 각각 4.1시간과 7.2시간, 중기업은 5.3시간과 9.2시간, 대기업은 9.7시간과 11.7시간으로, 한국이 모든 기업규모에서 EU 평균에 비해 인당 교육훈련 시간이 짧다.

[그림 2-13]은 인당 교육훈련 비용을 국제비교한 것이다. 한국의 인당 교육훈련 비용은 직접비용 기준 종업원 1인당 연간 56유로로, EU 평균의 245유로에 비해 적다. 한국은 EU 평균의 23%로, 앞서 인당 교육훈련 시간의 격차(65%)보다 훨씬 더 큰 격차가 확인된다. 한국과 EU 평균의 소기업은 각각 14유로와 147유로, 중기업은 39유로와 200유로, 대기업은 105유로와 312유로로, 한국이 모든 기업규모에서 EU 평균에 비해 교육훈련 비용이 더 적다. 기업규모가 작을수록 한국과 EU 평균의 격차

그림 2-12 인당 교육훈련 시간 (단위: 시간)

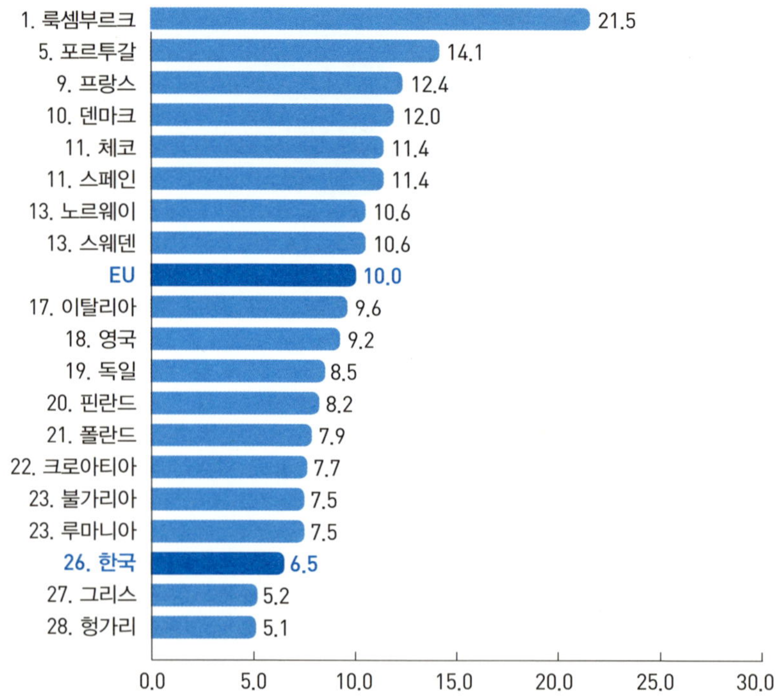

자료: 반가운 외(2018), 「한국의 기업은 왜 교육훈련에 투자하지 않는가?」, 한국직업능력개발원, 96.

가 크며, 특히 한국 소기업은 비교 대상국 중 최하위이다. 한국 대기업 역시 EU 소기업 평균에도 못 미친다.

이상의 분석 결과 한국 기업의 교육훈련은 매우 낮은 수준임을 확인할 수 있다. 특히, 단순 참여율보다 교육훈련 시간에서, 시간보다 비용에서 교육훈련 수준이 더 낮으며, 기업규모가 작을수록 더 그러하다. 국제비교 관점에서 보면 대기업도 매우 낮은 수준의 교육훈련투자를 하고 있다(반가운 외, 2018, 100).

지금까지 한국 기업과 EU 기업의 교육훈련투자를 비교해 보았다. 이어서 미국 기업의 교육훈련투자에 대한 정보가 담겨 있는 2016년 「산업보고서(Industry Report)」를 토대로 미국 기업의 인당 교육훈련 시간을 보면 [그림 2-14(a)]와 같다.

다만, 해당 보고서는 100인 이상 기업을 대상으로 하므로 10인 이상 기업을 대상으로 한 지금까지의 분석과 직접 비교하기는 어렵다. 하지만 EU 평균 대기업(250

그림 2-13 인당 교육훈련 비용 (단위: EURO))

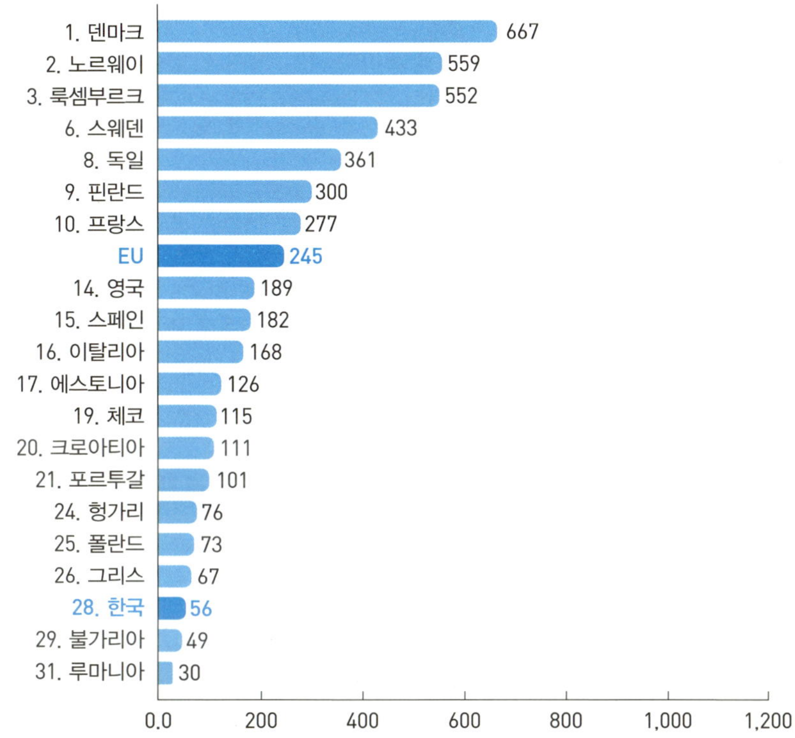

자료: 반가운 외(2018), 「한국의 기업은 왜 교육훈련에 투자하지 않는가?」, 한국직업능력개발원, 104.

그림 2-14 미국 기업의 인당 교육훈련 시간/참여자당 교육훈련 비용

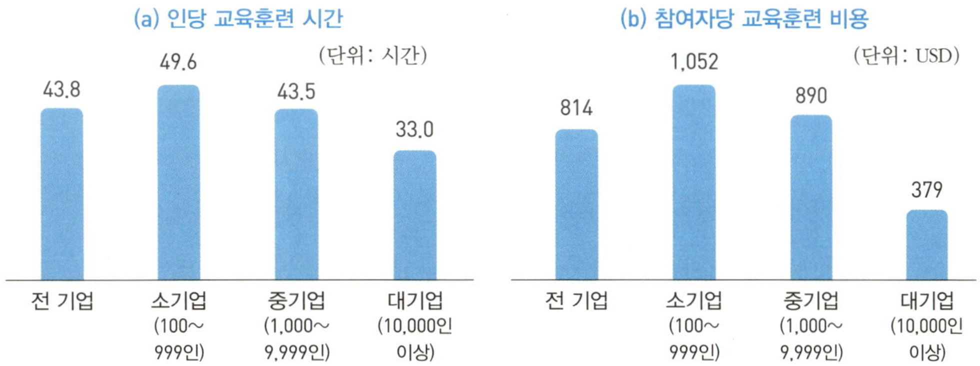

자료: Training(2016), *Training Industry Report*, November/December, p.31을 재구성.

인 이상)의 참가자 교육훈련 시간이 24.5시간이기 때문에 평균 43.8시간인 미국 기업의 교육훈련 시간은 상당히 긴 것으로 보인다. 또 미국 기업의 경우 기업규모가 작을수록 교육훈련 시간이 긴 것도 특징적이다. EU 역시 기업규모에 따른 참가자당 교육훈련의 시간 차이가 크지 않다. 반면에, 한국의 경우는 기업규모가 클수록 참가자당 교육훈련 시간이 많고 그 차이가 크다.

끝으로 [그림 2-14(b)]는 미국 기업의 참여자당 교육훈련 비용을 나타낸 것인데, 미국 기업의 참여자당 교육훈련 비용은 평균 814달러이다. 재미있는 것은 교육훈련 시간과 마찬가지로 기업규모가 작을수록 교육훈련 금액이 많았다(반가운 외, 2018, 109~110).

인구비례로 계산해보고 GDP수준으로 조정을 해봐도 한국의 기업들이 리더를 육성하는 데 투자하는 돈은 미국이나 EU 주요국들의 기업에 비해 몇 분의 일에 지나지 않는다는 결론이 나온다. 그렇다면 한국 기업은 왜 교육훈련에 투자하지 않는 것일까? 그간의 기업 교육훈련 결정이론에 따르면, 한국 기업의 낮은 교육훈련투자는 기업에서 숙련친화적이지 않은 기술을 활용하고 있고, 노동시장에서 시장실패를 관리하는 적절한 제도가 작동하지 않기 때문이라는 설명이 가능하다.

지금까지 교육훈련과 관련된 직접적인 비용이나 시간을 중심으로 살펴보았는데 급여를 포함할 경우 [그림 2-15]에서 알 수 있듯이 적지 않은 비용을 지불하는 것으로 드러났다. 한국경영자총협회가 2013년 11월 355개 기업을 대상으로 실시한 「2013년 신입사원 교육·훈련 및 수습사원 인력관리 현황 조사」 결과, 대졸 신입사원 교육·훈련에 소요되는 총 비용은 5,959만 6천원으로, 지난 2008년 조사결과(6,088만 4천원)보다 오히려 128만 8천원 줄어든 것으로 조사되었다. 다만 월 평균 비용(325만 7천원)은 5년 전 조사결과(312만 2천원)보다 증가했다. 이는 기업들이 과거에 비해 교육·훈련 기간을 줄이는 대신 양질의 교육을 제공함으로써 효율성 제고 노력을 기울이고 있기 때문인 것으로 판단된다.

한편 동조사에서 올해 대졸 신입사원의 교육·훈련 기간은 18.3개월로, 2008년(19.5개월)보다 1.2개월 줄어든 것으로 나타났다. 규모별로는 상대적으로 교육과정이 다양하고 대상 신입사원이 많은 대기업(23.1개월)이 중소기업(13.9개월)보다 긴 것으로 나타났다.

그림 2-15 2013년 신입사원 교육·훈련 현황

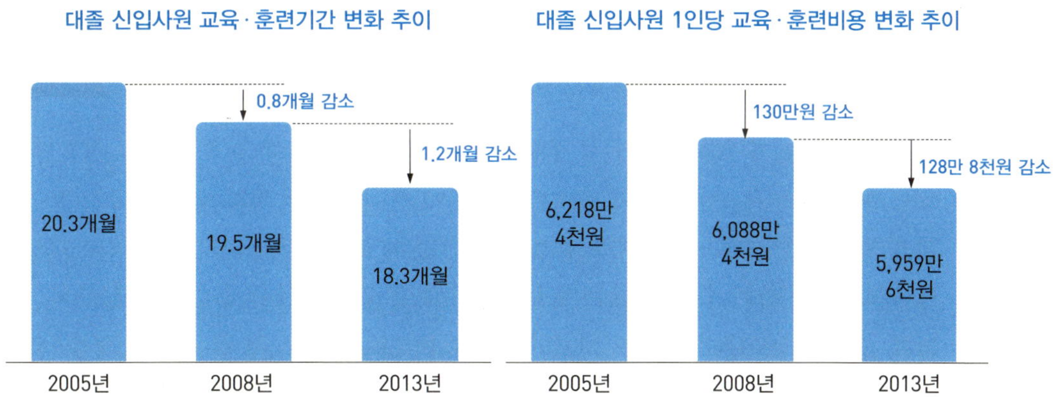

자료: 한국경영자총협회(2013.11.22), 「2013년 신입사원 교육·훈련 및 수습사원 인력관리 현황 조사」, 1.

3. 리더를 키우는 문화의 부재

한국에 리더가 부재한 이유 중의 또 하나는 우리가 앞에 나서는 리더를 용납할 수 없는 문화를 갖고 있다는 점이다. 사실 한국인들은 "돈이 많고 더 잘났다"는 인정을 받기 위해 살아왔다. 아파트 평수를 넓혀가는 데서 최대의 만족을 얻고 자식이 무슨 경시대회에서 1등을 하면 인생 최고의 보람을 느낀다. 다른 나라보다 더 잘났다는 가느다란 증거라도 보이면 희열을 느끼고 이웃이나 친구들보다 더 잘 살다는 한마디에 시애틀에서도 잘 이루던 잠을 못 이루곤 한다. 집도 차도 모든 것이 남보다 커야 하고 더 많아야 한다. 이러한 문화와 가치관을 갖고 있는 한, 다른 사람을 리더로 받아들이기가 쉽지 않다.

또한 우리는 이러한 '잘 났소 욕구'를 충족시키기 위해서 수단과 방법을 가리지 않는다. 아이들에게 고액의 특별과외나 비밀과외를 시켜서 어떻게든 다른 사람보다 좋은 학교나 명문대학에 보내려 한다. 반에서는 반장을 해야 하며 선생님이 다른 아이들보다 우리 아이를 더 귀여워해 주기를 학수고대한다. 그리고 이러한 욕구는 항상 법보다 위에 있다. 원하는 것을 더 얻을 수 있고, 남보다 더 잘 나 보일 수 있으며, 그리고 자기 자식이 특별대우를 받고 좀 더 편할 수만 있다면 법을 어기는 것쯤은 전혀 문제가 되지 않는다.

그러다 보니 일부 연예인이나 운동선수는 말할 것도 없고 사회의 지도자급 고위 인사들마저 자식사랑이 지나쳐 국민의 4대의무를 저버린 채 병역비리를 저질렀다가 뒤늦게 엄청난 시련을 치르기도 했다. 그래서 우리나라에만 있는 '신의 아들,' '장군의 아들,' '사람의 아들,' 그리고 '어둠의 자식'이란 조어가 생기기도 했다. 항상 요령 있는 사람이 능력 있는 것으로 평가받는다. 이웃사랑, 공동체의식, 그리고 역사인식 같은 것은 이들에게는 존재하지도 않는다. 따라서 리더가 된다는 것은 자신의 '잘났소 욕구'를 충족시키거나 출세를 하는 데 있어 하나의 수단으로 여겨져 왔다.

지금까지 살펴본 이러한 리더육성에 관한 3대 부재(체계부재, 투자부재, 그리고 문화부재)는 결국 한국사회에 리더십공황상태를 초래하고 있다. 필요한 리더는 많은데 쓸만한 리더는 없는 것이 오늘날 한국의 모습이다. 리더가 자체 생산되지도 않고 있고 사태의 심각성도 별로 인식되지 못하고 있으며, 필요하면 외국인에게 의지하면 된다는 발상이 지배하고 있는 상황이다. 경제적으로 국가간의 벽이 무너지고 있는 오늘날과 같은 세계화시대에 무슨 국수주의적 발상이냐고 반문할지 모른다. 그러나 시장이 개방되고 경제가 글로벌화 될수록 더 필요해지는 것이 리더이다. 국제적 안목과 폭넓은 역량을 갖춘 리더들을 생산해 낼 수 없는 나라는 글로벌경쟁 속에서 살아남을 수 없다. 이스라엘이 이점에 주목하고 있으며, 싱가포르가 그렇고, 최근에는 중국이 새로운 감각의 리더들을 대거 육성함으로써 로마의 비극을 극복하고 있다(백기복, 2000, 17~22).

특히 최근 들어 무서운 속도로 발전하고 있는 중국은 해외 우수인력 확보를 위해 이중국적 허용, 해외 대학과의 연계 등 다양한 프로그램을 시행하고 있다. 중국정부는 이미 중국을 이끌어 갈 차세대 지도자를 육성하기 위해 2002년부터 2006년까지 매년 60명씩 당·정 고급간부를 미국 하버드대학의 존 F 케네디 스쿨에 파견하는 프로그램을 운영하고 있을 뿐만 아니라, 2005년부터는 매년 20~30대의 젊은 교수 5,000명을 선발하여 국비로 해외에 파견하여 외국 유명대학에서 박사학위 과정을 밟거나 과학연구 활동에 종사하게 하고 있다. 아울러 중국은 2005년에 대학생 및 석·박사 국비 유학생을 7,245명을 선발하여 각국의 일류 대학으로 보내는 등 세계수준의 일류인재 양성을 위해 투자를 아끼지 않고 있다(박영훈, 2012.8.14).

제 3 절

한국의 리더십

1. 한국사회에 필요한 리더십 유형

한국의 오피니언 리더들은 한국사회에 필요한 리더십 유형에 대해 민주형(51.5%), 권위형(30.0%), 그리고 중립형(18.5%)으로 응답함으로써 민주형(51.5%)을 권위형(30.0%)보다 더 선호하는 것으로 나타났다. 그러나 오피니언 리더 특성별로 다소 차이를 보였다. '민주형 리더'에 대한 응답률은 시민단체(68.4%)와 법조인(61.1%)에서 상대적으로 높게 나타난 반면, '권위형 리더' 응답률은 50대 이상(42.9%)에서 비교적 높게 조사됐다. 이러한 결과는 나이가 들수록 과거 한국형 '권위주의적 리더십'에 보다 익숙해져 있기 때문으로 분석된다.

이어서 한국사회에 필요한 리더십 유형과 관련하여 산업현장의 상황을 보도록 하자. 한국경영자총협회가 2013년 12월 278개 기업을 대상으로 실시한 설문조사에 따르면 [그림 2-16]에서 알 수 있듯이 CEO가 평가한 자신의 리더십은 '민주형 리

그림 2-16 최고경영자의 리더십유형 (단위: %)

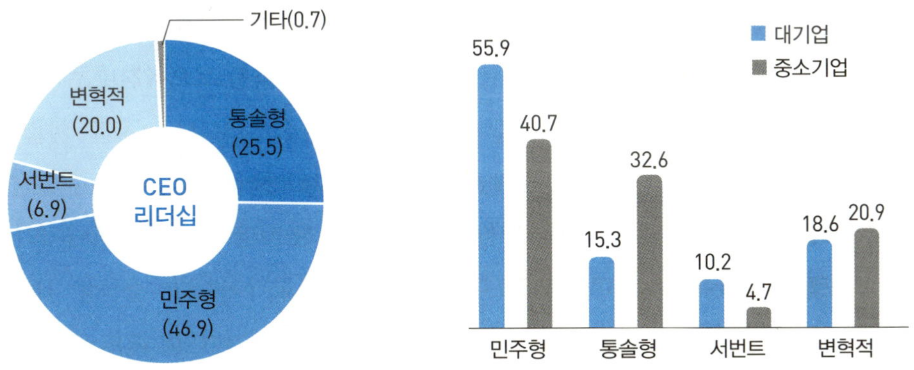

자료: 한국경영자총협회(2013.12.15), 「2014년 최고경영자 경제전망 조사」, 14.

더십'이 46.9%로 가장 높게 나타났으며, 강력한 카리스마를 갖춘 통솔형 리더십은 25.5%, 변혁적 리더십은 20.0%로 그 뒤를 이었다. 민주형 리더십은 대기업(55.9%)이 중소기업(40.7%)보다 다소 높게 나타났다.

민주형 이외에 통솔형 리더십은 대기업(15.3%)보다 중소기업(32.6%)에서 높게 나타났다. 구성원들을 섬기는 서번트 리더십은 대기업(10.2%)이 중소기업(4.7%)보다 높게 조사됐다.

이러한 조사결과에 대해 경총 관계자는 "CEO의 리더십은 기업규모와 상관없이 민주형 리더십이 가장 높게 나타나는 추세"라며 "과거 수직적인 지휘명령 중심의 조직 문화가 구성원들의 참여와 조화를 중시하는 문화로 바뀐 시대상을 반영한 결과"라고 설명했다.

유사한 맥락에서 평생교육 전문기업 휴넷이 2015년 7월 직장인 388명을 대상으로 최고의 CEO 리더십에 대한 설문조사 결과에서도 직장인들은 부하들과 함께 아이디어를 고안하고 의사결정에 적극적으로 참여하는 '수평형 리더십'을 갖춘 CEO를 선호한다는 응답이 59.5%로 가장 많았다(김동현, 2015.8.4).

그러나 이들과는 달리 시장조사전문기업 마크로밀 엠브레인의 트렌드모니터(trendmonitor.co.kr)가 전국 만 19세~59세 직장인 남녀 1,000명을 대상으로 리더십 유형과 직급체계에 대한 설문조사를 실시한 결과에서는 직장인들이 가장 선호하는 리더십의 유형은 변혁적 리더십(42.1%)이었다. 다음으로 서번트 리더십이 29.2%였다. 반면에 보상과 처벌을 활용하여 개인과 조직의 성과를 극대화하는 유형의 거래적 리더십(15.4%)을 선호하는 직장인들은 그리 많지 않았다(마크로밀 엠 브레인 트렌드모니터, 2016.11.16). 이러한 결과는 측정방법에 따른 차이로 보여진다.

2. 리더가 갖춰야 할 자질

리더는 특정 조직의 중추적인 인물이기 때문에 어떤 조직이든 그 리더가 미치는 영향은 매우 크며, 리더의 그릇과 자질, 역량이 그 조직의 운명에 결정적인 영향을 미치게 됨을 우리는 숱하게 보아 왔다. 한국의 오피니언 리더들은 우리 사회 리더가 갖춰야 할 자질이나 모습으로 대체로 '문제해결 능력(53.5%)'을 '도덕성(43.5%)'보다 더 중요하게 보는 것으로 나타났다. 한국사회에 워낙 산적한 현안이 많기 때문에 나타난 결과로 해석된다.

이러한 결과를 인구특성별로 분류해 보면 공무원(66.7%)들은 능력보다는 도덕성이 필요하다고 응답한 것에 비해, 보좌관(61.9%)들은 도덕성보다 능력이 더 중요하다고 지적했다. 또 추진력과 의견수렴의 두 가지 항목에서는 의견수렴(61.5%)이 추진력(36%)보다 중요하다는 의견이 많았다. 특히 시민단체(78.9%)들이 다양한 의견수렴을 중시하는 것으로 나타났다.

그러나 10년 가까이 지난 지금은 상황이 좀 달라졌다. 선거가 치루어졌던 2012년 한국에서는 '리더의 덕목'을 두고 많은 말이 오갔다. 국회의원과 대통령 선거로 다양한 리더가 탄생하는 특별한 해였기 때문이다. 수많은 후보들은 준비된 리더라고 알려야 했지만, 대중은 그들이 과연 지도자로서 자격을 갖추고 있는지 끊임없는 의문을 가져야 했다.

2013년도 리더가 가져야 할 덕목을 되묻는 한 해가 되었다. 고위공직자가 혼외자식 논란에 휩싸여 사퇴하고 복지부장관 사퇴 등 인사 문제로 국민은 대통령을 향해 걱정스런 눈빛을 보내는 중이었다. 재벌 총수들이 줄줄이 법의 심판을 기다리고 있고, 해당 기업들은 의사결정이 지연되면서 이른바 'CEO 리스크'에 발목이 잡힌 채 힘겨운 걸음을 걷고 있었다. 사회 전반적으로 리더들이 위기를 맞고 있는 상황에서 차세대 리더가 갖추어야 할 덕목에 관한 조사는 큰 의미를 가질 수 있다.

이러한 취지에서 〈시사저널〉은 창간 24주년을 맞아 각 분야 전문가 1,500명을 대상으로 "차세대 리더가 갖추어야 할 덕목"은 무엇인지 물어봤다. 수많은 단어가 쏟아져 나온 가운데 가장 높은 지목률을 보인 것은 [그림 2-17]에서와 같이 13.9%를 기록한 '도덕성'이었다. 두 번째는 '정직'(8.6%)이다. 도덕성과 정직이 서로 궤를 같이한다고 볼 때 차세대 리더에게 요구하는 것은 결국 올곧은 품성이라고 할 수 있다. 현재의 리더들이 이 부문에서 부족하다고 생각하기 때문에 더욱 강조하는 덕목으로 해석된다.

차세대 리더에게 필요한 덕목 세 번째 자리에 리더십(7.9%)이 자리 잡은 것은 어쩌면 당연해 보인다. 도덕성, 정직, 리더십의 뒤를 이어 '소통'(6.9%), '인성'(5.5%), '신뢰성'(4.9%), '비전'(4.4%), '창의성'(4.2%), '관용'(2.9%), '능력'(2.1%)

그림 2-17 차세대 리더가 갖추어야 할 덕목 톱 10 (단위: %)

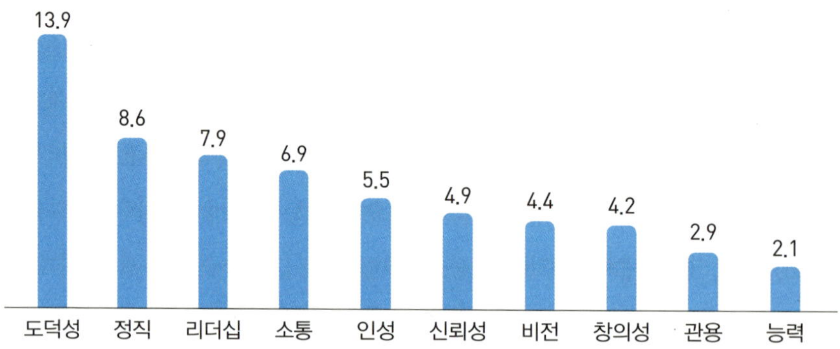

자료: 김회권(2013.10.28), "[차세대리더 100] 리더는 '능력'보다 '품성'이 좋아야," 「시사저널」.

등이 10위 안에 들었다 11위부터 20위까지의 순위를 보면 '청렴도'(1.8%), '진실성'(1.6%), '배려' '추진력'(이상 1.5%), '진정성' '성실성'(이상 1.4%), '화합' '통찰력' '겸손'(이상 1.3%), '전문성' (1.2%) 등이다.

이상의 덕목들을 보면 우리 사회가 차세대 리더에게 필요로 하는 것은 '능력'보다는 '품성'임을 확인할 수 있다. 20위권 내에 오른 덕목들을 분류해보면, 1~2위를 차지한 '도덕성' '정직'을 비롯해 소통·인성·신뢰성·관용·청렴도·진실성·배려·진정성·성실성·화합·겸손 등이 모두 품성과 관련돼 있기 때문이다. 20위권에 인접한 덕목들을 봐도 그렇다. '열정' '공정성' '통합 능력' '덕' '윤리' 등이 21~25위를 차지하고 있는데 이들 역시 품성이 훌륭한 지도자를 구분하는 잣대에 가깝다.

15개 분야 전문가 그룹에서 꼽은 차세대 리더 덕목은 분야별로 어떤 차이를 보이고 있을까. 〈표 2-8〉에서 알 수 있듯이 대다수 분야의 전문가들은 공통적으로 도덕성과 정직을 첫 순위로 꼽았다. 기업·NGO·종교·스포츠·의학 분야 전문가들은 '도덕성'을 최우선으로 꼽았다. 반면 법조·문학·엔터테인먼트 분야 전문가들은 '정직'을, 영화·노동 분야 전문가들은 '신뢰성'을 우선시했다. 예술 영역인 음악과 미술 분야 전문가들이 공통적으로 '인성'을 맨 위에 올린 것이 이채롭다. 과학 전문가들은 분야의 특성을 잘 나타내듯 '창의성'을 최우선 덕목으로 꼽았다.

눈길을 끄는 분야는 '정치'다. 정치권에 몸담고 있는 전문가들은 다른 영역과 분

표 2-8 분야별 전문가들이 꼽은 차세대 리더의 덕목

정치	소통(13%)	도덕성(11%)	정직(9%)
기업	도덕성(22%)	리더십(14%)	비전(7%)
정보기술	리더십(16%)	비전(12%)	도덕성(11%)
법조	정직(16%)	도덕성(12%)	비전(8%)
노동	신뢰성(14%)	도덕성(14%)	정직(12%) 등
NGO	도덕성(20%)	소통(17%)	정직(14%)
종교	도덕성(23%)	정직(10%)	인성(7%)
영화	신뢰성(14%)	도덕성(11%)	정직(10%)
문학	정직(11%)	도덕성(11%)	창의성(7%)
과학	창의성(14%)	도덕성(8%)	능력(6%) 등
의학	도덕성(17%)	소통(13%)	정직(5%) 등
음악	인성(19%)	도덕성(13%)	능력(5%) 등
엔터테인먼트	정직(13%)	도덕성(11%)	소통·창의성(8%)
스포츠	도덕성(16%)	인성(11%)	정직·리더십(9%)
미술	인성(11 %)	도덕성(8%)	창의성(7%)

명한 차이를 보였는데, 유일하게 '소통'을 1순위 키워드로 꼽았다. 이는 박 대통령을 향한 불통 정치 논란이 계속됐고, 여야 간 극한 대립으로 '소통 부재'란 비판을 받고 있는데 그런 상황이 이번 조사에서 그대로 투영된 셈이다.

3. 한국인이 존경하는 정치인

한국인에게 "당신이 가장 존경하는 한국인이 있는가?"라고 질문을 던지면, 많은 사람들은 이순신 장군을 비롯하여 김구 선생, 세종대왕 등 과거의 위인들을 꼽는다고 한다. 그러나 40%가량의 사람들은 '존경하는 인물이 없다'고 대답했다. 한 가지 재미있는 점은 한 여론조사에서 월드컵 4강의 신화를 이룩한 축구감독 히딩크(Guus Hiddink)가 2위를 차지했다는 것이다(이성용, 2004). 당시 히딩크의 인기란 지금의 베트남의 박항서 감독처럼 하늘을 찌를 듯 했으니까 충분히 이해가 된다.

오피니언 리더들은 '존경하는 정치인'과 관련하여 한국의 정치 지도자들을 혹평했다. 한국 경제의 뒷다리만 잡는 정치권에 대해 지긋지긋해 한다는 것을 생각하게

그림 2-18 직업군별 신뢰도 평가 (단위: 점, 5점 척도 평균)

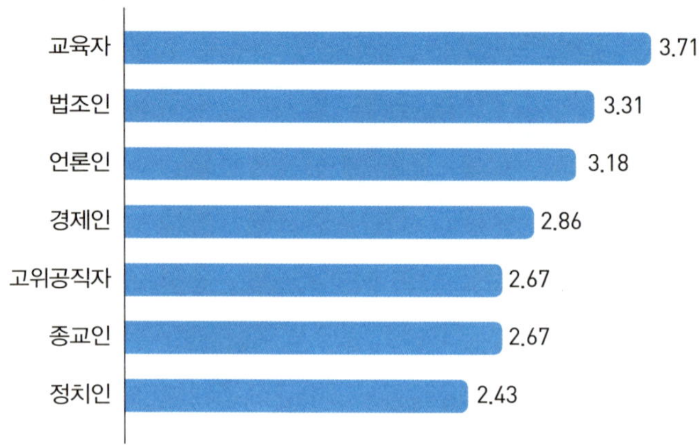

자료: 한국언론진흥재단(2016), 「2016 10대 청소년 미디어 이용 조사」.

하는 대목이었다. 200명의 응답자 중 응답하지 않은 사람이 135명(67.5%)이었고 '없다'고 한 사람이 46명(23.0%)으로 무려 181명이나 되었다. 한 마디로 10명 중 9명은 정치인을 무시하거나 경멸(?)하는 '정치인 혐오증'을 가진 것으로 나타났다.

오피니언 리더뿐만 아니라 일반인들을 대상으로 한 조사결과에서도 거의 비슷한 결과가 나왔다. 특임장관실이 2011년 10월 성인 1천18명과 청소년 730명을 대상으로 세대간 가치관·의식수준을 조사한 결과 성인 응답자의 87.1%와 청소년의 85.6%가 각각 "정치·정치인을 신뢰하지 않는다"고 응답한 것으로 나타났다. 세대별로는 40대(91.6%)가 불신한다는 답변이 가장 많았고, 30대(91%), 50대(87.6%), 10대(85.6%), 20대(85.2%), 60대 이상(79.8%) 등의 순으로 뒤를 이었다(장하나, 2011.10.16).

한국언론진흥재단이 2015년 6월 23일부터 7월 22일까지 초등학교 4학년 학생부터 고등학교 3학년까지 전국 10대 청소년 2,291명을 대상으로 미디어 이용 행태와 언론에 대한 인식 등을 조사한 보고서에서도 10대 청소년의 직업 신뢰도는 [그림 2-19]에서 알 수 있듯이 교육자, 법조인, 언론인 등 7개 직업군 가운데 교육자가 1위로 5점 만점에 3.71점을 차지했다. 그 뒤를 법조인(3.31), 언론인(3.18), 경제인(2.86)이 이었다. 여기서도 역시 7개의 직업군 중 정치인의 점수가 가장 낮았다(한국

그림 2-19 **연령별 '좋아하는 정치인' 상위 10명** (단위: %)

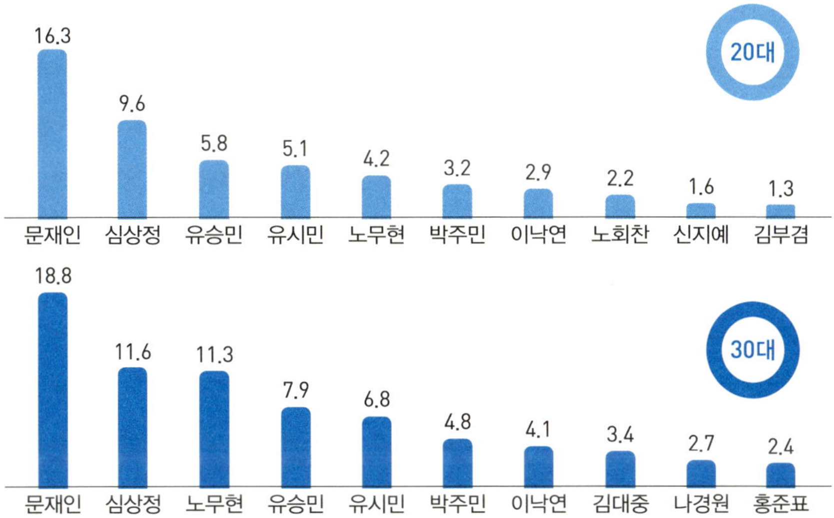

주: 30대 292명, 20대 312명 대상으로 2019년 6월 25일~7월 2일 실시한 서울신문 자체 온라인 설문 조사
자료: 김지예(2019.7.26), "90년대생들의 '최애' 정치인은," 「서울신문」.

언론진흥재단, 2016).

비록 많은 사람들이 존경하는 인물이 없다고 생각하고 가장 불신하는 직업으로 정치인을 들고는 있지만 그럼에도 불구하고 정치에 무관심해 보이다가도 정치적 변화의 순간에 촛불을 들고 광장으로 나오는 90년대생이 좋아하는 정치인은 누구일까? 서울신문이 80년대생과 90년대생 604명에게 가장 좋아하는 정치인을 직접 적어보라고 했다. 그 결과 20대들은 가장 좋아하는 정치인으로 문재인 대통령(16.3%)을 꼽았다. 2위는 심상정 정의당 대표(9.6%), 3위는 유승민 바른미래당 의원(5.8%), 4위는 유시민 노무현재단 이사장(5.1%), 5위는 노무현 전 대통령(4.2%)이었다. 30대도 가장 좋아하는 정치인 1, 2위로 문 대통령(18.8%)과 심 대표(11.6%)를 꼽았다. 최근 20대 남성들 사이에서 문 대통령에 대한 지지가 떨어진다는 분석도 있지만, 문 대통령에 대해 여전히 기대를 갖고 지켜보고 있는 것으로도 읽힌다(김지예, 2019.7.26).

좋아하는 정치인이 없을 뿐만 아니라 정치인을 가장 불신하는 우리나라와는 달리 미국인들은 흔히 존경하는 정치인으로 건국을 주도한 조지 워싱턴(George Washington)이나 독립선언문을 기초한 토머스 제퍼슨(Thomas Jefferson), 노예해방으로 민주주의의 대의를 완성한 에이브러함 링컨(Abraham Lincoln), 그리고 국민들에게 미래 비전을 심어준 존 F. 케네디(John F. Kennedy) 대통령 등을 거론하는 것과 비교하면 한국사회의 비극을 보여주는 대목이다(매일경제신문, 2004.3.22).

미국 중북부 사우스다코타 주 서남쪽 래피드시 러시모어 산에는 미국 역사상 위대한 대통령 4명의 조각상인 큰 바위 얼굴이 있다. 산 정상에는 거대한 4개의 두상이 새겨져 있는데, 왼쪽부터 초대 대통령 조지 워싱턴, 제3대 대통령 토머스 제퍼슨, 제26대 대통령 데어도어 루스벨트(Theodore Roosevelt) 제16대 대통령 에이브러함 링컨이다. 조각된 얼굴 크기만 18m, 코 6m, 눈 3m인 큰바위 얼굴은 미국의 상징적 의미가 되어버렸는데 한국에는 언제쯤 북한산 인수봉이나 아차산에 국민 모두가 존경하는 대통령 조각상이 새겨질 수 있을런지 …

Chapter 03

리더십 특성이론

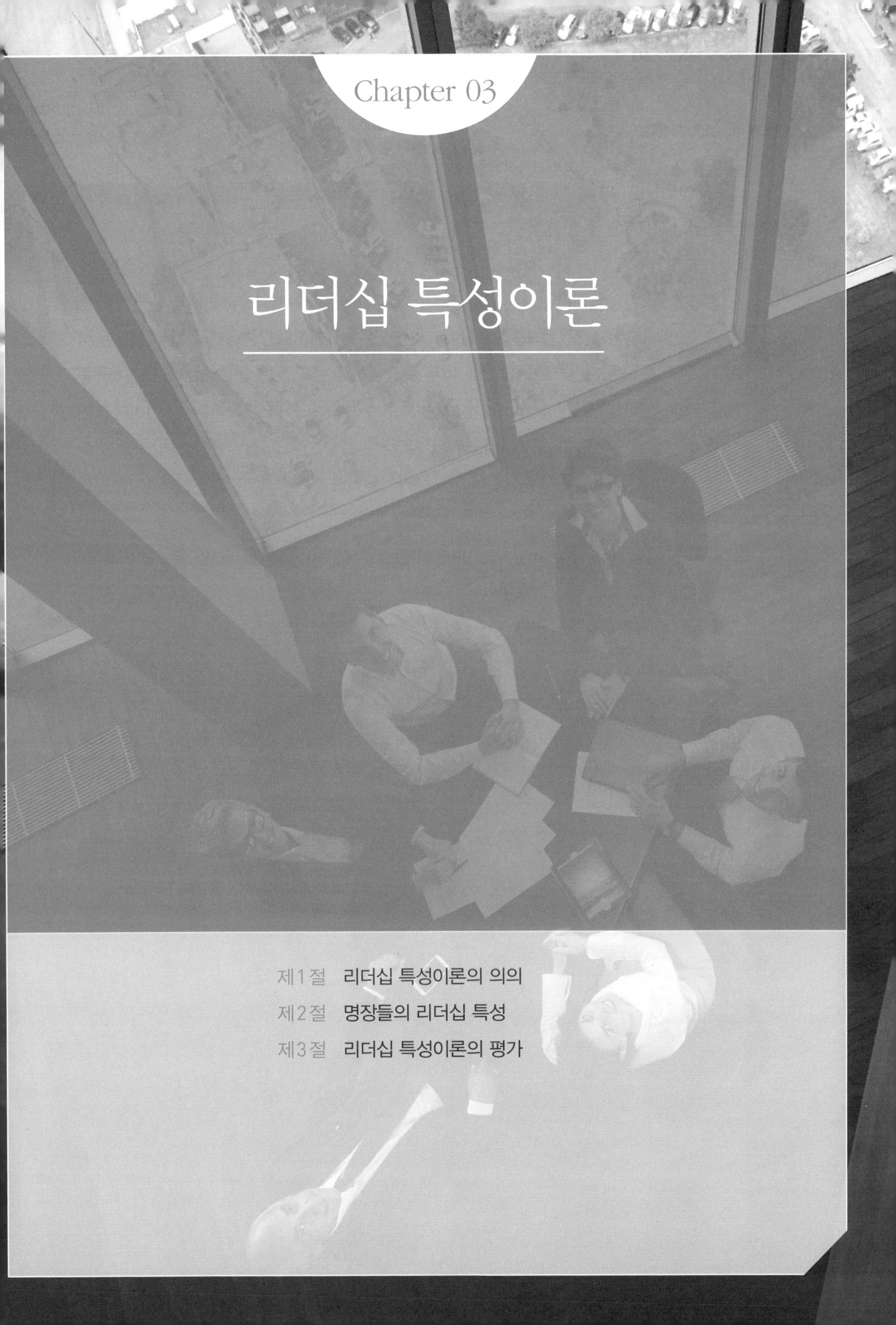

제 1 절

리더십 특성이론의 의의

1. 리더십 특성이론의 의의

전통적으로 리더십 이론은 〈표 3-1〉과 같이 초기에는 특성이론에서 출발하여 행동이론을 거쳐 상황이론으로 발전해왔다. 그러다가 20세기 말의 급격한 환경의 변화로 1980년대 후반부터는 새로운 리더십 이론들이 전개되고 있다. 그러면 먼저 20세기 전반에 걸쳐 학자들의 관심의 대상이 되었던 것으로 리더십 연구를 위한 최초의 체계적인 시도였던 특성이론부터 살펴보기로 하자.

리더십 특성이론은 1900년대초에 "무엇이 사람들로 하여금 위대한 리더가 되게 만드는가"를 알아보기 위해 연구되기 시작한 이래 1940년대까지 크게 각광받던 리더십 이론으로 성공적인 리더와 비성공적인 리더를 구별하는 데 사용되는 특성의 연구에 초점을 두는 이론이다. 이 이론은 일명 자질론(traits theory)이나 위인이론(greatman theory)이라고도 한다. 왜냐하면 연구자들의 연구가 에이브러함 링컨(Abraham Lincoln) 대통령, 더글라스 맥아더(Douglas MacArthur) 장군, 빌리 그라함(Billy Graham) 목사 등과 같은 위대한 정치적·군사적·종교적 리더들이 지니고 있는 타고난 자질이나 특성 등이 무엇인가를 확인해 내는 데 초점을 맞추고 있었기 때문이다. 위대한 리더들은 그 같은 특성을 가지고 태어나고 또 그 같은 특성을 소유하고 있다고 믿었다.

표 3-1 리더십 이론의 역사적 전개과정

리더십 이론	시 기	초 점
• 특성이론	• 과거~1940년대	• 자질, 특성
• 행동이론	• 1950년대~1960년대	• 리더십유형
• 상황이론	• 1970년대 이후	• 리더십유형+상황
• 새로운 리더십 이론	• 1980년대 후반 이후	• 비전, 카리스마, 변화, 혁신

이 이론에 의하면 리더는 고유한 개인적인 특성만 가지고 있으면 그가 처해있는 상황이나 환경이 바뀌더라도 항상 훌륭한 리더가 될 수 있다는 것이다. 따라서 특성추구 이론의 지지자들은 20세기 초부터 1930~40년대에 이르기까지 리더가 지녀야 할 공통적인 특성을 규명하는 데 온갖 노력을 경주해 왔다.

2. 리더십 특성이론의 내용

리더십 특성이론과 관련하여 엘리스(H. Ellis)는 영국 역사상 천재들의 공통적인 조건을 연구했고, 영국의 유전학자인 갤턴(F. Galton)은 유전적인 천재에 관한 연구를 했으며, 카르텔(M. Cartell)은 역사상 유명한 1,000명의 위인에 대한 연구를 하기도 했다. 그리고 과학적 관리의 아버지인 테일러(F. Taylor)는 직장이나 감독자가 구비해야 할 자질로 명석한 두뇌, 고등교육, 특수한 기술적 지식, 기지, 열정, 용기, 성실, 건강 등을 언급했다(Taylor, 1911).

유클(G.A. Yukl)은 한 개인이 훌륭한 리더가 되기 위해 필요한, 공통으로 제시하는 5가지 리더십 특성으로 지능, 자신감, 결단력, 성실성, 사회성 등을 들었다(Yukl, 2013). 바나드(C.I. Barnard)는 리더에게는 용기, 인내력, 책임감, 결단력, 지구력, 기술력, 능력이 있어야 하며, 그러기 위해서는 폭넓은 흥미, 상상력과 이해력, 높은 지능, 인간관계에 대한 깊은 이해, 설득력 개발을 위한 교육을 받아야 한다고 주장하였다(Barnard, 1946). 데이비스(K. Davis)는 성공적인 조직 리더십의 중요한 특성으로서 지능, 사회적 성숙도 및 관용, 내적 동기유발 및 성취도, 그리고 인간관계의 태도 등 4가지를 들고 있다(Davis, 1972)

Mann(1959)은 성격특성과 관련된 1,400건의 리더십 연구결과를 검토한 끝에 리더와 비리더를 구분할 수 있는 성격특성으로 지능, 남성적 기질(masculinity), 적응력, 지배성, 외향성, 보수기질(conservatism) 등을 들고 있다.

Lord, de Vader, & Alliger(1986)는 메타분석이라는 보다 정교한 분석방법을 이용하여 Mann(1959)에 의해 제시된 연구결과를 재평가하였다. 그들은 Mann의 6가지 특성 중 지능, 남성적 기질 및 지배성 특성은 모든 상황에 결쳐 일관되게 리더와 비리더를 구분하는 데 사용할 수 있다고 주장하였다.

Kirkpatrick & Locke(1991)는 선행연구들을 대상으로 한 정성적 종합연구를 바탕으로 리더와 비리더는 추진력(drive), 지도욕구(the desire to lead), 정직성과 성실성(honesty and integrrity), 자신감(self-confidence), 인지적 능력(cognitive ability), 사업지식(knowledge of business) 등의 6가지 특성에서 다른 점을 가지고 있다는 것이 분명하다는 것을 명백하게 말하고 있다.

이상에서 이루어진 문헌연구들과는 달리 무어(L.H. Moore)는 여자대학교의 동아리를 중심으로 리더십에 관한 실증적 연구를 한 결과, 성공적인 지도자의 자질로 민주적 태도, 박력, 적극성, 친절, 열중, 동정심, 신뢰 및 인내심을 들고 있으며, 비성공적인 지도자의 자질로 무지, 소심, 옹졸함, 젠체함, 이기심, 우둔함, 변덕스러움, 완고함 등을 들고 있다.

최근까지도 리더의 특성에 관한 연구를 계속해오고 있는 대표적인 학자인 바스와 스톡딜(B.M. Bass & R. Stogdill)은 1948년 이후의 특성연구들을 분석한 끝에 효과적인 리더의 특성으로 신체적 특성, 사회적 배경, 지적 능력, 성격 특성, 과업특성, 사회적 특성 등으로 범주화하고 있는데(Bass & Stogdill, 1981, 233), 보다 구체적인 내용은 〈표 3-2〉와 같다.

표 3-2 리더십 특성연구의 중요 측면

신체적 특성	사회적 배경	지적 능력
• 연 령 • 신 장 • 체 중 • 용 모	• 교육 정도 • 사회적 신분 • 사회적 관계	• 판단력 • 결단력 • 표현능력
성격 특성	**과업 특성**	**사회적 특성**
• 독립성 • 자신감 • 지배성 • 공격성	• 성취욕구 • 솔선수범 • 지구력 • 책임감 • 인간에 대한 관심 • 결과 지향성	• 관리능력 • 협조성 • 대인관계 기술 • 권력욕구 • 청렴성

자료: B.M. Bass & R. Stogdill(1981), *Handbook of Leadership*, N.Y.: Free Press of Glencoe, 233.

제 2 절
명장들의 리더십 특성

제1절에서 바스와 스톡딜(B.M. Bass & R. Stogdill)이 기존연구를 망라하여 효과적인 리더의 특성으로 신체적 특성, 사회적 배경, 지적 능력, 성격특성, 과업특성, 사회적 특성 등으로 범주화하고 있음을 살펴보았다. 리더십 하면 빠트릴 수 없는 것이 군대이고 군리더십 하면 장군의 리더십을 생각하지 않을 수 없다. 지금까지 동서양의 명장들의 리더십에 관한 연구는 많이 이루어져 왔다(곽효문, 2013; 김경수 외, 2004; 김남권, 2017; 김형곤, 2013, 양명호·박갑룡, 2017; 조성식, 2005; 최병운, 2012; 최해진, 2007; 퍼이어, 2012), 그중에서도 한국과 외국의 역사적인 명장 각 20명씩을 대상으로 내용분석을 한 김경수 외(2004)의 연구가 단연 돋보인다. 따라서 아래에서는 이들의 명장들의 리더십 특성연구에 대해 살펴보기로 하겠다.

1. 명장들의 신체적 특성

Jago(1982)는 리더가 가지는 신체적, 골격적 특징으로 활동성, 정력, 외모, 차림새, 키, 몸무게 등을 제시하였다. 이를 기초로 김경수 교수팀이 각종 문헌(전기, 역사자료, 전쟁역사 등)을 통해서 고찰한 역대 명장들의 신체적/골격적 특징을 살펴보면 〈표 3-3〉에서 보듯이 다양하다. 즉 40명의 명장 중 신체적 특징이 문헌에 나타난 명장은 16명이었다. 이 중 신장에 관계된 기록은 14명이었는데 14명 중 8명은 신장이 큰 경우인 반면에 6명은 보통보다 작은 신장이었다. 이와 같이 신체적/골격적 특징이 명장의 리더십에 미치는 영향은 미약한 것으로 나타났다.

2. 명장들의 능력·기술특성

Jago는 리더가 가지는 능력/기술 특성으로 행정능력, 판단력, 지식, 어휘 구사

표 3-3 명장들의 육체적 특징

구 분	명 장	신 장			기타 신체적 특징
		큼	보통	작음	
한 국	장보고	○			
	강감찬			○	모양이 추하고, 겉모양이 초라함
	최 영	○			기골이 장대, 풍체 늠름
	이순신	○			힘이 세고, 무인으로서 위용을 갖춤
	김덕령			○	용맹이 뛰어남
외 국	알렉산더	○			당당한 체구
	시 저	–	–	–	체력이 약하고 흰살결의 피부
	나폴레옹			○	왜소하고 창백
	아이젠하워	○			건강한 체질
	패 턴	○			어릴 때 병약, 자신을 연마시켜 건강유지, 올림픽 챔피언
	쥬코트	○			체격이 큼, 힘이 셈
	윈게이트			○	몸집이 작고 마른 편
	롬 멜			○	강골이었음
	니미츠	–	–	–	농부와 같은 소박한 외모
	윈게이트			○	몸집 작음
	슈와츠코프	○			190cm의 거구
비 고		8	–	6	

자료: 김경수 외(2004), "명장의 리더십에 관한 연구," 「경영학연구」, 33(5), 1361.

력 등을 제시하였다. 이를 기초로 각종 문헌(전기, 역사자료, 전쟁역사 등)을 통해서 본 역대 명장들의 능력/기술 특성을 살펴보면 〈표 3-4〉에서 알 수 있듯이 다양하다. 즉, 40명의 명장 중 능력/기술능력이 문헌에 나타난 명장은 17명이었다. 위에서 보듯이 행정능력, 어휘 구사력, 전투감각 등은 명장이 갖춘 경우와 갖추지 않은 경우 다양하다. 하지만 특이한 것은 명장의 능력/기술능력에 관한 내용이 문헌에 나타난 17명의 명장 중 16명의 명장이 지략이 뛰어난 것으로 나타났다. 이는 동양의 유명한 병법서인 '손자병법'에 장군이 갖추어야 할 요소로 '지(智), 신(信), 인(仁), 용(勇), 엄(嚴)'을 제시하였고, 그중에서 智를 가장 중요시 한 것과도 일맥상통하다 하겠다.

참고로 손자가 손자병법에서 말한 장군이 갖추어야 할 요건으로서의 智, 信, 仁, 勇, 嚴을 풀이하면 다음과 같다. 지란 임기응변하여 스스로의 불리한 조건을 극

표 3-4 명장들의 능력

구분	명 장	능 력				기타 특징
		행정능력	지 략	어휘구사력	전투감각	
한 국	을지문덕		○	○		문장력 뛰어남
	부분노		○			
	장보고		○			
	김유신		○			
	양만춘		○			
	강감찬	○	○			
	최 영		△			
	이순신	○	○		○	문장력 뛰어남
	권 율		○		○	
	곽재우		○		○	
	김덕령		○			
외 국	한니발		○		○	
	나폴레옹		○	○	○	
	맥아더	○	○	○		
	패 튼		○		○	
	롬 멜		○		○	
	야마도도 이소로꾸		○			

자료 : 김경수 외(2004), "명장의 리더십에 관한 연구," 「경영학연구」, 33(5), 1367.

복할 수 있는 능력 또는 기지를 말하는 것이고, 신이란 부하들로부터 신뢰를 받아야 한다는 것이다. 그러기 위해서는 먼저 신상필벌(信賞必罰 상을 받을 만한 사람에게는 반드시 상을 주고, 벌을 받을 만한 사람에게는 반드시 벌을 준다는 뜻)을 해야 한다고 생각했다. 인이란 명령을 엄격히 지켜 작전에 차질이 없도록 하는 것을 말한다. 용은 용기를 뜻한다. 장수의 용기가 지나쳐서 만용이 돼서도 안 되고, 어떤 상황에서도 물러서지 않는 무모함이 돼서도 안 된다. 용기는 냉철한 판단과 과감한 결단력이다. 엄은 스스로에 대한 엄정함이다. 이런 엄정함을 기반으로 엄격하게 군대의 기강을 지키는 것이다.[1]

1 손자병법이 만들어지고 수천 년이 흘렀지만 리더가 갖춰야 할 이 다섯 가지 덕목은 여전히 유효해보인다. 아시아의 '워렌 버핏(Warren Buffett)'으로 불리는 손정의(孫正義) 일본 소프트뱅크 회장은 중요한 결단의 순간에 '지신인용엄'을 되새기며 결정을 내린다고 한다(구창환, 2015.1.1).

3. 명장들의 성격 특성

Jago는 성격적 특징으로 성취동기, 야망, 적응력, 민첩성, 반권위주의적 성격, 지배성향, 자기제어, 열정, 외향성, 독립성, 주도력, 직관력, 성실성, 객관성, 창의성, 일관성, 인내력, 책임감, 자신감, 유머감각, 스트레스 저항력 등을 제시하였다.

표 3-5 | 명장들의 성격 특성

구분	명 장	창의력	책임감	용기	인간애	외향적	침착	주도적	추진력	학구적	기타 특성
한 국	을지문덕			○			○				
	장보고				○			○	○		강직, 정의감, 포용력, 의협심
	강감찬									○	청렴, 검소, 재물에 욕심이 없음
	최 영			○			○				강직, 충성, 겸손
	이순신	○	○	○			○	○			
	윤 관	○						○	○		
	김덕령						○				자부심 강함, 겸손
외 국	프레드릭										불굴의 투지, 수차례 자살기도, 감상적
	알렉산더	○					○	○	○		
	시 저	○						○	○		대담성
	징기스칸	○						○	○		
	웰링턴									○	
	나폴레옹	○						○	○	○	젊은 시절 반항적
	힌덴부르크		○						○	○	
	야마모토 이소로꾸			○	○		○	○	○	○	고집 강함, 일등주의 사고방식
	패 튼							○	○	○	명예욕 강함, 자제력 강함
	롬 멜							○	○	○	자신에게 엄격, 자제력 강함
	마 샬								○		엄격, 옳다고 생각하는 것은 굽히지 않음
	쥬코프									○	엄격
	아이젠하워				○			○	○	○	원만한 성격, 포용력
	니미츠										겸손, 신중한 성격
	몽고메리										부지런함, 비판적 성격, 완벽주의, 철저한 준비, 소심
	맥아더							○	○		긍지, 자존심, 영웅적인 개성

자료: 김경수 외(2004), "명장의 리더십에 관한 연구," 「경영학연구」, 33(5), 1373.

이를 기초로 각종 자료문헌(전기, 역사자료, 전쟁역사 등)을 통해서 본 역대 명장들의 성격적 특징을 살펴보면 〈표 3-5〉에서 보듯이 다양하다. 즉, 40명의 명장 중 성격적 특징이 문헌에 나타난 명장은 22명이었다. 명장들의 성격/특성 면에서 공통적인 특징은 매사에 주도적으로 일을 처리할 뿐 아니라 추진력이 뛰어난 점을 볼 수 있으며, 상당히 학구적인 명장이 많음을 볼 수 있다. 또한 창의력을 발휘하여 새로운 전술/전략을 구사하여 승리로 이끈 예가 많다. 일반적으로 일반에 인식된 장군의 이미지는 "외향적"인 것으로 되어 있으나, 연구 결과 그와 상반되는 결과를 볼 수 있었다.

4. 명장들의 사회적(대인관계) 특성

Jago는 사회적 특성으로 협동심, 대인관계, 기술, 민감성, 명예나 인기중시 성향, 사회경제적 지위, 다변성, 재치 등을 제시하였다. 이를 기초로 전기, 역사자료, 전쟁역사 등과 같은 각종 자료문헌을 통해서 본 역대 명장들의 사회적 특성을 살펴보면 〈표 3-6〉에서 보듯이 다양하다. 즉, 사회적 특성이 리더십에 미치는 영향은 미약하다. 하지만 명장들의 인간관계는 솔선수범과 부하애 등을 통하여 부하와의 인간관계가 상관과 비교하여 좋은 경우가 많음을 볼 수 있었다. 또한 한국의 명장과 외

표 3-6 명장들의 사회적(대인관계) 특성

구분	명 장	협동심	대인관계			인기 중시	청렴 결백	기타 특징
			상관	동료	부하			
한국	양만춘		×		○			
	강감찬						○	
	최 영						○	
	이순신		×					
	곽재우				○		○	
외국	시 저				○			
	한니발				○			
	패튼	×	×	×				독불장군형
	야마모도 이소로꾸		○		○			
	니미츠		○		○			

자료: 김경수 외(2004), "명장의 리더십에 관한 연구," 「경영학연구」, 33(5), 1376.

국의 명장을 비교하여 보면 한국의 명장은 청렴결백하게 살았음을 볼 수 있다(김경수 외, 2004).

리더십 **사례**

이순신 장군의 '명량해전 연설'

조선 수군은 패배할 것이다.
우리 모두는 전멸할 것이며.
그러므로 이곳 명량의 바다는 조선수군의 무덤이 될 것이다.

적이 그렇게 믿고 있다.
또한 대부분의 아군들도
우리 조선 수군의 패배를 기정사실로 받아들이고 있다.

나는 지난 육년간 수많은 전장에 부하들을 세워왔고.
단 한 번도 진 바 없다.
그는 승리를 확신하지 못하는 전장으로
부하들을 이끈 바 없기 때문이다.

허나 이번에는 나 역시 아무것도 자신할 수 없다.
수십 배에 달하는 적과 싸우기에는 우리가 가진 병력이 너무도 일천하다.
또한 우리 조선 수군이 싸워야 할 울돌목의 저 험준한 역류는
왜적보다 더 무서운 적이 되어 우리 앞을 가로막을 것이다.

그럼에도, 이 모든 악조건을 모두 안고서라도
나는 그대들과 더불어 전장으로 나아갈 것을 희망한다.
승리에 대한 확신은 없다.
단 한 명의 전상자도 없이 전장을 벗어나리라 장담할 수도 없다.

오직 내가 할 수 있는 유일한 약조는
내가 조선 수군의 최전선을 지키는 전위군이 되겠다는 것.
그것뿐이다.
대장선이 가장 먼저 적진으로 진격할 것이며
적을 섬멸하지 않는 한 결코 이 바다를 벗어나지 않을 것이다.

살고자 하면 죽을 것이오.
죽고자 하면 살 것이니.
목숨과 바꿔서라도 이 조국을 지키고 싶은 자.
나를 따르라.

자료: KBS대하드라마 '불멸의 이순신'

제 3 절
리더십 특성이론의 평가

1. 리더십 특성이론의 평가

리더십 특성이론은 성공적인 리더의 공통된 특성을 이해하는 데 많은 도움을 주었고, 연구결과는 조직체의 구성원 선발과 인력개발에도 실질적인 도움을 주었다. 특히 종합평가법(Assessment Center Method)과 관련하여 경험적, 종단적 연구를 통하여 조직체의 중요 직무마다 성공적인 리더십에 요구되는 특성을 분석하고, 이를 중심으로 리더를 선정 또는 개발하는 노력이 점차적으로 증대되어 왔다. 그리고 리더특성과 관련하여 개인의 성격과 능력을 측정하는 데에도 많은 공헌을 하였다.

그러나 리더십 특성이론은 연구방법상으로나 연구결과의 적용성에 있어서 적지 않은 어려움을 나타내고 있어 오늘날의 많은 연구들은 특성이론이 성공적인 리더십을 예측하는 데 있어서 그다지 유용하지 못하다고 주장한다. 이와 같이 리더십 특성이론을 리더들의 공통적인 특성을 추출해 내는데 실패함으로써 한계에 부딪히게 되었다. 구체적인 문제점을 살펴보면 다음과 같다.

첫째, 성공적인 리더특성을 연구하면 할수록 리더의 특성이 무한정 증가하게 되어(현재 연구되고 있는 특성만도 100여 개), 그 많은 특성을 이 복잡다단한 시대에 어떻게 갖출 수 있을까라는 의구심으로 리더특성연구가 많은 어려움에 봉착하게 된다. 그리고 리더특성연구의 결과를 해석하고 이를 적용하는 데 있어서도 리더십상황과 리더십의 효율성을 고려하지 않고서는 연구결과를 잘못 이해하거나 해석하고 나아가서는 조직체에 잘못 적용될 위험성이 있다.

둘째, 리더특성과 리더십 효율성과 관계에 있어서 연구결과의 일관성이 결여되어 있다. 오히려 서로 상반되는 결과가 나타남으로써 리더십성과에 대한 리더특성의 예측성이 의문시되는 경우가 많이 있다. 이것은 리더특성의 측정문제를 비롯하여 특성들이 각기 독립적으로 작용하지 않고 다른 요인들과 복합적으로 작용하는 데에도 그 원인이 있다. 그리고 연구결과에서 나타난 바람직한 리더특성들이 대부분 상식적인 수준을 넘지 못하여 실질적 예언가치가 의문시되는 경우도 많다.

셋째, 어떤 상황에 있어서는 활동적인 특성이 다른 상황에서는 비활동적이라는 점이다. 인간이 갖고 있는 부끄러움 특성의 예를 들면, 인간은 어떤 상황에서는 부끄러워하지만 다른 상황에서는 부끄러움을 느끼지 않는다. 즉, 하나의 특성은 인간이 주어진 상황에서 취하는 하나의 행동양식이라고 할 수 있다(Hilgard, 1962). 그 결과 인간의 성격특성의 측정기법상 신뢰성에 대한 과학적 기초가 빈약하다는 비판을 받게 된다.

제닝스(E.E. Jennings)는 과거 100년간에 걸쳐 특성이론에 관한 많은 연구에서 아직 리더와 비리더를 식별하는 단 하나의 퍼스낼리티 특성을 확인할 수가 없었다고 한다. 결단력 있는 사람으로 특성화된 사람은 일반적으로 결단력이 있다. 따라서 자신이 발견한 상황이 높은 결단력을 필요로 한다면 실제 그렇게 행동할 것이다. 그러나 특성은 단순히 그렇게 서술될 수만은 없다. 즉, 개인은 많은 상황하에서 분명히 몇 가지 다른 행동을 취할 것이기 때문이다(강신규 외, 2003, 504~505).

넷째, 리더십의 효율성은 리더의 특성뿐만 아니라 부하의 특성도 과업의 성격을 비롯하여 많은 상황적 요소에 의하여 결정된다. 따라서 리더개인의 특성연구만으로는 리더십과정을 이해하기가 어렵다. 그리고 리더의 특성연구는 주로 리더의 육체적, 지능적 그리고 성격과 관리능력상의 특성만을 연구할 뿐, 리더가 리더십과정에서 실제로 무슨 일을 하고 어떤 역할을 하는지를 설명해 주지 않으므로 리더특성만으로는 리더십에 관한 충분한 이해가 불가능하다.

다섯째, 특성이나 자질이라는 요소와 리더십 자체가 동일시 되는 것은 아니라는 점이다. 비슷한 성격과 역량을 가지고 있더라도 어떤 리더십 스타일을 발휘하느냐의 여부에 따라 좋은 리더가 될 수도 있고 그렇지 못할 수도 있다. 예컨대 리더의 인품과 관계없이 강하게 밀어붙이는 식의 리더십을 선택하느냐, 아니면 자율성을 최대한 존중하는 리더십을 적용하느냐에 따라 팔로워(follower 부하)의 추종 여하는 충분히 달라질 수 있다(하미승, 2018, 81).

여섯째, 리더의 인격과 재능은 선천적으로 타고나는 측면도 있지만, 후천적으로 자기개발, 교육훈련, 경험 등에 의해서도 얼마든지 함양될 수 있다는 점이다(하미승,

2017, 358). 그것은 오레일리와 페퍼(C.A. O'Reilly III & J. Pfeffer) 교수가 평범한 사람을 비범한 사람으로 만드는 것이 바로 교육훈련이라고 주장한 〈숨겨진 가치(*Hidden Value*)〉라는 책에서도 잘 알 수 있다(O'Reilly & Pfeffer, 2000). 따라서 마치 타고난 자질과 능력에 의해서 리더십의 성공 여하가 결정되는 것처럼 간주하는 생각은 맞지 않을 것이다. 그보다는 어떤 자질과 역량 요소가 좋은 리더로 성장하는 도움이 되는지를 파악하고 그러한 요소들을 자발적인 노력을 통해 개발하는 일이 중요할 것이다(하미승, 2018, 81).

이와 같은 연구상의 그리고 실질적인 문제로 말미암아 리더십연구는 리더가 실제로 취하는 행동과 여러 환경적 상황으로 연구초점을 바꾸기 시작하였다. 그리하여 리더십의 행동이론과 상황이론이 발표되기 시작한 것이다. 그러나 리더특성에 관한 연구가 결코 중단된 것은 아니다. 앞에서 설명한 바와 같이 리더의 특성은 현대조직의 인적자원관리, 특히 선발과 인력개발에 있어서 매우 중요한 역할을 하고 있다. 따라서 성공적인 리더 특성에 관한 실증적 연구와 특성의 측정방법에 관한 연구는 계속 활발히 진행될 것으로 기대된다(이학종·박헌준, 2004, 348).

2. 최근의 리더십 특성이론 연구

리더십 특성이론에 대한 최근의 시각은 "리더는 타고난다"라는 전제보다는 "리더십 특성 중 일부는 타고날 수도 있지만, 일부는 후천적으로 개발될 수 있다"는 관점을 취하고 있다. 또한 효과적인 리더와 비효과적인 리더를 구분시켜 주는 보편타당한 특성을 찾기보다는 특정한 상황별로 유효하게 작용하는 특성을 밝히는 데 역점을 둠으로써, 필요충분조건으로서의 리더십 특성보다는 상황별 필요조건으로서의 리더십 특성을 규명하는 노력을 기울이고 있다. 다시 말해, 특정한 리더가 효과적인 리더십과 관계가 있는 일정한 특성을 보유하고 있다고 해서 반드시 효과적인 리더십을 발휘할 것이라고 보장할 수는 없지만, 효과적인 리더십을 발휘하는 데 도움은 될 것이라고 말할 수는 있다.

학문적 관점에서는 "X라는 상황에서는 A, B, C라는 특성이 리더십의 유효성을 높이는 데 도움이 되며, Y라는 상황에서는 D, E, F라는 특성이 리더십의 유효성을 높이는 데 도움이 된다"라고 말하는 것이 비난의 소지를 줄일 수 있을 것이다. 하지만 실무자들이나 일반인들은 "이러이러한 특성을 지닌 리더가 성공할 가능성이 높다"라는 간결한 답을 원하는 경우가 많다. 리더십 특성이론은 바로 이러한 답을 해줄 때 유용한 이론이라고 할 수 있다. 특성이론은 조직에서 리더를 선발하거나 승진 의사결정을 할 때 효과적으로 활용될 수 있다(박내회, 2002, 196~197).

결론적으로 1900년대 중반에 와서 리더십 특성연구는 리더십의 보편성에 의문을 제기했던 연구자들에 의해 도전을 받게 되지만 근래에 와서 특성이론에 대한 관심이 다시 살아나고 있다. 특성연구에 대한 새로운 관심의 결과로 나타난 추가적인 징후들은 많은 연구자들이 20C 말부터 강조되어온 비전적 리더십과 변혁적 리더십에서도 찾아볼 수 있다(이상호, 2018). 이와 같이 최근에 와서는 효과적인 리더십에 여향을 미치는 개인특성의 중요한 역할을 다시 강조하는 방향으로 되돌아오고 있다(노다우스 저, 김남현, 2009, 25; 이덕로, 2018).

Chapter 04

리더십 행동이론

제 1 절 리더십 행동이론의 의의

1. 리더십 행동이론의 의의

리더의 공통적인 특성을 규명하는데 실패한 리더십 연구는 이번에는 밖으로 드러나는 리더의 행동을 관찰하는 쪽으로 전환하게 되었다. 그 결과 1940년대 말부터 1960년대 초 사이에 대부분의 연구는 높은 성과와 관련있는 리더 행동, 즉 리더십 유형(leadership style)을 발견하는 데 연구의 초점을 두었다. 이러한 연구의 흐름을 리더십의 행동이론(behavioral theory of leadership)이라고 한다.

행동이론은 특성 이론적 접근방법에서 주로 다루어졌던 관찰이 어려운 구성개념들에 대해서는 관심을 보이지 않으며, 리더와 추종자를 구분시켜 주거나 효과적인 리더와 비효과적인 리더를 구분시켜 주는 관찰 가능한 행동을 파악하고 측정하는 데 관심을 두었다.

또한 리더십 특성이론이 효과적인 리더의 특성을 확인하고 우수한 리더의 선발을 중시하는 반면 리더십 행동이론은 효과적인 리더십 행동의 본보기를 파악하고 구성원들에게 그러한 행동을 훈련시켜 리더로 양성하는 데 관심을 가지고 있다. 1940년대 이후 행동주의 심리학의 영향을 받은 리더십 행동이론은 보편적으로 "누가 효과적인 리더인가?"보다는 "효과적인 리더는 무엇을 하는가?"에 더 관심을 가지고 효과적인 리더의 행동을 규명하고 이를 바탕으로 리더를 양성하고자 한 것이다(이상호, 2009, 95).

리더십 행동이론에 관한 주요 연구로는 아이오와 대학의 리더십 연구를 필두로 오하이오 주립대학의 리더십 연구, 미스미의 PM이론, 미시간 대학의 리더십 연구, 블레이크와 무튼의 관리격자이론, 리커트의 시스템4이론, 스칸디나비안 연구 등 여러 가지가 있다. 이 중 제2절에서는 대표적인 몇몇 이론들을 살펴보기로 하겠다.

2. 리더십 행동이론의 배경

리더십에 대한 연구가 특성이론에서 행동이론으로 초점이 옮겨지게 된 보다 구체적인 이유는 다음과 같이 요약될 수 있다(박내회, 2002, 197~198).

첫째, 1984년에 스톡딜이 특성이론에 대해 검토한 다음, 일정한 특성이 리더로서의 성공과 연관은 있으나 그것이 리더의 성공을 보장해 주지는 못한다는 결론을 내린 것에 대해 학자들이 비관적으로 해석하면서 특성이론에 대한 관심이 급감하였다.

둘째, 1940년대 이전까지의 심리학은 사람들의 행동을 개인차의 관점에서 설명하는 데 초점이 맞추어져 성격·지능·태도·가치관 등 추상적인 구성개념을 측정하는데 역점을 두었는데, 특성이론은 이에 큰 영향을 받았다. 하지만 1940년대와 1950년에 걸쳐 행동주의 심리학이 유행하는 관찰이 불가능한 구성개념을 연구하기보다는 환경조건(보상과 처벌)이 관찰가능한 행동에 어떠한 영향을 미치는가에 초점이 맞추어짐에 따라, 리더십 분야에서도 관찰가능한 리더십 행동을 측정하는 데 초점이 맞추어졌다.

셋째, 리더의 특성에 초점을 맞출 경우 조직이 뛰어난 리더를 확보하는 방법은 뛰어난 리더십을 발휘하는 특성을 지닌 사람들을 선발하는 도리밖에 없었다. 즉 리더를 양성하기보다는 선발하는 수밖에 없었던 것이다. 이에 따라 효과적인 리더십 행동의 본보기를 파악하여, 구성원들에게 그러한 행동을 훈련시켜 리더로 양성하는 방법이 연구되기 시작했다.

넷째, 성격·지능·태도·가치관 등 리더의 내면적 특성을 파악하는 것보다는 리더의 외면적 행동을 관찰하는 것이 더 수월하다.

다섯째, 성격·지능·태도·가치관 등과 같은 안정적이고 고정적인 특성을 바꾸라고 하는 것보다는 행동을 바꾸라고 요구하는 것이 사람들을 덜 방어적으로 만들었다.

여섯째, 조직의 입장에서 볼 때에도 구성원들의 성격·지능·지능·태도·가치관 등 안정적이고 고정적인 특성을 변화시키는 일보다는 행동을 변화시키는 일이 더 수월했다.

이러한 배경에서 이루어지기 시작한 행동이론 관점의 연구들은 "리더는 타고나는 것이 아니라 만들어진다(leaders are made)"라는 전제에서 출발하였으며, 리더의 행동영역을 규정하는 여러 가지 행동분류(behavior taxonomy)를 만들어냈다. 이렇게 얻어지는 행동범주들이 리더십 유효성과 어떠한 관계를 갖는가에 대한 연구가 진행되었다.

제 2 절 리더십 행동이론의 내용

동서고금(東西古今)의 리더들의 공통적인 특성을 규명하는 데 실패한 리더십 연구는 이번에는 밖으로 드러나는 리더의 행동을 관찰하는 쪽으로 전환하게 되었다. 그 결과 1940년대 말부터 1960년대 초 사이에 대부분의 연구는 높은 성과와 관련있는 리더 행동, 즉 리더십 유형(Leadership Style)을 발견하는 데 연구의 초점을 두었다. 이러한 연구의 흐름을 리더십의 행동이론(behavioral theory of leadership)이라고 한다. 리더십 행동이론에 관한 주요 연구로는 아이오와 대학의 리더십 연구를 필두로 여러 가지가 있다. 이 중 대표적인 몇몇 이론들을 살펴보기로 하자.

1. 아이오와 대학의 리더십 연구

1939년 아이오와 대학의 리피트와 화이트(R. Lippitt & R.R. White)는 르윈(K. Lewin)의 지도하에 지능과 사회배경이 비슷한 10대 소년들을 대상으로 리더십을 연구하기 위하여 리더십을 [그림 4-1]과 같이 세 가지, 즉 민주적 리더십(democratic leadership), 전제적 리더십(autocratic leadership), 자유방임적 리더십(laissez-faire or free rein leadership)으로 나누었다. 그런 다음에 리더십 스타일(민주형, 전제형, 방임형)의 변화에 따라 소년들이 비슷한 물건(가면, 모형비행기, 장식, 비누로 만든 조각품 등)을 만드는 공작시간에 어떠한 행동을 보이는가를 실험한, 리더십 행동이론에 관한

그림 4-1 아이오와 대학의 리더십 연구

개척적인 연구를 실시하였다.

여기서 민주적 리더십은 의사결정 권한을 부하들에게 대폭적으로 위임하는 리더십이며, 전제적 혹은 권위적 리더십이란 조직내 모든 의사결정을 리더 혼자서 행하는 리더십을 말한다. 그리고 자유방임적 리더십은 리더는 가능한 한 의사결정과정에 참여하거나 간섭하지 않고 구성원들, 즉 부하에게 의사결정의 권한을 완전히 위임하는 리더십을 말한다.

이 연구의 유효성과 관련해서 일찍이 많은 연구가 있었다. 그 결과 생산성 또는 성과면에서 볼 때 자유방임적 리더십이 가장 좋지 않다는 데는 대체로 의견의 일치를 보아왔으나, 민주적 리더십과 전제적 리더십은 상황에 따라 각기 다른 결과가 나왔다. 그러나 일반적으로 민주적 리더십이 집단 구성원과의 관계, 집단행동의 특성, 리더 부재시의 구성원 태도 등에서 전제적 리더십보다 호의적으로 나타나기 때문에 생산성 효과가 동일하다면 민주적 리더십이 보다 바람직한 것으로 보고 있다(이덕로, 2018, 202~203).

2. 오하이오 주립대학의 리더십 연구

아이오와 대학의 리더십연구에 이어 1945년에 오하이오 주립대학(OSU: Ohio State University)에서는 리더행동기술질문서(LBDQ: Leader Behavio Description Questionnaire)를 사용하여 여러 형태의 집단과 상황에 있어서의 리더십을 분석하였다. 그 결과 뚜렷하게 다른 두 가지의 리더십유형을 발견했는데, 구조주도(Initiating Structure)와 배려(Consideration)가 바로 그것이다(Likert, 1961).

여기서 구조주도란 종업원이 과업을 수행할 때 리더가 계획하고, 조직하고, 지시하고, 통제하는 데 책임을 지는 정도를 의미한다. 따라서 구조주도형 리더십은 직무나 인간을 조직화하는 것으로써 리더가 과업을 정의하고, 과업을 할당하며, 그리고 엄격한 감독을 통해 생산 실현에 보다 큰 관심을 두는 리더십이다.

반면에 배려는 리더가 신뢰, 친근함, 지원 및 존경을 개발하기 위하여 소통하는 정도를 말한다. 따라서 배려형 리더십은 온정, 상호신뢰, 존경, 부하의 복리후생에 대한 관심, 그리고 인정 등을 표시하는 행동으로써 인간관계의 유지에 더 큰 관심을 두고 있다(Lussier, 2017, 204). 실제로 미국에서의 설문조사에서도 회사에서 열심히 일하는 원동력으로 66%의 직원이 업무 성과에 대한 인정이라고 대답했다고 한다(Akst, 2007).

가장 널리 알려진 행동이론인 오하이오 주립대학 연구는 배려와 구조주도의 여러 가지 배합을 보여주기 위하여 [그림 4-2]와 같은 리더십의 4분면을 개발하였다. 이 네 가지의 리더십유형으로 실증적인 연구를 해본 결과 구조주도가 높고, 배려도 높은 리더십일 때 가장 효과적인 리더십 유형인 것으로 나타났다. 오하이오 주립대학의 리더십 연구는 리더십을 매우 체계적이고 상세하게 설명하고 있다는 점에서 높이 평가할 만하다.

그림 4-2 오하이오 대학의 리더십 연구

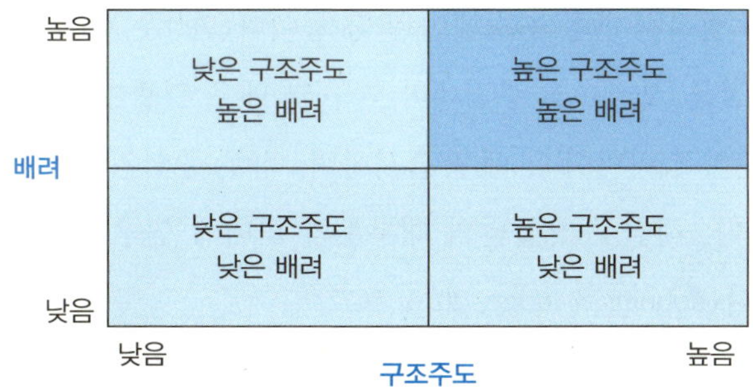

자료: R.N. Lussier(2017), *Human Relations in Organizations: Applications and Skill Building*, 10th ed., New York: McGraw-Hill Book Co., 204.

3. 미시간 대학의 리더십 연구

오하이오 주립대학의 리더십 연구에 뒤이어 1947년 미시간 대학교의 조사연구센터는 성과가 높은 리더가 사용하는 일반적인 리더십 유형을 발견하기 위하여 폭넓은 연구를 실시하였다. 그들은 리더십을 두 가지의 유형으로 나누었는데, 이 중 부하에 대한 신뢰, 부하의 존중, 부하의 복리후생에 대한 관심 등에 초점을 두는 리더십을 인간 중심적인 리더십(person-centered leadership)이라고 부르고, 과업의 정의와 할당, 엄격한 감독, 합법적, 강제적인 권력의 사용에 초점을 두는 리더십을 직무 중심적인 리더십(job-centered leadership)이라고 명명하였다(이덕로, 2018).

직무중심 리더십의 구체적 행동은 ① 효율성을 높이기 위해 업무활동을 체계화한다. ② 단기운영계획을 세운다. ③ 업무를 집단이나 개인에 할당한다. ④ 역할기대와 과제목표를 명료화한다. ⑤ 규칙, 방침, 표준운영절차를 설명해 준다. ⑥ 집단의 활동을 지휘하고 조정한다. ⑦ 운영과 수행을 점검한다. ⑧ 업무를 방해하는 당면문제를 해결한다. ⑨ 효율성, 생산성, 품질의 중요성을 강조한다. ⑩ 집단의 수행에 대해 높은 기준을 설정한다 등이다.

인간중심 리더십의 구체적 행동은 ① 부하들에게 지원과 격려를 해준다. ② 부하에게 도전적인 목표를 달성할 수 있다는 자신감을 표현한다. ③ 관계를 구축하기 위해 사람들과 친목을 도모한다. ④ 공헌과 성취를 인정해 준다. ⑤ 코치와 후견인 역할을 한다. ⑥ 중요한 사안에 대해 서로 협의한다. ⑦ 중요한 정보를 제공한다. ⑧ 갈등을 해결하도록 도움을 준다. ⑨ 팀 상징, 의식, 행사 등을 사용하여 팀 정체성을 구축한다. ⑩ 모범적인 행동의 모델이 된다 등이다(변상우, 2012).

이러한 관점은 '오하이오 주립대학 연구'와 매우 연관이 있어 보인다. 사람 중심의 리더십은 '배려적 리더십'과 매우 흡사하며, 직무 중심의 리더십은 '구조주도적 리더십'과 비슷하다. 사실상 오늘날의 대부분의 리더십 연구자들은 그 개념들이 비슷하다고 생각한다(Robbins & Judge, 2015, 367).

미시간 대학의 연구에서 리더십 유효성은 단순한 성과와 같은 양적인 지표뿐만 아니라 부하의 직무만족이나 결근율·이직률 등과 같은 비량적인 성과 지표도 아울러 고려하였다. 그 결과 높은 성과를 올린 리더들은 부하의 인간적인 측면에 보다 많은 관심을 가지는 인간중심적 리더인 것으로 나타났다. 아울러 직무중심적 리더십은 단기 성과에, 종업원중심 리더십은 장기 성과와 관련성이 있는 것으로 나타났다.

이 미시간 대학의 연구도 오하이오 주립대학교의 연구와 마찬가지로 상황요인을 고려하지 않았으며, 리더 행동이 상황에 따라 변할 수 있다는 사실을 보여주지 않았다는 비판을 면치 못하였다(이덕로·서향희, 2017, 249~250).

리더십 **사례**

직장인 "카리스마·민주적 리더보다 '소통형 리더'가 더 좋다"

직장인들은 부하들과 소통하는 리더를 가장 최선으로, 말과 행동이 다른 리더를 최하로 생각하고 있었다. 23일 직장인교육 전문기업 휴넷은 직장인 812명을 대상으로 최고의 최고경영자(CEO)에 대해 조사한 결과 '소통형 리더'가 52.4%로 집계되어 1위를 차지했다고 발표했다.

'소통형 리더'란 부하들과 함께 아이디어를 고민하고 의사결정에 적극 참여하는 리더를 말한다. 이어 구성원을 존중하고 섬기는 '서번트 리더'가 25.7%로 2위를 차지했고 부하 직원에게 권한을 위임하고 의사결정을 맡기는 '위임형 리더'가 9.9%로 3위에 올랐다. 강한 카리스마 및 존재감으로 구성원을 이끄는 '카리스마 리더'는 9.4%, 다수결 원칙에 따라 행동하는 '민주형 리더'는 2.6%에 머물렀다.

한편 최악의 리더로는 말과 행동이 다른 '언행불일치형 리더'(37.7%)가 가장 많이 꼽혔다. 이어 명령과 복종을 강요하는 '권위형 리더'(25.1%), 구성원을 믿지 못하는 '불신형 리더'(22.0%), 공과 사를 구별하지 못하고 행동하는 '공사불균형 리더'(8.4%), 업무 능률 향상만을 위해 조직을 관리하는 '성과제일주의형 리더'(6.8%) 순으로 나타났다.

또한 응답자 31.4%는 CEO가 반드시 갖춰야 할 능력으로 '소통능력'을 꼽았다. 이어 '통찰력'(28.3%), '의사결정능력'(26.7%), '통솔력'(8.9%)이 뒤따랐다. 2015년 휴넷에서 진행한 같은 조사에서는 '통찰력'이 1위였으나 올해는 '소통능력'이 1위를 차지했다.

또한 현 직장의 CEO를 얼마나 신뢰하는지에 대한 질문에 응답자들은 5점 만점에 평균 3.3점이라고 답변했다. 세부적으로 4점이 31.4%였고 3점 30.4%, 5점 14.7%, 2점 12.0%, 1점 11.5% 등의 분포를 보였다. 아울러 이러한 전반적 결과에 최근 문재인 대통령의 소위 탈권위적 '소통 행보'가 큰 주목을 받으며 이번 설문조사 결과에도 영향을 준 것으로 보인다고 해석했다.

휴넷 조영탁 대표는 "시대 분위기와 맞물려 소통 리더십이 어느 때보다 많은 주목을 받고 있다"며 "통찰력을 갖춘 카리스마 리더보다 소통을 통해 구성원들과 함께 성장·발전하는 리더를 시대가 원하니 CEO는 이에 맞춰 변화하는 자세를 가져야 할 것"이라고 밝혔다.

자료: 강민욱(2017.5.23), "직장인 "카리스마·민주적 리더보다 '소통형 리더' 가 더 좋다"" 「재경일보」

4. 미스미의 PM이론

오하이오 대학의 구조주도와 배려는 미국에서 바다 건너 일본으로 전해지면서 일본학자들에 의해 나름대로 각색되어 성과지향(Performance orientation: P)과 유지지향(Maintenance orientation: M) 등의 용어로 불리게 되었다. 특기할 만한 것은 일본으로 건너가 새로운 용어를 얻었을 뿐만 아니라 일본인들을 대상으로 나름대로의 실증적 검증이 이루어졌다는 점이다(백기복, 2011, 348~349).

일본 오사카 대학의 심리학 교수인 미스미 쥬지(三隅二不二) 교수가 35년의 리더십연구를 통해 제창한 리더십 이론이 바로 PM이론으로 집단기능의 개념으로부터 리더십을 유형화한 이론이다. 미스미 교수는 리더십유형을 P기능과 M기능의 높고 낮음을 대문자와 소문자에 의해 4가지로 유형화하였다. 여기서 P(performance)기능이란 집단에서 목표달성이나 문제해결을 지향하는 기능을 말하는 반면에, M(maintenance)기능이란 집단의 자기보존 내지 집단의 과정 그 자체를 유지하려는 기능을 말한다. 조직에서의 P행동은 목표달성을 위한 노력이나 계획 등을 말하여, M행동은 신뢰, 존경 등이라고 말할 수 있다. 그리고 이 두 행동에 따라 리더십의 유형을 [그림 4-3]과 같이 PM, Pm, pM, pm 등으로 분류하였다.

이들 각 유형별 리더의 유효성을 살펴보면, 사기, 팀워크, 정신위생, 커뮤니케이션, 성과 등의 면에서 PM형의 리더가 속한 집단이 가장 높고, 다음으로 pM형, Pm형 그리고 pm형의 순, 즉 PM>pM=Pm>pm 순으로 나타났다.

그림 4-3 | 미스미의 PM이론

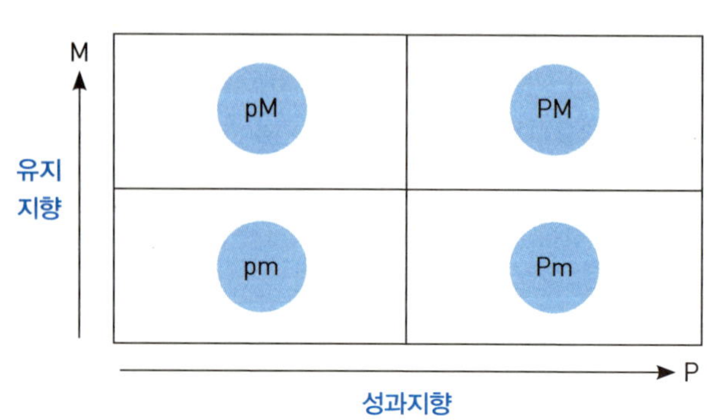

이와 같이 성과지향은 효과적인 리더십에 필수적이지만, 같은 강도의 유지지향(관계) 성향이 동반되지 않으면 리더의 성과지향적 행위를 집단구성원들이 압력 또는 통제로 해석하는 경향이 강하다. 반면에 성과지향과 유지지향을 동시에 추진하면, 추종자들은 리더의 성과지향적 행동을 자신들의 계획을 수립해주고, 무엇인가를 도와 주기 위한 행동으로 평가하는 경향이 높음을 알 수 있다.

이 이론은 Blake & Mouton의 관리격자이론과 유사하나, 관리격자이론은 (1.9)형을 (9.1)형보다 높게 평가했으나, PM이론은 P형을 M형보다 높게 평가한다는 차이점이 있다.

5. 블레이크와 무튼의 관리격자이론

블레이크와 무튼(R.R. Blake & J.S. Mouton)은 1964년에 오하이오 대학과 미시간 대학의 연구들을 바탕으로 생산에 대한 관심과 인간에 대한 관심의 개념을 교차시킨 관리격자이론(managerial grid theory)을 주창하였다(Blake & Mouton, 1981).

관리격자는 리더가 지향할 수 있는 방향을 2차원으로 구분했는데, 종축에는 인간에 대한 관심(concern for people)의 정도를, 횡축에는 생산에 대한 관심(concern for production)의 정도를 파악할 수 있도록 각각 9등급으로 나누었다. 그 결과 나타난 81개의 리더십 유형 중 기본적인 형태로써 (1.1)형의 무관심형 리더(impoverished leader), (1.9)형인 사교모임형 리더(country club leader), (9.1)형인 과업형 리더(autocratic task leader), (5.5)형인 중도형 리더(middle of the road), 그리고 (9.9)형인 팀 리더(team leader) 등을 들고 있다.

1) 1.1형 리더: 무관심형(impoverished) 리더로 생산과 인간에 대한 관심이 모두 낮은 형태의 리더이다. 1.1형 리더는 업무에 대한 지시만 하고 모든 것을 방치하며 어려운 문제가 발생하면 피해버린다. 자기 자신의 직분유지에 필요한 최소한의 노력만을 투입하는 리더로 조직에서 가장 경계해야 할 리더이다.

2) 1.9형 리더: 사교모임형(country club) 리더로 인간에 대한 관심은 대단히 높으나 생산에 대한 관심이 극히 낮은 형태의 리더이다. 리더는 부하들의 욕구나 동기

를 충족시키면 그들이 스스로 알아서 일을 수행할 것이라는 전제하에 구성원끼리의 원만한 관계 및 친밀한 분위기 조성에 주력한다.

3) 9.1형 리더: 과업형(task) 리더로 생산에 대한 관심은 매우 높지만 인간에 대한 관심이 극히 낮은 형태의 리더이다. 이러한 리더는 혼자서 의사결정을 하며 관리의 초점도 과업목표 달성이나 생산성제고에만 맞추기 때문에 부하를 하나의 수단으로 취급하는 경향이 있다.

4) 5.5형 리더: 중도형(middle of the road) 리더로 인간과 생산에 적당한 관심을 갖는 형태의 리더이다. 이러한 리더는 과업능률과 인간적 요소의 절충에 신경을 쓰는데, 그러다 보니 때로는 리더가 자신의 특성이나 주관을 뚜렷하게 부각시키지 못하기 때문에 부하들에게 우유부단한 리더로 비춰질 수 있다.

5) 9.9형 리더: 팀형(team) 리더로 인간과 과업에 대한 관심이 모두 매우 높은 형태의 리더이다. 이러한 리더는 조직의 공동목표와 상호의존 관계를 강조하고 상호신뢰 및 존중에 바탕을 둔 구성원들과의 관계와 구성원들의 몰입을 통해 과업목표를 달성하는 리더이다(이상호, 2018, 101~102).

이 중에서 (1.1)형의 리더십은 가장 경계해야 할 리더십 유형인 데 반하여 오늘날과 같은 4차 산업혁명시대에서 가장 이상적인 형태의 리더십은 (9,9)형과 같이 생산과 인간에 모두 관심을 경주하는 리더십으로 보고 있다. [그림 4-4]가 이들 관계를 잘 설명해 주고 있다.

이러한 관리격자이론은 추후 갈등관리에서도 주목을 받게 되었다. Van de Vilert & Kabanoff(1990)는 관리격자이론이 갈등관리에서 선도적인 주제로 화려하게 컴백하였다고 언급하였다. 또한 Blake & McCanse(1991)는 갈등해결과 같이 비평(critique)에서도 관리격자 이론을 적용하였다. 이처럼 리더십 관리격자이론은 다양한 분야에 적용가능하며, 앞서 소개한 접근법들은 리더십 관리격자이론을 리더십 스타일에 대한 분류 도구로 이용하였다.

관리격자이론이 가장 잘 활용되는 분야는 조직개발(OD Organization Development)이다. Blake & Mouton(1985)은 리더십 관리격자이론을 실용적인 조직개발의

그림 4-4 블레이크와 무튼의 관리격자이론

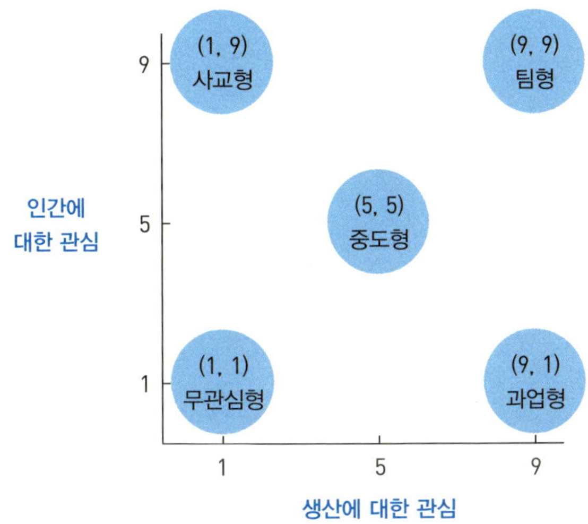

자료 : S.P. Robbins(2005), *Organizational Behavior*, 11th ed., Englewood Cliffs, N.J. : Prentice-Hall, Inc., 337.

모델로 간주하였으며, 그리드 조직개발(Grid OD)은 리더십 관리격자 이론이 조직에 도입되고 적용되는 과정에서의 용어를 뜻한다.

6. 리커트의 시스템 Ⅳ 이론

30여년간 리더십 연구에만 매진해온 리커트(R. Likert)는 미시건대학 사회연구소의 연구팀과 더불어 조직운영에 있어서 인적자원과 자본적 자원 모두 다 적절한 관리를 필요로 한다는 점을 강조하면서 일반적으로 적용되고 있는 관리스타일을 4가지로 분류하였다. 즉 착취적·전제형인 시스템 I, 온정적·전제형인 시스템 II, 상담형인 시스템 III, 참가형인 시스템 IV가 그것인데, 이들에 따라 신뢰의 정도, 자유재량의 정도, 의사결정에의 참여정도, 동기부여방법, 기타 등등에 있어서 차이를 보이고 있다. 각 시스템유형별 특성은 다음과 같다.

(1) 시스템 I

시스템 I에서는 통제, 목표설정 및 의사결정권이 최고위층에 집중되어 있으며,

부하직원에게 아이디어를 구하는 일이 없고, 부하직원들은 자신의 업무에 관련된 결정에 참여할 수 없게 된다. 일반적으로 부하직원을 거의 또는 전혀 신뢰하지 않으며, 위협, 처벌, 두려움 등의 수단이 광범위하게 사용되며, 비용 및 생산성에 관한 자료는 감시와 처벌에 이용된다.

의사소통은 대체로 하향적이다. 따라서 횡적인 의사소통은 거의 없고, 상향적 의사소통은 최소한에 그치며 자주 왜곡된다. 불신, 적의, 불만이 팽배해 있으며, 비공식 시스템 내에는 공식조직의 지도부에 대한 상상한 저항이 존재한다. 기본적으로 팀웍이 존재하지 않으며, 최고 경영진을 제외하면 동기유발은 매우 낮은 수준이다.

(2) 시스템 Ⅱ

시스템 Ⅱ에서는 통제, 지휘 및 의사결정권이 대체로 최고경영진에게 집중되어 있지만, 정책 집행과 관련하여 일정한 권한의 위임이 이루어지며, 조직목표에 대한 다소간의 발언권이 허용된다. 때때로 부하직원들에게 아이디어를 구하며 부하직원들의 업무에 대한 결정을 내리기 전에 그들과 협의하기도 한다. 의사소통은 대체로 하향적이고 일정한 횡적인 의사소통이 존재한다. 상향식 의사소통은 상사들을 통해 여과되는 경우가 많다. 부하직원에 대해 일정한 신뢰를 보이지만, 그것은 그들에 대한 일종의 예의와 같은 성격을 띠는 경향이 강하다. 금전적 보상이 광범위하게 사용되며 위협과 처벌 등의 수단도 어느 정도 사용된다. 그러나 두려움은 시스템 I에 비해서는 적게 이용된다. 일반적으로 공식시스템에 대한 상당한 불신과 저항이 존재한다. 동기유발은 낮지만 시스템 I에 비해서는 다소 높다.

(3) 시스템 Ⅲ

시스템 Ⅲ는 시스템 I과 Ⅱ보다 더욱 참여적이다. 이 시스템하에서 전반적인 정책은 최고경영진에서 결정하지만, 조직하부 전체에 걸쳐 의사결정 권한이 상당히 위임되어 있다. 목표는 협의를 거쳐 최고경영층이 설정한다. 평가와 통제활동에 대한 일정한 권한위임이 이루어진다. 대체로 부하직원들에게 아이디어를 구하며, 부하직원들의 업무에 관련된 사항은 그들과 합의하여 결정한다. 의사소통은 상향적인 동시에 하향적이며 왜곡되지 않은 경향이 있다. 횡적 의사소통이 존재하며 권장된다.

동기부여의 방안으로 참여와 보상이 널리 이용되며, 처벌이나 두려움은 거의 사용되지 않는다. 보상 및 일정한 자기관리를 위해 비용과 생산성 자료 및 그 밖의 통제방법이 사용된다. 적개심은 거의 나타나지 않으며, 대체로 우호적인 태도가 존재하고 대다수 개인들은 조직의 전반적인 목표에 책임이 있다고 느낀다. 공식시스템 내의 저항은 낮은 편이다. 팀워크가 어느 정도 나타난다.

(4) 시스템 Ⅳ

시스템 Ⅳ는 가장 참여적이며 매우 집단과정 지향적이다. 목표는 조직구성원들의 견해를 수렴하여 참여를 통해 설정되며, 많은 결정이 합의를 통해서 이루어진다. 작업집단을 이어주는 연결핀(linking pin) 역할을 하는 상사들과 여러 관련단위에서 파견된 구성원들로 이루어진 태스크포스팀이 집단간 상호작용을 촉진해 준다. 부하직원들에 대한 높은 수준의 신뢰가 존재한다. 의사소통의 흐름은 하향적, 상향적, 횡적이며 왜곡이 거의 없다. 동의나 두려움은 사용되지 않고, 대신 광범위한 참여, 집단목표 및 참여를 통해 발전된 보상체계에 기초하여 높은 수준의 동기부여가 이루어진다. 자율지도 및 문제해결을 위해 비용, 생산성 및 기타 통제자료가 이용된다. 대체로 우호적인 태도가 존재한다. 조직 전체를 통해 팀워크가 명백하게 나타난다. 지금까지 리커트의 시스템Ⅳ 이론에 대해 살펴보았는데 이들을 요약하면 〈표 4-1〉과 같다.

위의 네 가지 시스템유형으로 연구를 해본 결과 생산성과 수익이 높은 기업일수록 시스템 Ⅳ에 가까운 관리방식을 취하고, 반대의 경우 시스템 Ⅰ에 가까운 관리방식을 취하는 것으로 나타났다(Hodgetts, 1999). 여기서 시스템 Ⅰ에서 시스템 Ⅳ로의 연

표 4-1 | 리커트의 시스템 Ⅳ 이론

특징 \ 유형	착취적·전제적	온정적·전제적	상담형	참가적
	시스템 Ⅰ	시스템 Ⅱ	시스템 Ⅲ	시스템 Ⅳ
신뢰의 정도	전혀 신뢰 않음	약간 신뢰함	상당히 신뢰함	전적으로 신뢰
자유재량 정도	전혀 없음	거의 없음	꽤 있음	전적으로
의견의 반영	거의 반영 안함	가끔 반영함	보통 반영함	항상 반영함
동기부여방식	상, 벌	상, 벌	상	상

자료: 김태열·이덕로(2014), 「현대사회와 리더십」, 문영사, 90.

속적 변화는 마치 맥그리거(D.M. McGregor)의 X이론에서 Y이론으로, 아지리스(C. Argyris)의 미성숙단계에서 성숙단계로, 그리고 허즈버그(F. Herzberg)의 위생요인에서 동기유발요인으로 이행하는 것과 흡사하다(이덕로, 2018, 308~309).

7. 스칸디나비아 리더십 연구

앞서 다루었던 오하이오 주립대학의 리더십 연구, 미시간 대학의 리더십 연구, 블레이크와 무튼의 관리격자이론 등은 모두 1940년대와 1960년대 사이에 개발된 이론들로 세상이 훨씬 더 안정적이고 예측가능했던 시기의 연구들이었다. 그러나 현재 우리가 직면해 있은 상황은 급격하게 변화하는 동태적인 세계에 있다. 이 연구들은 오늘날의 보다 동태적인 현실을 따라잡는 데 실패하고 있다는 믿음에서 핀란드와 스웨덴을 중심으로 한 스칸디나비아의 연구들(Scandinavian Studies)은 리더십행동의 본질을 포착하는 차원이 과연 두 가지 차원뿐인지를 재평가하기 시작했다(Lindell & Rosenqvist, 1992, 355~377). 그들의 기본전제는 변화하는 세상에서 효과적인 리더는 개발지향적인 행동(development-oriented behavior)을 보여줄 것이라는 점이다. 이들은 실험을 중시여기고, 새로운 아이디어를 추구하며, 그리고 변화를 불러일으키고 이행하는 리더들이다(Robbins, 2005, 337~338).

그림 4-5 | 스칸디나비안 연구

40~50년대		오늘날
안정적 환경		동태적 환경
예측 가능한 환경		예측 불가능한 환경
• 오하이오 주립대 연구 • 미시간대 리더십 연구 • 블레이크와 무튼의 관리격자이론	VS.	• 개발 지향적 • 실험의 중시 • 새로운 아이디어 추구 • 변화의 유발과 이행

자료: 이덕로 · 서향희(2017), 「인간관계론」, 피앤씨미디어, 256.

제 3 절

리더십 행동이론의 평가

1. 리더십 행동이론의 평가

리더십 행동이론은 리더들에게 발견될 수 있는 의미 있는 행동범주를 파악해 내어 이러한 행동이 리더십 유효성(하위자의 성과와 만족 등)과 어떠한 관계가 있는지를 규명하는 데 노력을 집중해 왔다. 리더의 행동은 배려와 구조주도, 종업원 중심적 행동과 직무 중심적 행동, 관계지향적 행동과 생산지향적 행동 등이 대표적으로 제시되었는데, 이는 주로 일과 사람에 관련된 두 가지 차원으로 설명되었다. 하지만 이러한 행동 범주들은 복잡한 문제에 대해 간단한 해답을 제시하는 데 그치고 있다. 따라서 리더의 행동을 현실성 있게 파악하기 위해서는 좀 더 넓은 범위의 행동을 파악하여 그 내용을 구체화시킬 필요가 있다.

예외가 있기는 하지만 리더십 행동이론에 근거한 대부분의 연구들은 리더의 관찰가능한 행동을 추출한 다음, 이것을 설문으로 구성하여 리더 자신이나 하위자들에게 배포하고, 설문에 제시된 행동을 리더가 얼마나 자주 하는가를 묻는 방법을 사용하였다. 따라서 실제 행동자료를 활용하기보다는 기본적으로 지각 자료(perceptual data)에 의존하고 있다. 설문지를 통한 연구를 비판하는 사람들은 지각 자료에만 의존할 경우 지각자의 편견(bias)이 개입되는 한계가 있다고 지적한다. 그러나 설문지법에 대한 대안적 방법으로 구조화된 관찰방법을 활용할 경우, 관찰을 아무리 구조화시킨다고 해도 거기에서 얻어지는 자료는 관찰자의 지각을 바탕으로 파악된 것이기 때문에 지각 자료라고 할 수밖에 없다.

리더십 행동이론들은 리더의 행동이 하위자의 성과와 만족에 미치는 영향을 설명하는 데 노력을 집중해 왔다. 리더십이 미치는 하위자의 성과와 만족에 영향은 직접적인 영향과 간접적인 영향으로 분류될 수 있다. 간접적인 영향은 리더의 행동이나 의사결정이 여러 매개변수들을 거쳐 효과를 미치는 것을 말한다.

행동이론들은 하위자의 성과와 만족에 리더십이 미치는 직접적인 영향관계에만 치우친 연구를 했던 경향이 있다. 즉, 매개변수에 대한 고려를 하지 않은 경우가 대부분이었다.

리더가 조직의 문화를 변화시킨다든가, 하위자의 장기적인 역량을 개발시킨다든가, 업무를 처리하는 데 활용되는 기술을 변화시킨다든가, 조직의 구조를 변화시킨다든가, 조직의 전략을 변화시킨다든가 하는 방법을 통하여 장기간에 걸쳐 하위자의 성과와 만족에 미치는 영향에 대해서는 충분히 연구를 하지 못했던 것이다.

리더십 행동이론은 모든 상황에 유효하게 작용할 수 있는 리더의 행동을 파악하여 보편타당한 이론(universal theories)을 제시하고자 하였으나 그러한 시도는 실효를 거두지 못하였다. 즉, 행동이론들은 모든 리더들이 상황에 관계없이 발휘할 수 있는 유일한 최선책(one best way)을 찾고자 하였으나, 리더십의 유효성은 고정불변이 아니라 상황에 따라 달라진다는 결론에 도달하게 되었다. 이로 인해 리더십 연구의 패러다임은 상황이론으로 넘어가게 되었다.

이러한 한계에도 불구하고 리더십 행동이론은 다소 관찰이 어렵고 추상성이 강한 특성에만 의존하여 리더십을 설명하려던 관점에서 벗어나 관찰가능한 행동스타일을 파악해 내고 측정할 수 있는 계기를 마련하였다. 행동이론을 통해 개발된 리더십 행동범주들은 오늘날에도 지속적으로 연구에 활용되고 있다. 또한 리더십 행동이론은 효과적인 리더십행동의 본보기를 파악하여 이를 바탕으로 구성원들을 훈련시킴으로써 리더로 양성시키는 리더십개발이 본격화될 수 있는 계기도 마련하였다(박내회, 2002, 197~221).

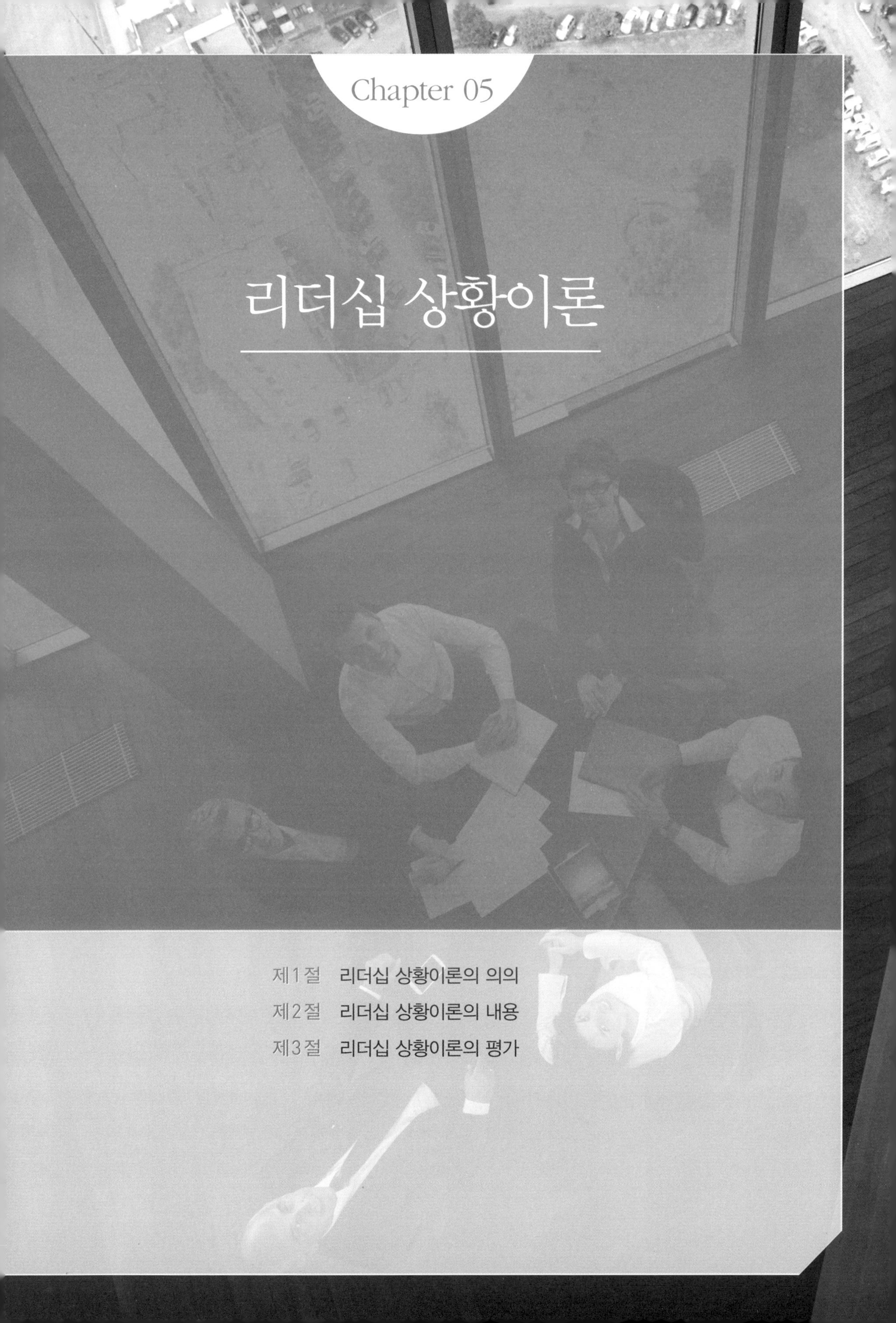

Chapter 05

리더십 상황이론

제 1 절 리더십 상황이론의 의의

1. 리더십 상황이론의 의의

앞서 살펴본 바와 같이 1960년대까지 이루어진 대다수의 리더십 특성이론과 행동이론들은 상황여건에 관계없이 항상 유효한 결과를 산출해내는 최선의 보편적 특질이나 리더십유형을 추구하여 왔다. 그러나 모든 상황여건에 부합하는 유일의 리더십 특성이나 행동유형은 발견되지 않았다. 즉, 여러 연구를 통해 나타난 결과는 리더의 보편타당한 특성이나 행동이 존재하기보다는, 특성과 행동이 리더십의 유효성에 미치는 영향은 상황적 요인에 따라 달라진다는 사실이었다. 이미 60년대 초에 맥그리거(D. McGregor)가 "리더십이란 관계이기 때문에 모든 상황에서 적합한 리더십이란 있을 수 없다"고 지적한 바 있듯이, 보편타당한 이론을 찾으려 했던 것 자체가 잘못된 출발이었을 수도 있다.

보편타당한 리더십 특성과 이론을 규명하려는 연구가 실효성을 잃어감에 따라 1960년대 후반부터는 "리더십 유효성은 상황에 따라 달라진다(Leadership effectiveness depends on the situation)"라는 전제하에 리더십을 연구하는 사람들의 관심의 초점이 상황으로 옮겨지게 되어 상황을 고려한 리더십연구가 이루어지게 되었다.

이와 같이 리더십 상황이론은 리더십을 형성하는 결정적인 요소가 리더의 개인특성이나 리더십 유형에 있는 것이 아니라 리더십 유형과 조직이나 집단의 상황에

그림 5-1 리더십 상황이론

있다고 주장하는 이론을 말한다. 요컨대 리더십 상황이론은 [그림 5-1]과 같이 리더십 유형과 상황적 요인과의 효율적 결합을 의미한다. 즉 특정의 상황에 가장 잘 어울리는 리더십이 발휘될 때 그 집단의 성과와 구성원의 만족감이 증대될 수 있다는 것이다. 그러므로 상황과 리더십의 유형화를 어떻게 시도하느냐에 따라 여러 가지 리더십 상황이론이 나타나게 되었다. 예를 들면 피들러(F.E. Fiedler)의 리더십상황적합이론, 하우스(R.J. House)의 경로-목표이론, 허시와 블랜차아드(P.H. Hersey & K.H. Blanchard)의 수명주기이론 등이 대표적인 이론이다. 그러면 이들 각각에 대해 간략히 살펴보도록 하자.

제 2 절 리더십 상황이론의 내용

1. 피들러의 상황적합이론

피들러(F.E. Fiedler)는 군 리더, 교육계 리더 및 산업계 리더 등을 대상으로 16년에 걸쳐 50여 차례의 리더십연구를 실시한 결과, 1967년에 리더십 상황이론의 효시인 리더십 유효성의 상황적합모형(contingency model of leadership effectiveness)을 개발하였다. 피들러가 사용한 리더십 스타일과 상황변수는 다음과 같다.

(1) 리더십 스타일

피들러는 리더십을 과업지향적 리더십과 관계지향적 리더십으로 구분하였다. 그는 이 리더십 유형을 측정하기 위해 [그림 5-2]와 같은 최소선호동료(LPC: the least preferred co-worker)척도를 고안하였는데, 이 척도는 선호도를 나타내는 구간별 척도가 1에서 8까지로 표시되어 있으며 총20개 항목으로 이루어져 있다.

그림 5-2 **LPC척도**

불쾌한	1	2	3	4	5	6	7	8	유쾌한
비우호적	1	2	3	4	5	6	7	8	우호적
거부적인	1	2	3	4	5	6	7	8	수용적인
좌절적인	1	2	3	4	5	6	7	8	도움을 주는
긴장된	1	2	3	4	5	6	7	8	완화된
소원한	1	2	3	4	5	6	7	8	절친한

자료 : F.E. Fiedler(1976), *Improving Leadership Effectiveness*, New York : John Wiley & Sons, 41.

피들러는 여기서 높은 LPC점수를 보이는 리더를 다른 사람과 보다 사이 좋게 지내려는데 초점을 두는 '관계지향적(relation oriented)' 리더로, 낮은 LPC점수를 보이는 리더를 동료와의 관계보다는 일에 보다 초점을 두는 '과업지향적(task oriented)' 리더로 분류하였다.

(2) 상황변수

피들러가 상황변수로 설정한 변수는 세 가지, 즉 리더-부하의 관계(leader-member relations), 과업의 구조화 정도(task structure), 그리고 직위권력(position power) 등이다.

① 리더와 부하와의 관계: 리더와 부하와의 관계는 리더에 대한 부하직원의 신뢰와 존경의 정도를 의미하는 것으로(Robbins & Judge, 2017, 423) 양자 사이의 관계가 좋으면 좋을수록 그 상황은 리더에게 호의적인 반면, 양자 사이의 관계가 나쁘면 나쁠수록 리더에게 불리한 상황이 된다.

② 과업구조: 과업의 구조화는 작업목표의 명료성, 목표에 이르는 수단의 다양성, 의사결정 결과의 확인가능성, 그리고 의사결정의 구체성과 관련이 있는 변수로,

일반적으로 과업이 구조화되면 될수록 그 상황은 리더에게 호의적이다.

③ 직위권력: 리더의 직위가 집단 구성원들로 하여금 명령을 받아들이도록 할 수 있을 능력으로, 직위에 따르는 권한이 강하면 강할수록 리더에게 유리한 상황인 반면, 직위에 따르는 권한이 약하면 약할수록 리더에게 불리한 상황이 된다.

피들러는 리더 유형과 여러 상황에서의 집단의 유효성을 연구한 결과 과업지향적인 리더는 상황이 매우 유리하거나 불리할 때 성과가 좋은 반면, 관계지향적인 리더는 상황이 중간 정도일 때에 성과가 가장 좋은 것으로 나타났다. 그래서 카테고리 I, II, III, VII, VIII 상황을 대면할 때 과업 중심의 리더가 더 좋은 성과를 달성한다. 관계 중심의 리더는 카테고리 IV에서 VI까지, 중간 정도의 호의적인 상황에서 능력을 잘 발휘한다. 이러한 관계가 [그림 5-3]에 잘 나타나 있다.

최근에 피들러는 여덟 가지 상황을 세 가지로 축약하였다(House & Aditya, 1997).

그림 5-3 피들러의 상황모형: 리더와 상황과의 연결

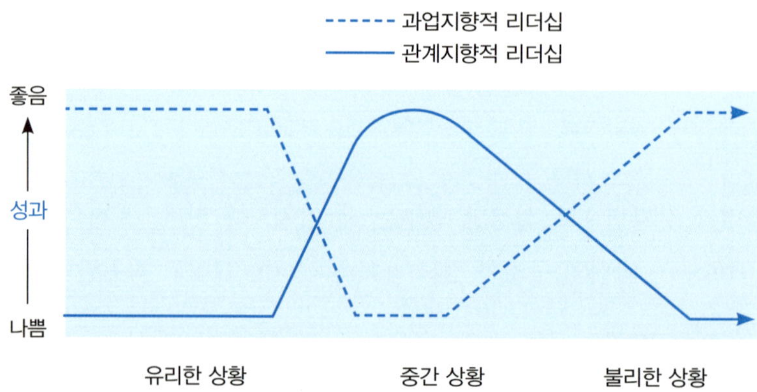

카테고리	I	II	III	IV	V	VI	VII	VIII
리더·성원 관계	좋음	좋음	좋음	좋음	나쁨	나쁨	나쁨	나쁨
과업구조	구조	구조	비구조	비구조	구조	구조	비구조	비구조
직위권력	강함	약함	강함	약함	강함	약함	강함	약함

자료: F.E. Fiedler(1971), "Validation and Extension of the Contingency Model of Leadership Effectiveness: A Review of Empirical Findings," *Psychological Bulletin*, 76, 131.; S.P. Robbins, & A.J. Timothy(2017), *Organizational Behavior*, 17th ed., Harlow: Pearson Education Limited, 426.

리더십 **사례**

IT혁명에 필요한 리더십

전 세계 모든 대학에서 몇 가지 리더십 방식과 형태를 가르치고 있으며, 이제껏 존재했던 모든 조직에서 이를 실행해 봤다. 리더십은 국적을 불문하고 매우 중요하게 생각되며 사회적인 관심도 쏠려 있다. 언론에서도 '리더십 위기'의 원인을 끊임없이 다루고 있다. 그런데도 많은 경영진은 자신의 리더십을 평가하고 개선하기 위한 체계적인 노력이 부족한 것 같다.

지난 6개월 동안, 필자는 리더십의 변화단계를 더 잘 이해하기 위해 초기 단계, 중기 단계, 완성 단계의 리더로 구성된 IT리더그룹의 협조를 받았다. 먼저 이들의 긴장을 풀고 활발한 대화를 유도하기 위해, 알렉산더 대왕을 '위대한 지도자'로 만든 특성이 오늘날에도 여전히 유효한지 질문을 던졌다. 결론은 강력한 추진력으로 서구 세계 대부분을 정복한 소년 왕의 리더십 방식은, 사실 '커뮤니티에 중점을 둔' 동시대의 다른 리더십과 함께 2,400년 동안 발전해 왔다는 것이다.

이 극단적으로 다른 리더십 간의 긴장감은 수천 년 동안 연구대상이 됐다. 하버드대학의 고대 및 현대사 담당 맥린(McLean) 교수이자 고전학 인기 선택 과목인 '모든 길은 로마로 통한다: 고대에서 배우는 리더십 교훈'을 가르치는 엠마 덴치는 다음과 같이 설명했다. "로마인들은 리더십의 핵심 이슈에 대한 해결책을 찾기 위해 고심했다. 지도자의 영향력이 얼마나 되나? 전체 국민을 위해 얼마나 의미 있나? 고립된 섬에 혼자 있는 것처럼 독자 노선을 가나? 아니면 공동체에 속한 역할을 하나?"

근래 커뮤니티가 부상했지만 보편적인 것은 아니다. 긴장감은 여전히 남아있다. 1991년 샌디에이고 대학 교육학과의 리더십분야 명예 교수인 조셉 로스트는 리더십관련 450권의 책과 저널 기사를 포함한 다양한 자료를 연구해 200가지가 넘는 다양한 '리더십'에 대한 정의를 정리했다. 남보다 앞서가야 하는지, 다른 이들이 앞서가도록 돕는지, 모범을 보여주는지, 동기 부여를 하는지, 달릴 수 있는 길을 설계하는지, 목표 시간을 정하고 일등에게 상을 주는지 등 그간 발전해 온 리더십에 대한 정의는 참으로 다양했지만 특정 결론을 내리진 못했다.

이러한 모호함에도 '리더십'은 큰 산업이다. 매년 미국 기업들은 리더십 훈련 및 교육에 약 1,600억 달러 이상, 그리고 리더를 고용하기 위해 720만 달러를 지출한다. 전 세계적인 지출 규모는 3배 더 크다. 여기서 나타나는 공통점은 'a) 더 많은 지도자가 필요하고, b) 현재의 지도자는 리더십 개선을 위한 기술이 필요하다'는 것이다.

그런데 무슨 기술이 필요하다는 것일까? 리더십은 변하지 않는 보편적 특성이 아니다. '경주코스에 따라 그에 맞는 적합한 말이 있는 법'이라는 영국식 표현이 있다. 어떤 말은 젖은 트랙에서 잘 달리고, 긴 트랙 혹은 짧은 트랙별로 잘 달리는 말이 따로 있다. 마찬가지로 사람도 각자의 장점이 다른 법이다. 이는 IT리더십에도 적용된다. '특정 경기를 위한 선수. 그리고 환경이 관건'이다.

성공하려면 IT리더가 자신이 속한 환경에 적합한 리더십 특성의 구성요소를 잘 파악하고 적용해야 한다. 즉 환경이 변하면 리더도 달라져야 한다는 뜻이다. 중요한 것은 '누가' 이끄느냐가 아니라 '어떻게' 이끄느냐다.

반드시 깨달아야 할 점은 환경이 '급격하게' 변하고 있다는 것이다. 필자는 많은 칼럼에서 현재 기술시대가 혁명적 본성을 특징으로 하고 있다는 주제를 다뤘다. 이러한 시대는 혼란스러울 수 있지만 성장을 위한 잠재성이 충분하다. 따라서 이 때가 바로 가장 좋은 기회다.

자료: Thornton A. May(2017.5.10). "IT혁명에 필요한 리더십." 「CIO Korea」.

그는 과업 중심의 리더는 영향력이 가장 강할 때와 가장 약할 때 최대 능력을 발휘하고, 관계 중심의 리더는 중간적인 상황에서 가장 능력을 발휘한다고 말한다.

피들러의 발견을 어떻게 적용할 것인가? 당신은 리더십 유형(그의 LPC 점수)과 상황의 형태(리더와 구성원 관계, 과업 구조, 직위 권력에 따른)를 가장 적합하게 조합할 수 있을 것이다. 그러나 기억해야 할 것은 피들러는 개개인의 리더십 스타일을 고정된 것으로 보았다는 것이다. 그러므로 단지 두 가지 방법만으로 리더의 효과성을 개선할 수 있다.

첫째, 리더를 상황에 맞춰 변화시킬 수 있다. 예를 들어 야구감독이 왼손잡이, 오른손잡이 투수를 타자에 맞춰 투입하는 것과 같다. 지금 현재 관계 중심의 리더가 이끄는 그룹상황이 전체적으로 비호의적이라면 업무중심의 리더로 교체함으로써 상황이 호전될 수 있다. 둘째, 리더에 맞춰 업무를 재구성하거나 리더의 권한을 축소해서 상황을 바꾸는 것이다. 예를 들어 월급인상, 진급, 규칙적인 행동 등이다. 평가 연구자들은 다양한 테스트를 통해 피들러 모델의 타당성을 지지하는 증거를 상당히 발견하였다(Fiedler, 1995; Schriesheim, Tepper, & Tetrault, 1994). 원래의 여덟 가지 요인 대신 단 세 가지의 카테고리를 이용한다면 피들러의 이론을 지지하기에 충분한 증거를 발견할 수 있다(House & Aditya, 1997). 그러나 LPC 설문의 논리성은 잘 이해되지 않는 부분이 많으며, 응답자의 점수도 신뢰하기 어렵다(Rice, 1978; Schriesheim, Bannister, & Money, 1979). 상황적합 변인 또한 실무자가 측정하기에는 복잡하고 어렵다(Schein, 1980).

비록 피들러의 리더십 상황적합이론이 리더십 연구에 크게 공헌을 해왔지만 이론적인 바탕의 결여, 가장 싫어하는 동료 도구의 신뢰성과 타당성 및 리더십 유형을 단차원적(unidimensional)으로 보고 있다는 점 등에 있어서 많은 비판을 받아왔다.

2. 허시와 블랜차아드의 수명주기이론

허시와 블랜차아드(P. Hersey & K.H. Blanchard)는 블레이크와 무튼의 관리격자(managerial grid)의 개념을 이용하여 리더의 행동을 과업행동과 관계행동의 2차원을 축으로 한 4분면으로 분류하고, 여기에 상황요인으로 부하의 성숙도(maturity)를 추가하여 양자가 적합한 관계를 가질 때 조직의 유효성이 올라간다고 주장하였다. 허시와 블랜차아드가 사용한 리더십 유형과 상황변수는 다음과 같다.

(1) 리더십유형

지시적(telling) 리더십은 높은 과업행동과 낮은 관계행동의 리더로 일방적인 커뮤니케이션과 리더 중심의 의사결정을 하는 리더이다. 지원적(selling) 리더십은 높은 과업행동과 높은 관계행동의 리더로 쌍방적인 커뮤니케이션과 설명을 통해 부하로 하여금 바라는 행동을 하도록 도와주는 리더를 말한다. 참가적(participating) 리더십은 낮은 과업행동과 높은 관계행동의 리더로 쌍방적인 커뮤니케이션과 문호개방을 통해 의사결정권을 공유하는 리더이다. 위양적(delegating) 리더십은 낮은 과업행동과 낮은 관계행동의 리더로 부하 자신의 자율적 행동과 자기 통제에 의존하는 리더이다.

(2) 상황변수

아지리스(C. Argyris)의 미성숙·성숙이론과 맥클리랜드(D.C. McClelland)의 성취동기이론을 토대로 채택된 상황변수가 바로 부하의 성숙도(maturity)로, 직무수행에 필요한 능력, 지식, 기술, 매력, 교육, 경험 및 일에 대한 의지 등을 말한다.

허시와 블랜차아드는 리더 유형과 여러 상황에서의 집단의 유효성을 연구한 결과 주어진 상황하에서 리더십 스타일과 부하들의 성숙도 사이의 이상적인 결합은 성숙도를 나타내는 연속선상의 한점에서 위쪽으로 90도 각도의 직선을 그었을 때 교차하는 분면에 표시된 리더십 유형을 말한다. 이러한 관계가 [그림 5-4]에 잘 표시되어 있다.

그림 5-4 허시와 블랜차아드의 수명주기이론

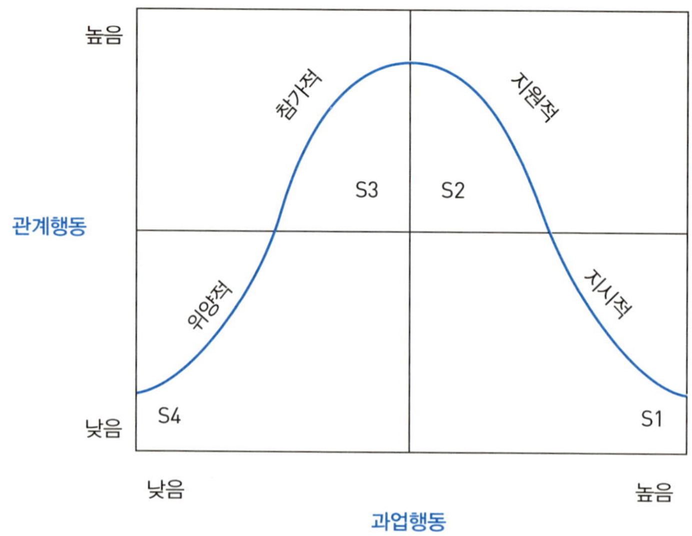

부하의 성숙도

높음 중간 낮음

M4	M3	M2	M1
유능하고 의지있음	유능하나 의지없음	무능하나 의지있음	무능하고 의지없음

자료: A.B. Shani, & J.B. Lau, *Behavior in Organizations: An Experiential Approach*, 8th ed., New York: McGraw-Hill Book Co., 2005, 59.

3. 하우스의 경로-목표 이론

경로-목표 이론(path-goal theory)은 에반스(M. Evans)의 연구를 기초로 하우스(R.J. House)에 의해 발전된 이론이다. 이 이론은 비교적 최근에 개발된 리더십의 상황적합이론으로 동기부여의 기대이론에 기초를 두고 있다. 이 이론에 따르면 리더십이 부하의 과업성과에 대한 유의성(valence)과 기대지각에 영향을 미치는 것으로 보고 있다. 즉 리더가 유의성 지각과 기대 가능성을 높여주고, 명백히 하며, 과업달성에 필요한 모든 상황적 조건을 조성함에 따라서 부하들의 노력과 만족 및 성취도를 더 높일 수 있다는 것이다. 보다 구체적으로 이 이론에 따르면 사람들은 자신들의 노력이 과업달성을 가져올 수 있고(E: 기대), 그들의 성과가 어떤 보상을 가져올 수 있으며(I: 수단성), 그리고 제공되는 보상이 그들의 욕구(V: 유의성)를 충족시킬 수 있다고 지각하는 한 과업을 수행하도록 동기부여될 것이다.

또한 이 모형은 어떤 지휘자가 특정 상황에서 왜 보다 효과적인가를 설명해 준다는 점에서 다른 리더십 이론에서 한 걸음 발전한 이론이라 할 수 있다. 하우스가 사용한 리더십 유형과 상황변수는 다음과 같다.

(1) 리더십 유형

하우스는 리더십을 지시적, 지원적, 참여적 및 성취지향적 리더십 등의 네 가지로 구분했는데 구체적 특성은 다음과 같다. 지시적 리더십이란 계획, 조직, 통제와 같은 공식적 활동을 강조하는 리더십이며 지원적 리더십이란 부하의 복리후생에 관심을 보이며 인간관계의 증진을 강조하는 리더십이다. 참여적 리더십이란 부하들을 의사결정에 참여시키는 것을 특징으로 하는 리더십이다. 그리고 성취지향적 리더십이란 도전적인 작업목표의 설정, 성과개선의 강조 및 부하의 능력발휘에 높은 기대를 설정하는 리더십이다.

(2) 상황변수

상황변수를 부하의 특성요인과 환경요인으로 설정했는데, [그림 5-5]와 같이 부하의 특성으로는 통제위치, 권위주의, 능력 등을 들 수 있으며, 환경요인으로는 부하의 과업특성, 공식적 권한체계 및 작업집단의 성격 등을 들 수 있다.

리더십유효성을 증대시킬 수 있는 결합이란 상황에 걸맞는 리더십을 발휘하는 것이다. 이를테면 부하특성변수 중 통제위치(locus of control)의 경우 내재적 통제위치를 가진 부하에게는 참여적 리더십이 유리한 반면, 외재적 통제성향을 가진 부하에게는 지시적 리더십이 유리한 것으로 나타났다. 또한 환경요인변수 중 과업의 경우 구조화되어 있을 때 지시적 리더십은 불필요하게 엄격한 통제의 인상을 주므로 오히려 지원적인 리더십이 유리하며 과업이 구조화되어 있을 않을 경우 지시적 리더십일 때 부하들은 호의적 반응을 보이는 것으로 나타났다.

그림 5-5 하우스의 경로-목표이론

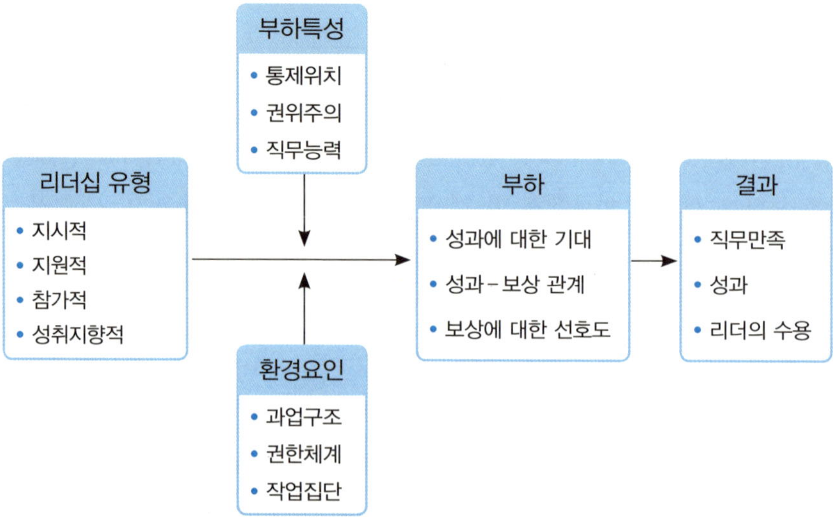

자료: J.R. Schermerhorn(2013), *Management*, 12th ed., Hoboken, NJ: John Wiley & Sons Inc., 332.

지금까지 여러 가지 리더십 상황이론을 살펴보았는데, 이 중 대표적인 리더십 상황이론을 비교하면 〈표 5-1〉과 같다.

표 5-1 리더십 상황이론의 비교

구분 \ 이론	피들러의 리더십 상황모형	하우스의 경로-목표이론	허시와 브랜차아드의 수명주기이론
주요 상황변수	• 리더-구성원 관계 • 과업구조 • 리더의 직위권력	• 과업특성 • 부하특성	• 부하의 성숙도
리더십 스타일	• 과업지향적 리더십 • 관계지향적 리더십	• 지시적 리더십 • 지원적 리더십 • 참가적 리더십 • 성취지향적 리더십	• 지시적 리더십 • 지원적 리더십 • 참가적 리더십 • 위양적 리더십
특징	• 상황이 유리·불리할 때 과업지향적 리더가 더 적합 • 상황의 유리성이 중간일 때 관계지향적 리더가 더 적합	• 단순과업에는 지원적·참가적 리더십이 더 적합 • 복잡과업에는 지시적·성취지향적 리더십이 더 적합	• 효과적인 리더는 부하의 성숙수준에 따라 자신들의 리더십 스타일을 선택

자료: D. Hellriegel & J.W. Slocum, Jr.(1992), *Management*, 6th ed., Massachusetts: Addison-Wesley Publishing Company, 491을 수정한 것임.

제3절 리더십 상황이론의 평가

1. 리더십 상황이론에 대한 평가

상황이론 관점의 연구들은 저마다 다른 가정하에 이론을 전개시키고 있으나, 소수의 리더십 행동범주나 특성의 범주가 여러 가지 결과변수에 미치는 영향을 일정한 상황변수들이 조절하는 것을 설명하거나, 경우에 따라서는 이러한 틀 내에 매개변수를 설정하는 형식을 취하고 있다.이에 따라 대부분의 상황적합 리더십 연구들은 기존에 개발된 리더십 행동 범주나 결과변수들을 그대로 차용한 상태에서, 새로운 상황변수를 투입하여 리더십과 결과변수 간의 관계를 분석해 보는 식으로 이루어져 왔다. 상황변수에 대해 리더가 정확하게 판단할 수 있다는 암묵적인 가정하에 연구가 진행되었다.

한편, 연구마다 활용될 수 있는 상황변수의 종류는 무수히 많을 수 있기 때문에 상황이론들은 이론적 설명은 충실했을지 몰라도 실무에 있는 사람들이 그것을 어떻게 적용해야 할 것인가에 대해서는 명쾌한 답을 제시해주지 못했다. 다시 말해, "리더십의 유효성은 상황에 따라 달라진다"는 말은 직관적으로나 실증적으로 볼 때 옳은 말이지만, 이는 리더십 연구에서 얻어진 지식을 현실에 적용하는 데는 별 도움을 줄 수 없는 말이었다(박내회, 2002, 221~251).

이론의 기능이 현상에 대한 이해·설명·예측·통제에 있다고 볼 때, 리더십 상황이론들은 리더십이라는 현상에 대해 이해하고 설명하는 데는 어느 정도 도움이 되었을지는 몰라도 예측과 통제에는 명쾌한 답을 제시해 주지는 못한 것 같다. 사실, 리더십에 대한 이해와 설명에 있어서도, 다양한 상황변수들을 고려한 것이 도움을 주었다기보다도 오히려 복잡성만을 더한 게 아닌가 하는 비판이 제기될 수도 있을 것이다. 이러한 비판에도 불구하고 상황이론의 발전은 리더십 연구 분야를 이론적으로 풍성하게 만들었고, 또한 보다 유연한 이론을 개발하는 데 많은 기여를 했다고 판단된다.

리더십 **사례**

대한민국 대표CEO들의 리더십유형의 변화…
CEO의 역량, 기업의 명줄을 쥐다

50년 뒤의 기업을 성공적으로 이끌어 갈 CEO의 모습을 예견할 수 있을까? 맥킨지가 2015년 경제 키워드로 선정했던 VUCA(Volatile, Uncertain, Complex, Ambiguous), 즉 급변성, 불확실성, 복잡성, 모호성으로 대변되는 최근의 경영환경 변화는 미래를 더욱 예측하기 어렵게 만들고 있다. 미국 S&P 500 기업들의 평균 수명은 1937년에 67년이었으나 2016년 현재 15년으로 줄어들었다는 사실은 이러한 변화 양상을 잘 보여준다.

그럼에도 미래에 성공하는 리더의 모습을 어렴풋이나마 그려볼 수는 있다. 리더는 자신이 이끄는 구성원들을 움직여 성과를 만들어내고 조직과 사람을 성장시키는 역할을 해야 한다. 그래서 리더십의 성패는 조직이 추구하는 성과를 만들어 냈는가와 구성원들을 제대로 움직였는가 그리고 긍정적인 변화를 만들어냈는가에 의해 판단되어야 한다. 50년 후에도 이러한 성패기준은 바뀌지 않을 가능성이 크다. 그러나 성과를 창출하고, 구성원들에게 영향을 미치고, 긍정적 변화를 만들어 내는 방법은 다를 것이다.

이러한 환경에서 기업의 운명은 갈수록 CEO의 능력에 의해 좌우되고 있다. 동일한 산업에 속해 있고 경영 여건이 비슷한 기업이라면 누가 CEO를 맡느냐에 따라 기업의 명운이 좌우되는 경우가 적지 않다. 미국 자동차업계의 GM과 Ford의 사례가 대표적이다. GM과 Ford는 CEO의 능력차이로 기업의 운명이 갈렸다. 한때 미국의 빛나는 영광이었던 GM은 2000~2009년 8년 동안 릭 웨거너(Rick Wagoner)가 CEO로 재임하는 동안 파탄으로 치달았다. 반면, 앨런 멀랠리(Allan Mulally)는 2006년 9월 포드자동차의 CEO를 맡아 혁신과 대규모 구조조정을 통해 이 회사를 턴어라운드시키는 데 성공했다. 2008년 1달러까지 내려갔던 주가는 2015년 1월 16달러로 16배까지 뛰었다. 비슷한 시기에 비슷한 어려움에 처한 미국의 두 기업이 CEO의 의사결정에 따라 운명이 갈리는 사례 중 하나로 꼽힌다.

톱다운(Top-Down)에서 보텀업(Bottom Up) 대한민국 대표 CEO들의 리더십유형 변화

대한민국은 70년이 채 안 되는 짧은 기간에 농업시대에서 산업시대, 정보화시대를 거쳐 지금은 경계를 뛰어넘는 기술의 융합과 인공지능이 모든 것을 연결시키는 4차 산업혁명시대로 접어들고 있다. 1차에서 3차까지의 산업혁명에 효과를 발휘했던 리더십의 모습은 비슷했다. 톱다운 방식, 즉 강력한 카리스마로 구성원들을 일사불란하게 움직여 성과를 만들어 내고 바람직한 변화를 창출할 수 있었던 것이다.

일제 강점기 이후 한국경제의 성장을 견인해 온 우리 기업의 역사를 살펴보면 대체로 농업시대에 태어나 산업시대에 속하는 창업자가 맨손으로 일군 기업을 베이비붐 세대인 2세가 대물림하는 양상을 보이고 있다. 창업자들이 강력한 카리스마를 발휘하여 압축 성장을 주도하면서 우리 기업들을 세계로 진출시켰고, 2세 경영자들은 해외유학과 경영수업을 거친 후 기업을 물려받아 한국의 기업들을 글로벌 기업으로 성장시켰다.

산업시대의 목표는 규격화였고, 이를 위해서

는 사람 역시 기계처럼 명령에 따라 일사불란하게 움직여야 했다. 한국이나 일본에는 가부장제나 충성을 덕목으로 삼는 유교적 전통이 강하게 남아있어 제왕적 리더십이 더 강화될 수 밖에 없었다. 그 아래서 일하는 임직원이라고 다를 바 없었다. 그들 또한 위계질서와 상명하복의 전통을 지고의 가치로 여기며 조직을 운영했다. 이러한 방식이 수익을 내고 성장하는 데 효과적인 것은 사실이다. 한국을 대표하는 기업들의 리더십을 보면 1·2세 경영자들은 대부분 톱다운 방식으로 이끌어왔고, 3세 경영자들을 시작으로 경영방식은 일부 변화하는 모습을 보이고 있다. 소통과 참여를 바탕으로 하는 보텀업 방식의 경영스타일을 녹여내려는 시도들이 곳곳에 보인다.

미래 50년에 각광받을 리더는 수평주의, 자율과 헌신, 다양성 존중에 더 힘을 기울여야 한다. 주장하기보다는 질문해서 듣고, 일방향 소통보다는 쌍방향 소통을 중시해야 한다. 이거 해라 저거 해라 시시콜콜 간섭하기보다는 일을 해야 할 의미를 제공하고, 섣불리 해답을 제시하려 들지 말고 문제부터 제대로 규정해 풀어 나가도록 유도해야 한다. 그럼으로써 자신이 성장하고 있다는 느낌을 갖도록 해야 한다. 한마디로 자신과 동등한 인격체로 직원을 대해야 한다.

자기실현의 욕구 강한 밀레니얼 세대 마음 훔쳐야

사회 구성원들의 가치관과 욕구가 급격하게 변화한 것도 제왕적 리더십의 효과를 낮추고 있다. 매슬로우 욕구 5단계를 들어 이야기하면, 베이비붐 세대까지만 해도 가장 아래 단계의 '생존의 욕구'와 '안전의 욕구'를 충족시키기 위해, 즉 먹고살기 위해 일했다. 70년대에 유행했던 보너스는 '밀가루 1포대'였다. 그런데 경제·사회가 발전하면서 사람들은 점점 상위욕구를 원하게 됐다. 그 정점은 '자기실현욕구'이다. 그리고 이를 적극적으로 추구하는 게 요즘 기업의 아랫단을 점하고 있는 '밀레니얼 세대'이다.

밀레니얼 세대는 1982년~2000년 사이에 태어나 베이비붐 세대의 부모 밑에서 자랐다. 이들은 먹고 살기 위한 생존의 고통에 시달려 본 적이 없고, 어려서부터 독립적인 인격체로 대우받으며 자랐다. 그래서 이들은 '돈'보다 '의미'를, '성공'보다 '성장'을 추구한다. 한마디로 자신이 이해하지 못하거나, 좋아하지 않는 일은 하려고 하지 않는다. 당연히 '무조건 하라'는 통하지 않는다. 경제가 나락으로 떨어지지 않는 한 이러한 추세는 앞으로 꺾이지 않을 것으로 보인다.

로봇과 마주할 4차 산업시대 "인간을 인간답게"

4차 산업혁명시대에는 인간과 사물 그리고 공간이 모두 연결되고 끊임없는 융복합이 일어난다. CEO 한 사람의 역량만으로 기업을 이끌어 가기란 불가능하다. 기업 외부의 개인과 조직 간에 협업이 불가피하다. 또한 사람들의 일거수일투족이 기록되고 공유되기 때문에 겉과 속이 다른 사람은 금방 드러나게 되어 있다. 이러한 환경에 진정성이 떨어지는 CEO는 금세 신뢰를 잃게 된다. 또한 수많은 정보가 기록되고 투명하게 공개됨에 따라 다른 사람을 해롭게 하거나 사회에 부정적 영향을 미치는 기업은 장기적인 생존이 불가능해질 것이다.

한편 4차 산업혁명은 알고리즘이 알려진 정형화된 일을 하는 사람들 대부분을 쓸모없는 존재로 만들 가능성이 높다. 따라서 인간 대 인간으로서의 경쟁력이 아니라 기계(컴퓨터, 인공지능, 로봇 등)를 능가할 수 있는지 여부가 경쟁력의 판단기준이 될 것이다. 결국 인간이 경쟁력을 발휘할 수 있는 일은 해결할 수 있는 규칙이나 해법이 존재하지 않아서 여러 가능성을 실험해보고 새로운 해결책을 만들어내야 하는 일이나 사람들과의 관계 및 소통이 필요한 활동이 많은 일이 될 것이다. 이러한 일을 담당하게 될 구성원들을 이끄는 CEO는 융복합화된 기술을 가장 인간에 이롭게 활용하면서 그들에게 긍정적 영향을 미치고 성장시키면서 세상을 변화시키는 사람이 될 것이다.

자료: 박지훈(2016.10.11). "대한민국 대표CEO들의 리더십유형의 변화…CEO의 역량 기업의 명줄을 쥐다." 「매일경제신문」.

Chapter 06

새로운 리더십 이론

제1절 새로운 리더십 패러다임

제2절 새로운 리더십 이론

제3절 4차 산업혁명시대에 필요한 리더의 자질

제 1 절

새로운 리더십 패러다임

1. 기존의 리더십 패러다임

지금까지 리더십 특성이론에서 행동이론을 거쳐 상황이론에 이르기까지 기존의 리더십 이론들에 대해 살펴보았다. 특히 바로 앞의 장에서는 다양한 상황이론에 대해 자세히 고찰하였다. 리더십 상황이론은 지금도 하나의 유용한 리더십 이론으로 많은 연구자들과 기업경영자들의 관심을 끌고 있다. 그러나 1980년대 들어서면서 기업을 둘러싼 정치, 경제, 사회, 기술 등 여러 환경들이 급격하게 변화하고 전 세계적으로 제2차 오일쇼크의 여파로 불경기가 지속되면서 공사(公私) 조직할 것 없이 구조조정의 소용돌이에 휩싸이면서 새로운 리더십 패러다임에 대한 필요성이 증대되기 시작하였다.

특성이론에서 행동이론을 거쳐 상황이론에 이르는 기존의 리더십 이론은 주로 동기부여의 관점에서 접근하여 보상의 자극강도가 조직 구성원의 노력 행위를 증대시킬 수 있을 것이라는 사고에 기인한 것이었다. 그러나 Schneider & Reichers(1983)는 조직구성원의 행위에 영향을 미치는 것은 보상의 자극강도가 아니라 리더 행위의 빈도이며, 때때로 보상의 자극보다 조직 구성원을 방임해 두는 것이 효과적인 리더의 행위가 될 수도 있으며 이러한 리더십이 창조적이고 위험을 감수하는 조직구성원을 만든다고 주장하였다. 따라서 기존의 리더십하에서 주로 발휘되었던 금전적 유인중심의 동기부여책으로는 더이상 동기부여가 되지 않는 오늘날의 조직구성원들을 효과적으로 지휘할 수 없게 되었으며 조직구성원들의 가치와 태도를 변화시키지도 못하게 되었다(조성종, 2002).

이에 따라 1980년대 이후부터 경영자와 조직연구자들은 급변하는 무한경쟁 속에서 생존하기 위한 방법의 일환으로 조직변화의 필요성을 절감하며, 조직문화, 조직변화, 조직혁신 등에 보다 많은 관심을 갖기 시작했다. 리더십의 문제도 이러한 환경변화에 적응하기 위한 것으로 자연 리더십 패러다임(paradigm)의 변화를 가져오게 되었다.

2. 새로운 리더십 패러다임

21세기 사회에서는 기업의 중심 가치가 변화하게 된다. 즉, 그 중심가치가 과거의 이윤과 성장에서 서비스를 통한 인류복지 증진과 조직구성원의 자아실현에 놓이게 된다. 이때 서비스는 고객뿐 아니라 다양한 이해관계자들의 만족을 위해 제공되어 이해관계자의 관리 대상 범위가 종전의 소유자 중심의 제한적인 것으로부터 한층 넓어지게 된다. 이때 기업 조직은 글로벌 범위에 걸쳐 사업을 벌이면서 조직 간의 경계는 무너지거나 의미가 없어지고 상호 네트워크로 연결되어 상호의존성이 높아진다. 그리고 기업간의 관계는 종전의 단순 경쟁으로부터 협력(collaboration)을 통한 선의의 경쟁으로 바뀌어 승리 아니면 패배로부터 서로 함께 사는 길을 모색하는 윈-윈 전략(win-win strategy)을 구사하게 된다.

21세기 기업의 조직구조는 정보기술의 발달과 함께 조직의 부분이 서로 연결된 네트워크(network) 조직의 형태가 주종을 이룰 것으로 전망된다. 이때 조직은 인류복지의 증진이라는 가치에 따라 상호 협력을 가지는 공동체(community) 구조를 지향하게 된다. 따라서 21세기 리더는 직위가 아니라 상대방과 실제로 어떤 관계에 있는가에 따라 권력(relationship power)을 갖게 되며, 정치 민주화의 진전에 따라 분권화가 이루어지면서 조직구성원 간에 권력이 공유되는 리더십이 행사될 것이다.

또한 미래의 기업은 조직 경쟁력의 원천을 사람에게서 찾는다. 따라서 조직 구성원을 인간답게 대접하는 인본주의 경영을 기업의 주축으로 한다(Pfeffer, 1994). 인본주의 경영 풍토하에서 조직의 리더는 구성원의 능력에 따라 권한을 위양하고 구성원의 자율에 따라 업무를 추진하는 여건을 조성하는 코치와 촉진자(facilitator)의 역할이 강조된다. 따라서 21세기의 리더는 업무를 감독하고 관리하는 관리자(manager)로부터 조직의 경영전략과 업무 방침을 설정하고 업무추진의 여건을 조성하는 리더를 요구할 것이다(Kanungo & Mendonca, 1996).

21세기 조직은 구성원 간에 권력과 정보 그리고 조직성과를 공유하는 인본주의

그림 6-1 리더십 패러다임의 변화

구 리더십 패러다임		신 리더십 패러다임
1. 제품, 시스템, 기술	→	1. 인적요소, 비전제시
2. 전통적 리더십(지휘)		2. 지휘가 아닌 서비스
3. 행동, 특성, 상황이론		3. 자율성, 창조성
4. 규제		4. 스스로 문제해결
5. 지시		5. 가치 실현
6. 명령		6. 새로운 정보, 위기 상황
7. 파워		7. 빠른 변화
8. 수직적 관계		8. 수평적 관계
9. 통제		9. 창조와 협력(파트너십)

를 지향한다. 인본주의 기업은 조직구성원이 자율에 따라 업무를 책임지는 경영 풍토를 조성하여 구성원의 조직몰입(commitment)이 극대화된다. 즉 21세기 기업은 리더와 구성원간의 신뢰(trust)를 바탕으로 자율적으로 업무를 수행할 수 있도록 구성원에게 힘을 실어주는 임파워먼트(empowerment)를 경쟁력의 원천으로 삼을 것이다.

참고로 기존의 리더십 관련 패러다임과 새로운 리더십 패러다임을 비교하면 [그림 6-1]과 같다.

제 2 절 새로운 리더십 이론

1967년 피들러의 연구에서 시작된 상황이론은 지금도 하나의 유용한 리더십 이론으로 많은 학자들과 기업경영자들의 관심을 끌고 있고 또 연구되고 있다. 그러나 1980년대에 들어서면서 전 세계적으로 제2차 오일쇼크의 여파로 마이너스 성장과 불경기가 지속되면서 업종과 규모에 관계없이 구조조정의 소용돌이에 휩싸이면서 불황을 타개하기 위한 새로운 리더십 패러다임에 대한 필요성이 대두되기 시작하였다.

이러한 과정에서 등장하기 시작한 일단의 리더십 이론들이 이른바 새로운 리더십 이론으로, 바로 카리스마 리더십(charisma leadership), 진정성(authentic) 리더십, 임파워먼트(empowerment) 리더십, 윤리적 리더십(ethical leadership), 변혁적 리더십(transformational leadership), 슈퍼리더십(superleadership), 서번트 리더십(servant leadership), 리더십대체모형(substitutes for leadership model), 전략적 리더십(strategic leadership), 수직쌍연결모형(vertical dyad linkage model) 등등 리더십 연구자들만큼 새로운 이론들이 나타나고 있다.

그러나 대부분의 리더십들은 변혁적 리더십의 테두리 안에서 새로운 리더십을 연구하고 있다. 따라서 본서에서는 1980년대 들어 하나의 새로운 리더십으로 가장 큰 관심의 대상이 되고 있는 혁신주도형 리더십인 변혁적 리더십을 비롯하여 몇몇 새로운 리더십에 대해 살펴보기로 하겠다.

1. 카리스마 리더십

(1) 카리스마 리더십의 개념

마틴 루터 킹(Martin Luther King Jr.) 목사, 로널드 레이건(Ronald Reagan) 전 미 대통령, Mary Kay Cosmetics의 창립자 메리 케이 애시(Mary Kay Ash), Apple의 공동 창업자 스티브 잡스(Steve Jobs)는 카리스마 리더로 자주 인용되는 사람들이다. 이들은 어떤 공통적인 특성을 발휘해서 카리스마 리더가 되었을까? 과연 카리스마 리더십이란 무엇인가? 카리스마 리더십(charismatic leadership)에 대해 Conger & Kanungo(1987)는 조직이 당면해 있는 상황과 팀 구성원들의 욕구에 대한 평가를 바탕으로 조직이 지향해야 할 이념과 목적 및 비전을 제시하고 이를 실제로 팀 구성원들에게 보여주는 등의 행동들을 통하여 높은 영향력을 행사하는 리더십으로 보았다.

카리스마 리더십은 원래 1920년대에 막스 베버(Max Weber)에 의해 제시되었다. 그는 카리스마(charisma)를 “보통 사람들과 구분되는 초자연적, 초인간적인 것, 혹은 매우 특별한 권위 또는 자질을 부여받았다고 여겨지는 개인 성격의 특이한 자질이라고 정의하였다. 이러한 것은 보통 사람에게는 적용되지 않고 신성한 것이나 모범적인 것으로 간주되어, 이러한 특성을 가진 개인만이 리더로 인정되었다"(Weber, 1947).

그는 합법적 권한을 세가지 형태, 즉 전통적 권한, 법적 권한, 그리고 카리스마 권한으로 분류한 뒤 그중 카리스마 권한에 기초하는 카리스마 리더십을 발표한 이래 지금까지 여러 사회과학 분야에서 연구되어 왔다. 그러다가 조직행동분야에서 본격적으로 연구되기 시작한 것은 하우스(R.J. House)가 카리스마 리더십 모형을 발표하면서부터이다.

카리스마라는 용어는 "신이 주신 재능(gift)"을 뜻하는 그리스어에 어원을 두고 있다. 논리적인 방법으로는 그 뜻을 명확히 설명할 수 없는 힘을 카리스마라고 한다(백기복, 2014). 또한 카리스마란 신이나 초월적 존재에 대한 진지한 믿음에 의해서만 가능하다고 보아 카리스마적 리더십을 종교적 리더십으로 해석하는 사람도 있고 마술적 종교적·세계관에서 벗어나지 못한 옛날이나 세계의 외진 지역에서나 사용할 수 있는 개념이지 오늘날과 같은 사회에는 적용되지 않는다는 주장을 하는 사람들도 있다(Loewenstein, 1966).

그러면 카리스마 리더십이 어떻게 부하들을 변형시키는가? 첫째, 카리스마 리더들은 비전과 고도의 성과기대를 설정하여 이것을 실현하는 집단 능력에 자신감을 보여준다. 둘째, 카리스마 리더들은 목표, 가치, 욕구, 믿음 및 열망에 있어서 변화를 불러일으킴으로서 부하들을 변형시킨다. 이 때 그들은 부하의 자아개념, 즉 부하들의 가치와 개개 주체(identity)에 호소함으로써 이러한 변형에 영향을 미친다. 셋째, 동기부여적 메커니즘을 활용한다. 즉 노력과 목표의 내재적 가치를 증대시키고 노력이 성과를 가져올 기대를 증대시킨다. 아울러 목표달성의 내재적 가치를 증대시킨다. 끝으로 개개인의 성과, 즉 리더와 비전에 대한 개별 몰입, 자기희생적 행동, 조직몰입, 과업의 의미와 만족 및 성과의 증대로 이어지게 된다(이덕로, 1995).

(2) 카리스마 리더십의 구성요소

카리스마 리더십의 구성요소와 관련하여 여러 견해들이 존재한다. 김경수 등(2014)은 카리스마적 리더십에 대한 최초의 학문적 접근을 한 Weber(1974)의 연구에 기초하여 카리스마적 리더의 행동을 비전관련행동, 몸소 실천하는 행동, 권한위임행동으로 구분하여 부하의 자발적 수용에 미치는 영향을 3-way 상호작용 효과로 검정한 바 있다. 이것을 토대로 아래의 세 가지를 살펴보기로 하자.

먼저 비전관련 행동은 카리스마적 리더십에 있어서 가장 핵심적인 요소로 환경에 대해 민감성을 표출하는 행동, 부하들의 욕구를 충족시킬 수 있는 비전을 제시하는 행동, 미래 목표를 설정하는 행동, 미래 목표 달성을 위해 계획을 수립하는 행동 등이 포함된다.

두 번째로 몸소 실천하는 행동은 부하들에게 리더가 자신의 비전을 실현하는 것이 충분히 가치가 있다는 것을 보여주는 행동으로 이러한 행동에는 비전에 대한 리더의 확신, 비전을 달성할 수 있다는 자신감, 비전을 달성하기 위한 리더의 헌신 등이 포함된다.

세 번째로 권한위임행동은 부하들의 자기효능감을 높여주는 행동으로 부하능력에 대한 자신감을 보여주는 행동, 성과에 대한 높은 기대를 보여주는 행동, 부하의 아이디어를 지지해주는 행동, 부하의 욕구수준을 높여주는 행동 등이 포함된다(이철우, 2017, 625; Conger & Kanungo, 1998).

(3) 카리스마 리더십의 단점

GE의 잭 웰치(Jack Welch), Apple의 스티브 잡스(Steve Jobs), Southwest Airlines의 허브 켈러허(Herb Kelleher), Microsoft의 스티브 발머(Steve Ballmer) 같은 카리스마적 최고경영자는 케이트 미들턴(Kate Middleton)이나 브래드 피트(Brad Pitt)에 못지않은 유명인사가 되었다. 모든 기업에서는 카리스마적 최고경영자를 원한다. 그래서 그들을 고용하기 위해 이사회는 그들에게 전례 없는 권력과 자원을 준다. 언제든 마음대로 사용할 수 있는 개인 전용기, 수백만 달러의 펜트하우스에 대한 사용권, 해변 별장을 구입할 수 있는 무이자융자와 예술작품, 보안요원 등 왕족에 버금가는 혜택을 누린다. 한 연구에 의하면, 최고경영자는 업무성과가 보통만 되어도 최고의 연봉을 받을 수 있다(Tosi et al., 2004).

안타깝게도 실제보다 과장된 카리스마적 리더는 언제나 조직의 이익을 최우선으로 삼지는 않는다(Khurana, 2002; Raelin, 2003). 이들 중 많은 리더들은 개인 이해관계와 목표를 회사의 목표달성보다 더 중요시한다. 그 결과 Enron, Tyco International, WorldCom, HealthSouth와 같은 회사에서는 조직의 자원을 사적인 이익을 위해 마음대로 사용하거나, 일시적으로 주가를 부풀려서 스톡옵션으로 수백만 달러를 현금으로 챙길 수 있도록 법을 어기며 분식회계를 한 간부와 리더도 생겨났다. 자아도취에 빠진 사람들이 카리스마적 리더십과 연관되는 행동을 자주 보인다는 연구 결과는 놀라운 것이 아니다(Galvin, Waldman, & Balthazard, 2010).

우리는 모든 카리스마 리더십이 다 효과가 없다고 말하는 것이 아니다. 전체적으로 봤을 때 당연히 효과가 있다. 그러나 카리스마 리더가 항상 답일 수는 없다. 성공은 당시의 상황과 리더의 비전 연장선에 있다. 어떤 카리스마 리더 — 예를 들어, 히틀러 — 는 부하 직원을 설득하여 자신의 비전을 따르게 하는 데는 매우 성공했지만 재앙을 몰고 오고 말았다(Robbins & Judge, 2015, 376~377).

2. 변혁적 리더십

(1) 변혁적 리더십의 의의

역사적으로 리더십은 특성이론에서 출발하여 행동이론을 거쳐 상황이론으로 전개되어 왔다. 그러나 최근 들어 여러 가지 새로운 리더십들이 등장했는데, 그중 가장 특징적인 것이 바로 변혁적 리더십(transformational leadership)이다. 변혁적 리더십이란 1978년 번즈(T. Burns)에 의해서 처음으로 제시되었다가 바스(B.M. Bass)가 1985년 조직상황에 맞추어 구체화함으로써 널리 알려지게 된 리더십 이론(백기복, 2002)으로 전통적인 거래적 리더십(transactional leadership), 즉 리더와 하급자 간의 교환관계에 초점을 두는 리더십을 비판하는 데서 출발하게 되었다(Schermerhorn, Hunt, & Osborn, 2000).

리더와 부하의 복종과 보상의 교환관계에 초점을 둔 거래적 리더십의 구성요인은 일반적으로 조건적 보상(contingent reward)과 예외에 의한 관리(management by exception)의 2요인으로 구분하고 있다. 여기서 예외에 의한 관리를 다시 적극적 예외에 의한 관리(active management by exception)와 소극적 예외에 의한 관리(passive management by exception)로 구분하여 조건적 보상, 적극적 예외에 의한 관리, 소극적 예외에 의한 관리 등의 3개 요인으로 구성하기도 한다.

첫째, '조건적 보상'은 상황적 보상 또는 연계 보상이라고도 불리는데 부하의 노력 및 성취 수준에 따라서 보상을 하는, 교환과 관련된 리더 행동을 말한다(DenHartog, VanMuijen, & Koopman, 1997). 즉 리더가 설정한 수준에 맞도록 부하가 성과를 달성했을 때 동기부여의 강화를 위해 인센티브나 보상을 제공하는 것이며, 바람직한 성과에 대한 시의적절한 긍정적인 반응을 의미한다. 이러한 조건적 보상은 아이디어 창출에 의한 것보다는 주로 효율적 관리과정에 초점을 맞춘다. 거래적 리더는 과업 수행의 진실성보다는 과업이 어떻게 진행되었는지를 중요하게 여긴다.

둘째, '예외에 의한 관리'는 일이 잘못 진행되거나 기준에 미달한 경우만 리더가 행동을 취하는 것을 의미한다. 이러한 행동을 취하는 형태가 비난이나 처벌로 나타날 때에는 오히려 역효과가 발생할 수도 있다. 비난의 대상은 부하 개인이 아닌 관련 업무수행에 관한 것이어야 하며, 리더 자신이 무엇을 느꼈는지를 말하고, 무엇이 잘못된 것인지를 구체적으로 알려 주어야 한다. 그리고 리더는 부하의 잘못된 점을 정확하게 진단해줄 수 있는 능력을 갖추고 있어야 한다(금용주, 2012).

Hater & Bass(1988)는 이러한 예외에 의한 관리를 적극적 예외에 의한 관리와 소극적 예외에 의한 관리로 구분하였다. 적극적 예외에 의한 관리는 리더가 부하의 실수로 문제가 발생하지 않도록 사전 점검 및 적극적으로 주시하고 효율적으로 과업을 수행하도록 미리 시정조치를 취하는 것이다. 소극적 예외에 의한 관리는 리더가 부하의 업무수행에서 나타나는 문제에 대해 사전에는 관심을 보이지 않다가 문제가 발생한 이후에야 비로소 그것을 바로 잡으려고 하는 정도를 의미한다(Den Hartog, VanMuijen & Koopman, 1997).

리더십 효과성 측면에서 볼 때 일반적으로 조건적 보상은 대부분의 경우 상당히 효과적인 것으로 나타났다. 반면에 적극적 예외에 의한 관리는 보다 가변적이며, 소극적 예외에 의한 관리는 아주 비효과적인 것으로 보고되고 있다(Avolio, Bass, & Jung, 1999).

지금까지 살펴본 바와 같이 부하직원이 긍정적인 성과를 내는 경우에는 보상을 해주고(조건적 보상), 부하직원이 실수를 하거나 예외 상황이 발생했을 때에는 개입함으로써(예외에 의한 관리) 부하직원들을 관리하게 되는 거래적 리더십과는 달리 변혁적 리더십은 조직의 높은 성과를 위해 변화를 추구하는 리더들이 발현하는 것(Avolio, Walumbwa, and Weber, 2009; Bass, 1990)이다. 변혁적 리더들은 비전을 만들고 제시하는 능력이 뛰어나며(카리스마), 이러한 비전을 부하직원들의 가슴 속에 심어주어 열정을 불러일으키고(영감), 새로운 방법으로 문제를 보고 해결할 수 있도록 독려하며(지적 자극), 개개인들을 차별 없이 인격적으로 대우해주고 신경을 써주며(개별적 고려) 부하직원들과 긍정적인 관계를 형성하고, 그들의 역할모델이 된다(홍계훈·오세미·양회창, 2017).

참고로 거래적 리더십과 변혁적 리더십의 차이를 비교해 보면 〈표 6-1〉과 같다.

Bryman(1992)은 변혁적 리더십 행동이 종업원의 만족이나, 직무성과와 긍정적 관계가 있음을 밝히고 있다. 비슷한 결과들이 다양한 표본과 각기 다른 조직을 대상으로 한 많은 연구들(Duan et al., 2017; Tepper, Dimotakis, & Lambert, 2018; Zhang et al., 2019)에서도 밝혀짐으로써 이제 변혁적 리더십은 지난 20여 년간 리더십연구에서 중심이 되었던, 새로운 리더십 이론의 대명사로 자리매김을 해오고 있다(Dvir et al., 2002).

표 6-1 거래적 리더십과 변혁적 리더십의 차이

비교요인 \ 리더십	거래적 리더십	변혁적 리더십
시간지향성	단기적이며 현실 중시	장기적이며 미래 중시
협조 메커니즘	규정과 규칙 등의 적용	목적과 가치의 일치화
의사소통	수직적, 하향적 의사소통	다방향적 의사소통
초점	주로 재무적 가치추구	조직 내외적 고객 만족
보상시스템	외형가치, 조직적 통제	내면 가치, 개인적 다양성
권력의 원천	직책권력의 부여	구성원들이 인정하고 부여
의사결정	집단적, 하향적 결정	분권적, 상향적 결정
승인 메커니즘	지시적 동의	합리적 설명
변혁에 대한 태도	회피 및 저항 가능성	대응 및 수용적 태도
유인 메커니즘	이익	비전과 가치관
통제	조직 의지	자율적 관리
관점	내적인 관점	개방적인 관점

자료: 박유진(2009), 「현대사회의 조직과 리더십」, 제3판, 양서각, 183.

국내의 경우에도 변혁적 리더십 연구의 역사가 짧지는 않다. 이덕로(1994)의 '변형적 리더십이 부하의 추가노력, 직무만족 및 조직몰입에 미치는 영향에 관한 연구'가 출간된 이후, 지난 20여 년 동안 변혁적 리더십에 대한 많은 연구가 축적되어 왔다. 〈표 6-4〉의 연도별 현황에서 볼 수 있듯이, 인사·조직 분야의 학술지를 검색한 결과, 그간 총 116편의 연구가 이루어졌으며 이 중에서 약 55%는 2010년 이후에 출간되었다. 즉, 국내의 경우, 2010년 이후 변혁적 리더십에 대한 관심이 매우 높아졌으며, 이에 따라 많은 연구들이 이루어지고 있다고 볼 수 있다(이덕로, 2018, 321; 최병권·문형구·주영란·정재식, 2017).

(2) 변혁적 리더십의 구성요소

변혁적 리더십의 구성요소와 관련하여 학자들마다 다양하게 주장하고 있다. 일반적으로는 카리스마(이상화된 영향력), 영감을 통한 동기부여, 지적 자극, 개별적 배려의 4요소와 이 중에서 영감을 통한 동기부여를 제외한 3요소가 가장 많이 연구되고 있다. 앞서 살펴본 거래적 리더십의 구성요소와 변혁적 리더십의 구성요소를 요약하면 [그림 6-2]와 같다.

본고에서는 초기에 많이 활용되었던 3요소를 중심으로 살펴보기로 하겠다. 변혁적 리더십의 3가지 하위변수는 핵심 변혁적 행동(core transformational behavior)인 카리스마, 개별적 배려(individualized consideration) 및 지적 자극(intellectual stimulation) 등으로 구성되어 있다. 먼저 핵심 변혁적 행동이란 리더가 부하들에게 비전과

그림 6-2 거래적·변혁적 리더십의 구성요소

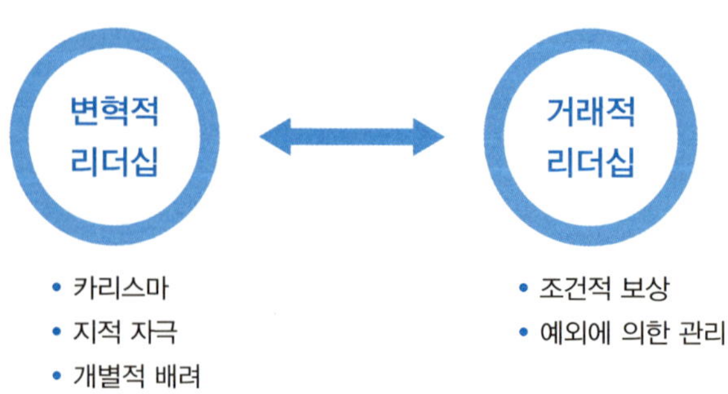

사명감을 제공하고, 부하들에게 의식, 가치관이나 신념을 전달함으로써 부하들로부터 존경을 받는 리더십 행동을 말한다(이덕로 외, 2003, 114). 이 때 그들은 공포, 탐욕, 시기, 증오 등의 감정에 의존하는 것이 아니라 자유, 평등, 정의, 평화, 인본주의 등과 같은 가치에 호소하는 카리스마적 특성을 가지는 데 따라서 핵심 변혁적 행동을 카리스마(charisma)로 혼용되어 사용되기도 한다.

지적 자극은 부하들에게 문제해결을 새로운 방법으로 시도하도록 하거나, 부하 자신의 신념과 가치관, 그리고 리더의 신념과 가치관에 대하여 의문을 가지도록 조장함으로써 부하들의 창의성(지적 자극)을 개발하도록 하는 리더십행동을 말한다. 끝으로 개별적 배려는 부하에 대한 관심표명, 부하를 이해하고자 하는 의지, 그리고 부하들의 관심사항의 공유 등과 같이 부하들에게 개별적으로 관심을 보여주고 조언해주는 리더십행동을 말한다. 참고로 국외 변혁적 리더십의 하위차원 활용 현황을 보면 〈표 6-2〉와 같다.

표 6-2 국외 변혁적 리더십의 하위차원 활용 현황

차 원	구성요소	연구
6차원	• 비전 정립 및 구체화, 모범적 모델 제시, 집단목표 수용 촉진, 고성과 기대, 개별화된 지원, 지적 자극	Podsakoff, MacKenzie, Moorman, & Fetter (1990), Schaubroeck, Lam, & Cha(2007), Wang et al.(2005)
5차원	• 카리스마, 이상화된 영향력, 영감을 통한 동기부여, 지적 자극, 개별적 배려 • 이상화된 영향력(귀인), 이상화된 영향력(행동), 영감을 통한 동기부여, 지적 자극, 개별적 배려	Pillai, Schriesheim, & Williams(1999) Avolio & Bass(2004), Epitropaki & Martin(2005)
4차원	• 이상화된 영향력, 영감을 통한 동기부여, 지적 자극, 개별적 배려 • 카리스마, 영감을 통한 동기부여, 지적 자극, 개별적 배려	Avolio et al.(2004), Eisenbeiss, Van Knippenberg, & Boerner(2008) Hater & Bass(1988), Howell & Hall-Merenda (1999), Wang, Kim, & Lee(2016)
3차원	• 카리스마(이상화된 영향력+영감을 통한 동기부여), 지적 자극, 개별적 배려	Avolio et al.(1999), Bono & Judge(2004)

주: 핵심 변혁적 행동(비전 구체화, 모델 제시, 집단목표수용 촉진), 고성과 기대, 개별화된 지원, 지적 자극의 4차원을 활용한 연구.

자료: 최병권·문형구·주영란·정재식(2017), "변혁적·거래적 리더십의 국내 연구동향과 향후 연구방향," 인사조직연구, 25(2), 74를 토대로 재작성.

3. 서번트 리더십

(1) 서번트 리더십의 의의

서번트 리더십(servant leadership)이란 조직구성원들을 존중하고, 조직구성원들에게 창의성을 발휘할 기회를 제공함으로써 성장을 돕고, 부서 혹은 팀이 진정한 공동체를 이루도록 이끌어 가는 리더십을 말한다. 이 서번트 리더십은 1995년 그린리프연구소의 소장이었던 래리 스피어스(Larry C. Spears)가 '리더십에 관한 통찰력(Insights on Leadership)'이란 책에서 처음으로 사용하면서 많은 학자들과 리더십 전문가들로부터 관심을 받게 되고 이론적으로 정립되면서 전 세계에 본격 확산된 개념이다.

서번트 리더십의 근원은 1970년에 '리더로서의 서번트(The Servant as Leader)'라는 논문을 발표한 경영학자인 그린리프(R. Greenleaf)의 주장에서 찾을 수 있다. 그는 헤세(H. Hesse)가 쓴 단편소설 〈동방순례(*Journey to the East*)〉라는 책의 주인공인 레오(Leo)라는 인물의 이야기를 통해 서번트 리더십의 개념을 설명하였다(Parris & Peachey, 2013).

레오는 순례자들의 허드렛일이나 식사 준비를 돕고, 때때로 지친 순례자들을 위해 밤에는 악기를 연주하는 사람이었다. 레오는 순례자들 사이를 돌아다니면서 필요한 것들이 무엇인지 살피고, 순례자들이 정신적으로나 육체적으로 지치지 않도록 배려했다. 그러던 어느 날 갑자기 레오가 사라져 버리자 사람들은 당황하기 시작했고, 피곤에 지친 순례자들 사이에 싸움이 잦아졌다. 그 때서야 비로소 사람들은 레오의 소중함을 깨닫고, 그가 순례자들의 진정한 리더였음을 알게 되었다.

서번트 리더십은 레오와 같이 다른 구성원들이 공동의 목표를 이루어 나가는데 있어 정신적·육체적으로 지치지 않도록 환경을 조성해 주고 도와주는 리더십이다. 결국 인간 존중을 바탕으로 다른 구성원들이 잠재력을 발휘할 수 있도록 도와주고 이끌어 주는 것이 서번트 리더십의 요체이다. 이와 같이 하인은 자기 중심이 아니라 타인, 즉 주인의 요구에 응하고 타인에게 우선권을 두는 사람이다.

Greenleaf는 훌륭한 리더는 하인처럼 행동하는 바로 그 자체라고 했다. 전통적 조직에서 리더의 역할은 조직을 관리하고 통제하는 것으로 명령과 지시가 가장 큰 역할이었다면, 서번트 리더는 자신을 서번트(servant)로 인식함으로써 부하들에게 봉사하고 헌신함으로써 부하들의 성장과 발전 그리고 성공을 우선적으로 생각하고 있다는 점에서 차이가 있다. 즉, 서번트 리더십은 직원들의 자발적인 헌신과 참여를 이끌어 내어 주인의식과 책임감을 고취시키는 것을 목적으로 하는 리더십이라고 할 수 있다(허영림 · 정선영, 2009).

이후 서번트 리더십을 연구한 학자들도 Greenleaf의 정의에서 그다지 벗어나지 않았다. 대표적으로 Senge(1995)는 서번트 리더십을 모든 사람의 존엄성과 가치에 대한 믿음, 리더의 권력은 부하로부터 기인한다는 민주적인 원칙에 입각한 리더십이라고 정의하였으며, Sims(1997)는 부하의 존엄성과 가치를 존중하고 그들의 창조적인 역량을 일깨워주는 것이라고 정의하였다. 그리고 Spears(1995)도 유사한 맥락에서 서번트 리더십을 모든 사람의 존엄성과 가치에 대한 믿음, 리더의 권력은 부하로부터 기인한다는 민주적인 원칙에 입각한 리더십이라고 표현하였다.

(2) 서번트 리더십의 구성요소

서번트 리더십에 대한 연구들이 진행되면서 서번트 리더십의 하위구성요소들에 대한 실증분석 결과들이 축적되고 있다. 이러한 연구성과가 축적되면서 서번트 리더십의 구성요소도 다양하게 제시되고 있다.

Sims(1997)는 서번트 리더십 차원을 ① 솔직한 대화, 상대의 입장을 이해, ② 공유 비전의 촉진, ③ 타인의 필요를 위한 노력, ④ 성장, ⑤ 공동체 형성과 협력 장려 등 5가지로 구분하였다. Boyer(1999)는 ① 질문하며 이해하려고 노력하는 사람, ② 격려하고 보살피며 편안한 분위기를 만들려고 노력하는 사람, ③ 부하를 존중하는 사람, ④ 도덕성을 갖추고 신뢰할 만한 사람, ⑤ 권한을 위임하고 학습을 장려하는 사람, ⑥ 관계와 공동체를 형성하는 사람, ⑦ 부하의 가능성을 신뢰하는 사람이라는 7가지 특성을 제시하였다. 그리고 Patterson(2003)은 서번트 리더십의 구성요소로 ① 아가페적 사랑(agapao love), ② 겸손한 행동, ③ 이타주의, ④ 추종자를 위한 비전제시, ⑤ 신뢰, ⑥ 서비스, ⑦ 추종자에 대한 권한위임 등을 제시하였다(권우덕, 2010).

Spears(1995)는 Greenleaf(1977)가 제시하였던 서번트 리더십에 대한 이론적 논거를 바탕으로 서번트 리더가 되기 위해서는 다음과 같은 10가지 특성과 요건을 두루 갖추어야 한다고 설명하고 있다. 그러면 이들 특성에 관해서 좀 더 자세히 살펴보기로 하겠다.

1) 경청

경청(listening)의 사전적 의미는 남의 말을 귀기울여 주의깊게 듣는 것을 말한다. 리더는 개인과 집단의 뜻이 무엇인가를 알아내어 그것에 기초하여 의사결정을 하여야 하는데, 그런 의미에서 경청은 서번트 리더의 가장 기본적인 자질이라 할 수 있다. 뿐만 아니라 리더는 스스로 내적 소리에 귀를 기울이고 그것을 기초로 부하들에게 자신의 몸·마음·정신·영들을 전달하고자 노력해야 한다. 서번트 리더는 타인들의 의견을 경청하기 위해 몰입하며, 이러한 노력들을 통해 경청의 기술은 더욱 강화된다.

2) 공감

공감(empathy)은 타인을 이해하고 타인의 입장에서 생각하려고 노력하는 모습이다. 인간은 각자 자신들만의 독특하고 특별한 정신을 가지고 있는데 이를 존중하고 받아들이고자 노력하는 것이 공감능력이다. 서번트 리더는 부하직원들의 존재를 인정하고 그들의 가치관과 철학을 존중하며 그들이 생각하는 바와 그들의 의지를 사소한 것으로 생각하지 않는다. 오히려 부하직원들의 뜻을 존중하고 그들과 함께 공감하고자 노력하는 모습을 가진다. 공감을 하는 서번트 리더는 타인의 입장에서 현상과 사건들을 바라보고자 노력하고 그들의 시각에서 그들을 이해하고자 노력하는 모습을 보인다. 이를 통해 리더와 부하직원은 동질감을 느끼고 함께 이야기해 나갈 수 있는 공감대를 형성할 수 있게 된다. 따라서 서번트 리더는 함께 일하는 동료가 선의에 기초하여 행동하고 있다고 여기고 상대방의 입장에서 상황과 견해를 이해하려고 노력하여야 한다.

3) 치유

여기서 치유(healing)는 물리적 치료가 아닌 정신적, 감정적 치유를 의미한다. 오늘날 많은 사람들은 정신적·감정적인 깊은 상처로 말미암아 고통을 받으며 살아

간다. 비록 그것이 인간의 숙명과도 같은 부분이기는 하지만 서번트 리더는 자신이나 자신이 상대하는 사람들의 그 같은 마음의 상처를 치유할 수 있다는 생각을 가져야 한다. 그것이 바로 서번트 리더가 갖는 큰 장점 중의 하나이다. 따라서 서번트 리더는 이들의 상처를 치유해줌으로써 그들로 하여금 보다 완전한 삶을 영위할 수 있도록 도와주는 데 관심을 두어야 한다.

4) 자아인식

자아인식 혹은 자기인지(self awareness)란 좀 더 예민해져서 똑같은 상황에서도 다른 사람보다 더 많은 것을 깨닫는 것을 말한다(Greenleaf, 1970). Greenleaf(1970)는 이런 자아인식이 더 나은 통찰력이나 비전을 제시하는 데 도움이 된다고 주장하였다. 일반적 인지는 물론이고 자기자신에 대한 깨달음인 자아인식 또한 서번트 리더를 강화시킨다. 자신에 대한 이해는 자신의 가치관, 성향, 성격, 인지적 능력, 육체적 능력 등에 대한 구체적이고 정확한 이해를 의미하며, 이러한 이해를 통해 서번트 리더는 더욱더 강한 존재로서 거듭나게 된다. 자기자신에 대한 이해를 통한 장단점의 분석은 부하직원들을 이해하고 돕는 데 있어서도 도움이 되며, 올바른 방향을 제시할 수 있는 깨우침을 주기도 한다.

5) 설득

서번트 리더가 가지고 있는 또 다른 특성으로서 설득(persuasion)방식을 채택한다는 점이다. 조직 내에서 다양한 의사결정을 내리는 데 있어서 자신이 가지고 있는 조직내 직위권한을 이용하여 강제적, 지시적인 방식으로 진행하기보다는 논리적 근거와 타당성에 기반하는 설득방식을 취한다. 이러한 방식은 상대방에게 복종을 강요하기보다는 상대방의 의견을 충분히 경청하고 그들을 적극적으로 이해시키고 확신감을 갖도록 함으로써 결정을 유도하는 방식이다. 설득을 통한 의사결정방식은 서번트 리더십이 전통적 권위주의적 모델에 기인한 리더십 스타일과 가장 분명하게 구분되는 요소이다. 조직내 서번트 리더의 설득방식의 의사결정은 조직의 합의(consensus)를 도출해내고 신뢰를 심어주는 중요한 계기가 된다.

6) 개념화

리더가 서번트로서의 역할을 보다 충실히 수행할 수 있으려면 비전과 분명한 목표를 제시할 수 있어야 한다. 서번트 리더는 일상적인 모든 것을 개념화(conceptualization)에 의해서 종합적으로 정리하여 비전을 제시하고, 그 비전을 분명한 목표와 연결시켜 방향을 설정할 수 있는 시각과 역량을 길러야 한다. 부하직원들은 자신에게 분명한 방향과 목표가 주어졌을 때 잠재력을 최대로 발휘하여 최상의 효과를 거둘 수 있다.

7) 통찰력

통찰력(foresight)은 미래를 내다보는 능력이다. 곧 통찰력은 과거의 경험을 통해 얻게 된 교훈과 노하우, 현재의 상황에 대한 인식, 그리고 현재의 의사결정으로 초래될 앞으로의 상황에 대해 내다 볼 수 있는 능력을 말한다. 서번트 리더들은 자신들의 오랜 경험과 직관을 토대로 하여 성공적으로 지금의 상황에 대해서 명확히 파악하고 이를 통해 향후 발생할 일련의 상황에 대한 예측과 대비를 충실히 해나갈 수 있는 능력을 갖추고 있다. 이러한 통찰력은 미래를 탐색하고 목표를 제시하는 비전제시와도 밀접한 관련성을 가지는데 정확하고 심도깊은 통찰력은 비전설정에도 많은 도움을 제공하게 된다.

8) 청지기정신

청지기란 '타인의 공간을 지키는 관리자'라는 개념이기 때문에 청지기 정신(stewardship)이란 '내 것이 아닌 공간에 쌓여 있는 재화, 능력, 기회 등의 모든 것을 선량한 관리자의 자세로 지키고 관리하는 정신'으로 정의할 수 있다. 이러한 맥락에서 청지기정신이란 상사가 신뢰에 바탕을 두고 봉사정신에 기초하여 부하들에게 다가가는 태도를 말한다. 청지기 정신은 이타주의적인 성향에서 비롯된다. 타인을 생각하고 배려하며 그들에게 도움을 줄 수 있는 요소들을 항상 생각하며 챙기는 모습들을 포함한다. 이러한 청지기정신을 통해 발현되는 서번트 리더의 행위는 구성원들에게 친절함과 따뜻함을 전달해줄 수 있으며 상호간의 신뢰형성에도 긍정적인 영향을 미치게 된다.

9) 부하의 성장에 대한 몰입

부하의 성장에 대한 몰입(commitment to the growth of people)이다. 서번트 리더들은 부하직원들을 단순히 종업원으로서만이 아니라 하나의 존엄성을 가진 소중한 객체로서 인식을 한다. 그 결과 구성원 개개인들이 성장하고 자아실현을 함으로써 만족스러움 삶을 영위할 수 있도록 하는 데 많은 관심을 갖고 있으며 이를 위한 적극적인 노력과 몰입을 아끼지 않아야 한다. 이를 위해서는 부하들이 능동적으로 일할 수 있도록 지원하며, 또한 잠재력을 발휘하여 성장할 수 있는 기회를 제공하기 위하여 자금지원을 한다든지 그들의 제안을 권장하고 또 의사결정에 적극 참여하도록 하여야 한다.

10) 공동체 형성

공동체 형성(building community)이란 조직내 구성원들이 자신이 하고 있는 일과 그 일이 갖는 의미를 알고 다른 동료들과 함께 공유하는 역동적인 시스템을 말한다(Lave & Wenger, 1991). 서번트 리더는 구성원들 간의 진솔한 대화를 통해 서로간에 깊은 이해와 이를 토대로 한 강한 유대관계를 형성시키고자 노력한다. 또한, 서번트 리더는 조직내 공동체를 형성하기 위하여 모든 구성원들간의 활발한 소통이 이루어지도록 하고 상호간의 협력을 강조함으로써 조직 내에서 강한 공동체 의식을 느낄 수 있도록 도와주어야 한다.

지금까지 서번트 리더십의 구성요인에 대해 살펴보았다. 이들 구성요인들은 많은 부분 추상적인 내용을 포함하고 있으며, 구성요인들의 개념구성이 서로 중첩되는 경우도 있다. 특히 Spears의 구성개념에서 경청과 공감대형성은 치유와 설득을 위해서 필요한 행위이지 차별적으로 분류할 수 있는 구성요인이라고 하기는 어렵다. 그럼에도 불구하고 서번트 리더십의 구성요인들에 대한 선행연구들은 세부적으로는 차이가 존재하지만, 기본적으로 타인을 위한 희생, 공동체의 강조, 구성원을 위한 배려, 비전의 제시와 같은 리더로서의 능력 등을 공통적으로 포함하고 있다.

아울러 서번트 리더십은 앞서 언급했던 변혁적 리더십과 많은 공통점이 존재하며 서로 관련되어 있다. 하지만 분명히 구별되는 측면도 존재한다. Graham(1991,

리더십 **사례**

아이돌 리더십: "너 없으면 우리 그룹도 없어" 멤버 섬기는 쌍방향 배려

'BTS 리더의 조건'…"눈높이 낮춰 상대방 마음 읽고 서로 공감해야"

2000년대 초반까지 아이돌 그룹은 탈퇴와 해체를 반복했다. 하지만 2000년대 후반 이후 아이돌 그룹은 무한 생존력을 담보한다. 리더의 새로운 자질과 배려, 소통에 이르는 과정의 미학이 돋보이면서 아이돌 그룹은 생존은 물론, 생산성과 창의성까지 보장받고 있다.

아이돌 리더십의 가장 생생한 본보기는 BTS(방탄소년단)다. 연장자가 으레 팀의 리더가 되는 원칙을 깬 이들은 형, 동생 할 것 없이 RM(랩몬스터, 본명 김남준)을 리더로 따르고 있다.

지난해 단독 전화인터뷰로 만난 RM은 "나는 리더라기보다 대변인 격으로 나서고 있다"며 "말할 기회가 많아 팀의 격을 떨어뜨리지 않으려고 주의하고 있다"고 겸손해 했다. 그는 팀을 이끌면서 바쁜 멤버들을 소통의 창구로 모이게 하는 것이 가장 어렵다면서 "그래도 우리가 생각하는 키워드는 소통이고 공감"이라고 했다. 그는 "이 단어들이 진부한 얘기일 수 있지만, 결국 변하지 않은 사실"이라며 "우리들이 얘기하고, 상대방이 또 얘기하면서 눈높이를 낮춰야 서로 공감할 수 있다"고 강조했다.

리더는 멤버뿐 아니라 팬에게도 자신이 원하는 목표와 꿈을 밀어붙이는 것이 아니라 눈높이를 낮춰 듣고 협력해야 한다는 설명이었다. 리더는 상대방의 마음을 '리딩'(Leading)하지 않고 '리딩'(Reading)하는 역할에 충실해야 한다는 의미로도 읽혔다. 그래서인지 BTS는 전 멤버의 주체화를 꿈꾼다. 멤버 간 장단점이 또렷한 특징을 파악해 단점을 보완하고 장점은 나누는 식이 그들이 지향하는 생존 방식이다.

RM은 "멤버 각자 강한 분야가 있는데, 이를 독립변수로 보지 않고 서로 잘하는 걸 다른 멤버에게 가르쳐주는 상호작용을 통해 한 단계 올라선다"고 설명했다. 멤버들이 트위터 등 SNS에서 개인 계정을 소유하지 않은 것도 리더가 멤버십을 위해 취한 설득이었다. 돋보이는 개인의 '따로 노는' 그림보다 부분의 차별을 하나의 통합으로 엮는 영리한 '협력 방식'을 통해 인지도와 폭발력을 높인 리더의 아이디어는 결과적으로 눈부신 성과를 이끌었다.

'카리스마 리더십'에서 '서번트 리더십'까지… "멤버들을 어떻게 섬길 것인가"

BTS의 RM처럼 한마디 말로 강력한 '카리스마'를 은연중 보이면서 혼자 튀지 않고 구성원들과 모든 것을 공유하며 작은 일에도 헌신하는, 이른바 '서번트 리더십'(섬김 리더십)을 결합한 '카리스마+서번트 리더십'은 아이돌 그룹에서 가장 많이 볼 수 있는 리더십 사례다.

비스트(현재 하이라이트)의 리더 윤두준은 멤버들과의 단체방에서 "가마를 탈 때 가마의 높이보다 가마를 메고 있는 가마꾼의 어깨를 먼저 생각하라"는 한마디로 강렬한 카리스마를 선사했다. 그러면서도 늘 겸손한 태도로 멤버들의 사소한 일을 직접 챙기는 것으로 알려졌다. 목이 안 좋은 양요섭에게 "네가 없으면 비스트도 없어"라는 말로 자신감을 주고 단합을 극대화한 일화는 유명하다. 자신의 활동이 늘어나도 수입을 n분의 1로 나누며 "이제 너희(멤버)에게 갚을 수 있다"고 말해 훈훈한 감동까지 낳았다.

아이돌 그룹 사상 최초로 20년 장기 생존력을

이어가는 그룹 신화의 에릭은 '카리스마+서번트' 리더의 역할이 얼마나 중요한지 보여주는 표본이다. 에릭은 SM엔터테인먼트와 계약이 만료될 무렵 신화라는 그룹을 존속시키기 위해 직접 변호사를 만나며 해결 주체로 나서는 등 위기 때마다 구원투수로 등판했다. 문제가 생기면 카리스마가 발동하고, 신화 공백이 길어지면 가슴 쓸어내리며 멤버들과 대화 창구를 만드는 세심함까지 강하고 부드러운 리더십의 모든 걸 갖췄다는 평가가 지배적이다.

최근 익사이팅디시가 '리더십이 있어 정치도 잘할 것 같은 아이돌 리더'를 묻는 투표에서도 '카리스마+서번트' 리더형이 모두 1~3위를 차지해 눈길을 끌었다. 동방신기의 유노윤호는 따뜻하면서도 힘 있는 리더십으로 1위, 따끔한 충고와 부드러운 위로를 겸비한 뉴이스트W의 JR이 2위, BTS의 RM이 3위를 차지했다.

'서번트 리더십' 유형에는 샤이니의 리더 온유를 빼놓을 수 없다. '두부'라는 별명이 붙을 만큼 온순하고 부드러운 게 특징. 무대 위에서 간혹 안무를 틀리는 탓에 헐렁하다는 이미지도 있지만, 멤버를 손수 챙기고 스케줄 이후 뒷정리를 도맡는 등 전형적인 '섬기는 리더' 타입이다.

인피니트의 성규 역시 어리바리한 모습에 '규몰이'를 당하곤 하지만 누구와도 허물없이 지내며 소통 창구 역할을 톡톡히 해낸다. 윽박지르지 않으면서 조근조근 얘기하는 엑소의 수호는 부드러운 리더의 상징으로 통한다. 그의 리더십에 대해 멤버들은 "소통을 정말 잘한다. 부드럽고 친근하게." "리더를 바꾸면 생계가 무너진다" 같은 평가로 대신했다.

스타 브랜드를 통한 전통적인 '카리스마 리더십' 유형도 있다. 빅뱅의 지드래곤은 데뷔 때부터 타고난 음악적 능력을 앞세우면서 엄격한 리더의 자세를 보여 카리스마형으로 곧잘 인용된다. 멤버들을 소개할 때도 "최고의 나의 동료"라는 말을 잊지 않아 빅뱅을 하나의 브랜드로 정착하는 데 큰 역할을 담당하기도 했다. '맏언니'가 주로 리더가 되는 걸그룹 분야에서 2NE1(투애니원)의 씨엘은 드물게 개성과 스타일을 내세워 카리스마 넘치는 리더 역할에 충실했다.

'카리스마+서번트' 리더십으로…권한 위임으로 역할 분담

대중음악 관계자와 전문가들은 리더십의 분류는 다양하지만 전형적인 유형에서도 조금씩 다른 유형과 섞인 게 아이돌 리더십의 특징이라며 "리더십이 점점 민주적으로 가고 있다"고 평가했다.

한 연예기획사 관계자는 "명령과 복종이 존재하는 문화에서 부드러운 리더십이 부각하는 문화로 바뀌는 시대에서 임파워먼트(권한 위임)가 중요한 덕목이 됐다"며 "멤버들에게 적절한 권한이 위임되면 실수도 늘어나지만 능동적인 창의성도 높아진다"고 설명했다.

황진미 대중문화평론가는 "과거 노동집약적인 컨베이어벨트 시스템에서 벗어난 극적인 예가 BTS"라며 "개인의 역량을 극대화할 만큼 자율성을 높이고 전인적 매력이 부각되며 예술성을 펼치는 것 자체가 리더십의 변화에 따른 결과"라고 진단했다. 황 평론가는 이어 "여기에 팬클럽이 서로 소통하면서 아이돌을 모시는 '서번트 리더십'이 아이돌에게도 영향을 미쳐 그 안에서 상호진화적인 작용을 하는 것"이라고 해석했다.

자료: Thornton A. May(2017.5.10). "IT혁명에 필요한 리더십." 「CIO Korea」.

1995)은 서번트 리더십은 변혁적 리더십에 도덕적 차원이 추가된 것으로 최소한 두 가지 측면에서 변혁적 리더십과 분명하게 구별된다고 주장하였다. 첫째, 서번트 리더는 많은 이해관계자의 욕구에 민감하며 조직의 이해관계자들을 섬기려는 사회적 책임을 인정한다. 둘째, 서번트 리더는 리더 우선이라기보다는 서번트 우선이기 때문에 구성원들이 도덕적 추론에 참여하도록 장려하며 그러한 능력을 갖도록 성장시킨다. 다른 사람들을 섬기고 스스로 책임감을 갖기 위해서 서번트 리더는 주변 사람들의 지적 개발과 도덕적 개발을 장려한다. 반면에 변혁적 리더십은 구성원들과 조직의 도덕적 발달이나 윤리의식을 강조하지 않으며 조직의 성과에 관심을 둔다(이상호, 2018, 267~268).

4. 수직쌍연결이론

앞서 상황이론에서 언급했던 피들러의 상황적합이론은 각각의 리더가 비교적 안정된 리더십 스타일을 갖고 있으며, 효과적인 리더는 자기의 리더십 스타일에 따라 상황을 수정한다고 한다. 또한 하우스의 경로-목표이론은 효과적인 리더가 부하직원들에게 그들의 목표를 어떻게 달성할 수 있는가를 보여주는 데 관심을 두고 있다. 이 두 이론은 감독자와 부하직원간의 대인관계적 차이의 가능성에는 거의 관심을 두지 않고 있다. 이 두 이론은 특정 리더의 부하직원들 간에는 비교적 서로 유사하다고 가정하고 있다. 따라서 피들러가 리더와 적절한 상황을 결합하여야 한다고 주장한 반면, 하우스는 리더가 상황의 적절성에 따라 자신의 행태를 변화시켜야 한다고 주장하고 있다. 이들은 특정한 부하들 내에서 나타나는 각기 다른 상황적 요구의 가능성은 고려하지 않고 있다.

이와 같이 기존의 전통적 리더십 이론은 리더가 부하직원들에게 더 혹은 덜 친밀함이 없이 똑같은 관계를 보이는 것을 전제로 하는 평균 리더십 스타일(Average Leadership Style: ALS)이론으로(백기복, 2011, 351; 이상호, 2018), 리더가 모든 부하에게 동일하게 대한다는 가정에서 출발하였으나 이에 대한 반발에서 착안한 이론이 바로 덴스로와 그라엔(F. Dansereau & G. Graen) 등에 의해 개발된 수직쌍연결이론(Vertical Dyad Linkage Theory)이다(Dansereau, Graen, & Haga, 1975).[1]

사실 수직쌍연결이론의 가장 큰 특징은 리더나 감독자가 부하직원들을 모든 동일한 방식대로 다루지 않는다고 가정하고 있다는 점이다. 리더는 두 부류의 부하직원집단을 발전시키는데, 한 부류는 리더가 어떤 특정 부하직원과 보다 밀접한 대인관계를 유지하는 것으로 이를 내집단(in-group)이라 부른다. 또 다른 집단은 리더가 부하직원과 어느 정도의 거리를 두고 있는 경우로 이를 외집단(out-group)이라 부른다. 따라서 이 모형에서는 리더와 부하직원 간의 쌍관계 혹은 2원적 관계에 초점을 둔다(이 모형에서 수직적이라는 용어를 사용하는 이유는 리더와 부하직원 간의 관계가 계층제의 상하관계에 기초를 두고 있기 때문이다).

이 모형은 [그림 6-3]에 잘 나타나 있다. 리더가 거의 똑같은 방식으로 모든 하위자를 다룬다고 가정하는 리더십에 대한 전통적 접근법은 좌측에 제시되어 있다.

그림 6-3 | 리더십 역할형성모형

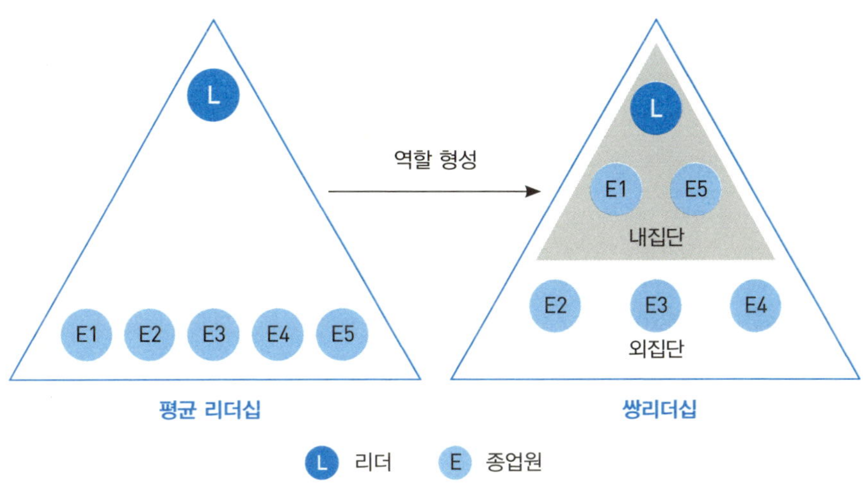

자료: R. Kreitner & A. Kinicki(2013), *Organizational Behavior*, 10th ed., New York: McGraw-Hill/Irwin, 633.

1 수직쌍연결이론과 더불어 리더십 관계이론의 하나로 1986년에 발표된 리더 구성원 교환이론(Leader Member Exchange Theory: LMX이론)이 있다. 동이론은 리더와 구성원의 교환의 질에 따라 결과물에 대한 리더의 영향력도 달라진다는 내용의 이론으로 수직쌍연결이론에서 발전된 이론이다(이덕로, 2018, 329).

이 경우에 L로 표시된 리더는 E1에서 E5까지의 모든 종업원을 향해 비슷한 행동을 보이는 것으로 생각된다. 반면에 우측 그림의 경우 리더는 모든 부하직원들을 동일하게 취급하는 것이 아니라, 집단의 일부 구성원 간에는 밀접한 연결을 발전시킨다. E1과 E5가 리더의 내부집단 구성원임을 보여 준다. 이러한 내집단 구성원들은 리더와의 관계에 있어서 상호신뢰·애정·상호영향·목표의 공유와 공동운명체로서의 인식 등과 같은 관계를 발전시켜 나간다. 반면에 E2, E3, E4와 같은 외집단 구성원들은 리더와 이런 특성을 공유하지 않으며, 대개 중요한 결정이나 활동에서 제외된다(박동수, 2002, 275~276).

연구결과에 따르면, 내집단 구성원은 외집단 구성원보다 보다 높은 성과평가, 보다 낮은 이직의도, 상사와의 보다 큰 만족, 그리고 보다 높은 전반적인 만족을 갖는 것으로 입증되고 있다(Maslyn & Bien, 2001).

5. 리더십 대체이론

리더십 대체이론(substitutes for leadership theory)이란 리더의 통솔이나 지도행위가 없더라도 조직구성원들의 역할과 임무를 명확하게 함으로써 그들의 행동을 통제하고 조직의 목표를 달성할 수 있다는 이론으로 Kerr & Jermier(1978)에 의해서 제안되었다. 이에 따르면, 리더십 대체물은 조직의 성과에 영향을 미치는 리더십을 대체(substitute)하거나 중화(neutralize)시키는 요인을 의미한다(Dionne et al., 2005). Kerr & Jermier는 관계지향적 혹은 지원적 리더십(supportive leadership)과 과업지향적 혹은 도구적 리더십(instrumental leadership)에 대한 대체요인과 중화요인을 찾는 데 관심을 기울였다. 여기서 지원적 리더십은 배려적 리더십과 같은 것이며, 도구적 리더십은 구조주도적 리더십과 유사하다.

리더십 대체이론은 다양한 전통적인 리더십 행태에 대한 대체물 또는 중화물로 작용할 수 있는 구성원들의 개인 특성, 과업 특성, 조직 특성을 제시한다(Hovell & Dorfman, 1981). 구성원들의 개인 특성은 구성원의 능력·경험·훈련, 전문화 정도, 보상에 대한 (무)관심 등이고, 과업 특성은 단순반복 업무, 업무성과의 피드백, 내재적 만족을 주는 업무 등이며, 그리고 조직 특성은 공식화 정도, 조직의 경직성, 응집력, 지위권력 등이다(Muchiri & Cooksey, 2011).

〈표 6-3〉은 다양한 리더십 대체물을 나열하고 있다. Kerr & Jermier(1978)는 구성원(하위자)의 특성 중 보상에 대한 무관심은 지원적 리더십과 도구적 리더십 모두에 중화요인으로 작용하고 전문화의 정도가 대체요인으로 작용한다고 하였다. 과업특성 중 내재적 만족을 주는 업무가 지원적 리더십의 대체요인으로 작용하고, 단순반복 업무와 업무의 피드백은 도구적 리더십의 대체요인으로 작용한다고 하였다. 조직 특성 중 지위권력과 리더와 부하 간의 물리적 거리가 지원적 리더십의 중화요인으로 작용한다고 하였다(Yukl, 2006). Kerr & Jermier는 이러한 대체요인의 상대적인 강도에 의해 리더의 영향력이 달라진다고 하였다. 비록 〈표 6-3〉에 있는 목록이 모든 것을 포함하지는 않지만, 그것은 관계지향적 리더십보다 과업지향적 리더십에 대해 더 많은 대체물이 있음을 보여준다.

리더십 대체요인들의 효과를 실증적으로 분석한 연구들 중 Jermier & Berkes (1979), Howell & Dorfman(1981), Podsakoff et al.(1993), Podsakoff, MacKenzie, &

표 6-3 리더십 대체이론

특 성		관계지향적 또는 배려적 리더행동 불필요	과업지향적 또는 구조주도적 리더행동 불필요
하위자	1. 능력, 경험, 훈련, 지식		×
	2. 독립욕구	×	×
	3. '전문가' 지향성	×	×
	4. 조직보상에 대한 무관심	×	×
과 업	5. 명확하고 반복적임		×
	6. 방법에 따른 차이 없음		×
	7. 완성도에 대한 피드백 제공		×
	8. 내재적인 만족 제공	×	
조 직	9. 공식화(계획, 목표, 책임 소재의 명확화)		×
	10. 경직성(규칙, 절차가 엄격히 지켜짐)		×
	11. 구체적·적극적 자문 및 스태프기능의 존재		×
	12. 매우 유대가 깊고 응집력이 강한 작업집단	×	×
	13. 조직의 보상이 리더의 통제하에 있지 않음	×	×
	14. 상하위자 간의 공간적 거리	×	×

자료: S. Kerr & J.M. Jemier(1978), "Substitute for Leadership: Their Meaning and Measurement," *Organizational Behavior and Human Performance*, December, 375~403. in R. Kreitner & A. Kinicki(2013), *Organizational Behavior*, 10th ed., New York: McGraw-Hill /Irwin, 629.

Bommer(1996), Wu(2010) 등 많은 연구들은 지지를 하고 있었고 우리나라의 경우에도 류은영·박형준(2009) 신구범(2007), 이수광(2003)의 연구에서 비록 약하기는 하지만 리더십 대체요인들이 대체효과나 조절효과가 있는 것으로 나타났다. 하지만 Dionne et al.(2002)나 Pitner(1986)와 같은 일부의 연구에서는 지지하지 않는 것으로 나타났다.

6. 슈퍼리더십

리더십을 다룬 많은 연구들은 일반적인 리더십 이론을 적용해 직원의 태도 변수에 미치는 영향을 연구하였다. 하지만 최근 기업의 형태가 다양해지고 조직의 문화가 다양해지면서 보편적으로 사용되는 리더십 변수만을 가지고는 기업에 적합한 리더십이 무엇인지 찾아내기 어렵게 되었다. 최근 새로운 리더십에 대한 관심이 높아지고 있고 이러한 흐름 속에 나타난 리더십 이론이 슈퍼리더십(superleadership)이다(강한철·오종철, 2014).

중국의 철학자 노자(老子)는 일찍이 "최고의 리더는 궁극적으로 리더가 필요치 않도록 사람들을 도와주는 리더이다"라고 말한 바 있다. 이와 같이 슈퍼리더십(superleadership)은 조직 구성원(팔로워, follower)들로 하여금 자기 자신을 리드할 수 있는 역량과 기술을 갖도록 함으로써 스스로를 셀프리더로 육성하는 리더십을 말한다(Manz & Sims, 1989). 즉, 슈퍼리더십은 부하들이 리더의 지시와 통제에 따라 움직이는 것이 아니라 스스로 자신의 과업을 수행하고 통제하는 자율리더십을 갖도록 하는 리더십을 의미한다.

리더라 하면 사람들은 흔히 "나를 따르라" 소리치는 카리스마를 가지고 있는 영웅, 혹은 비전을 통해 변화를 가져오는 변혁적 리더를 떠올린다. 하지만 Manz & Sims(1991)는 이러한 리더들이 현재 조직들이 직면하고 있는 환경하에서도 적합한가에 대한 의문을 제기하며 슈퍼리더십 개념을 제시하였다. 카리스마적인 영웅이나 변혁적 리더는 리더 자신의 비전을 조직 구성원들에게도 소유하게 하고 이를 고취시킬 수 있으나 조직의 구성원들은 '열정적인 양'이 되는 위험을 안게 된다(Manz, 1992). 이는 최근 각광받고 있는 비전과 카리스마를 가진 탁월한 리더가 가지고 있는 '잠재적인 덫'이라고도 볼 수 있다. 즉, 이러한 리더가 부각되면 될수록 조직의 구성원들은 리더에 대해 더욱 의존적이 되고 자신의 존재감이 사라져 리더가 조직을 떠나게 되면 그 조직은 붕괴되기 쉽다(Manz, 1992).

또한, 기존의 조직들은 구성원들의 자아(self)를 중요시하지 않았다. 조직의 성공을 위한 필수적인 요건으로 여겨지는 구성원들의 열정과 헌신은 구성원 스스로의 평가와 보상에서 비롯됨에도 불구하고 리더와 조직에 의한 외부통제로써 복종을 강요하여 구성원들의 잠재력과 창의성을 저하시켰다(Manz & Sims, 1989). 이러한 이유로, 기존의 탁월한 리더를 넘어서는 리더십이 절실히 요구되었는데, 이에 Manz & Sims(1991)는 다른 사람들로 하여금 스스로를 리드하도록 이끄는 리더십인 슈퍼리더십을 제안하고 이를 체계화하였는데(김경수 외, 2011), 그들은 리더를 강한 인물(strong man), 거래자(transactor), 비전적 영웅(visionary hero), 그리고 슈퍼리더(super leader)의 네 유형으로 나눈뒤 슈퍼리더십을 발휘하는 슈퍼리더의 필요성을 강조하였다(박유진, 2009).

21세기 지식사회의 리더는 구성원 각자가 최선을 다할 수 있도록 환경적 여건을 조성하여 구성원 모두가 셀프 리더가 될 수 있도록 하는 리더십이 요구된다. 즉, 추종자에게 물고기를 주는 것보다 고기 잡는 방법을 가르쳐 주어야 한다(조성종, 2002). 슈퍼리더십의 본질적 목표는 조직 내의 리더나 구성원 모두가 셀프리더(self leader)가 되도록 하는 것이다. 곧 구성원들의 셀프리더십을 자극하고 촉진하여 이들의 잠재능력을 최대한 이끌어 내는 것이다.

여기서 셀프리더십이란 자신을 리더십의 주체로 인식하고 스스로에게 영향력을 행사하는 리더십 유형이다(Manz & Neck, 2004; Neck & Houghton, 2006). 셀프리더십은 참여와 임파워먼트를 넘어서는 개념으로 자신을 변화시키고 기준을 평가할 수 있게 한다. 또한 조직이 무엇을 해야 하고, 왜 해야 하며, 그리고 그것을 어떻게 할 것인지를 알 수 있게 해준다(Konradt & Andreßen, 2009; Pearce & Manz, 2004).

셀프리더십의 과정은 자기 자신의 효과성을 강화시키기 위한 행동전략과 인지전략으로 구성된다. 먼저 행동전략은 행동에 초점을 맞춘 전략으로서 리더와 부하들이 어렵고 원하지 않는 일 혹은 반드시 수행해야 하는 과업을 수행함에 있어서 스스로를 리드하도록 돕는 행동을 말하며 자기관찰, 자기설정목표, 단서에 의한 관리, 리허설, 자기보상, 자기비판이 이에 속한다. 인지전략은 정보를 인식하고 처리하는 방식으로 건설적인 사고 패턴의 관리와 이것이 행동에 미치는 영향을 다루며 자연적 보상과 건설적 사고유형이 이에 속한다(김경수 외, 2011).

표 6-4 | 슈퍼리더가 부하의 셀프리더십을 학습시키는 단계

단계	내용
1단계	• 스스로 셀프리더 되기 – 리더가 먼저 셀프리더십을 실천하여 셀프리더가 된다.
2단계	• 셀프리더십의 역할모델 되기 – 주의, 기억, 행동화, 동기부여의 과정을 통해 부하들의 본보기가 된다.
3단계	• 구성원 스스로의 자율설정 목표에 대한 격려 – 구성원 각자가 개인적인 성장 및 발전목표를 세우도록 격려한다.
4단계	• 적극적 사고방식의 창출 유도 – 부하들에 대한 믿음을 표현함으로써 적극적인 사고방식으로의 전향을 유도한다.
5단계	• 보상과 비판을 통한 셀프리더십 개발 – 적절한 보상과 비판으로 구성원의 내재적 보상은 물론 자기통제를 하게 한다.
6단계	• 팀워크를 통한 셀프리더십의 증진 – 자율 관리팀의 육성을 통해 임파워먼트가 확산되도록 노력한다.
7단계	• 셀프리더십 문화의 조성 – 자율분위기와 자율업무시스템 구축으로 새 구성원의 셀프리더십 문화를 조성한다.

그림 6-4 | 슈퍼리더십 모형

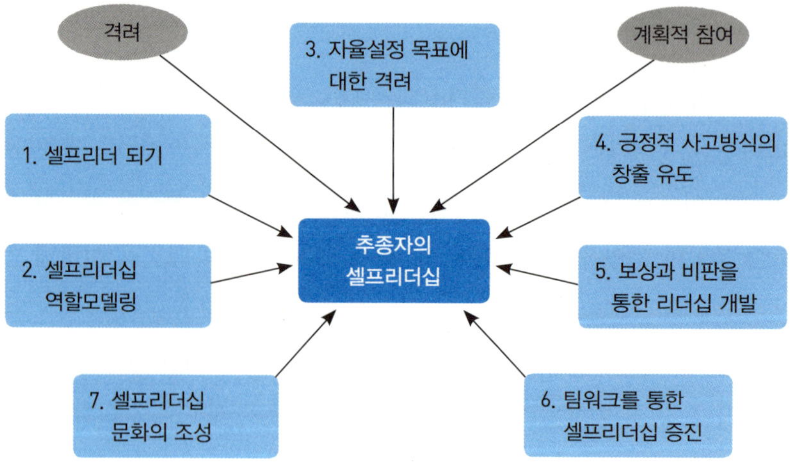

자료: 백기복·신제구·김정훈(2009), 「리더십의 이해」, 창민사, 208.

이러한 구성원들의 셀프리더십 발현을 위해서는 슈퍼리더의 역할이 매우 중요하다고 할 수 있다. 슈퍼리더는 그들 자신을 효과적인 방법으로 이끌기 위해 셀프리더십 전략을 사용하고 구성원들을 격려하며 참여를 인도해야 한다. 그렇다면 어떻게 슈퍼리더가 다른 사람들을 셀프리더로 이끄는가? 어떻게 슈퍼리더가 다른 사람들을 스스로 리드하게 만들 수 있는가? Manz & Sims(1991)는 이에 대한 답을 〈표 6-4〉와 같이 7단계로 설명하고 있다.

아울러 이러한 관계를 그림으로 요약하면 [그림 6-4]와 같다.

제 3 절 4차 산업혁명시대에 필요한 리더의 자질

오늘날과 같은 4차 산업혁명시대에서 리더에게 요구되는 자질이나 특성은 무엇일까? 학자에 따라 상황에 따라 여러 가지로 생각해 볼 수 있다. 리더십연구의 권위자인 백기복 교수팀이 업종, 규모, 직급, 직종별로 2,000명을 층화 표본추출하여 웹 기반 설문조사를 실시하여 한국형 리더십 DNA를 심층분석한 결과 한국형 리더십 요인은 자기긍정, 성취열정, 솔선수범, 수평조화, 상향적응, 하향온정, 환경변화, 그리고 미래비전 등 여덟 가지가 도출되었다. 연구대상자들 중에 이들 8가지 요소를 다 갖추고 있는 한국형 리더의 이상형은 23.4%로 이들이 한국을 역동적으로 만들고 "한국형 리더의 신바람 축복"을 리더십의 재앙, 리더의 핍박으로 신음하는 세계 각국에 전파할 수 있는 사람으로 보고 있다(백기복, 2017; 백기복 외, 2010).

한국 벤처의 시조, 이민화 창조경제연구회 이사장은 한국경영자총협회 포럼 강연에서 4차 산업혁명시대의 기업가가 갖추어야 할 요소로 목표, 창조성, 도전정신 등이 있어야 기업을 시작하고, 이에 더해 패션과 네트워크를 갖출 필요가 있다고 주장하였다.

Schwab(2017)과 Brynjolfsson & McAfee(2015)은 4차 산업혁명시대에는 기술의 빠른 진보로 인해 구성원이 새로운 것에 적응해 나가며 새로운 능력을 습득하여 다양한 상황 속에서 접근할 수 있는 능력을 구축하는 것이 중요하다고 하면서 고용분야에서 4차 산업혁명시대에 요구되는 주요 능력을 맥락지능(인지한 것을 제대로 이해하고 적용하는 능력), 정서지능, 영감능력, 신체능력 등의 4가지로 구분하고 있다.

Lippman et al.(2015)은 4차 산업혁명시대에는 사람이 다른 사람과 상호작용하는 과정에서 갖게 되는 소프트 스킬이 강조하면서 소프트 스킬의 예로 정보와 감정을 교환할 수 있는 커뮤니케이션 능력, 타인과 원만히 상호작용할 수 있는 사회적 스킬, 자기조절 능력, 긍정적인 자아 개념, 비판 능력과 문제해결 능력, 의사결정 등을 의미하는 고차원적 사고능력 등을 들었다.

지금까지 리더십에 관한 여러 이론과 리더의 자질이나 특성에 대해 살펴보았다. 고도화된 기계화 자동화 정보화에 이어 지능화의 시대인 4차 산업혁명시대에 리더에게 진정으로 필요한 자질과 특성은 리더십 이론의 초기에 등장했던 특성이론 때와는 분명히 다를 것이다. 따라서 저자들은 앞서 동서양의 전문가들이 언급했던 것과 유사한 맥락에서 4차 산업혁명시대의 리더에게 요구되는 자질과 특성은 [그림 6-5]에서와 같이 카리스마, 고도의 도덕성, 솔선수범, 비전제시 및 공유, 변화 프론티어,

그림 6-5 4차 산업혁명시대에 필요한 리더의 자질과 특성

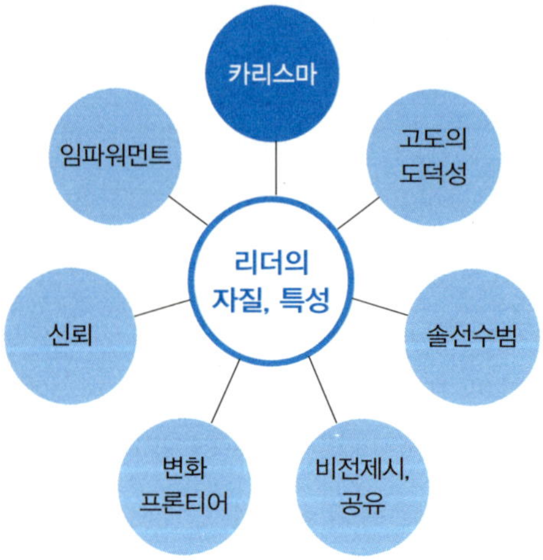

신뢰, 임파워먼트 등이라고 생각한다. 그러면 이들 각각에 대해 살펴보기로 하자.

1. 카리스마

카리스마(charisma)란 '신이 내린 재능(endowed gift)'을 뜻하는 그리스어에 그 어원을 두고 있다. 논리적 방법으로는 그 뜻을 명확히 설명할 수 없는 힘을 카리스마라고 한다. 한때 카리스마란 신이나 초월적 존재에 대한 진지한 믿음에 의해서만 가능하다고 보아 카리스마를 종교적 리더의 전유물로 생각하기도 하였다.

성경의 로마서 12장 6절~8절과 고린도 전서 12장 4절에 사람들마다 달리 갖고 있는 다양한 은사(恩賜)[2]에 대한 성령의 역할을 묘사하면서 사용되었다(백기복, 2009). 카리스마에는 예언의 능력, 가르치는 재능, 치유의 은사, 다스림과 섬김의 능력 등이 포함된다(Conger, 1989).

이처럼 리더는 남들이 갖지 못한 천부적인 특성을 가짐으로써 리더를 초인적 영웅, 영적인 지도자 등으로 우상화하고 숭배하게 되는 현상까지 나타나기도 했다.

그러나 오늘날과 같은 시대에 있어서 리더는 자유, 자율, 평등, 정의, 평화, 인본주의 등과 같은 바람직한 가치관, 존경심, 자신감 등을 추종자들에게 심어줌으로써 부하들에게 성공과 성취의 상징이 되고 그들로부터 호의를 얻으며 자신이 가진 인간적 매력을 통해 이들을 리드해나갈 수 있는 능력으로, 21세기의 바람직한 리더는 구성원들에게 이러한 카리스마를 보여줄 수 있어야 한다.

2. 고도의 도덕성

맹자(孟子) 진심편(盡心篇)의 군자삼락(君子三樂)에서 「앙불괴어천(仰不愧於天) 부부작어인(俯不怍於人) 이락야(二樂也)」라고 했다. 모름지기 군자는 하늘을 우러러 그리고 땅을 굽어 부끄러움이 없어야 한다는 뜻이다. 서양 속담에도 노블레스 오블리즈(noblesse oblige)라는 말이 있다. 곧 지도자에게는 그에 상응하는 책무가 따른다

---

2 하느님께서 인간에게 주시는 많은 선물 가운데 특히 성령을 통해 주시는 선물을 지칭할 때 사용되는 '은총의 선물'이라는 뜻

는 말이다. 이렇듯 지도자에게는 범인에게 요구되는 이상의 고도의 도덕성이 요구된다. 따라서 지도자는 사리사욕을 생각하기보다는 공존공영과 대의를 먼저 생각하는 정신이 중요하다.

1970년대부터 중시되어온 기업윤리(business ethics)나 기업의 사회적 책임(CSR), 기업의 사회공헌, 그리고 보다 최근의 공유가치창조(CSV)나 동반성장은 이제 단지 이론적인 또는 이념적인 수준에서의 논의대상이 아니라 우리나라 경영현장에서 실제행동으로 나타내야 하는 실천과제가 되었다. 우리 사회 전반에 아직도 만연되어 있는 각종 부정, 부패, 비리, 담합, 탈세, 그리고 여타의 도덕적 해이(moral hazard)현상을 타파하지 않고서는 더이상 지속가능한 경영을 기대하기란 어렵다. 따라서 각계각층의 리더, 특히 기업의 경영자들이 고도의 도덕성을 갖고 윤리경영과 정도경영을 실천해 나갈 때 사랑받는 기업, 존경받는 기업이 되어 장기에 걸쳐 경쟁력을 갖게 될 것이다.

이에 반한 대표적인 미국의 사례가 바로 거대기업의 회계부정사건이다. 새 천년이 막 열렸던 2001년 거대 에너지기업 Enron[3]의 회계 부정에서 촉발된 미국의 기업 비리 불길은 세계적 통신회사 Worldcom 회계 부정에 이어 전자금융업체인 Tyco International, 복사기제조업체 Xerox, 제약회사 Merck와 Bristol－Myers의 매출액과 이익액의 과다계상 등으로까지 번져 자유경제의 근간이라 할 수 있는 신뢰가 하루아침에 무너진 적이 있다. 미국내 세계적 거대기업의 회계부정과 최고경영자들의 기업비리로 촉발된 기업비리게이트는 미국 경제에 대한 신뢰도에 치명타를 가해 증시가 바닥을 치는가 하면, 유수 기업이 줄줄이 파산하고, 신규 투자까지 위축돼 그 여파가 일파만파로 번지고 말았다.

최근 우리나라에서도 세계 최초의 골관절염 유전자 치료제로 알려져 왔던 코오롱생명과학의 인보사케이주(인보사)가 신고되지 않은 세포를 사용한 것으로 드러나면서 판매 중단이 된 데 이어 허가마저 취소되었고 신라젠은 펙사벡의 글로벌 임상

3 1985년 창업된 Enron은 2000년에는 미국 포춘지가 선정한 500대 기업 가운데 7위의 초우량 기업으로 올라가기도 했다. 그러나 분식회계와 임직원의 부정, 그리고 이를 은폐하기 위한 로비활동 등으로 최고경영자는 구속되었고 80달러이던 주가는 하루아침에 40센트로 폭락하면서 마침내 2001년 파산에 이르렀다. Enron의 회계감사를 맡았던 세계적인 회계법인 Arthur Anderson도 이에 책임을 지고 한순간에 공중 분해되어 버렸다.

3상 중단사태를 맞아 3일 만에 시가총액이 2조나 증발되는 등 기업들의 신뢰는 치명상을 입었고 '바이오 위기론'이 또 불거지고 있다.

그러면 우리나라의 도덕성은 어느 정도일까? 국가의 도덕성이나 청렴도를 재는 주요 잣대의 하나로 부패인식지수가 사용된다. 부패인식지수는 공무원과 정치인 사이에 부패가 어느 정도로 존재하는지에 대한 인식의 정도를 말한다. 공공부문 부패를 대상으로 전문가의 인식을 반영해 이를 100점 만점으로 환산한다. 부패인식지수는 부패 감시를 위한 민간단체인 국제투명성기구(Transparency International)가 매년 발표하고 있다.

우리나라의 2018년 부패인식지수(Corruption Perceptions Index·CPI)는 [그림 6-6]에서와 같이 180개국 중 45위를 기록했다. 2017년 51위에서 6계단 뛰어올랐다. 반부패운동단체 '국제투명성기구'는 지난달 29일 2018년 국가별 부패인식지수를 발표하고, 한국이 57점을 받아 조사대상국 180국 중 45위라고 밝혔다. 전년 54점, 전체 51위 대비 비교적 큰 폭으로 올랐다.

그러나 경제협력개발기구(OECD) 순위에서는 36개국 중 30위로, 전년 35개국 중 29위와 비슷했으며 아시아, 태평양권에서도 9위에 머물렀다. 문재인 정부는 2017년 7월 발표한 국정과제에서 5개년 계획으로 CPI 20위권 도약을 목표로 밝힌 바 있다.

한국투명성기구는 "세부지표별로 분석했을 때 공직자의 사적 이익을 목적으로 한 지위남용 가능성과 공직사회의 부패 정도가 많이 개선됐고, 기업활동과 관련한 일선 부패 관행도 개선되는 추세로 나타났다"며 "촛불 이후 새 정부가 출범하면서 정부의 적폐청산 작업을 비롯한 청탁금지법 시행 등 반부패정책의 효과가 나타나고 있는 것으로 보인다"고 평가했다. 그러나 "정치와 기업 사이의 의심스러운 관계에 대한 평가에서는 점수가 낮은 상태로 변화가 없고 전반적 부패수준 지표에서도 개선추세가 확인되지 않고 있다"고 지적했다.

지난해 가장 청렴한 국가에는 88점을 얻은 덴마크가 선정됐다. 뉴질랜드가 87점으로 2위에 올랐으며 핀란드, 싱가포르, 스웨덴, 스위스가 85점으로 공동 3위를 차지했다. 아시아에서는 싱가포르(85점, 공동 3위), 홍콩(76점, 공동 14위), 일본(73점, 공동 18위)이 지속해서 좋은 평가를 받았다.

소말리아는 10점으로 지난해에 이어 최하위를 기록했으며 시리아와 남수단

그림 6-6 2019 부패인식지수

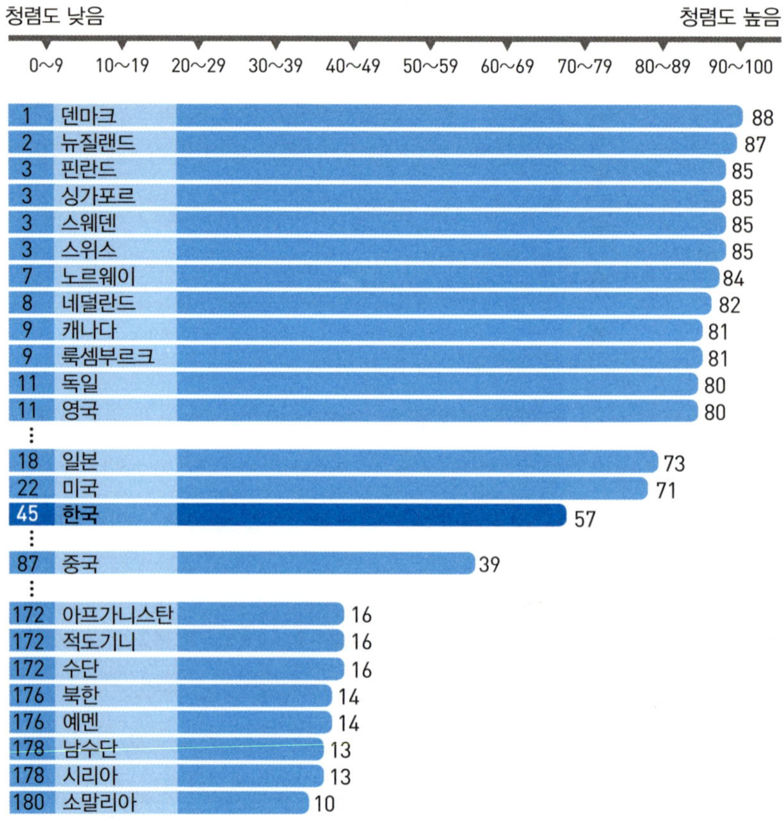

자료: 김경진(2019.1.31), "[ONE SHOT] 한국, 국가청렴도 180개국 중 45위…전년비 6계단 ↑," 「중앙일보」.

도 13점으로 최하위권이었다. 북한 역시 14점으로 공동 176위에 머물렀다(김경진, 2019.1.31).

한국의 부패인식지수는 1995년 4.3점에서 2012년 5.6점으로 1.3점가량 높아져 청렴의 정도가 개선되었으나 다시 점차 낮아져 2016년 5.3점으로 낮아졌다. 2018년 기준 부패인식지수는 5.7점이다. OECD 주요 국가들의 청렴도 변화를 살펴보면, 핀란드, 호주, 영국, 미국 등은 1995년에 비해 낮아졌고, 일본, 한국 등은 높아졌다. 핀란드의 경우 1995년에 비해 청렴도가 떨어지기는 하였지만 꾸준히 청렴도 순위 상위권에 속하는 국가로 평가받고 있다.

표 6-5 | 한국의 부패인식지수와 세계 순위 추이 (단위: 점, 순위, %)

	2011	2012	2013	2014	2015	2016	2017	2018
부패인식지수(점)	5.4	5.6	5.5	5.5	5.4	5.3	5.4	5.7
세계순위(순위)	43	45	46	44	43	52	51	45
백분율(%)	23.5	25.6	26.0	25.1	25.6	29.5	28.3	25.0
조사대상국	183	167	177	175	168	176	180	180

자료: e-나라지표

부패인식지수는 해마다 조사대상국에 변동이 있기 때문에 단순히 세계 순위를 살피는 것보다는 전체 조사대상국 중 세계 순위의 백분율을 알아보는 것이 유용하다. 한국 순위의 백분율은 1995년 상위 65.9%에서 2009년 상위 21.7%까지 지속적으로 향상된 후 등락을 거듭하여 2018년에는 상위 25.0%에 위치해 있다. 2011년 이후의 한국의 부패인식지수와 세계 순위 추이를 보면 〈표 6-5〉와 같다.

뇌물공여지수(BPI: Bribe Payers Index) 역시 국제투명성기구에서 해마다 발표하는 국가별 부패인식지수인 부패지수(CPI)와 함께 한 국가의 청렴도를 재는 주요 잣대로 사용된다. 부패지수와 다른 점은 부패지수가 공무원, 즉 뇌물을 받는 쪽에 초점을 두는 반면, 뇌물공여지수는 뇌물을 주는 쪽, 즉 기업에 초점을 둔다는 점이다.

그림 6-7 | '뇌물공여지수' 국가별 순위(2011년, 28개국)

주: 순위가 높을수록 청렴도가 높음

자료: 국제투명성 기구

국제투명성기구의 2011년도 평가결과에 의하면 우리나라의 뇌물공여지수[4]는 10점 만점에 7.9점로 조사대상 28개국 중 13위를 기록했다(2008년 10점 만점에 7.5점을 얻어 22개국 중 14위, 2006년 5. 83점을 얻어 30개국 중 21위, 그리고 2002년 10점 만점에 3.9점을 얻어 21개국 중 18위를 기록), 네덜란드와 스위스는 10점 만점에 8.8점의 점수를 얻어 조사대상 28개국 중 공동 1위를 차지한 반면 중국과 러시아는 각각 6.5점, 6.1점으로 최하위권을 기록했으며, 특히 토목 및 건설 부문에서 심각한 것으로 조사됐다. 또한 일본 4위(8.6점), 싱가포르 8위(8.3점), 그리고 홍콩은 15위(7.6점)였다.

3. 솔선수범

상탁하부정(上濁下不淨)은 윗물이 흐리면 아랫물도 깨끗하지 못하다는 뜻으로, 윗사람이 부패하면 아랫사람도 부패하게 됨을 이르는 말이다. 따라서 윗사람이 먼저 모범을 보여야 아랫사람들도 잘 따르기 마련이다. 동서양의 훌륭한 리더들은 국민과 부하와 구성원들 앞에서 항상 모범을 보여왔으며, 특히 위기 앞에서 솔선수범을 실천해왔다.

백제와의 결사항전을 앞두고 어린 아들 관창을 적진에 보내 희생시킨 신라의 품일(品日)장군이나 전장에 나가기에 앞서 사랑하는 처자식을 자신의 손으로 베어버린 백제의 계백(階伯)장군을 비롯하여 2차 세계대전에서 자식을 잃은 영국의 처칠(Winston Churchill) 수상, 6.25전쟁 때 한국에서 장남을 잃은 중국의 모택동(毛澤東) 주석, 6.25 당시 주한미군 사령관이었던 벤플리트 장군(J.A. Van Fleet), 그리고 비리에 연루된 며느리에게 권총을 주어 스스로 자결케 한 중국의 장개석(蔣介石) 총통 등과 같은 동서양의 역사적 위인이나 리더들은 하나같이 모범을 보여왔다.

세계 최고의 중등 교육기관하면 바로 떠오르는 곳이 영국의 '이튼 칼리지(Eton College)'다. 런던 근교 버크셔주 윈저성 근처에 위치한 이 학교는 우리에게는 '이튼 스쿨(Eton School)'이라는 명칭으로 더 잘 알려져 있다. 이튼 칼리지는 영국 등의 왕실과 귀족, 정부 고위관료의 자녀들이 입학하는 '귀족학교'로 이름이 높다. 그럼에도

4 뇌물공여지수는 28개국 주요 수출국 기업들이 수출 교역국인 신흥시장국의 고위 공무원 등에게 뇌물을 줄 가능성에 대해 조사한 지표로 만점인 10점에 가까울수록 해당 국가의 기업들이 국제무대에서 뇌물을 줄 가능성이 적음을 뜻한다.

리더십 **사례**

깔레 시민과 노블레스 오블리주(귀족의 윤리적 의무)

프랑스 북쪽 노르망디 해안을 따라 올라가면 깔레라는 작은 항구도시가 있다. 인구 12만명인 이 항구는 영국의 도버해협과 불과 20마일(대한해협은 32마일=51.4976km)밖에 떨어져 있지 않아 영국과 프랑스의 100년전쟁 때 가장 피해를 많이 입은 도시이기도 하다.

그런데 소도시인 깔레에는 세계적인 미술품 하나가 있다. 그것은 깔레 시청에 전시되어 있는 '깔레의 시민'(로뎅 작)이란 조각으로 6명이 목에 밧줄을 감고 고통스런 표정으로 걸어가고 있는 조각상이다. 이 조각은 단순한 조각이 아니라 깔레 시민의 명예이며, 프랑스인의 긍지가 담겨 있는 조각이기도 하다.

프랑스와 영국의 백년전쟁(1337~1453년까지 116년간 벌어진 전쟁)때 깔레시는 끝까지 저항하다 구원군이 오지 않아 1347년 끝내 항복을 하게 된다. 전쟁에서 승리한 영국왕 에드워드 3세는 모든 시민의 생명을 보장하는 조건으로 누군가가 그 동안의 반항에 대한 책임을 져야 한다며 깔레의 시민 여섯 명을 처형하겠다고 했다.

칼레 시민들은 누가 처형을 당해야 할지 논의를 시작했다. 이때 깔레에서 제일부자인 '외스타슈드 생 피에르'가 선뜻 나서자 깔레 시장인 '장 데르'가 따라나섰고, 이어 부자상인인 '피에르 드 위쌍'이 나서자 '드 위쌍'의 아들이 아버지의 위대한 정신을 따르겠다며 아버지를 따르자 이에 감격한 시민 3명이 또 나타나 모두 일곱 명이 되었다.

그래서 일곱 명의 깔레 시민이 목에 밧줄을 매고 영국군 진영으로 걸어가 처형해줄 것을 요구하자 영국왕은 다시 1명을 제외하라고 했다. 그러나 아무도 양보를 하지 않아 '외스타슈드'가 제안하기를 내일 아침 처형장에 제일 늦게 나오는 사람을 빼자고 제의를 했다.

깔레 시청의 깔레의 시민상(로뎅 작)

다음 날 아침 여섯 명이 처형장에 도착했을 때 '외스타슈드'의 모습이 보이지 않았다. 이상하게 생각한 시민들이 그의 집으로 달려갔을 때 '외스타슈드'는 이미 싸늘한 시신으로 변해 있었다. 처형을 자원한 일곱 명 가운데 한 사람이라도 살아 남으면 순교자들의 사기가 떨어질 것을 우려하여 자신이 먼저 죽음을 택한 것이다.

이에 영국 왕비가 크게 감동하여 '에드워드 3세'에게 깔레 시민에게 자비를 베풀 것을 애원하였다. 때마침 왕비는 임신중이었기 때문에 왕은 왕비의 소원을 받아들여 처형을 취소하게 되었다.

그 후 깔레는 노블레스(귀족) 오블리주(의무)라는 단어의 상징으로 등장했으며, 몇 백년이 지난 후 로댕이 10년의 작업 끝에 '깔레의 시민' 조각상을 완성하게 되었다고 한다. '노블레스 오블리주'는 프랑스어('Noblesse Oblige)'로 '고귀하게 태어난 사람은 고귀하게 행동해야 한다.' 즉 '고귀한 신분에 따른 윤리적 의무'를 말한다.

요즘 우리 사회에 풍자되고 있는 소위 금수저

들의 윤리적 의무라고나 할까? 그러나 우리나라 금수저들은 권리만 있고 의무는 없어보인다.

오귀스트 로댕은 1884년 가을 깔레시청의 의뢰를 받아 불멸의 작품을 남겼는데 바로 '깔레의 시민'이란 조각상이다. 로댕의 '깔레의 시민'은 모두 12개의 판본이 있는데, 12번째 작품이 서울 로댕갤러리에 전시돼 있다.

로댕갤러리는 이건희 삼성 회장의 부인 홍라희 씨가 삼성생명 건물에 만든 미술관이다. 3대 승계의 완성을 눈앞에 둔 삼성재벌에게 '깔레의 시민'은 과연 어떤 의미로 비춰질지 궁금하다.

자료: 이무근 치과 이무근 원장의 경상중 밴드의 글(2017. 1.13)

이튼은 서민들에게도 사랑받는 영국의 대표학교의 지위를 잃지 않는다. 영국의 서민들까지도 '이튼'을 자랑스러워하는 이유는 이튼 출신들은 나라가 위기에 처하였을 때, 앞다투어 최전방에서의 복무를 자원했기 때문이다. 그것이 바로 이튼의 정신이며, 영국 귀족들의 집안 전통이다.

이 학교 출신들, 즉 귀족들의 자제들이 전투에 앞장을 서자 서민 출신 군인들도 목숨을 아끼지 않고 용감하게 싸워 영국은 수많은 전투를 승리로 마감할 수 있었다. 제1, 2차 세계대전 중에 이튼 칼리지 출신들의 전사자들이 무려 2,000여 명에 달했고, 영국 최고 무공훈장인 빅토리아 십자훈장을 수여받은 학생만 38명이나 된다. 특히 제2차 세계대전 동안 졸업생 중 약 40% 정도가 졸업 후 소정의 교육과 더불어 초급장교로 임명되었다가 전사했다는 사실은 우리에게 너무나 잘 알려져 있는 사실이다.

1979년 5월부터 11년 반 동안 영국의 수상을 지낸 철의 여인 마거릿 대처(Margaret Thatcher) 전 영국 총리의 "군중 한가운데서는 리더십을 발휘하지 못한다"는 얘기에서 알 수 있듯이 리더는 항상 선두에 서서 모범을 보이며 구성원을 이끌어나가야 한다.

4. 비전 제시 및 공유

사람들은 흔히 "우리 사회에는 희망이 없다", "우리 기업에는 비전이 없다"라는 말을 하는데 이는 그 사회, 그 기업에 자격을 갖춘 리더가 없다는 의미가 된다. 왜냐하면 리더는 구성원에게 희망적인 비전을 제시해 주는 역할을 해야 하기 때문이다

(하미승, 2018, 265).

비전(vision)이란 조직(기업)이 미션에서 선택한 사업 영역 안에서 구체적으로 어떤 미래 모습과 시장 지위를 지향할 것인지를 밝히고, 그런 미래 모습을 달성하기 위한 기본적 대안들을 명시하는 것이다. 곧 조직의 바람직한 미래상을 표현한 것으로, 해당 조직이 향후 5년~10년 후 달성하거나 이루어야 할 조직구성원 공통의 목표를 가리킨다. 이러한 비전은 조직으로 하여금 목표를 설정할 수 있도록 해주고, 장기적으로 조직을 운영할 방향타의 역할을 수행한다(서도원·이덕로, 2006, 393).

명확한 방향설정 없이는 목표를 성취할 수 없다. 공허한 말잔치는 비전이 아니다. 비전은 한 사회, 조직, 집단이 추구해 나아가야 할 '이상향'으로 성공을 향한 실제적인 밑그림이다(김광수 역, 1999). 조직을 이끌어가는 리더는 구성원들과 기업의 미래에 대한 꿈과 희망을 공유하여야 한다. 성공한 기업의 리더들이 위기를 오히려 기회로 바꾸는 힘은 확고한 비전에서 비롯된다. 비록 비전이 문제를 해결시켜 준 것은 아니라 할지라도 확고한 비전을 가지고 목표를 향해 나아가는 기업은 어려움을 헤쳐나갈 강력한 추진력을 가지게 된다. 결국 비전만들기는 근본적인 변화가 요구되거나 변화가 진행중인 조직에서 모든 구성원을 일깨우고 조직의 방향을 재설정하거

표 6-6 1990년대와 2000년대 이들 관리기술의 상대적인 중요성

관리기술	행동	연도	
		1990s	2000s
기술적	• 컴퓨터 조작능력	3	7
	• 마케팅과 판매	50	48
	• 생 산	21	9
대인적	• 윤리강조	74	85
	• 인적자원관리	41	53
	• 종업원의 불만해소	34	71
개념적	• 전략수립	68	78
	• 강력한 비전제시	75	98
	• 경영승계계획	56	85
커뮤니케이션	• 고객과의 빈번한 커뮤니케이션	41	78
	• 종업원과의 빈번한 커뮤니케이션	59	89
	• 문화차에 대한 민감성	10	40

자료: D. Hellriegel & J.W. Slocum, Jr.(1996), *Management*, 7th ed., Massachusetts: Addison-Wesley Publishing Company, 28.

나 완전히 새롭게 변신할 수 있도록 하는데 꼭 필요한 성공요소이다(강영순, 2002).

리더는 조직의 장기적 비전을 제시하고 구성원들에게 이 비전의 달성을 위해 매진할 것을 호소하여야 한다. 포춘, GE 및 기타 기관에서 실시한 설문조사결과 〈표 6-6〉에 알 수 있듯이 1990년대와 2000년대 이들 관리기술의 상대적인 중요성을 살펴보면 비전제시가 가장 중요하다. 여기서 알 수 있듯이 비전이 있는 리더십(visionary leadership)은 21세기에 가장 가치가 높은 관리기술이다.

5. 변화 프론티어

4차 산업혁명(4IR, fourth industrial revolution)이란 [그림 6-8]에서와 같이 인공지능기술 및 사물인터넷, 빅데이터 등 정보통신기술(ICT)과의 융합을 통해 생산성이 급격히 향상되고 제품과 서비스가 지능화되면서 경제·사회 전반에 혁신적인 변화가 나타나는 것을 의미한다. 4차 산업혁명은 다양한 제품이나 서비스가 네트워크와 연결되는 초연결성과 사물이 지능화되는 초지능성이 특징이며, 인공지능기술과 정보통신기술이 3D 프린팅, 무인 운송수단, 로봇공학, 나노기술 등 여러 분야의 혁신적인 기술들과 융합함으로써 새로운 비즈니스 모델의 등장과 기존 시스템의 파괴, 생산과 소비 및 운송과 배달 시스템의 재편을 가져와 산업뿐 아니라 사회 전반에 걸쳐

그림 6-8 4차 산업혁명: ICBM(IoT/Cloud/Bigdata/Mobile) + AI

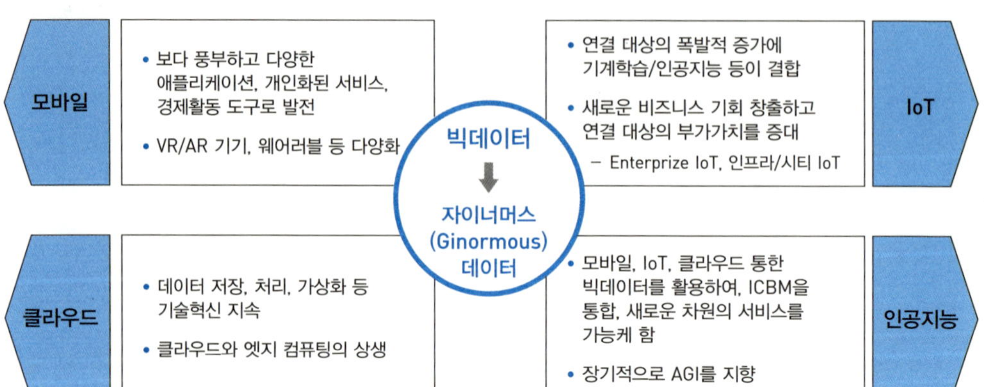

자료: 최계영(2017.5.31), "4차 산업혁명과 ICT," *KISDI Premium Report* 17-02, 정보통신정책연구원, 12.

거대한 변화를 초래할 것으로 전망된다.

4차 산업혁명은 2016년 1월 세계경제포럼(WEF 일명 다보스 포럼)에서 처음으로 언급되면서 정보통신기술 기반의 새로운 산업시대를 대표하는 용어가 되었으며 컴퓨터, 인터넷으로 대표되는 정보화 혁명(3차 산업혁명)의 연장선상에서 한 단계 더 진화한 혁명으로도 일컬어진다(매일경제신문, 2019; Schwab, 2016).

과학자들의 이야기에 의하면 지난 20년 내지 30년간에 인류가 이룩한 과학적인 지식과 기술의 발전은 과거 2000년간에 인류가 이룩했던 그것의 몇 배가 된다고 한다. 이렇게 발전된 과학과 기술은 우리의 생활양상을 완전히 바꾸어 놓았으며, 이를 통하여 우리의 사회구조마저 크게 변화시켜 놓았다.

불과 20~30년전까지만 해도 전문지식의 생명을 30~40년이라고 했지만 이제 전문지식의 생명은 고작 수 년밖에 되지 않을 정도로(박경규, 2001), [그림 6-9]에서와 같이 지식의 반감기(半減期)[5]가, 빠르게 짧아지고 있다. 여기서 알 수 있듯이 학

그림 6-9 **지식의 반감기**

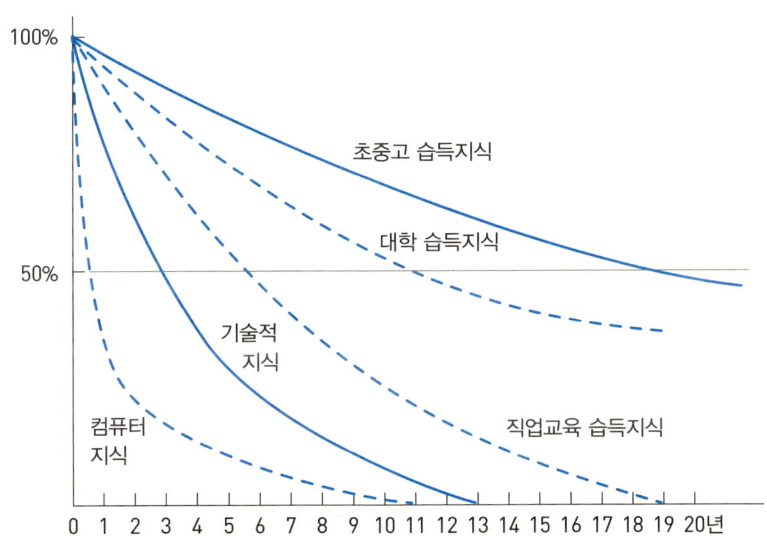

자료: 박경규(2016), 「신인사관리: 노동과 자본의 통합이론」, 제6판, 홍문사, 300.

5 인적자원의 반감기설에 따르면 인적자원의 지식과 기술은 3년마다 50%씩 감소되어 10년 후에는 조직체에서 거의 무용지물(대졸신입사원의 역량지수는 입사시의 100%에서 9년 후에는 12.5%로 감소)로 변해 버린다고 한다. 또한 조동성 교수는 경영학의 지식반감기를 5년으로 보고 있다(조동성, 2000).

그림 6-10 업무능력의 반감기

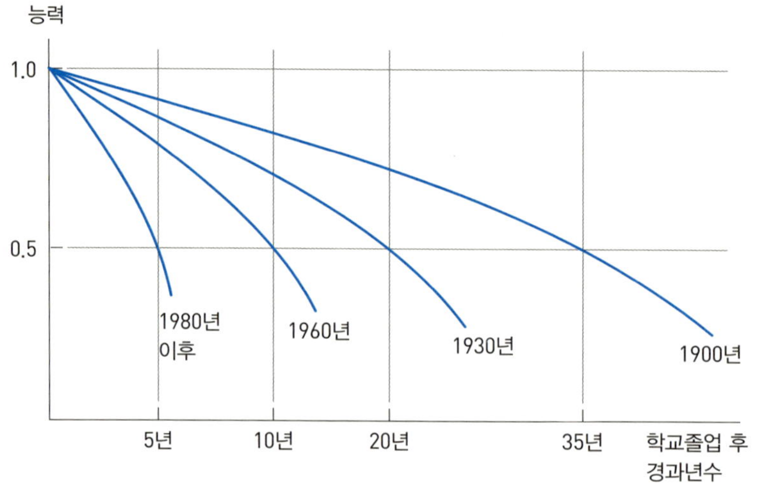

자료: 정종진·이덕로·이지만(2018.8), 「21세기 인적자원관리」, 집현재, 214.

교교육과는 달리 직업교육이나 기술적 지식, 특히 컴퓨터지식은 보다 빨리 변화하여 얼마 되지 않아 무용지물이 되고 있음을 잘 알 수 있다.

동일한 맥락에서 업무능력의 반감기를 보면 [그림 6-10]에서 알 수 있듯이 1900년에는 35년이던 것이 1980년에는 불과 5년으로 줄어들었고, 이러한 추세대로라면 21세기인 지금에 있어서는 아마도 2년 전후로 줄어들 것으로 보인다. 제품의 경우도 마찬가지다. 예전과는 달리 제품수명주기(PLC: Product Life Cycle)가 짧아져 전자제품의 경우 심지어 제품수명주기가 6개월짜리도 있다고 한다. 또한 특정 제품의 보급속도와 관련해서 볼 때 라디오가 5천만 명에게 보급되는데 38년이 걸린 반면, TV는 13년, PC는 16년인 반면 인터넷은 불과 4년밖에 걸리지 않았다(정종진·이덕로·이지만, 2018).

과거와 같이 토지, 노동, 자본 등의 생산요소가 각광받던 시대와는 달리 지식, 정보, 기술 등이 중시되는 오늘날과 같은 지식경제시대에서는 변화는 곧 생존이자 기회이므로, 변화의 수용과 유도가 불가피하다. 따라서 4차 산업혁명시대의 리더는 혁신의 기수가 되어 변화를 이끌어 가도록 하여야 할 것이다.

6. 신뢰

"선진국과 후진국의 차이는 '신뢰 자본'의 차이이다. 신뢰 기반이 없는 나라는 사회적 비용 증가로 선진국 문턱에서 좌절하고 말 것이다." "현대의 각종 법과 경제제도는 필수적이지만 번영을 유지하는 데 충분하지 않다. 제도들이 성공적으로 실행되려면 윤리 규범과 합쳐져야 하기 때문이다. 제도와 계약은 신뢰가 결합할 때 더욱 효과적으로 작동한다." 일본계 미국인 정치경제학자인 미국 스탠포드 대학의 프랜시스 후쿠야마(Francis Fukuyama) 교수는 1995년 펴낸 〈신뢰(*Trust*)〉라는 저서에서 "새로운 글로벌 경제시대에는 사회 구성원간 '높은 신뢰'를 구축한 사회만이 유연한 조직을 일궈 경쟁력을 갖출 수 있다"(Fukuyama, 1995)고 강조할 정도로 신뢰를 국가번영이나 국가경쟁력의 주된 요소로 지목했다. 경제전문지 포춘지가 매년 선정하는 '일하기에 가장 훌륭한 100대기업'(The 100 Best Companies to Work)에서도 경쟁력의 원천을 조직내부의 신뢰기반에서 찾고 있다(신유근 외, 2002).

〈논어(論語)〉의 안연편(顔淵篇)에 제자인 자공(子貢)과의 정치에 대한 대화에서 공자는 "무신불립(無信不立)"이라 하였다.[6] 사람에게 믿음이 없으면 살아갈 수 없다는 뜻이다. 곧 사람이 살아가는 데 가장 중요한 미덕은 신뢰라는 말이다. 그렇다. 국민의 신뢰, 제도의 신뢰, 고객의 신뢰, 주주의 신뢰, 협력업체의 신뢰 등과 같이 정치, 경제, 사회 문화 모든 면에서 신뢰가 있어야 한다.

이와같이 신뢰는 사회 전체는 물론이고 조직내 모든 종류의 대인관계를 지탱해 주는(Gambetta, 1988) 중요한 요소이다. 이에 따라 신뢰는 조직학은 물론, 사회학, 정치학, 심리학 등 다양한 분야의 사회과학자들에게 중요한 연구주제로서 관심을 받아왔다. 특히 조직을 연구하는 학자들은 조직 내 개인 간의 신뢰정도가 조직시민행동(Robinson, 1996), 직무만족(Rich, 1997), 조직몰입(Whitner, 2001), 이직의도(Brashear, Manolis, & Brooks, 2005), 구성원의 성과 및 행복(최용득·정홍준·이동섭, 2012) 등의

6 「자공(子貢)이 정치에 대해 묻자 공자가 말했다. "식량이 족하고 군대가 충실하면 백성들이 정부를 믿게 되어 있다." 자공이 물었다. "부득이 버려야 한다면 이 셋 중에 어떤 것을 먼저 버려야 합니까?" "군대를 버려야지." 자공이 또 물었다. "부득이 버려야 한다면 이 둘 중에 어떤 것을 먼저 버려야 합니까?" "식량을 버려야지. 자고로 사람은 누구나 다 죽지만, 백성들은 믿음이 없으면 살아갈 수가 없게 되는 것이다."(子貢問政. 子曰, 足食, 足兵, 民信之矣. 子貢曰, 必不得已而去, 於斯三者何先. 曰, 去兵. 子貢曰, 必不得已而去, 於斯二者何先. 曰, 去食. 自古皆有死, 民無信不立.)」

다양한 개인적 차원의 조직성과변수들에 긍정적 영향을 주는 것을 밝혀내었다(이형우·양승범, 2012).

글로벌 비즈니스 환경에서도 '신뢰'는 물적, 인적 자본에 이어 '제3의 자본'으로 각광 받고 있다. 투자자와 고객에 대한 책임을 다하는 기업만이 살아남는다. 예를 들어보자. 의료제품과 생활용품 회사로 세계적으로 유명한 Jonhson & Jonhson은 1982년 자사제품인 타이네놀의 일부 제품에 범죄자가 의도적으로 독극물을 주입한 사실을 인지하고, 막대한 재정적 손해와 브랜드이미지 타격에도 불구하고 즉각 제품을 회수하여 폐기하는 조치를 취하였다. 그 결과 오히려 기업의 신뢰성을 높이는 결과를 가져왔다. 반면, 매출액이 1,007억 달러가 넘는 거대 에너지기업 Enron은 파산 당시까지만 하더라도 수년간 '미국에서 가장 혁신적인' 기업으로 극찬 받았고, 심지어 파산 전해인 2000년에는 '일하기 좋은 100대 기업'에 꼽힌 신뢰받는 기업이었지만, 무리한 신규투자로 입은 막대한 손실을 숨기기 위해 교묘하게 회계부정한 사실이 밝혀지면서 2001년 결국 파산에 이르고 말았다. 기업의 생존에 있어 신뢰가 얼마나 중요한지를 보여주는 단적인 사례다.

그러면 우리 기업들의 신뢰는 어느 정도일까? 한국은행이 매달 조사하는 결과를 보면 IMF 외환위기나 글로벌 금융위기 때 100점 만점에 40까지 떨어진 적이 있으나

그림 6-11 기업신뢰지수

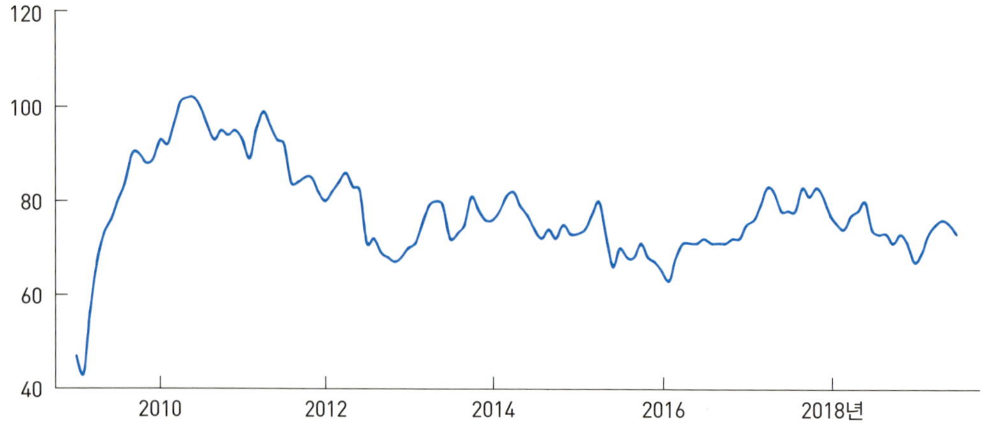

자료: 한국은행, *Trading Economics.*

그림 6-12 대인신뢰도

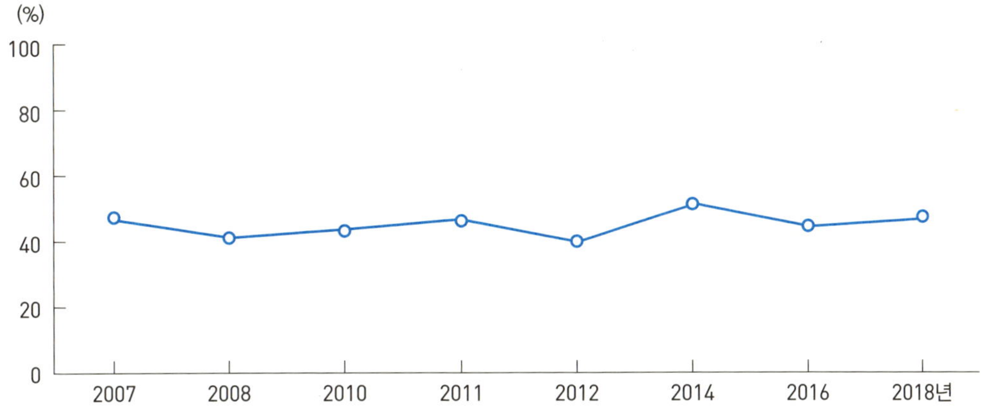

주: '귀하는 일반적으로 사람들을 신뢰할 수 있다고 생각하십니까, 아니면 조심해야 한다고 생각하십니까?'라는 질문에 대해 '항상 신뢰할 수 있다', '대체로 신뢰할 수 있다', '대체로 조심해야 한다', '항상 조심해야 한다'로 응답하도록 하여 측정함. 신뢰도는 '항상 신뢰할 수 있다'와 '대체로 신뢰할 수 있다'는 응답을 합한 비율임.

자료: 성균관대학교 서베이리서치센터, 「한국종합사회조사」 각 연도

최근 1년간을 보면 70점대에서 등락을 거듭하고 있다. 다만 10년 추이를 보면 [그림 6-11]과 같이 대체로 하락하는 추세를 보이고 있다.

이어서 대인신뢰도를 한 번 보도록 하자. 대인신뢰도는 자신과 친밀한 사람들이 아닌 일반 사람들을 얼마나 신뢰하는지로 측정한다. 제한된 소수의 사람들만 신뢰하고 다른 사람들을 신뢰하지 않으면 사회적 유대와 결속의 범위가 좁아질 뿐만 아니라 서로 불신하는 집단들끼리 갈등을 일으킬 가능성이 높아진다. 잘 모르는 사람들도 신뢰할 수 있을 때 사회적 자본이 증대하며 사회적 유대 또한 돈독해질 수 있다.

성균관대학교 서베이리서치센터가 성인 중 일반적으로 사람들을 신뢰할 수 있다고 생각하는 사람들의 비율로 측정한 한국인의 대인신뢰도는 [그림 6-12]에서 알 수 있듯이 2007년 47.1%에서 2014년 50.8%로 3.7%포인트 높아졌다가 2018년 46.2%로 다시 하락했다.

이와는 다른 방법으로 측정한 OECD 국가들의 평균적인 대인신뢰 수준은 2010년 기준으로 33.0%이다. 한국은 이에 못 미치는 25.6%이고, 덴마크는 60.5%로 비교 대상 국가들 중 가장 높았다. 다음으로 스웨덴 55.1%, 미국 36.6%, 영국 35.2%, 일본 33.2%, 독일 31.1%, 프랑스 19.6% 순이었다.

사회의 여러 제도와 기관들에 대한 국민들의 신뢰 수준은 이들이 얼마나 잘 운영되며 국민 전체의 요구나 이해를 얼마나 잘 대변하는지를 보여준다. 민주주의 사회에서는 특히 공적 기관과 제도에 대한 국민들의 신뢰가 높을수록 이들 기관과 제도의 정당성이 높다고 본다.

중앙정부와 지방정부, 국회, 대법원에 대한 신뢰도를 비교해 보면, 2018년 기준으로 대법원이 71.0%로 가장 높고 그 다음으로 지방정부 65.9%, 중앙정부 64.4%이며 국회가 31.2%로 가장 낮았다. 2006~2018년 사이에 대법원에 대한 신뢰도는 7.6%포인트 낮아졌으나, 지방정부는 7.8%포인트, 중앙정부는 11.5%포인트, 그리고 국회가 5.5%포인트 높아졌다. 공적 기관과 제도에 대한 신뢰도가 높아지는 것은 사회통합 증진과 사회적 자본 구축에 도움이 될 것이다.

리더십 **사례**

"나에게 부유세를 징수하라"… 미 최상위 부자 19명이 요구

미국 상위 0.1%에 해당하는 부자인 '울트라 리치' 19명이 "나에게 부유세를 매기라"고 정치권에 요구해 주목된다. 워싱턴포스트(WP) 등 현지 언론은 24일(현지시간) 조지 소로스를 비롯한 슈퍼리치 19명이 자신들에게 부유세를 부과할 것을 촉구하는 내용의 공동서한을 2020년 미국 대선 주자들에게 보냈다고 전했다. 이들은 서한에서 "새로운 세금은 중산층이나 저소득층이 아니라 가장 부자부터 내야 한다"면서 "우리는 더 내도 괜찮다. 부유세를 내는 것은 사랑하는 우리나라를 더 강하게 하기 위해 최소한 할 수 있는 것"이라고 썼다.

서한에 서명한 부자는 총 11개 가문에 속한 19명이다. 30대부터 90대까지 다양하다. '페이스북 공동 설립자'인 크리스 휴스(35)와 부인을 비롯해 '헤지펀드 업계 큰손' 조지 소로스(88), '월트디즈니' 공동 창업자 손녀 애비게일 디즈니(59), 글로벌 호텔 체인 하얏트호텔을 소유한 프리츠커 가문 출신 배우 리셀 프리츠커 시먼스(35), 금융·부동산 업계 건드 가문의 자선사업가 애그니스 건드(81)와 그의 딸인 영화 프로듀서 캐서린 건드(54), 사업가 아널드 하이엇(91) 등이 대거 포함됐다.

'부유세 도입'을 주장하는 이유는 소득 양극화와 자본주의 한계가 사회 이슈로 떠오른 것과 관계가 깊다. 서한을 보낸 부자들은 △기후변화에 대비하는 환경친화적 에너지 혁신, △보편 보육, △학자금대출 채무 구제, △낡은 공공시설 현대화, △저소득층 세제 혜택, △공공보건 등 여섯 가지 부문에서 특히 재정 지출이 필요하다고 했다. 이를 위해 필요한 돈은 부유세를 내서 보태겠다는 생각이다.

자료: 권오균(2019.6.26). ""나에게 부유세를 징수하라", 美 최상위 부자 19명이 요구." 「매일경제신문」.

리더십 **사례**

"세금 더 내겠다" 독일 부자들 줄이어

독일에서 세금을 더 내겠다는 부자들의 동참 선언이 이어지고 있다. 독일의 부자 4명이 주간지 〈디 차이트〉를 통해 "부자에게 세율을 높이는 것에 찬성한다"고 31일 밝혔다.

함부르크에서 해운 회사를 경영하는 미하엘 오토씨는 "세금을 더 낸다고 해도 문제가 될 것이 없다"고 말했으며, 보청기 회사 오너이자 하노버 축구구단주인 마르틴 킨트(96) 씨는 "국가의 부채를 줄이는 데 사용된다면 세금을 높이는 것을 받아들일 수 있다"고 밝혔다.

함부르거보험 전 소유주인 위르겐 훈케 씨는 상속세를 큰 폭으로 올리는 방안을 지지한다며 "절약해야 하는 일반 가정이 아니라 억만장자들이 세금을 더 내야 한다"고 말했다. 가수인 마리우스 뮬러 씨는 "2~3%의 세금을 더 낸다고 부자가 가난해지지는 않는다. 더 낸 세금이 국가부채 탕감에 쓰인다면 모두가 더 부자가 될 수 있다"고 강조했다.

앞서 지난주 독일 부유층 모임인 '자본과세를 위한 부자들' 회원 50명은 성명서를 통해 빈부격차 해소를 위해 자신들에게 더 많은 세금을 거둘 것을 앙겔라 메르켈 총리에게 촉구했다. 이들은 독일에서 가장 잘사는 부자들이 2년간 부유세 5%를 납부하면 정부는 1천억 유로나 되는 추가 세입을 얻게 될 것이라고 주장했다.

미국 워렌 버핏과 프랑스 로레알 그룹 상속려인 릴리안 베탕쿠르 등 세계적인 거부들이 부자들에 대한 증세를 요구한 데 이어 독일 내부에서 실제로 세금을 더 내겠다는 부자들의 동참 선언이 이어지자 정치권을 중심으로 '부유세 도입' 논쟁이 달아오를 분위기다.

지난 주말 야당인 사회민주당(SPD)과 녹색당이 부유세 도입에 찬성한다고 밝히자, 집권 연정 소수 파트너인 자유민주당(FDP)은 "자원자에 한해야 한다"며 부유세 논의의 확대를 경계했다.

자료: 박창욱(2011.9.1). ""세금 더 내겠다" 독일 부자들 줄이어." 「연합뉴스」.

제도와 기관에 대한 신뢰를 공적부문과 민간부문으로 나누어 비교해 보면, 전반적으로 민간부문에 대한 신뢰가 더 높다는 것을 알 수 있다. 2018년 기준으로 의료계(86.8%), 학계(80.7%), 금융기관(81.1%) 등이 높은 신뢰를 받고 있다. 시민운동단체의 경우 2000년대 초반에 높았던 신뢰가 2010년까지 떨어지다가 2011년 잠시 높아졌으나 2018년 현재 70.9%로 낮아졌다(e-경제지표).

끝으로 우리나라의 여러 연구(신동엽, 1999;이덕로·신동엽, 2000; 이태식·우승배·함상우, 2017)에서도 입증되었듯이 우리나라의 노사 상호간에는 대립과 불신이 상존하고 있으며, 특히 IMF 외환위기 이후, '신뢰의 부재'는 가장 빈번히 지적되는 우리 사회의 문제 중의 하나이다. 이와 관련하여 LG경제연구원 고재민 책임연구원은 "한국이 IMF 구제금융을 신청하게 된 것도, 현재 수많은 기업들이 겪고 있는 경영 위기도 결국은 신뢰의 상실에서 비롯됐다"며 "단기적인 처방보다는 장기적인 안목에서 더욱 튼튼한 신뢰를 쌓는 데 힘써야 한다"고 주장한다. 이와 같이 우리나라에서는 일본사회 못지 않게 신뢰가 매우 중요하게 작용하기 때문에 각계 각층의 리더는 조직 내 신뢰분위기를 조성하고 어떠한 경우에도 신뢰를 저버리지 않도록 노력해야 할 것이다.

7. 임파워먼트

최우재·신제구·백기복(2018)은 제4차 산업혁명 시대가 요구하는 리더십역량이 무엇인가를 알아내기 위해 경영 및 리더십 전공의 교수들과 산업계 HR 담당자, 컨설턴트 등을 대상으로 중요도를 묻는 설문조사를 실시하였다. 분석결과 전체적으로 볼 때 전통적 리더십 이론을 통해 도출된 16개 역량 중에서는 환경민감성, 영감적 동기부여, 전략적 비전수립, 직관력, 관계지향, 위험감수행동이 중요도가 높은 것으로 나타났다. 그러나 이와는 달리 떠오르는 리더십 이론을 통해 도출된 역량 17개 중에서는 전략적 사고, 이슈창안, 불확실성관리, 권한위임, 통섭, 인간존중이 중요도가 높은 것으로 나타났다.

그러나 떠오르는 리더십 이론을 통한 리더십역량([그림 6-13]의 주 참조)을 학계만으로 볼 때는 [그림 6-13]과 같이 권한위임(n=18, 78.3%)이 가장 높고 다음으로 전략적 사고(n=16, 69.6%), 불확실성관리(n=15, 65.7%), 창의성(n=14, 60.9%), 통섭(n=14, 60.9%), 인간존중(n=11, 47.8%)의 순으로 나타났다.

Bersin(2016)은 경영진들이 디지털 혁명 시대에 맞는 디지털 리더십(Digital leadership)을 갖추어야 한다고 주장하면서 CEO가 갖추어야 할 디지털 DNA로써 권한위임, 실험, 협력, 정보, 속도를 제시하고 있다. 특히, 그는 구성원들 간의 정보 공유와 학습이 배태되어 있는 문화와 이를 가속화시킬 수 있는 리더십을 강조하고 있다. 여기서 알 수 있듯이 4차 산업혁명 시대가 요구하는 리더십역량 중의 하나가 바로 권한위임, 곧 임파워먼트다.

임파워먼트(empowerment)의 우리말은 보통 권한 위임, 권한 위양 혹은 권한 부

그림 6-13 **떠오르는 리더십 역량별 비율**

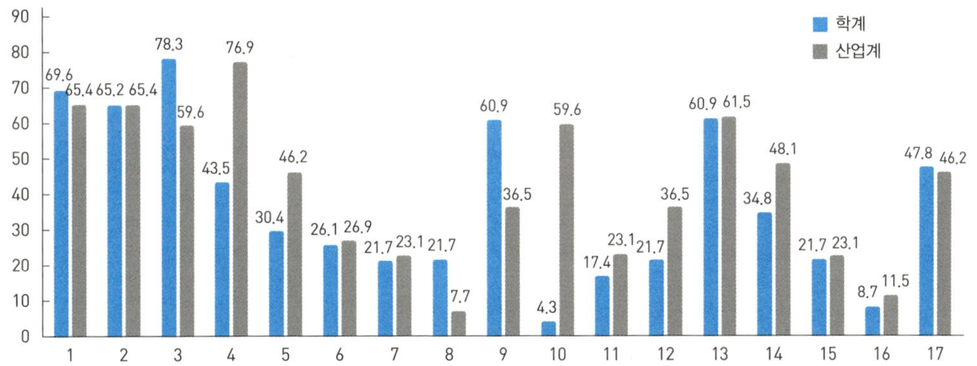

주: 1=전략적 사고, 2=불확실성 관리, 3=권한위임, 4=이슈 창안, 5=구성원 몰입유도, 6=이슈 실행, 7=자기이해, 8=내부화된 윤리기준, 9=창의성, 10=공감, 11=자기조절, 12=디지털기술활용, 13=통섭, 14=심층학습, 15=솔선수범, 16=실용주의 추구, 17=인간존중; 수치는 학계 응답자(23명)와 산업계 응답자(52명) 중 각각 해당 역량을 선택한 비율임.

자료: 최우재·신제구·백기복(2018). "제4차 산업혁명 시대가 요구하는 리더십은 무엇인가?," *Korea Business Review*, 22(3), 175~195.

여 등으로 번역 내지 해석되고 있다. 임파워먼트에 대한 이러한 단순한 해석에 대해 박원우(1998)는 이는 굉장히 미흡하다고 비판하고 있다. 박원우는 Zero-sum 관점에서 권한의 하부 이동이 문제를 해결하는 것이 아니라 모든 구성원 스스로가 긍정적 사고와 타인에 대한 신뢰감을 바탕으로 자신의 역량과 책임의식을 키운 후(self empowerment), 서로 서로 타인의 역량 증대까지 도와주는 것이 진정한 임파워먼트라고 주장한다. 유사한 맥락에서 Conger & Kanungo(1988)는 임파워먼트를 리더와 부하 간의 권력 분배의 관계적 개념에서 벗어나 조직 구성원의 심리적 변화를 수반하는 동기 부여적 관계로 보아야 한다고 주장하였다.

임파워먼트란 조직구성원들에게 그들이 조직을 위하여 많은 중요한 일을 할 수 있는 권력, 힘, 능력 등을 두루 갖추고 있다는 확신을 심어주는 과정이다. 그러한 확신을 조직원에게 심어주기 위해서는 능력과 의지를 키우는 일, 공식적 권력(권한)을 위임해 주는 일, 그리고 실제 의사결정과정에 깊이 참여하도록 함으로써 자신의 영향력을 체험토록 하는 일들이 전제되어야 할 것이다(백기복. 2002).

Thomas & Velthouse(1990)는 임파워먼트를 과업수행과 관련하여 구성원이 경험하는 영향력(impact), 효능감(competence), 과업의미성(meaningfulness)과 선택권(choice)에 대한 인지 등으로 다차원적으로 설명하고 있다. 이와 유사한 맥락에서 Thomas & Velthouse(1990)의 다차원적 심리적 개념을 발전시킨 학자가 Spreitzer(1995)다. Spreitzer는 임파워먼트를 자신의 이상과 기준에 비추어 작업에 대한 의미 부여인 의미성(meaning), 자신의 업무 수행 능력에 대한 개인적 믿음이나 신념인 역량(competence), 업무 수행에 대한 독자적 선택권을 강조하는 자기결정성(self-determination), 업무 수행 결과나 전략 수립, 관리 등에 대한 영향력(impact)의 4차원으로 정의하고 있는데, 이는 연구자들에게 가장 널리 받아들여지고 있는 정의이다.

특히 오늘날에는 글로벌 경쟁과 국제적 자본시장이 모든 것을 빠르게 진행시키기 때문에 전통적인 관료적 관리자들은 더 이상 최고의 자리를 지킬 수 없고 부단한 혁신, 자본의 재배치 그리고 위험의 감수를 요구하고 있다. 따라서 오늘날과 같은 광속경제의 시대에는 신속한 아이디어와 즉각적인 반응을 할 수 있는 스피드 경영이 필요한데, 임파워먼트는 구성원들의 의사결정에 대한 자유재량을 증대시켜 주기 때문에(Robbins & Coulter, 2002) 오늘날의 리더에게 매우 중요하다.

제1장에서부터 여러 번 언급되었던 남가주대(USC)의 웨렌 베니스(W. Bennis) 교수는 "불확실성, 광속성, 다원성, 가상성 등을 특징으로 표현되는 디지털시대의 경영환경에 적응하기 위해서 리더는 "COP 방식에서 ACE 방식으로 변해야 한다"라고 강조하였다. 여기서 C란 Control(통제), O란 Order(명령), P란 Predict(예측)으로 이러한 내용은 과거나 오늘날의 많은 기업들이 행해오던 관리양상이다. 그러나 앞으로는 ACE로 바꿔야 한다. 여기서 A란 비전부여를 통한 개인목표와 조직목표의 합치를 의미하는 Align, 창의성을 의미하는 Create, 조직구성원들에게 능력과 의욕, 그리고 이에 합당한 권한을 부여하는 Empowerment를 의미한다.

Chapter 07

모티베이션과 리더십

제 1 절

모티베이션의 의의

1. 모티베이션의 의의

모티베이션(motivation)은 라틴어인 movere(to move)에서 나온 말로서 "어떤 사람을 자극하는 행동을 불러일으키거나 또는 다른 사람으로 하여금 바람직한 행동을 수행하도록 이끄는 것"으로 정의할 수 있다. 다시 말하면 모티베이션은 자발적 내지 적극적으로 책임을 지고 일을 하고자 하는 의욕이 생기게끔 하는 것으로 목적달성을 위한 행동을 유발시키는 행동과정이라고 할 수 있다.

동일한 맥락에서 Pinder(2008)는 동기부여를 목표를 달성하기 위한 개인의 노력의 강도, 방향, 지속성을 결정하는 역동적인 힘의 집합으로 정의하고 있다. 이 정의의 세 가지 핵심요소는 [그림 7-1]과 같은 강도, 방향, 그리고 지속성이다. 여기서

그림 7-1 동기부여의 세 가지 핵심요소

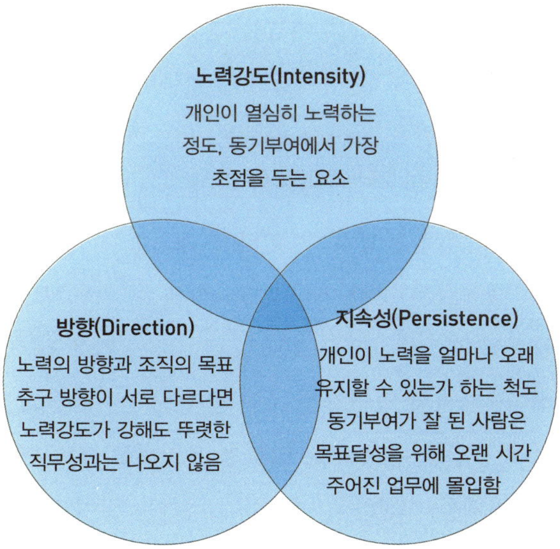

강도(intensity)란 개인이 얼마나 열심히 노력하는가를 기술한다. 이것은 대부분의 사람들이 동기부여에 대해서 언급할 때 초점을 두는 요소이다. 하지만 노력이 조직에 이익이 되는 방향(direction)으로 향하지 않는다면 노력의 강도가 아무리 높다고 해도 좋은 직무성과는 나오지 않을 것이다. 그러므로 우리는 노력의 강도뿐만 아니라 노력의 질도 함께 고려하게 된다. 조직의 목표를 향하고 그와 일치하는 노력이야말로 우리가 추구해야 하는 노력의 종류이다. 끝으로 동기부여는 지속성(duration)차원을 갖고 있다. 이것은 개인이 노력을 얼마나 오래 유지할 수 있는가를 측정한다. 동기부여된 개인은 목표를 달성하기 위해 충분히 오래 과업에 머문다(Robbins & Judge, 2019, 240).

하버드대학의 윌리엄 제임스(William James) 교수는 모티베이션에 관한 연구에서 종업원은 보통 일을 할 때 자기 능력의 약 20~30%만을 발휘하지만, 강력한 동기부여가 되었을 때에는 자기능력의 80~90% 가까이 발휘한다는 결과를 보여주고 있다. 뿐만 아니라, Sutermeister(1976)는 조직의 주된 목적은 생산성 향상이라고 하고 이것의 결정요인을 기술적인 공헌과 인간적 공헌의 측면으로 크게 나누어 후자의 공헌, 즉 종업원의 직무성과는 능력과 동기부여에 의해 결정된다(성과(P)=동기부여(M)×능력(A), P=Performance, M=Motivation, A=Ability)고 주장하며 동기부여의 중요성을 강조하고 있다. 여기서 알 수 있듯이 능력이 동일하다면, 아니 심지어 능력이 조금 떨어지더라도 동기부여가 제대로 이루어졌을 때 조직의 성과가 높아질 수 있는 것이다.

대표작 〈노인과 바다〉로 퓰리처상과 노벨문학상을 받았던 어니스트 헤밍웨이(E.M. Hemingway)는 "사람을 강하게 만드는 것은 사람이 하는 일이 아니라 하고자 하는 노력이다"라고 말한 바 있다. 발명왕 토마스 에디슨(T. Edison)은 천재는 99%의 노력과 1%의 영감에 의해 탄생될 수 있다고 얘기했다. 앤더스 에릭슨(Anders Ericsson) 또한 천재는 태어나는 것이 아니라 1%의 영감, 70%의 땀, 29%의 좋은 환경과 가르침으로 만들어진다고 주장할 정도로 노력이나 노력을 하기 위한 여건 조성이 무엇보다도 중요하다. 따라서 경영자는 부하직원으로 하여금 그들이 자발적인 노력을 통하여 조직목표에 공헌할 수 있도록 그들을 유인하고, 그들에게 동기를 부여함으로써 조직 내의 인간관계를 개선하고 발전시켜 나가는 것이 경영자에게 부여된 최대의 당면 문제라 할 수 있다.

2. 모티베이션에 관한 여러 이론

모티베이션의 의의에서 살펴본 바와 같이 모티베이션에 관한 중요성이 인식되면서부터 많은 학자들에 의해서 이 분야에 관한 연구 및 조사가 이루어졌으며, 특히 행동과학의 발전으로 인해 여러 관련학문(disciplines)인 사회학, 심리학, 문화인류학 등의 도움을 얻어 종합과학적 연구의 방향으로 전개되고 있다. 조직구성원의 행동을 설명하는 데 흔히 적용되고 있는 모티베이션이론, 즉 동기부여이론들은 그 초점에 있어 크게 두 가지로 분류할 수 있다.

첫째로 조직구성원의 행동을 작동시키고 에너지를 일정한 방향으로 조정하고 유지시키는 내적 요인에 초점을 둔 내용이론(content theories)과 둘째로 조직구성원의 행동이 어떻게 형성되는지를 연구분석하는 과정이론(process theories)이다. 학자에 따라서는 여기에 강화이론, 목표설정이론, 자기결정이론 등을 포함하여 구분하기도 한다(Lussier, 2017, 236~246; Robbins & Judge, 2017, 246~274). 실제로 목표설정이론은 73가지의 관리이론 중 중요도에 있어서 1위로 평가되기 때문에(Locke, 2004) 본서에서는 내용이론과 과정이론에 목표설정이론을 추가하여 살펴보기로 하겠다.

모티베이션의 내용이론이란 인간을 동기부여시킬 수 있는 요인들이 무엇인가에 초점을 두는 이론으로 매슬로우(A.H. Maslow)의 욕구단계이론을 비롯하여, 허즈버그(F. Herzberg)의 이요인이론, 앨더퍼(C.P. Alderfer)의 ERG이론, 그리고 맥클리랜드(D.C. McClelland)의 성취동기이론 등을 들 수 있다.

동기부여 과정이론이란 모티베이션 과정에서 발생하는 여러 변수와 이들 변수들간의 상호관련성을 검토하는 데 초점을 두는 동기부여이론으로 대표적인 예로 브룸(V.H. Vroom)의 기대이론, 이것을 이론적으로 정교하게 전개한 포터-로울러의 동기부여모형, 그리고 아담스(J.S. Adams)의 공정성이론을 들 수 있다. 그러면 이들 각각에 대해 살펴보기로 하자.

제 2 절

모티베이션의 내용이론

1. 매슬로우의 욕구단계이론

가장 잘 알려져 있는 동기부여이론은 매슬로우(A.H. Maslow)의 욕구단계이론(hierarchy of needs theory)이다. 인본주의 심리학의 대가인 매슬로우는 오랜 임상실험을 통하여 인간을 동기유발시킬 수 있는 욕구는 5가지,[1] 즉 생리적 욕구, 안전 및 안정욕구, 소속 및 사랑욕구, 존경욕구, 자아실현욕구 등이 [그림 7-2]와 같이 계층적 구조를 이루고 있다고 주장했는데, 이들을 중요도 순으로 살펴보면 다음과 같다(Maslow, 1943, 370~396).

그림 7-2 매슬로우의 욕구단계이론

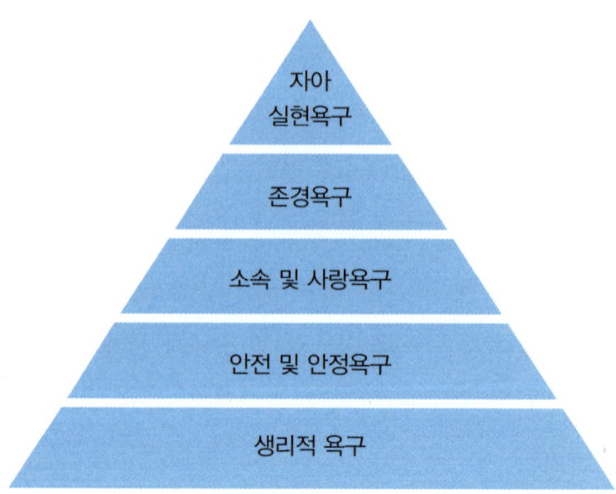

자료: J.A. Wagner Ⅲ & J.R. Hollenbeck(2014), *Organizational Behavior: Securing Competitive Advantage*, 2nd ed., New York: Routledge, 109.

1 최근에는 가장 높은 단계의 욕구, 즉 내재적 가치에 대해 여섯 번째 욕구가 제안되기도 했다(Skelsey, 2014).

(1) 생리적 욕구

생리적 욕구(physiological need)란 인간의 삶 그 자체를 유지하기 위한 인간의 가장 근원적인 욕구를 말한다. 이것은 학습되지 않는 욕구로 구체적으로 의, 식, 주, 공기, 수면, 갈증 및 성에 대한 욕구를 들 수 있다. 이 생리적 욕구는 다른 욕구들에 비해 동기화에 대한 가장 강한 본능적인 힘을 가지고 있다.

(2) 안전 및 안정욕구

안전 및 안정욕구(safety and security need)란 일단 생리적인 욕구가 웬만큼 충족되면 나타나게 되는 욕구로 육체적 안전과 정신적인 안정을 찾고자 하는 욕구를 말한다. 최근 들어 공무원이나 공기업에 대한 인기가 치솟는 것은 다름 아닌 직업에 대한 안정 때문이다.

(3) 소속 및 사랑욕구

인간은 사회적인 존재이기 때문에 첫 번째와 두 번째 욕구가 어느 정도 충족되면 다음으로 싹트게 되는 욕구가 바로 소속 및 사랑욕구(belongingness and love need), 곧 사회적 욕구로 각종 단체나 조직에 소속되고 싶어하며 이성을 비롯한 타인을 사랑하고 싶은 욕구를 갖게 된다.

(4) 존경욕구

존경욕구(esteem need)란 소속 및 사랑에 대한 욕구가 어느 정도 충족되면 그 다음에 싹트는 욕구로 안팎으로부터 존경받고자 하는 욕구이다. 내부적으로는 자신이 이 세상에서 스스로 강한 존재라는 것을 인식하고 싶고 역량과 자신감을 더욱 많이 보유하고 싶어하는 욕구로 자존심과 자신감 등을 들 수 있다. 밖으로는 자기 주위로부터 명성을 얻고 타인으로부터 존경을 받기를 원하는 욕구로 권위와 인정 등을 들 수 있다.

(5) 자아실현욕구

인간은 대부분 자기완성에 대한 욕구를 가지고 있는데 이것이 바로 자아실현욕구(self actualization need)이다. 자아실현욕구란 인간의 가장 고차적인 욕구로 자신의 현재적 내지 잠재적 유용성을 극대화시킴으로써 자기 자신의 능력을 최고도로 발휘하고 싶어하는 욕구를 말한다(Maslow, 1954).

위에서 언급한 욕구 중 비록 어떤 욕구도 완전히 충족되기는 어렵지만 상당히 충족된 욕구는 더 이상 동기부여되지 않는다. 따라서 각 욕구가 충족될 때 그 다음의 욕구가 지배하게 된다. 하나의 욕구가 충족되면 다른 상위의 욕구가 나타난다는 의미는 이 욕구가 100% 충족되어야 다른 욕구가 나타난다는 것을 의미하지는 않는다. [그림 7-3]처럼 하나의 욕구가 충족되기 시작하는 순간 다른 욕구가 발생한다. 따라서 매슬로우에 의하면 만약 누군가를 동기부여시키고자 한다면, 그 사람이 현재 어떤 욕구단계에 있는지를 이해하고 [그림 7-3]에 있는 단계를 따라 올라가며 그 단계나 혹은 그 위의 욕구를 충족시키는 데 초점을 맞출 필요가 있다.

매슬로우는 다섯 가지의 욕구를 고차(higher-order)와 저차(lower-order)로 구분했다. 생리적 욕구와 안전 욕구는 저차의 욕구이며, 소속 및 사랑욕구, 존경욕구 및 자아실현욕구는 고차의 욕구였다. 고차의 욕구는 내적으로(개인 내에서) 충족되는 반면, 저차의 욕구는 대부분은 외적으로(임금, 단체협약, 정년보장과 같은 보상에 의해) 충

그림 7-3 | 욕구의 출현과 강도

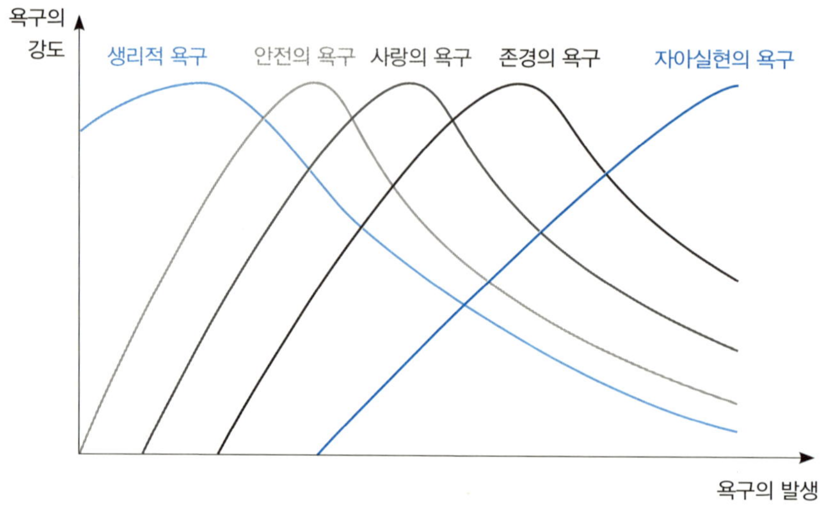

자료: 박경규(2014), 「조직행동」, 홍문사, 106.

리더십 사례

한국 인재경쟁력 세계 33위…노동자 동기부여는 최하위권

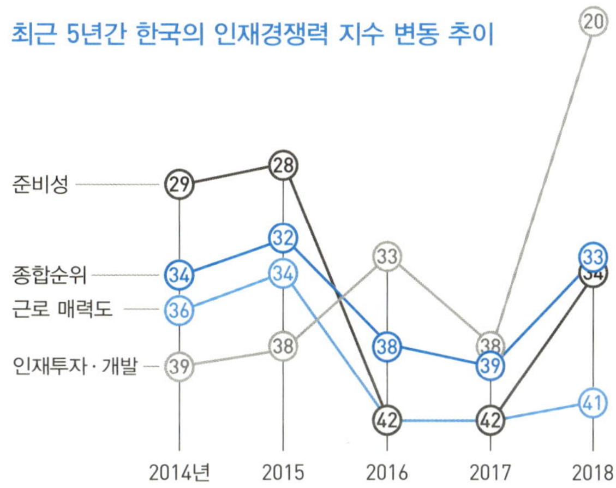

한국의 인재경쟁력이 세계 63개국 중 33위라는 조사결과가 나왔다. 말레이시아, 대만, 일본보다 낮은 수준이다. 스위스가 5년 연속 1위를 차지했다.

21일 스위스 국제경영개발연구원(IMD) 국제경쟁력센터가 발표한 '2018 세계 인재보고서'에 따르면 한국의 인재 경쟁력 지수는 62.32점으로 조사 대상 63개국 중 33위를 기록했다. 전년보다 6계단 뛰어오르며 3년 만에 하락세에서 벗어났다. 하지만 2015년(32위)보다는 낮은 수준이다. IMD는 매년 각국이 인재를 육성, 유지·유치하고 기업 수요를 충족시키는 능력을 수치화해 이 지수를 발표한다.

지난해보다 종합순위가 상승한 것은 인재투자·개발 부문이 38위에서 올해 20위로 크게 올랐기 때문으로 분석된다. 학생 1인당 정부의 교육관련 재정지출이 세계 4위(1인당 국내총생산(GDP)의 28.3%)를 기록하며 순위를 끌어올렸다.

그러나 인재를 유치할 수 있는 근로매력도 부문은 41위에 그쳤다. 2015년(34위)보다 7계단 아래다. 특히 '노동자 동기부여'는 10점 만점에 3.95점으로 61위를 기록해 노동의욕이 매우 낮음을 나타냈다. 반면 경영진 보수(13위)와 소득세 실효율세(13위) 부문은 상위권을 차지해 대조를 보였다.

이 외에 준비성 부문은 지난해 42위에서 올해 34위로 9계단 상승했다. 이 부문은 '교육평가-PISA'(15세 국제 학업 성취도 평가)가 9위로 상위권이었으나, 경쟁력 있는 경제에 필요한 '대학교육'(University education) 항목이 49위에 그쳤다.

인재경쟁력 지수가 가장 높은 국가는 스위스(1위)였고, 그 뒤를 이어 덴마크(2위), 노르웨이(3위), 오스트리아(4위), 네덜란드(5위), 캐나다(6위), 핀란드(7위), 스웨덴(8위), 룩셈부르크(9위), 독일(10위) 순으로 10위권에 들었다. 10위권 국가에서 캐나다(6위)를 제외하고 모두 유럽국가가 이름을 올렸다.

아시아에서 인재경쟁력 지수가 가장 높은 나라는 싱가포르(13위)로 지난해와 같다. 홍콩(18위), 말레이시아(22위), 대만(27위), 일본(29위)도 한국을 앞섰다. 중국은 39위를, 인도는 53위를 차지했다.

자료: 김경진(2018.11.28), "한국 인재경쟁력 세계 33위…노동자 동기부여는 최하위권", 「중앙일보」.

족된다(Robbins & Judge, 2015, 217).

욕구단계는 전반적으로 적용한다면 미국 문화와 일치한다. 불확실성 - 회피 특성이 강한 일본, 그리스, 멕시코에서는 안전 욕구가 욕구단계의 맨 위에 있을 것이다. 육성특성(nurturing characteristics)을 중요시하는 국가들 — 덴마크, 스웨덴, 노르웨이, 네덜란드, 핀란드 — 은 사회적 욕구와 자아실현욕구를 가장 높게 둘 것이다(Hofstede, 1980).

매슬로우의 욕구단계 이론은 특히 실무 관리자들 사이에서 널리 인정을 받았다. 그것은 직관적으로 논리적이며 이해하기 쉽다. 그러나 불행하게도 연구가 그것을 입증하지는 못하고 있다. 매슬로우는 실증적으로 입증하지 못했으며 그 이론의 타당성을 입증하려 했던 여러 연구들 또한 이를 제대로 뒷받침하지 못했다(Rauschenberger, Schmitt, & Hunter, 1980).

2. 허즈버그의 이요인이론

허즈버그(F. Herzberg)는 피츠버그와 그 근교에 있는 200명의 회계사와 기술자를 대상으로 모티베이션에 관한 실증적 연구를 했는데, 여기서 그는 직무에 만족을 느끼는 사람은 직무내용과 밀접한 관계가 있는 반면에 직무에 불만족을 느끼는 사람은 직무환경과 관련이 되어 있다는 사실을 알게 되었다. 그는 전자와 관련하여 직무만족을 유발시켜 준다는 의미에서 동기유발요인(motivator)이라고 명명하고, 후자와 관련하여 직무불만족을 예방해준다는 의미에서 위생요인(hygiene factor)이라고 명명하였다. 또한 동기유발요인은 동기부여가 직무자체로부터 나오기 때문에 내재적 요인(intrinsic factor)이라고도 부르고, 위생요인은 동기부여하기 위한 시도가 직무자체의 밖으로부터 나오기 때문에 외재적 요인(extrinsic factor)이라고도 부른다(Kownatzki, 2013).

동기유발요인으로는 [그림 7-4]와 같이 성취감, 인정, 발전, 책임 및 직무 그 자체 등을 들 수 있고, 위생요인으로는 임금, 복리후생, 지위, 대인관계, 감독, 안전보건, 회사방침 및 작업환경 등을 들 수 있다(Herzberg, 1968).

한 가지 재미있는 사실은 허즈버그는 개인행동을 자극하는 동기요소를 두 가지 요인으로 나누고 이들이 개인의 불만족행동과 동기행동에 미치는 영향을 분석하고

그림 7-4 만족하는 사람과 만족하지 못하는 사람의 비교

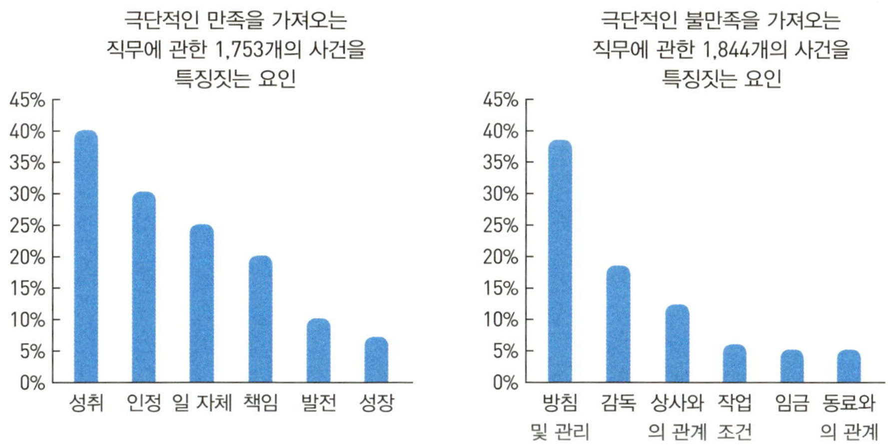

자료: Frederick Herzberg(2003), "Comparison of Satisfiers and Dissatisfiers." *Harvard Business Review*. January in S.P. Robbins & T.A. Judge(2017), *Organizational Behavior*, 17th ed., Boston.: Pearson, 249.

있다는 점이다. 여기에서 허즈버그는 종래의 만족-불만족의 단차원적(unidimensional) 개념을 부인하고 [그림 7-5]와 같이 만족과 불만족의 복수차원적(bidimensional) 개념을 제시함으로써 동기요인들의 작용영역과 한계를 명백히 해주고 있다.

이요인 이론은 문헌상으로는 제대로 지지를 받지 못했으며 비판 또한 적지 않았

그림 7-5 만족과 불만족의 대비되는 관점

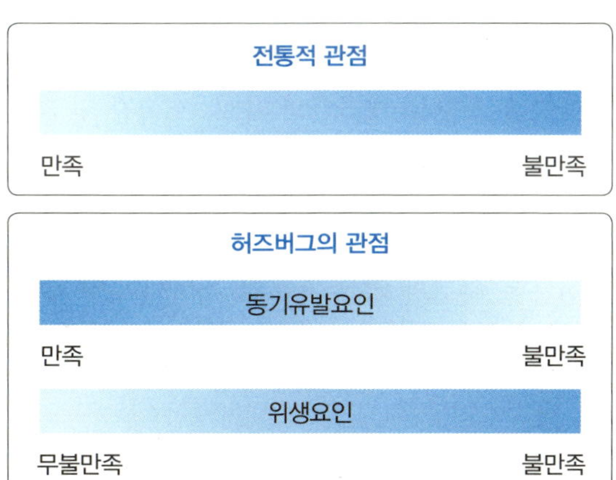

자료: S.P. Robbins & T.A. Judge(2017), *Organizational Behavior*, 17th ed., Boston.: Pearson, 250.

다(House & Wigdor, 1967; Schwab & Cummings, 1970). 이요인 이론에 대한 비판에는 다음의 내용이 포함된다.

첫째, 허즈버그의 연구는 자기보고식에 의존하기 때문에 방법론상에 한계가 있다. 둘째, 만족에 대한 전반적인 측정이 사용되지 않았다. 어떤 사람은 자신의 직무 중 일부를 싫어하지만 그 직무를 전반적으로는 받아들일 만하다고 생각한다. 셋째, 허즈버그는 만족과 생산성 사이의 관계를 가정했지만, 그는 단지 만족만 보았다. 이러한 연구를 적절하게 하기 위해서는 만족과 생산성 사이의 강한 관련성을 가정해야만 한다.

이러한 비판에도 불구하고 허츠버그의 이론은 연구자와 실무자들 사이에서 널리 읽혀졌고, 실제로 많은 관리자들이 그 이론을 추천하고 있다.

3. 앨더퍼의 ERG이론

매슬로우의 욕구단계이론이 갖는 한계점을 극복하기 위해 조직환경하에서 개인의 욕구동기를 보다 현실적으로 제시한 이론이 1969년에 발표된 앨더퍼의 ERG이론이다. 앨더퍼는 욕구를 [그림 7-6]과 같이 크게 3가지로 범주화하여 영어의 첫자를 타서 ERG이론으로 명명하였다.

여기서 E란 존재욕구(Existence need)로 살아가는 데 필요한 최소한의 경제적 보상과 안전한 작업조건 등에 대한 욕구를 말한다. 이는 매슬로우의 생리적 욕구와 일부의 안전욕구에 해당된다. R은 관계욕구(Relatedness need)로 주변 사람들과 좋은 인간관계를 맺고 싶어하는 욕구로 개인간의 사교, 소속감 및 자존심 등을 나타낸다. 매슬로우의 사랑 및 소속욕구와 일부의 안전 및 존경욕구에 해당된다. 그리고 G는 성장욕구(Growth need)로 자신의 능력 내지 잠재력 능력을 향상시키기 위해 자신을 둘러싼 환경과 상호작용을 하고자 하는 욕구로 개인의 능력개발, 창의성 및 성취감 등을 의미한다(Alderper, 1969).[2] 매슬로우의 자아실현욕구와 일부의 존경욕구에 해당된다.

2 그러나 Lussier(2017, 237~240)와 Schermerhorn(1996)을 비롯한 많은 학자들은 매슬로우의 자아실현욕구와 존경욕구를 앨더퍼의 성장욕구와 대응시키고 매슬로우의 생리적 욕구와 안정욕구를 앨더퍼의 존재욕구에 대응시키고 있다.

그림 7-6 앨더퍼의 ERG이론

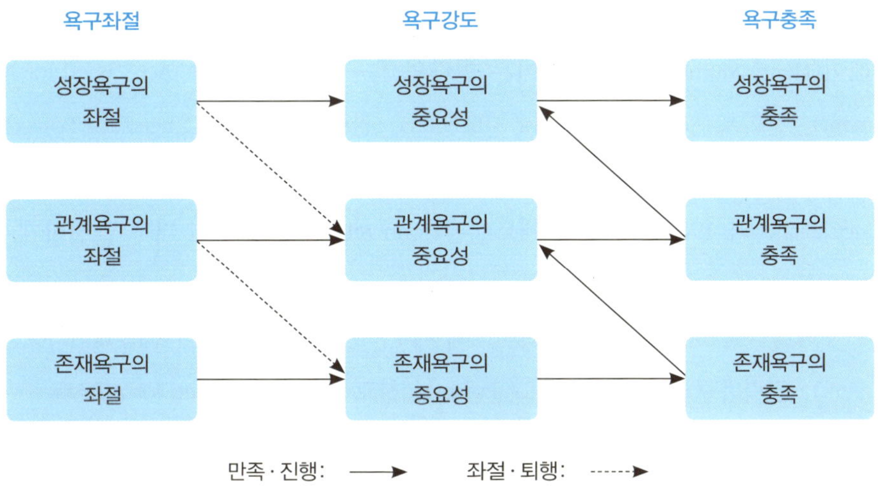

자료: R. Kreitner & A. Kinicki(2013), *Organizational Behavior*, 10th ed., New York, NY: McGraw-Hill/Irwin, 174.

앨더퍼의 ERG이론은 여러 가지 면에서 매슬로우의 욕구단계설과 공통된 점이 많지만 크게 세 가지 면에서 매슬로우의 욕구단계설과 차이를 보이고 있다. 첫째, 욕구의 분류체계가 다섯 가지가 아니라 세 가지로 되어 있어 개념 자체가 보다 포괄적이다. 둘째, 매슬로우의 욕구단계이론 저차의 욕구가 충족되면 보다 고차의 욕구로 나아가는 진행이 이루어진다고 보았지만(satisfaction-progression) 앨더퍼의 ERG이론은 저차의 욕구가 충족되면 차상위요구로 이행할 뿐만 아니라 좌절되면 퇴행하기도 한다는 점이다(frustration-regression). 곧 [그림 7-6]에서 알 수 있듯이 관계욕구를 추구하다가 이것이 좌절되면 존재욕구의 중요성이 더 커짐으로써 하위욕구인 존재욕구가 중요한 동기로 작용한다는 것이다. 셋째, 매슬로우의 욕구단계설은 저차의 한 가지의 욕구가 충족되어야 비로소 보다 고차의 욕구가 싹튼다고 주장했으나 앨더퍼의 ERG이론은 두 가지 이상의 욕구가 동시에 싹틀 수 있다는 점이다. 이와같이 Maslow는 욕구가 분절화되어 사람이 한순간에 하나의 욕구만을 취하는 것으로 이해하였지만, Alderfer는 한순간에 하나 이상의 욕구를 취할 수 있다는 복합연결형 욕구단계론을 주장하였다(강성철 외, 2011, 407; 백기복, 2011, 147).

4. 맥클리랜드의 성취동기이론

성취동기에 대하여 처음으로 주의를 환기시킨 사람은 1930~1940년대 헨리 머레이(Henry Murray)였다. 머레이는 인간의 욕구를 성취욕구(N Ach: need for Achievement), 친화욕구(N Aff: need for Affiliation), 권력욕구(N Pow: need for Power), 자율욕구(N Aut: need for Autonomy) 등으로 구분했다. 그 뒤 1950년대에 맥클리랜드(D.C. McClelland)와 1960년대에 존 애트킨슨(John Atkinson)에 의해 더욱 발전하게 되었다(백기복, 2011, 149; Murray, 1938).

맥클리랜드는 인간의 욕구를 크게 세 가지, 즉 성취욕구(n Ach: need for Achievement), 권력욕구(n Pow: need for Power), 친교욕구(n Aff: need for Affiliation) 등으로 나누고 있다. 여기서 성취욕구란 이전보다 보다 나은 업적을 수행하려는 강박 관념을 나타내는 욕구를 나타낸다. 친교 욕구란 다른 사람들에 의해 사랑받고 받아들여지고자 하는 욕구를 말한다. 그리고 권력 욕구란 다른 사람을 통제하기 위하여 영향력을 행사하고자 하는 욕구를 나타낸다(McClelland & Burnham, 1976).

맥클리랜드는 이 중에서도 성취욕구에 초점을 맞추어 주제지각검사(TAT: Thematic Apperception Test)기법을 사용하여 연구를 진행했다. 일반적으로 높은 성취자들은 성공할 확률이 50%, 즉 50:50의 가능성이 있다고 판단될 때 일을 가장 잘 수행한다. 그들은 우연히 오는 성공으로부터 아무런 성취 만족을 얻지 못하기 때문에 높은 확률의 도박을 싫어한다. 마찬가지로 그들은 낮은 확률, 곧 높은 성공의 가능성을 싫어하는데, 그 이유는 그렇게 되면 자신의 기술에 아무런 해볼 만한 일도 없기 때문이다. 그들은 자신을 조금 긴장시킬 필요가 있는 목표를 설정하기를 좋아한다.

이와같이 적절한 위험과 어려움을 선호하는 것 이외에도 높은 성취욕구를 가진 사람들의 일반적인 특징으로는 동료관계의 중시, 과업에 대한 몰두, 즉각적인 피드백의 선호, 그리고 행운이나 우연보다는 노력이나 능력을 우선시한다는 것 등을 들 수 있다(Robbins, 1989, 156~157).

많은 연구 결과에서 성취욕구와 직무성과 사이에 몇몇 관계를 예측할 수 있다. 첫째, 직무에 높은 개별 책임, 피드백, 중간 정도의 리스크가 있을 때 높은 성취자들은 강하게 동기부여된다. 예를 들어 그들은 자신의 사업 운영과 대규모 조직 내에서 필요한 것이 모두 갖춰진 부서의 관리와 같은 기업가적인 활동에서 성공적이다(Miner, Smith, & Bracker, 1994). 둘째, 높은 성취욕구가 반드시 사람을 훌륭한 관리자로 만드는 것은 아닌데, 특히 큰 조직에서 그러하다. 높은 성취욕구를 갖는 사람들은 자신이 개인적으로 얼마나 잘하는가에 관심이 있을 뿐 다른 사람들이 더 잘하도록 영향력을 행사하는 데에는 관심이 없다. 높은 성취욕구를 가진 영업사원이 반드시 유능한 판매 관리자가 되는 것은 아니며, 대기업에서 훌륭한 일반 관리자가 일반적으로 높은 성취욕구를 갖는 것은 아니다(McClelland & Burnham, 1976).

초기의 동기부여 이론 중에서 맥클리랜드의 이론이 가장 높은 연구 지지를 받았다. 그러나 안타깝게도 그 이론은 다른 이론들보다 실질적인 효과는 적었다. 맥클리랜드는 세 가지의 욕구가 잠재의식이라고 주장했기 때문에 — 욕구를 높게 평가할 수는 있어도 그것을 알지는 못한다 — 그들을 측정하기가 용이하지는 않다. 가장 흔한 접근방법에서, 훈련받은 전문가는 개개인에게 그림을 보여 주고, 그들에게 각 그림에 관하여 이야기를 하도록 부탁하며, 그러고 난 뒤 세 가지 욕구에 의해 그들의 반응에 점수를 매긴다. 그러나 그 과정에 시간이 많이 걸리고 비용이 많이 들어 매클랜드의 개념을 측정하는 데 투자하려고 하는 조직은 거의 없다(Robbins & Judge, 2015).

지금까지 모티베이션의 내용이론들을 살펴보았는데 이들을 비교해 보면 [그림 7-7]과 같다.

그림 7-7 모티베이션 내용이론의 비교

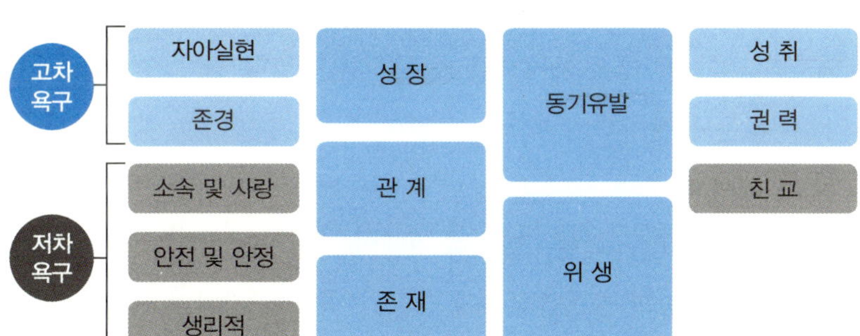

자료 : R. N. Lussier(2017), *Human Relations in Organizations: Applications and Skill Building*, 10th ed. New York : McGraw-Hill Book Co., 234~246; C. P. Neck, J. D. Houghton, & E. L. Murray(2017), *Organizational Behavior: A Critical-thinking Approach*, California : SAGE. 122.

제 3 절 모티베이션의 과정이론

앞서 살펴본 모티베이션 내용이론은 사람의 동기를 유발시키는 요인에 초점을 둔 이론으로 무엇이 사람을 동기부여시키는가에 대해서는 해답을 주고 있지만 어떻게 동기화되는가에 대해서는 적절한 해답을 제시하지 못하고 있다. 이에 대한 반발로서 학자들은 어떤 과정을 거쳐 동기가 발생하는가에 관심을 두게 되었다. 모티베이션 과정이론이란 모티베이션 과정에서 발생하는 여러 변수와 이들 변수들간의 상호관련성을 검토하는 데 초점을 두고 있는 모티베이션이론으로 대표적인 예로 브룸(V.H. Vroom)의 기대이론, 포터-로울러(L.W. Porter & E.E. Lawler, Ⅲ)의 동기부여모형, 아담스(J.S. Adams)의 공정성이론을 들 수 있다. 그러면 이들 각각의 이론들을 살펴보기로 하자.

1. 브룸의 기대이론

기대이론(Expectancy theory)은 한 마디로 모티베이션을 유발하는 내적 인지상태 cognition state)에 초점을 맞추고 있다. 즉 인간은 자신의 행동을 통해 원하는 보상이나 결과물을 얻게될 경우에만 동기유발이 되는 것이다. 이러한 관점은 인간이 합리적 의사결정자라는 것을 가정하고 있다(박경규, 2014, 117).

기대이론은 톨만(E.C. Tolman), 르윈(C. Lewin), 그리고 애트킨슨(J.W. Atkinson) 등의 선행연구에 기초를 두고 브룸(V. Vroom)에 의해 처음으로 제시된 이론으로 일명 수단성이론이라고도 한다. 브룸의 기대이론이란 개인은 자신의 행동형성과정에서 여러 가지의 가능한 행동대안 또는 행동전략을 평가하여 자기 자신이 가장 중요시하는 결과를 가져오리라고 믿어지는 행동대안 또는 전략을 선택하게 된다는 것을 특징으로 하는 모티베이션이론이다. 이러한 선택을 위해서는 각 행동안에 대한 모티베이션 정도가 먼저 계산이 되어야 한다. 이러한 계산에는 여러 변수가 작용하는데 그러한 변수들로는 결과, 기대, 수단성, 유인가(誘引價), 힘(모티베이션)과 같은 5가지의 주요 변수가 있다.

(1) 결과

결과(outcome)란 특정행동의 최종적인 산물을 말한다. 여기에는 1차수준 결과(first level outcome)와 2차수준 결과(second level outcome)가 있는데, 1차수준 결과는 일 자체와 관련된 것으로 성과를 들 수 있고, 2차수준 결과는 성과와 관련된 보상으로 임금, 승진, 인정 등을 들 수 있다.

(2) 기대

기대(expectancy)란 특정 노력이나 행동이 특정 결과를 가져올 가능성, 즉 주관적인 확률을 말한다. 즉 누군가가 어떤 행동안을 선택했을 때 성공할 확률이 얼마인가 하는 것인데, 통상 0에서 1까지의 값을 취한다.

(3) 수단성

수단성(instrumentality)이란 1차수준 결과(성과)가 2차수준 결과(임금, 승진, 인정)를 가져올 주관적인 확률을 말한다. 곧 1차수준 결과와 2차수준 결과와의 상관관계를 말한다. 이 수단성은 통상 −1에서 1까지의 값을 취한다.

(4) 유인가

유인가(valence)란 특정결과(2차수준 결과)에 대해 부여하는 주관적인 가치로 개개인의 매력의 정도를 나타낸다. 이를테면 금전적 보상, 승진 및 인정 등을 들 수 있는데, 이들에 대한 매력은 사람에 따라 충분히 다를 수 있다. 이 유인가는 유의성이라고도 한다.

(5) 힘

끝으로 힘(force) 혹은 모티베이션(motivation)이란 동기수준으로 개인이 이용가능한 여러 행동대안 가운데서 행동의 방향을 결정하는 역할을 한다. 브룸은 위의 변수들을 중심으로 개인이 여러 가지 행동대안들 중에서 하나를 선택하게 되는 메커니즘을 다음의 개념으로 설명하고 있다.

브룸은 이들 여러 개념들의 상호관련성을 〈표 7-1〉와 같은 세 원리로 파악함으로써 개인의 모티베이션 과정을 설명하고 있다.

표 7-1 관련 변수들의 상호관련성

구성 Ⅰ: $P=f(M\times A)$	구성 Ⅱ: $M=f[\Sigma(V_j\times E)]$	구성 Ⅲ: $V_j=f[\Sigma(V_k\times I)]$

P: Performance, $M(F)$: Motivation(Force), A: Ability, V: Valence(V_j: 1차수준 결과에 대한 유인가, V_k: 2차수준 결과에 대한 유인가), E: Expectancy, I: Instrumentality

〈표 7-1〉에서 구성Ⅰ의 관계는 성과(performance)는 모티베이션(motivation)과 능력(ability)과의 곱의 관계라는 것을 의미한다. 구성Ⅱ의 관계는 한 행동에 대한 모티베이션은 1차수준 결과에 대한 유인가(V_j)와 기대와의 곱의 함수라는 것을 의미한다. 그리고 구성Ⅲ의 관계는 1차수준 결과에 대한 유인가(V_j)는 2차수준 결과에 대한 유인가(V_k)와 수단성과의 곱의 함수라는 것을 의미한다. 지금까지 설명한 브룸의 기대이론를 간단히 그림으로 나타내면 [그림 7-8]과 같다.

결국 브룸의 기대이론과 바로 이어 설명할 포터-로울러의 기대이론에서는 조직구성원의 노력, 성과, 보상 간의 연계관계를 강조한다. 즉 조직구성원이 노력하면 좋은 성과를 내게 되고, 성과를 올리게 되면 가치있는 보상이 주어진다고 해당 구성원이 믿게 되면 그는 그 믿음의 정도만큼 자신의 노력을 기울이게 된다는 것이다. 곧

그림 7-8 브룸의 기대이론 단순모형

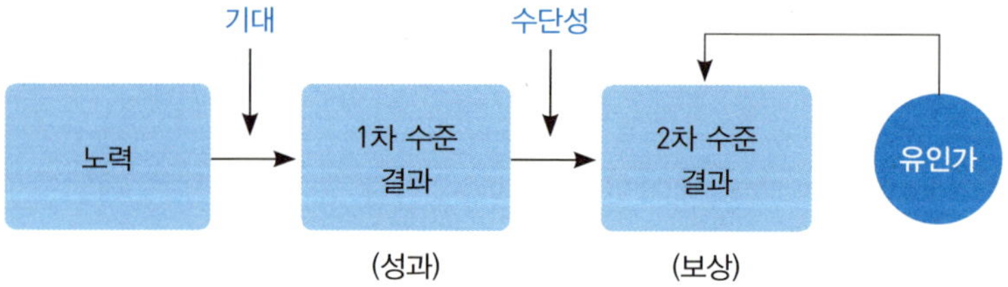

조직구성원의 동기부여 수준은 그가 노력하면 성과가 있을 것이라고 믿는 기대감과 성과가 있으면 보상이 제공될 것이라고 생각하는 수단성, 그리고 보상에 대해 해당 구성원이 부여하는 가치(유인가)의 크기에 따라 결정된다(하미승, 2018, 280~281).

위에서 설명한 브룸의 기대이론을 전체적인 관점에서 이해하기 위해 [그림 7-9]와 같이 중동에 진출해 있는 건설업체의 대형프로젝트 현장 총책임자를 예로 들어보자. 전무급의 그 임원은 2차수준 결과인 임금인상, 승진, 인정을 유발할 수 있는 1차수준 결과로서 세 가지 안, 즉 공기내(工期內) 완공, 공기에 맞춘 완공, 공기후 완공이 있을 수 있음을 잘 알고 있다.

먼저 공기내 완공에 대한 유의성은 (8×0.6)+(10×0.5)+(4×0.7)=12.6이며, 동일한 방식에 의해 공기에 맞춘 완공에 대한 유의성은 5.6, 그리고 공기후 완공에 대한 유의성은 −7.4이다. 이어서 모티베이션, 즉 힘은 공기내 완공은 12.6×0.5=6.3, 공기완공은 5.6×0.65=3.4, 그리고 공기후 완공은 −7.4×0.8=−5.9가 된다.

그림 7-9 기대이론의 예

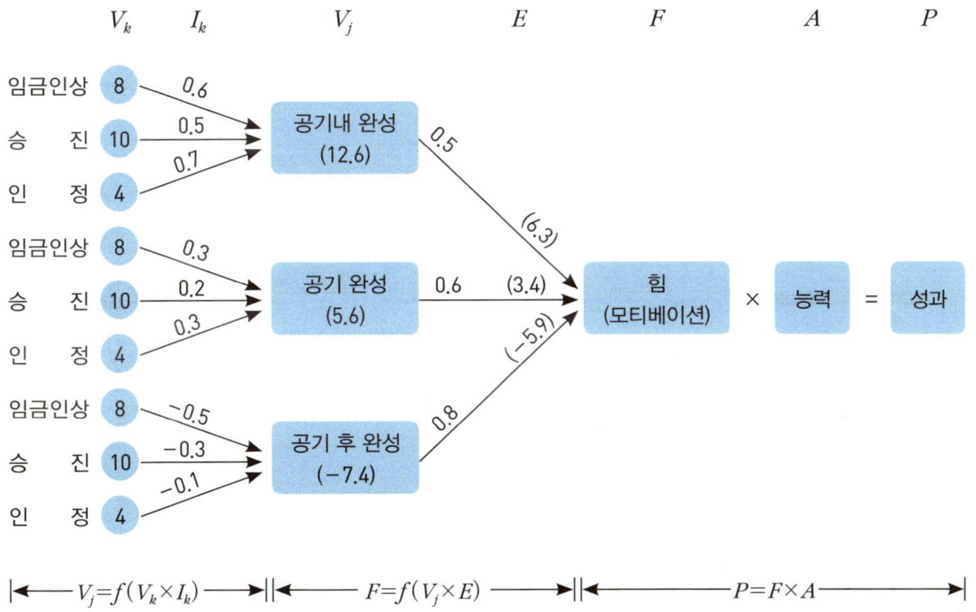

자료: A.D. Szilagyi, Jr. and M.J. Wallace(1990), *Organizational Behavior and Performance*, 5th ed., Glenview, Ill.: Scott, Foresman/Little, Brown Higher Education 115.

브룸의 기대이론에 따르면 개인은 자신의 행동형성과정에서 여러 가지의 가능한 행동대안 또는 행동전략을 평가하여 자기 자신이 가장 중요시하는 결과를 가져오리라고 믿어지는 행동대안 또는 전략을 선택하게 되기 때문에 중동 현장 책임자의 이러한 선택은 결국 건설공사를 공기 내에 끝낼 수 있도록 노력하게 만들 것이다. 끝으로 그의 이러한 의욕은 자신의 능력과 어울려서 성과를 내게 된다.

2. 포터 – 로울러의 동기부여모형

브룸의 기대이론은 그 후 여러 학자들에 의해 더욱 보완되어 이론적으로 보다 정치화되었다. 먼저 일부 학자들은 2차적 결과에 대한 유의성을 승진과 보상 등의 같은 직무외재적 요소와 성취, 발전, 인정 등과 같은 직무내재적 요소로 세분하여 개인의 동기과정을 분석하였다. 다른 학자들도 개인의 기대감을 두 가지로 나누어 1차적 기대감(expectancy I)으로 노력 – 성과 간의 관계(effort-performance relationship)를,

그림 7-10 **포터 – 로울러 동기부여모형**

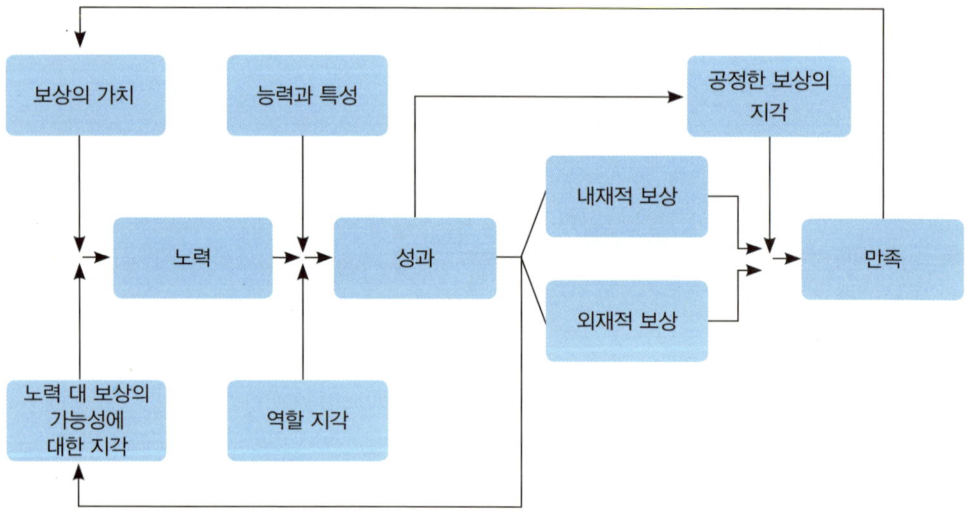

자료 : L.W. Porter & E.E. Lawler, Ⅲ(1968), *Managerial Attitudes and Performance*, Burr Ridge, IL: Richard D. Irwin, 165. in A.B. Shani & J.B. Lau(2000), *Behavior in Organizations: An Experimental Approach*, 7th ed., New York: McGraw-Hill Book Co., 249.

그리고 2차적 기대감(expectancy Ⅱ)을 성과－보상 간의 관계(performance-reward relationship)를 분석함으로써 개인의 동기과정을 더욱 명확히 하였다.

브룸의 기대이론을 더욱 발전시킨 대표적인 인물들이 바로 포터와 로울러(L.W. Porter & E.E. Lawler, Ⅲ)이다. 그들은 개인의 동기는 [그림 7－10]에서와 같이 노력, 성과 보상 및 만족과의 복합적인 함수로 나타내고 있으며, 이 복합관계에서 개인의 노력과 특성, 역할에 대한 지각, 성과, 보상에 대한 기대감, 그리고 보상의 공정성 지각 등이 중요한 요소로 작용한다고 강조하고 있다.

3. 아담스의 공정성이론

(1) 공정성이론

사회적 과정과 교환에 관한 블라우와 에찌오니(P.M. Blau & D. Etzioni)의 생각은 근로관계에서의 공정성을 이해하기 위한 하나의 환경을 제공한다. 아담스(S. Adams)는 사회교환과정에서의 불공정성(inequity)이 하나의 중요한 동기요인이라는 아이디어를 개발했다(Nelson & Quick, 2002, 148). 그러면 모티베이션 과정이론의 두 번째로 아담스의 공정성이론(equity theory)에 대해서 살펴보기로 하겠다.

공정성이론은 인간관계에서 공정성, 즉 공평함과 정당함을 추구하는 인간본능을 기초로 하는 모티베이션 이론이다. 아담스가 스탠퍼드 대학 심리학과 교수인 페스팅거(L. Festinger)의 인지부조화이론에 기초하여 1963년에 발표한 동기이론이 바로 공정성이론이다.

아담스는 개인은 자신의 투입과 산출을 준거인물의 투입과 산출을 비교하여 크거나 작을 때 불공정성을 느끼며, 이러한 불공정성으로 적지 않은 심리적 불안, 걱정, 근심을 유발하게 되며 이것을 해소시켜 나가는 과정에서 동기가 유발된다는 공정성이론을 주장하였다. 여기서 투입이란 개인이 산출을 가져오기 위해 조직에 제공하는 모든 것, 이를테면 노력, 성과(업적), 보유기술, 생산, 건강, 혁신아이디어, 교육수준, 직무경험 등을 말한다. 산출이란 투입의 대가로 조직으로부터 받게 되는 모든 것, 즉 임금, 복리후생, 승진 혹은 승진기회, 인정, 칭찬, 지위, 고용안정 등을 말한다. [그림 7－11]이 이러한 관계를 잘 나타내고 있다.

그림 7-11 공정성이론

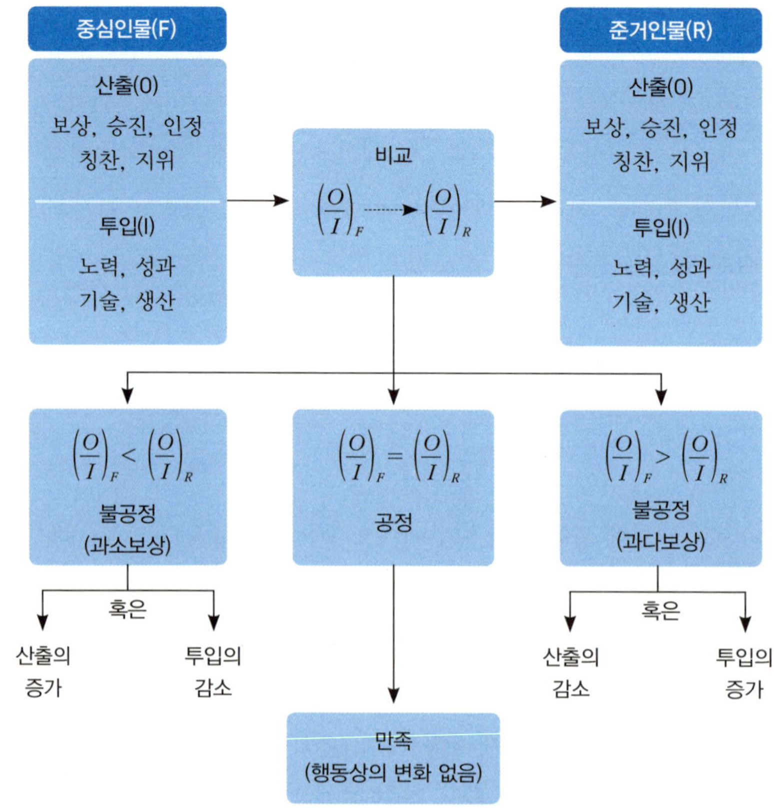

자료: A.D. Szilagyi, Jr. and M.J. Wallace, Jr.(1990), *Organizational Behavior and Performance*, 5th ed., Glenview, Ill.: Scott, Foresman/Little, Brown Higher Education, 115.

(2) 불공정성을 감소시키는 방법

사람들이 일단 불공정성의 존재를 확인하게 되면 그것을 없애기 위해 여러 가지 전략이 사용될 수 있다. 아담스의 공정성이론은 불공정을 해결하기 위해 7가지의 기본전략을 제공하고 있다. 구체적 방법으로는 투입과 산출의 조정, 준거인물의 투입과 산출의 조정, 투입과 산출의 인지적 왜곡, 준거인물의 변경, 이직 등이 있다.

1) 본인의 투입변경

본인 즉, 초점인물의 투입과 산출을 준거인물의 투입과 산출과 비교하여 불공정성을 느낄 때 본인의 관점에서 자기 자신의 투입을 적절하게 늘리거나 줄임으로써 준거인물과의 비율 간의 균형을 맞추려고 하는 것을 말한다. 이를테면 과소보상의 경우 회사발전에 자신의 노력을 덜 기울이는 것을 들 수 있다.

2) 본인의 산출변경

자신의 투입과 산출을 준거인물의 투입과 산출과 비교하여 불공정성을 느낄 때 본인, 즉 초점인물의 관점에서 자신의 산출을 늘리거나 줄임으로써 준거인물과의 비율간의 균형을 맞추려고 하는 것을 말한다. 구체적으로 노조를 통한 압력에 의해 임금인상이나 작업조건의 개선을 가져오는 것을 들 수 있다.

3) 준거인물의 투입변경

자신의 투입과 산출을 준거인물의 투입과 산출과 비교하여 불공정성을 느낄 때 자기 자신의 투입과 산출을 조정하는 대신에 준거인물의 투입을 조정함으로써 준거인물과의 비율간의 균형을 맞추려고 하는 것을 말한다. 구체적으로 과소보상(under payment)의 경우 준거인물의 투입을 늘리고 과다보상(over payment)의 경우 준거인물의 투입을 줄임으로써 가능하다.

4) 준거인물의 산출변경

자신의 투입과 산출을 준거인물의 투입과 산출과 비교하여 불공정성을 느낄 때 자기 자신의 투입과 산출을 조정하는 대신에 준거인물의 산출을 줄임으로써 준거인물과의 비율 간의 균형을 맞추려고 하는 것을 말한다. 준거인물의 산출을 변경하는 것은 자신 자신의 투입이나 산출을 바꾸는 것보다는 훨씬 어렵기는 하지만 노조활동, 여론조성 나아가 보다 거시적인 법제정이나 개정 등을 통해 어느 정도 가능하다.

5) 투입과 산출의 인지적 왜곡

실제로 투입이나 산출을 변경시키지 않고도 이들 변수에 대한 인지적 왜곡(cognitive distortion)을 통해 동일한 결과를 얻을 수 있다. 예를 들어 연령이나 나이, 학력이 중요한 투입변수라면 이에 대한 가치와 중요성을 높이거나 줄임으로써 불공정성을 해소해 나갈 수 있다. 이를테면 30대 초반의 행정고시출신의 5급사무관은 9급부터 공무원생활을 시작해온 40대 후반의 6급주사보다 통상 급여가 적은 편이다. 이럴 경우 5급사무관은 과소보상으로 인한 불만족을 토로할 것이 아니라 6급주사는 공무원생활을 25년이나 수행했기 때문에 호봉이 높아서 그렇다고 생각함으로써 불만족을 해소할 수 있다.

6) 준거인물의 변경

본인(초점인물)이나 준거인물의 투입과 산출의 변경을 통해 불공정성을 해소하기 어려운 경우 혹은 본인이나 준거인물의 투입과 산출의 변경을 통해 불공정성을 해소할 수 있다 하더라도 이와는 별도로 비교대상인 준거인물을 바꿈으로써 불공정성을 해소하거나 줄일 수 있다. 이를테면 준거인물과의 불공정성이 너무 클 경우 "못 올라갈 나무 쳐다보지나 말자"는 식으로 준거인물을 교체하는 경우이다.

7) 이직

불공정성을 줄이는 마지막 방법으로 사용할 수 있는 카드가 이직이다. 이직이란 고용관계의 단절로 불공정성을 유발시키는 직장을 떠남으로써 불공정성의 근원을 아예 없애버리는 방법이다. 이 방법은 상당히 극단적인 예로 불공정성을 극도로 심하게 느껴 본인이 도저히 그것을 해소할 수 없는 경우에 나타난다(신유근, 1987, 239~250; 이학종·박헌준, 2004, 186~195).

4. 목표설정이론

기업 조직에서 목표란 매우 중요한 의미를 갖는다. 과학적 관리의 아버지라 일컬어지는 테일러(F. Taylor)는 공장조직에서 생산성을 향상시키기 위해 일찍부터 차별성과급제를 도입하였는데, 그 기준으로 "상당히 높은 수준의 하루 과업량"을 지정한 바 있다. 오늘날 조직에서 광범위하게 사용되는 목표관리(MBO)는 목표를 기업성과에 적용시키는 거시적 접근법으로 해석된다(박경규, 2014, 125).

개인의 행동은 개인이 그의 의식적인 목표를 추구하는 과정에서 형성된다. 따라서 개인의 목표는 그의 행동동기에 직접적인 요인으로 작용한다는 전제하에 조직구성원의 의식적인 목표(conscious goal)와 과업성과(task performance) 간의 관계를 설명하는 이론이 바로 목표설정이론(goal setting theory)이다(이학종·박헌준, 2004, 196).

이 목표설정이론은 1968년 로크(Edwin A. Locke)를 처음으로 제시된 이후 오늘에 이르기까지 동기이론 중 가장 많이 연구되었으며 가장 타당성이 있는 것으로 밝혀진 이론이다(백기복, 2011). 로크는 종업원들이 직장에서 달성하고자 하는 목표가 그들의 동기부여와 성과 수준에 중요한 영향을 미친다고 주장한다.

2002년 한일월드컵의 뜨거운 열기를 17년이 지난 지금도 우리는 생생히 기억하고 있다. 그때의 감동을 가져다 준 월드컵 4강이라는 놀라운 성과는 선수들의 피땀어린 훈련과 국민들의 뜨거운 성원의 결과이기도 하지만, 히딩크(Guus Hiddink) 감독의 "난 아직도 배가 고프다"란 유명한 말로 대변되듯이 16강 이상의 결과를 얻고자 하는 리더로서의 도전적인 목표설정과 효과적인 동기부여도 큰 역할을 했음은 주지의 사실이다.

목표설정이 동기부여에 중요한 역할을 한다는 것은 오래전부터 인지되어 왔지만, 목표설정이론은 어떤 목표가, 그리고 목표설정이 언제 효과적인지, 어떻게 목표설정을 효과적이게 할 수 있는지를 구체적으로 제시한다. 많은 연구에서 밝혀졌듯이, 목표설정이 동기부여에 효과적이기 위해서는 목표 자체가 구체적이고, 도전적이어야 하며, 종업원들이 주어진 목표에 헌신해야 하며, 그리고 목표달성을 위한 과정에 대한 피드백이 제시되어야 한다(Locke & Latham, 2002). 그러면 이들에 대해 간단히 살펴보기로 하자.

(1) 구체적인 목표

구체적인 목표는 특정한 기간 안에 사람들이 달성해야 할 성과의 정확한 수준을 구체적으로 제시한 목표를 말한다. 예를 들어, 전화상담원의 경우 "1시간에 20명 이상의 고객에게 서비스를 제공하기", 판매원의 경우 "1달 안에 판매액을 10% 증가시키기", 최고경영자의 경우 "연간 순수익을 10% 증가시키고, 변동비용을 20% 줄이기" 등이 구체적인 목표의 예이다. 반면에, 최고경영자에게 모호한 목표의 예는 "연간 순수익을 늘리고, 비용을 절감하자"가 될 수 있다. 예전에, 어느 유명 대학 농구 지도자의 경우, 타임아웃시 "최선을 다해", "수비 좀 더 강화해", "공격을 빨리 해야지"라고 지시하는 것도 모호한 목표 설정의 예일 수 있다.

(2) 도전적인 목표

도전적인 목표는 쉽거나 적당한 수준의 목표보다 더 높은 수준의 동기부여와 성과를 달성하게 해 준다. 도전적인 목표는 대부분의 종업원들에게 달성하기에는 어렵지만, 불가능하지는 않은 목표를 말한다. [그림 7-12]는 목표 수준과 업무 성과 간의 예상되는 관계를 보여준다. 쉬운 목표는 누구나가 달성할 수 있기 때문에 동기부여 차원에서는 큰 의미가 없다. 적당한 수준의 목표는 어떤 사람들에게는 좀 더 열심히 노력해야만 달성할 수 있는 것이지만, 다른 사람들에게는 여전히 많은 노력 없이도 달성할 수 있는 수준이다. 도전적인 목표는 열심히 노력해야만 달성할 수 있는 수준이기에 대부분의 사람들에게 좀 더 노력하도록 동기부여를 해 줄 수 있고, 그 결과 높은 성과를 기대할 수 있다. 단, 도전적인 목표를 설정하고 동기부여를 할 경우에는 개인마다 능력과 자신감이 다르기 때문에 해당 업무를 담당하는 종업원의 능력과 자신감을 고려해야 한다. 능력과 자신감 정도에 따라 어느 정도의 목표가 도전적인지가 달라질 수 있기 때문에, 훌륭한 리더는 각 개개인들의 능력과 자신감을 잘 파악하

그림 7-12 | 목표수준과 업무성과 간의 관계

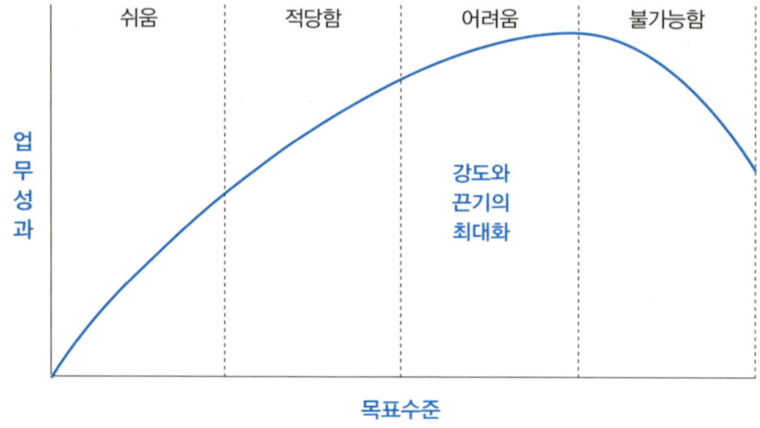

자료: E.A. Locke and G.P. Latham(1990), *A Theory of Goal Setting and Task Performance*, Englewood Cliffs, NJ: Prentice Hall. in Colquitt, J.A., Lepine, J.A., & Wesson, M.J.(2009). *Organizational Behavior: Improving Performance and Commitment in the Workplace*, NY: McGraw-Hill Companies, INC., 188.

고, 개인차를 고려하여 각기 다른 목표를 설정해 주어야 한다. 또한, 목표가 너무 어려울 경우에는 대부분의 사람들이 아예 처음부터 포기하고 시도조차 하지 않을 수 있기 때문에, 성과에는 부정적인 영향을 미칠 수 있다.

(3) 목표에 대한 헌신

구체적이고 도전적인 목표가 종업원들에게 효과적인 동기부여 방법이 되기 위해서는 종업원들이 주어진 목표를 달성하기 위해 헌신해야 한다. 그렇다면 어떻게 종업원들이 목표를 달성에 헌신하도록 할 수 있을까? 가장 중요한 것은 종업원들이 주어진 목표를 자신의 목표로 기꺼이 받아들여야(goal acceptance) 한다는 것이다. 이를 위해서는 목표를 함께 설정하기(participation), 목표달성시 보상(rewards), 리더의 지원(management support)이 필요하다. 리더가 일방적으로 목표를 제시하기보다는 종업원들의 의견을 통해 보다 공정하고, 실현가능한 목표를 설정할 수 있게 되고, 업무달성을 촉진시킬 수 있게 된다. 물론, 종업원들이 리더를 신뢰하고, 리더가 각 종업원들의 능력, 수준 등에 대해 자세히 알고 있다면, 참여가 불필요하지만, 현실은 그렇지 않기 때문에, 목표를 함께 설정하는 것은 종업원들이 설정된 목표를 보다 능동적으로 받아들이는 데 도움은 준다.

또한, 목표달성시 금전적인 보상 혹은 표창 등도 절대적인 것은 아니지만 일정 정도 개인들이 목표 달성에 헌신하도록 도움을 줄 수 있다. 무엇보다도 중요한 것은, 구체적이고 도전적인 목표를 설정한 후, 종업원들이 그것을 달성할 수 있도록 리더가 도움을 제공해야 한다는 것이다. 위협, 처벌 등을 사용하여 혹독하게 공격적으로 목표 달성을 독려하는 리더십은 자주 실패하는 반면에, 목표 달성에 실패하는 경우에도 격려하고, 심지어는 목표가 비현실적이라고 판단될 경우, 목표를 좀 더 쉽게 조정하는 등 지원을 해주는 리더십이 효과적이다(Saari & Latham, 1979).

(4) 목표 피드백

구체적이고 도전적인 목표가 달성되어져 가는 과정 가운데 가장 중요한 것 중의 하나는 종업원들이 현재의 실적과 정해진 목표 간의 차이를 평가, 비교할 수 있으며, 나아가 어떠한 노력을 더 기울여야 하는지를 알 수 있도록 지속적으로 피드백을 제공해 주어야 한다. 이러한 피드백이 효과적이기 위해서는 정확해야 하며, 구체적이고, 신뢰할 만해야 하며(개인적인 편견에 의존하지 않고, 보다 객관적인 자료에 근거하거나 다수의 평가에 근거하며), 가장 피드백이 필요한 때(예, 좋은 실적을 달성했거나 중요한 실수를 했을 경우)에 피드백을 제시해 주어야 한다.

(5) 목표설정이론의 실제적용: 목표에 의한 관리

많은 기업들이 목표설정이론의 기본 원리를 활용하여, 목표에 의한 관리, MBO(Management by Objectives: MBO)를 시행하고 있다. 위에서 제시한 목표설정 방법에 기초하여, 최고경영진은 조직 전체의 목표를 설정하고, 이에 근거하여 각 부서장들은 부서의 구체적인 목표를 제시하고, 이러한 부서의 목표를 달성하기 위해 관리자들은 종업원 개개인의 업무 목표를 설정한다. 이렇게 설정된 목표를 토대로, 개별 종업원들에게 목표를 달성하도록 동기부여를 하고, 정기적으로 업무를 평가, 피드백을 제공하며, 업무 달성 여부를 기준으로 보상을 시행한다.

제 4 절 모티베이션 방법

오늘날 조직은 조직목표를 달성하기 위하여 여러 가지 방법을 통하여 조직구성원들의 동기를 유발시키려 노력하고 있다. 일반적으로 대부분의 조직에서 가장 빈번하게 사용하는 모티베이션 방법으로 물질적 보상, 직무재설계, 커뮤니케이션의 활성화, 사회심리적 보상 등을 생각해 볼 수 있다.

1. 물질적 보상

(1) 매력적인 임금

선진국·후진국을 불문하고 그리고 대기업·중소기업 할 것 없이 많은 연구에서 근로의욕의 증진방안이나 동기유발요인과 관련하여 가장 중요한 요소로 임금이 나왔을 뿐만 아니라(〈표 7-2〉 참조), 각국의 노사분규의 주된 원인 또한 임금과 관련된 이슈이기 때문에 매력적인 임금은 양의 동서와 시의 고금을 막론하고 근로자들의 가장 주된 관심사항이다.

취업포털 인크루트가 2013년에 온라인 설문조사전문기관 두잇서베이와 공동으로 전국 4년제 대학생 1,041명을 대상으로 '일하고 싶은 기업'을 조사한 결과에서, 삼성전자가 10년 연속 1위로 선정되었다. 선정이유는 2013년에는 '구성원으로서의 자부심'(23.3%)과 우수한 복리후생(23.3%)이었고, 2012년에 '만족스러운 급여와 투명하고 공평한 보상제도'가 25.5% (2010년 31.2%)로 가장 많았다. 그만큼 물질적인 보상이 대학생들의 취업동기를 자극한 것이다.

비록 최근 들어 삼성전자의 인기는 예전만 못한 것 같다. 그래서 그런지 〈표

표 7-2 종업원이 가치있게 생각하는 동기유발요인의 추이

동기유발요인	1946	1980	1986	1992
작업수행에 따른 철저한 인정	1	2	2	2
소속의식	2	3	3	9
개인문제에 대한 체계적인 도움	3	9	10	10
직무안정	4	4	4	3
좋은 임금	5	5	5	1
재미있는 일	6	1	1	5
조직에서의 승진이나 성장	7	6	6	4
종업원에 대한 개별적인 신망(loyalty)	8	8	8	6
훌륭한 작업조건	9	7	7	7
적절한 훈련	10	10	9	8

자료: C. Wiley(1997) "What motivates employees according to over 40 years of motivation survey," *International Journal of Manpower*, 18(3), 263~281 in Kim Dongho(2006), "employees motivation: "Just ask your Employees" *Seoul Journal of Business*, 12(1), June, 22.

7-3〉에서와 같이 취업포털 인크루트가 발표한 “2019 대학생이 꼽은 가장 일하고 싶은 기업 TOP10”에서 삼성전자는 2018년에 이어 이번에도 3위로 밀려났다. 1위는 네이버로 7.4%의 득표율을 획득해 총 121개 기업 중 ‘최다득표 기업’이라는 영예를 안게 되었다. 네이버는 2015년, 2016년 2년 연속 1위를 거머쥔 이후 올해로 세 번째 1위를 수성했다. 2위에는 1위와 0.2% 격차로 CJ ENM(7.2%)이 올랐다(김수진, 2019.6.24).

하지만 최근 글로벌 인터넷 여론조사 업체 ‘유고브’가 전 세계 38개국에서 ‘근로자들이 선택한 최고의 기업 브랜드’를 선정한 결과에서는 삼성전자가 16개국에서 10위 내에 들며 사실상 종합 2위를 차지했다. 종합 1위는 총 23개국에서 ‘톱10’에 포함된 미국 구글, 종합 3위는 13개 국가에서 10위 내에 든 미국 애플로 조사됐다.

표 7-3 대학생이 꼽은 가장 일하고 싶은 기업 History

연도 순위	2019	2018	2017	2016	2015	2014	2013	2012	2004
1	네이버	CJ	포스코	네이버	네이버	대한항공	삼성전자	삼성전자	삼성전자
2	CJ ENM	네이버	한국 전력공사	CJ 제일제당	건강보험 공단	삼성전자	아모레 퍼시픽	국민은행	현대 자동차
3	삼성전자	한국 전력공사	CJ ENM	아모레 퍼시픽	아모레 퍼시픽	국민은행	대한항공	대한항공	LG전자
4	SK 하이닉스	삼성전자	카카오	삼성전자	현대 자동차	아모레 퍼시픽	NHN	CJ 제일제당	유한 킴벌리
5	대한항공	인천국제 공항공사	현대 자동차	건강보험 공단	국민연금 공단	CJ 제일제당	CJ 제일제당	한국 전력공사	한국 전력공사
6	CJ 제일제당	아모레 퍼시픽	삼성전자	한국 전력공사	삼성전자	포스코	한국 전력공사	KT	포스코
7	아모레 퍼시픽	LG	건강보험 공단	국민연금 공단	CJ 제일제당	한국 전력공사	넥슨 코리아	삼성모바일 디스플레이	SK 텔레콤
8	포스코	신세계	아시아나 항공	현대 자동차	아시아나 항공	NHN	기아 자동차	유한 킴벌리	CJ
9	현대 자동차	한국 공항공사	네이버	아시아나 항공	대한항공	현대 자동차	아시아나 항공	KT&G	KT
10	호텔신라	아시아나 항공	한국수출입 은행	대한항공	KB 국민은행	아시아나 항공	KB 국민은행	NHN	한국 IBM

자료: 인크루트

삼성전자가 상위 10위 안에 든 나라는 필리핀(1위), 프랑스(2위), 네덜란드(2위), 노르웨이(2위), 베트남(2위), 한국(3위), 독일(3위), 인도네시아(3위), 멕시코(4위), 영국(5위) 스웨덴(5위), 아랍에미리트(UAE·5위), 미국(7위), 사우디아라비아(7위), 인도(10위), 싱가포르(10위) 등 16개국이었다(진태희, 2019.5.7).

연도에 따라 혹은 조사기관에 따라 우리나라나 전 세계의 젊은이들이 일하고 싶은 기업에는 다소 차이가 날 수 있고 선택 동기 또한 다를 수 있다. 그러나 오늘날과 같은 4차 산업혁명시대에는 신기술을 선점할 수 있는 핵심인재가 무엇보다도 필요한데 이들의 확보와 유지를 위해서는 매력적인 임금이 여전히 절대적으로 중요하다.

(2) 복리후생의 증대

복리후생이란 임금이외에 지출되는 모든 물질적 혜택을 말한다. 보다 구체적으로 복리후생이란 기업이 인적자원관리의 한 수단으로 노동생산성의 향상, 노사관계의 안정, 노동력의 정착과 노동능력의 유지향상에 기여할 것을 기대하면서 종업원들의 경제생활의 안정과 심신의 건강을 증진시키기 위해 종업원이나 종업원의 가족들에게 제공하는 임금 이외의 모든 보상과 서비스를 말한다(정종진·이덕로·이지만, 2018, 327).

이와 같이 복리후생이란 임금만으로는 개개 근로자의 물질적 욕구를 충족시켜 줄 수 없기 때문에 보완적인 의미에서 제공되는 혜택으로, 미국의 경우 1929년만 하더라도 총보상에서 차지하는 비중이 3%에 불과할 정도로 얼마 되지 않았으나 제2차대전 이후부터 급격하게 증가하기 시작했다. 1950년 20%에서 2008년에는 30.3%(U.S. Bureau of Labor Statistics, June 2008;Gomez-Mejia, Balkin, & Cardy, 2010)를 차지할 정도로 총보상에서 차지하는 비중이 급속히 늘어나는 추세이며(정종진·이덕로·이지만, 2018), 이는 앞으로도 계속 증대될 것으로 보인다.

반면에 우리나라의 경우 전체기업의 복리후생수준을 보면 2016년을 기준으로 법정복리후생비는 월 평균 345천원, 법정외 복리후생비는 월 평균 219천원으로 월 564천원 정도밖에 되지 않을 정도로(한국노동연구원, 2018) 매우 미약한 수준이기 때문에 복리후생의 증대를 통해 근로자의 근로의욕을 증진시켜야 한다. 참고로 우리나라의 근로자 1인당 노동비용추이와 근로자 1인당 법정 및 법정외 복리비 추이를 살펴보면 〈표 7-4〉와 같다.

표 7-4 근로자 1인당 노동비용 추이 (단위: 천원/월, %)

	연도	노동비용 총액	직접 노동비용	간접노동비용				
				전 체	퇴직급여 등 비용	법정 노동비용	법정 외 복지비용	기타 노동비용
상용 근로자 30인 이상	1985	393(100.0)	327(83.2)	66(16.8)	25(6.3)	8(2.1)	24(6.1)	9(2.3)
	1990	816(100.0)	667(81.7)	149(18.3)	57(7.0)	24(2.9)	49(6.0)	19(2.3)
	1995	1,727(100.0)	1,295(75.0)	432(25.0)	204(11.8)	65(3.7)	121(7.0)	42(2.5)
	2000	2,795(100.0)	1,750(62.6)	1,045(37.4)	635(22.7)	183(6.6)	170(6.1)	57(2.1)
	2001	2,677(100.0)	1,850(69.1)	827(30.9)	388(14.5)	210(7.9)	175(6.5)	54(2.0)
	2002	2,844(100.0)	2,064(72.6)	779(27.4)	293(10.3)	222(7.8)	198(7.0)	66(2.3)
	2003	3,225(100.0)	2,305(71.5)	919(28.5)	382(11.8)	244(7.6)	229(7.1)	65(2.0)
	2004	3,249(100.0)	2,591(79.7)	659(20.3)	236(7.3)	202(6.2)	172(5.3)	49(1.5)
	2005	3,389(100.0)	2,697(79.6)	692(20.4)	241(7.1)	217(6.4)	186(5.5)	48(1.4)
	2006	3,705(100.0)	2,919(78.8)	786(21.2)	265(7.2)	247(6.7)	223(6.0)	51(1.4)
	2007	3,854(100.0)	3,054(79.3)	800(20.7)	259(6.7)	256(6.6)	234(6.1)	51(1.3)
	2008	4,071(100.0)	3,158(77.6)	913(22.4)	401(9.9)	268(6.6)	194(4.8)	49(1.2)
	2009	4,080(100.0)	3,161(77.5)	919(22.5)	411(10.1)	270(6.6)	195(4.8)	43(1.1)
	2010	4,256(100.0)	3,332(78.3)	925(21.7)	424(10.0)	278(6.5)	180(4.2)	43(1.0)
	2011	4,592(100.0)	3,507(76.4)	1,084(23.6)	536(11.7)	293(6.4)	208(4.5)	48(1.0)
	2012	4,754(100.0)	3,655(76.9)	1,099(23.1)	526(11.1)	311(6.5)	212(4.5)	49(1.0)
	2013	4,800(100.0)	3,757(78.3)	1,043(21.7)	458(9.5)	323(6.7)	226(4.7)	36(0.8)
	2014	4,938(100.0)	3,839(77.7)	1,099(22.3)	510(10.3)	329(6.7)	225(4.6)	35(0.7)
	2015	5,054(100.0)	3,977(78.7)	1,077(21.3)	479(9.5)	335(6.6)	229(4.5)	34(0.7)
	2016	5,169(100.0)	4,085(79.0)	1,085(21.0)	490(9.5)	345(6.7)	219(4.2)	31(0.6)
	2017	5,254(100.0)	4,136(78.7)	1,119(21.3)	498(9.5)	357(6.8)	231(4.4)	33(0.6)

주: ( ) 안은 노동비용총액에 대한 구성비임. 기타노동비용은 현물지급, 작업복, 전근, 사보발행, 표창비용용, 용관련비용(모집비), 교육훈련비용 등의 합계임

자료: 고용노동부, 「기업체노동비용조사보고서」, 각 연도; 한국노동연구원(2018), 「2018 KLI 노동통계」, 81.

2. 직무재설계

조직에서 직무는 개인과 조직을 연결시켜 주는 가장 기본적인 단위이다. 다시 말해서 직무설계를 통해서 종업원의 욕구와 조직의 목표를 통합시킬 수 있다는 것이다. 최근 종업원의 교육수준의 향상과 사회환경의 변화는 종업원들로 하여금 근로생활의 질(QWL: Quality of Working Life)과 직무로부터의 만족을 요구하게 되었다. 이와 같은 조직구성원의 욕구수준과 사회환경의 변화에 대응하기 위하여 각 기업들은 직무설계 또는 직무의 재설계를 논의하게 된 것이다(이덕로, 2005).

그림 7-13 | 직무설계의 역사적 전개과정

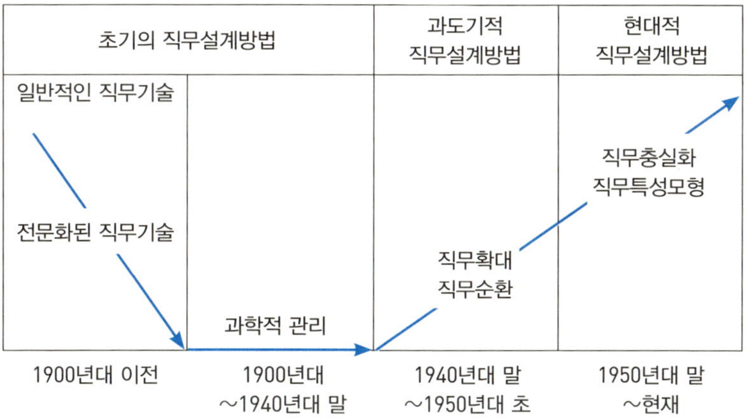

자료: R. Kreitner & A. Kinicki(2013), *Organizational Behavior*, 10th ed., New York, NY: McGraw-Hill/Irwin, 177.

직무설계에 대한 접근방법을 역사적으로 살펴보면 [그림 7-13]과 같이 크게 세 가지로 나누어볼 수 있다. 즉 가장 전통적인 과학적 관리방법에 의한 직무설계와 과도기적인 직무순환과 직무확대에 의한 직무설계 그리고 가장 최근의 직무충실화와 직무특성모형에 의한 직무설계방법이 있다(신건호 외 2011, 79~83; 박영배, 2011, 141~145; 이진규, 2001). 그러면 이들 각각에 대해 살펴보기로 하겠다.

직무설계에 대한 접근방법을 역사적으로 살펴볼 때 크게 세 가지, 즉 가장 전통적인 과학적 관리방법에 의한 직무설계와 과도기적인 직무순환과 직무확대에 의한 직무설계, 그리고 현대적인 직무충실화와 직무특성모형에 의한 직무설계방법 등으로 발전해 왔다(이진규, 2009). 그러면 오늘날 종업원들의 동기유발과 가장 밀접한 관계를 갖고 있는 현대적 직무설계에 대해 살펴보기로 하겠다.

(1) 직무충실화

직무충실화(job enrichment)는 허즈버그(F. Herzberg)의 이요인이론에 그 기초를 두고 있다. 허즈버그에 따르면 종업원을 적극적으로 동기부여시켜 성과와 직무만족을 높이기 위해서는 직무에서 만족요인 내지 동기요인이 충족되어야 한다는 것이다. 그러기 위해서는 실제적으로 직무 그 자체가 성취감, 인정감, 책임, 발전 및 성장에

그림 7-14 직무충실화 대 직무확대

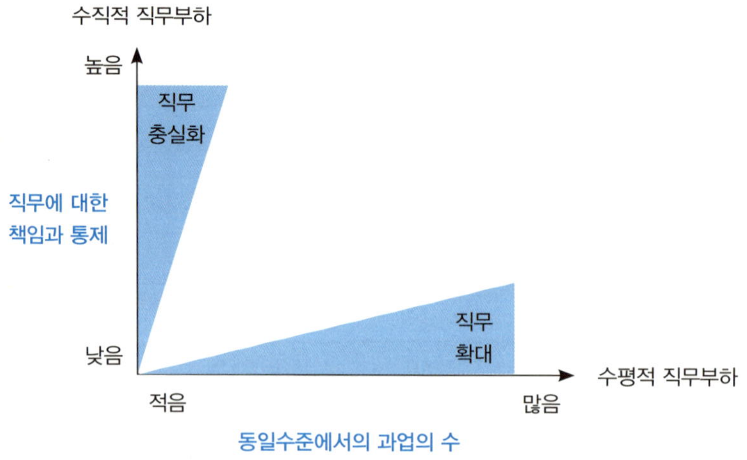

자료 : J. Greenberg & R.A. Baron(2000), *Behavior in Organization: Understanding and Managing The Human Side Work*, 7th ed., Upper Saddle River, NJ: Prentice Hall, 15.

대한 기회를 제공하게끔 재편성되어야 한다는 것이다. 즉 직무충실화란 종업원이 자신의 직무를 스스로 계획하고 실천하며 평가할 수 있도록 자율과 책임을 증대시키고 자신의 성과를 평가하고 수정할 수 있도록 피드백을 제공하는 새로운 직무설계방법이다(스티븐 로빈스·티모시 저지, 2015).

이것은 단순히 직무의 수를 '늘리는(enlarge)' 것과 구별되어 그러한 요인이 포함되게끔 직무를 '기름지게(enrich)' 하는 것이다. 이러한 의미에서 [그림 7-14]에서 알 수 있듯이 직무확대는 수평적인 직무부하(horizontal job loading)인 반면, 직무충실화는 수직적인 직무부하(vertical job loading)라 할 수 있다(Greenberg & Baron, 2000; Lussier, 2017, 250).

이러한 직무충실화는 여러 나라의 많은 회사에서 긍정적인 효과를 가져오는 것으로 나타났다. 즉 일반적으로 미국의 경우 Texas Instrument, Corning Glass, IBM, AT&T, Procter & Gamble, Maytag, Buick, Monsanto Chemical, Scott Paper, 그리고 유럽에서는 스웨덴의 Volvo, Saab 및 네덜란드의 Philips 등에서 결근율과 이직률의 감소, 품질 개선, 그리고 생산성의 향상을 가져온 것으로 나타났다.

그러나 직무충실화에도 적지 않은 문제점이 뒤따르게 되는데, 흔히 유발되는 문제점은 기술상의 제약, 비용, 그리고 경영자나 노조로부터의 저항 등이 바로 그것이다. 이러한 맥락에서 직무충실화에 관한 성공적인 보고들에 관한 타당성을 연구한 페인(M. Fein)은 연구상의 문제들을 다음과 같이 지적하고 있다. 첫째, 직무충실화에 관한 연구의 선택적인 보고가 그 프로그램의 유효성을 왜곡시켜 왔다. 둘째, 실제 결과에 관한 실증적인 연구결과가 너무 적으며 작업환경의 제한된 범위만을 나타내고 있다. 셋째, 발표된 연구들이 근로자나 노조의 관점에서가 아니라 직무충실화 프로그램을 주도한 경영자의 관점을 반영하고 있다(이덕로, 2018).

(2) 직무특성모형

직무특성모형(job characteristics model)이란 해크만과 올드햄(J.R. Hackman & G.R. Oldham)에 의해 주장된 것으로 [그림 7-15]와 같이 다섯 가지의 핵심직무차원(core job dimension)이 중요심리상태(critical psychological state)를 불러일으켜 개인 및 작업결과에 변화를 가져오게 되는데, 이것은 종업원의 성장욕구의 강도에 의해 달라질

그림 7-15 직무특성모형

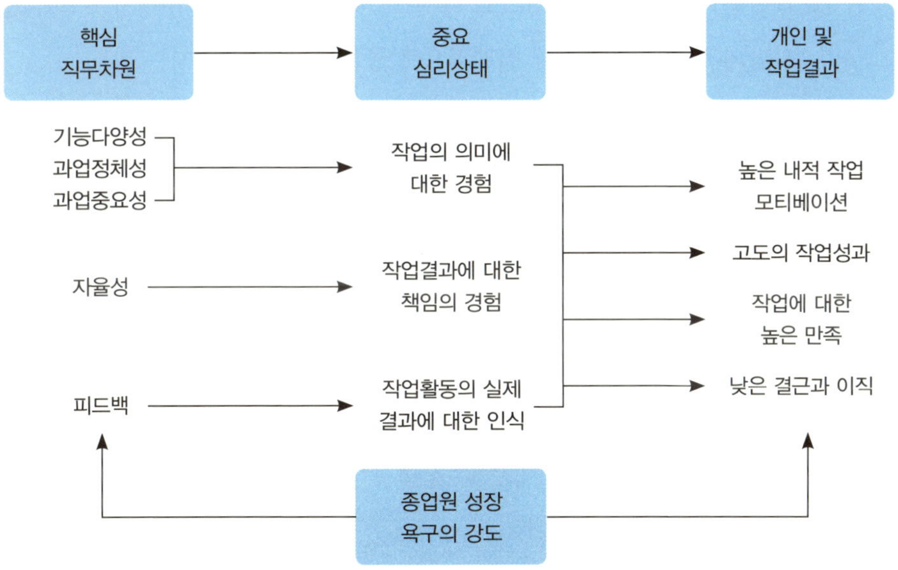

자료: J.R. Hackman & G.R. Oldman(1980), *Work Design*, Massachusetts: Addison-Wesley Publishing Company, 77~80. in S.P. Robbins & A.J. Timothy(2017), Organizational Behavior, 17th ed., Boston: Pearson, 284.

수 있음을 보여주는 새로운 직무설계방식이다. 즉 기능다양성, 과업정체성, 과업중요성, 자율성 및 피드백과 같은 핵심직무차원들은 작업의 의미에 대한 경험, 작업결과에 대한 책임감의 경험 및 작업활동 실제 결과에 대한 인식과 같은 중요심리상태를 불러일으켜 종업원의 내적 모티베이션, 작업성과의 질적 향상, 만족감의 증대, 및 이직과 결근율의 저하와 같은 개인 및 작업 결과를 가져오게 한다는 것이다. 끝으로 5가지 핵심직무차원과 개인 및 작업 결과와의 연결은 작업자 개개인의 성장욕구의 강도에 의해 조절 내지 조정된다고 보고 있다.

해크만과 올드햄의 직무특성모형에 등장하는 주요 변수들을 좀 더 구체적으로 살펴보면 다음과 같다.

(1) 핵심직무차원

① 기능다양성(skill variety) : 작업자가 전문화된 기술이나 재능을 활용할 수 있도록 직무가 다양한 각기 다른 활동을 요구하는 정도

② 과업정체성(task identity) : 직무가 전체단위의 완성을 요구하는 정도, 그리고 직무가 정체성을 가질 수 있는 한 부분의 작업을 요구하는 정도

③ 과업중요성(task significance) : 특정한 개인이 담당하여 수행하는 직무가 다른 사람의 생활이나 직무에 실질적으로 중요한 영향을 미치는 정도

④ 자율성(autonomy) : 작업의 일정을 짜거나 직무수행에 필요한 작업절차를 결정하는 데 있어서 작업자 개인에게 상당한 자유, 독립성 및 재량권이 주어지는 정도

⑤ 피드백(feedback) : 직무가 요구하고 있는 활동의 수행결과에 관하여 작업자가 그 효과성 여부에 대하여 직접적이고 명확한 정보를 얻을 수 있는 정도

(2) 중요 심리상태

5가지 핵심직무차원에 의해 중요 심리상태(critical psychological state)에 다음의 세 가지의 변화를 가져오게 된다.

① 작업의 의미경험 : 이것은 개인이 어떤 직무에서 그 일이 의미있고 가치있으며 해볼 만하다고 느끼는 정도를 말한다.

② 작업결과에 대한 책임의 경험: 이것은 개인이 한 일의 결과에 대해 개인적으로 느끼는 책임감이나 책무의 정도를 말한다.

③ 작업활동의 실제 결과에 대한 인식: 이것은 자신이 행한 일의 결과(성과)가 얼마나 유효한가를 알고 있는 정도를 말한다.

(3) 개인 및 작업 결과

5가지 핵심직무차원에 의해 중요 심리상태에 세 가지의 변화, 즉 작업의 의미경험, 작업결과에 대한 책임의 경험, 작업활동의 실제 결과에 대한 인식 등과 같은 변화를 가져오게 된다. 이러한 일련의 과정의 결과로써 개인 및 작업 결과가 달라지게 된다. 구체적으로 모티베이션, 작업성과의 질, 작업에 대한 만족, 그리고 이직률과 결근율에 있어서의 많은 변화를 가져오게 된다.

(4) 종업원 성장욕구의 강도

다섯 가지의 핵심직무차원이 세 가지 측면의 중요심리상태를 불러일으켜 개인 및 작업결과에 많은 변화를 가져온다. 하지만 이러한 변화나 영향력이 모든 사람들에게 동일하게 나타나거나 미치는 것은 아니다. 개인마다 성장욕구의 강도가 다르기 때문에 다섯 가지 핵심직무차원과 개인 및 작업 결과와의 연결은 작업자 개개인의 성장욕구의 강도에 의해 조절 내지 조정된다.

실제로 국내외에서 이루어진 많은 실증연구에서도 핵심직무차원들은 종업원의 내적 모티베이션, 작업성과의 질적 향상, 만족감의 증대, 및 이직과 결근율의 저하를 가져오는 것으로 나타났다(박경환·한인수, 1999; 박시진·홍원기, 2018; 심덕섭·양동민·하성욱, 2010; 조윤형·김태진·조영호, 2011; Gibson, Gibbs, Stanko, & Tesluk, 2011; Pierce, Jussila, & Cummings, 2009). 최근에는 핵심직무차원들이 창의성(송병식, 2005; Zhou, 1998)이나 혁신행동(김해룡·김쌍언, 2011; 양석곤·김성용·안성익, 2017), 몰입(Jiang & Johnson, 2018) 등에도 긍정적인 영향을 미치는 것으로 나타났다. 아울러 이덕로·김태열(2008)은 연구개발부서내의 상사와 부하를 짝(dyad)으로 한 연구에서 직무자율성, 과업중요성, 과업정체성, 직무피드백, 기술다양성 등 직무특성이 선행적(proactive) 행동을 매개로 하여 개인창의성에 긍정적인 영향을 미치고 있음을 보여주었다.

3. 커뮤니케이션의 활성화

다원화된 조직에서 개개 구성원들이 일에 애착을 갖고 조직의 목표달성에 공헌할 수 있기 위해서는 먼저 기업내 커뮤니케이션(Communication)이 활성화되어야 한다. 과거와 같이 상명하달식(上命下達式)의 의사소통에서 벗어나 상향적 의사소통도 잘 이루어지는, 쌍방적인 커뮤니케이션(two way communication)이 전개되도록 해야 한다.

세계적인 초우량기업인 IBM이 노조의 필요성을 그다지 느끼질 못할 정도로 노사간에 협조적인 관계를 유지해올 수 있었던 배경에는 IBM이 자랑하는 독특한 커뮤니케이션 제도가 있다. IBM의 커뮤니케이션의 창구로 Tell CC(텔씨씨),[3] Open Door(오픈도어), Speak Up(스피크업), Executive Interview(중역면담), Management Round-Table(중역간담회), GPS(Global Pulse Survey), Global Work/Life Issue Survey, Business Effectiveness Survey(직원의견조사), General Counsel(상임법률고문실) 등이 있다. 이 중에서도 글로벌 IBM기업에서 공통적으로 사용되는 4대 커뮤니케이션 시스템에는 오픈도어시스템(Open door system), 스피크 업(Speak up), 중역인터뷰(Executive interview) 및 종업원의견조사(Employee Opinion survey) 등이 있는데 이들 각각에 대해 살펴보기로 하자.

(1) 스피크업제도

IBM에서 스피크업(speak-up)제도가 시행되기 시작한 것은 제2세대 컴퓨터인 1401 시스템이 발표되었던 1959년 토마스 왓슨 1세(T. Watson)에 의해서였다. 이 제도는 종업원들이 회사의 정책이나 근무환경 및 애로사항에 대하여, 서면으로 질문하거나 불만을 토로할 수 있는 의사소통의 한 방법이다. 통상 24시간 이내에 회신을 주기로 되어 있는 이 제도가 시행된 후 매년 약 1만 건에 가까운 스피크업이 이루어지고 있으며, IBM의 종업원들은 이 제도를 매우 좋아하는 것으로 전해지고 있다.

종업원들은 업무를 수행하는 과정에서 의문이나 해결하지 못하는 불만사항이 생기게 되면, 스피크업함(speak-up box)에서 용지를 꺼내어 그 내용을 써서 보내기만

3 1996년 11월 한국IBM의 사장직을 맡게된 신재철 사장이 직원과의 커뮤니케이션을 위해 만든 제도가 바로 'Tell CC'다. 즉 '신사장(CC)에게 직언(Tell)한다'는 취지로 신사장이 취임한 이후 창안한 한국 IBM 내의 소원 수리 제도인데, 직원들은 회사 생활에 관한 다양한 의견과 고충을 사장에게 직접 전달하고 이에 관해 사장으로부터 답변을 듣게 된다(노범석, 2001).

하면 된다. 그 용지에는 내용과 더불어 보내는 이의 이름 등 인적사항을 쓰는 난이 있어 본인에게 그 결과를 알려주게 되어 있다. 그러나 본인이 원하지 않는 경우에는 무기명으로도 보낼 수 있으며, 이러한 경우에는 본인에게 결과를 알려줄 수 없기 때문에 회사의 사보 등에 결과를 알려줄 것을 요청할 수 있게 되어 있다. 또한 본인이 원하는 경우에는 책임있는 경영진에게 인터뷰를 요청할 수도 있다. 이러한 스피크업은 철저히 비밀이 보장되기 때문에 직원이 다른 사람 모르게 자기의 의견, 질의, 불만을 회사에 개진할 수 있다.

(2) 오픈도어시스템

IBM 커뮤니케이션 제도의 또 하나의 독특한 것으로 오픈도어시스템(open door system)이 있다. IBM에서는 '사장실의 문은 항상 열려 있다'고들 말한다. 즉 이는 IBM의 직원이면 누구나 쉽게 사장까지도 면담을 요청할 수 있다는 것을 의미한다. 자신이 소속된 부서의 관리자나 스피크업을 통하여 해결되지 않은 문제나 쌍방간의 이해가 얽힌 보다 복잡한 문제, 개인에게 매우 중대한 영향을 미칠 문제가 있을 경우, 최고경영자를 포함한 해당 경영진에게 중재를 요청하여 개인적인 고충을 해결하는 제도로 통상 10일 이내에 피드백이 주어진다.

오픈도어가 발생되는 주요한 원인은 '관리자가 문제에 직면하여 아무런 결정을 내리지 않는 경우'에 발생하는 경우가 많다. 따라서 관리자는 아무런 결정을 내리지 않는 것보다는 어떠한 결정이라도 내리는 것이 중요하다고 IBM에서는 강조하고 있다. 실제에 있어서 오픈도어시스템은 다분히 서구적인 사고에 기반한 제도여서 그런지, IBM 내에서는 미국이나 서양에서는 많이 이용되고 있으나 한국에서는 그 활용도가 낮은 편이다.

(3) 중역면담제도

IBM에서 스피크업제도와 오픈도어시스템과 더불어 또 하나의 중요한 커뮤니케이션의 창구는 중역면담제도(executive interview)이다. 그 가운데에서도 가장 중시되고 빈도가 높은 것이 바로 중역, 즉 고급관리자 면담제도이다. 일반적으로 직원들은 일상업무를 수행하거나 개인적인 문제를 상의할 때 대부분 자신의 직속관리자와 함께 하게 된다. 따라서 직속관리자가 직원에 대하여 가장 잘 알고 있다. 그러나 대부분 업무 이외의 일로 직원이 자기의 차상급 관리자나 그 위의 상급관리자와 대화를 하는 경우는 사내에서는 매우 드물며, 직원들도 이를 어렵게 생각한다. IBM에서는 이러한 점에 근간하여 상급관리자나 중역들은 적어도 1년에 한 번씩 직원들이나 하위관리자와 허심탄회하게 대화를 갖는 시간을 마련하고 있다.

이 제도는 상급관리자와 종업원 사이의 이해를 넓히는 데 주안점을 둔다. 그 밖에 경영자 또는 상급관리자의 입장에서 종업원의 관심사 및 문제점이 무엇인지 파악하여 미리 조치를 취함으로써 사태 악화를 사전적으로 예방하고, 근무 분위기를 개선시키는 등의 효과가 있다.

(4) 종업원 의견조사

앞에서 언급한 스피크업, 오픈도어시스템, 중역면담제도와 더불어 IBM에서는 1～2년에 한 번씩 종업원 의견조사(employee opinion survey)를 하고 있다. 이 조사는 모든 종업원과 관리자를 대상으로 하며 정규직원에 한하여 실시하고 있다.

그 설문의 내용은 수십여 개 이상의 자세한 항목으로 구성되어 있어 종업원의 전반적인 만족도를 객관적으로 파악하여 회사의 경영에 반영코자 하는 것이다. 왜냐하면, 종업원의 사기에 곧 회사의 생산성 및 비즈니스의 성패가 달려있기 때문이다. 각 부서의 장은 의견조사의 결과와 분석된 자료를 가지고 종업원들과 함께 회의를 하여, 종업원의 의견 중 불만족한 사항에 대하여 허심탄회하게 토론하여 개선책을 모색한다. 이러한 회의의 결과는 요약되어 그 위의 관리자에게 보고하고 그 위의 관리자는 자기 관할 조직의 의견을 요약하여 다시 위로 보고함으로써, 최종적으로는 회사차원의 결과로 요약되게 된다. 사장은 이 결과에 근거하여 시정 사항의 각 항목마다 담당 임원을 정하여 계속적으로 이를 시정해 나가도록 한다. 그리고 이러한 의견조사의 만족도 지수는 과거의 만족도 지수와 비교하여 어떠한 항목에서 직원들이 어떻게 느끼고 있는지의 상대적인 평가도 가능케 하여 경영자의 관리방향에도 많은 도움을 주고 있다.

이러한 스피크업제도, 오픈도어시스템, 중역면담제도, 종업원의견조사 등의 보완적인 커뮤니케이션 채널을 통하여, IBM에서는 종업원의 불만과 관심사항을 주기적으로 파악하고 점검하여 사전에 이를 시정하고자 노력하고 있다. 이러한 모든 제

리더십 **사례**

혁신하려면 채찍보다 당근을 택하라

많은 기업들은 팀워크와 단결을 조직의 필수 덕목으로 여긴다. 그러나 꼭 그런 것만은 아니라는 반론도 있다. 팀워크를 지나치게 강조하다 보면 조직의 창의성과 역동성을 해칠 수 있다는 것이다. 가족처럼 끈끈한 동료보다 느슨한 관계의 사람들과 함께 일할 때 더 혁신적인 일을 수행할 수 있다는 연구 결과들이 바로 이런 주장을 뒷받침한다.

심리학자인 오이시 시게히로 미국 버지니아대 교수와 셀린 케세비르 영국 런던대 경영대학원 교수 연구팀은 조직 내부에 자원이 적고 사람들의 이동성이 떨어졌던 과거에는 직원들끼리 똘똘 뭉치고 결속을 강화하는 게 생존에 유리했지만 지금은 정반대일 수 있다고 말한다. 오늘날처럼 자원이 비교적 넉넉하고 조직원의 이직이 많은 조직에서는 가족처럼 가까운 동료를 만들기 어렵고, 만든다 해도 서로를 금방 떠나 감정 손실이 크다는 것이다. 오히려 인간관계 범위를 넓히고 부서, 팀 간 경계를 허무는 게 심리적으로 안정적이면서도 더 나은 성과를 도모하는 길이라는 것이다.

이런 관점에 따르면 부서 및 팀 간 경계를 뛰어넘어 직원 개개인의 사업가적 정신과 자율성을 극대화하는 기업문화로 각광받는 '애자일(agile · 민첩한) 조직'이 되기 위한 해법도 비교적 명료하다.

첫째, 조직 내 멀리 떨어져 있는 사람과도 활발히 의사소통할 수 있는 개방적 환경을 만들어야 한다. 그래야 관료주의나 부서 이기주의의 폐해로 꼽히는 비능률, 책임 전가, 파벌 의식 등의 배타성을 깨뜨릴 수 있다. 큰 집단에서 과거 작은 집단 시절의 규칙을 고집하거나 가까운 몇몇 사람들과만 긴밀하게 교류하면 조직 내 소통의 벽이 생길 위험이 크다.

실제로 창조와 혁신을 강조하는 기업들은 규모에 상관없이 조직 내 다양한 사람이 서로 만날 수 있는 자리를 만들기 위해 노력한다. 북클럽을 활성화해 공통된 관심사를 가진 직원들을 연결해 주는 것이 대표적 예다. 동호회나 다양한 주제의 포럼을 열어 이전에 미처 알지 못했던 동료나 다른 직급의 사람들끼리 자유롭게 토론하도록 하는 기업들도 많다.

둘째, 구성원 간 소통을 촉진하면서 애자일 조직으로 변신하려면 '처벌'보다는 '보상'을 정교하게 설계해야 한다. 이를 뒷받침하는 연구들도 많다. 한 실험에서는 기업 직원들을 두 팀으로 나눠 크기와 조명이 똑같은 두 개의 회의실에 넣고 똑같은 업무를 지시했다. 그런 뒤 한 팀에는 일이 성공할 경우 받는 보상에 대해, 다른 팀에는 일이 실패할 경우 입는 손실에 대해 각각 5분간 설명했다. 그러고는 두 집단의 행동을 관찰한 결과 극명하게 엇갈린 반응이 나타났다. 보상을 강조한 팀의 직원들은 아이디어를 발굴하기 위해 의외의 인물들을 찾아다니거나 별도 조직을 구성하는 등 열의를 보인 반면 손실을 강조한 팀의 직원들은 전임자나 자기 조직 내 경험자들을 가장 먼저 만나러 갔다. 이는 실패를 두려워하면 상대적으로 위험이 적고 안정적인 결과가 보장된 선택지, 즉 관습에 의존하기 쉽다는 사실을 보여준다.

두 종류의 자동차를 대상으로 수행한 또 다른 실험의 결과도 비슷한 시사점을 준다. 사람들에게 연비, 출력, 최고 속도 등 핵심 역량 부문에서 다양하게 비교 우위를 나타낸 자동차 A와 다른 자동차엔 아예 없는 옵션인 선루프와 안마시트를 장착한 자동차 B를 제시했다.

그런 뒤 어떤 자동차를 개발할지 물었다. 그

결과 사전에 개발을 잘못하면 처벌한다는 경고를 받은 사람들은 여러 측면에서 골고루 앞선 A를 선택했다. 반대로 잘하면 보상을 받는다고 들은 사람들은 기존과 전혀 다른 기능의 B에 더 강한 매력을 느낀 것으로 나타났다.

실험 결과를 종합해보자. 새로운 관점과 통찰이 필요하거나 관습에서 벗어나야 하는 혁신적인 일일수록 개인의 보상이 전제돼야 한다는 결론을 얻을 수 있다. 반대로 기존 부서 내 구성원들끼리만 일치단결해 손실을 예방하겠다는 마음으로 임하면 기존의 성공 공식을 그대로 답습하는 데 그치기 쉽다. 전혀 다른 업무를 맡는 구성원들이 서로 협업하고 창의적인 솔루션을 찾아 분주하게 뛰는 애자일 조직으로 거듭나려면 이 같은 구성원의 심리를 간파해야 한다. '채찍'보단 '당근'이 더 유효한 전략일 수 있다.

자료: 김경일(2019.7.8), "혁신하려면 채찍보다 당근을 택하라," 「동아일보」.

도를 통하여 회사의 가장 중요한 자산의 종업원의 사기를 진작시키고 궁극적으로 개인존중의 경영철학을 이루고자 하는 것이다. 어느 회사나 경영자와 종업원 사이에 의사소통의 채널이 중요함을 강조하고 있다. 그러나 커뮤니케이션 채널의 존재 여부보다는 주어진 제도를 종업원들이 얼마나 신뢰하고 경영자들이 그것을 제대로 지켜나가느냐가 그 성패를 좌우할 것이다(이덕로·서향희, 2017, 162~163).

4. 사회심리적 보상

직장인이 조직생활을 통하여 추구하는 사회심리적 욕구에는 여러 가지가 있을 수 있다. 본 서에서는 이중 가장 중요하다고 생각되는 인정과 칭찬, 소속감, 성취감 및 임파워먼트를 중심으로 살펴보기로 하겠다.

(1) 인정과 칭찬

중국의 유명한 역사가 사마천(司馬遷)이 친구 임안에게 보낸 편지글에 "士爲知己者死(사위지기자사) 女爲悅己者容(여위열기자용)"라는 구절이 나온다. "선비는 자신을 알아주는 사람을 위해 목숨을 바치고, 여인은 자신을 기쁘게 해주는 이를 위해 화장을 한다"는 말로 '여자는 사랑을, 남자는 인정을 먹고 산다'는 의미다. 예로부터 남자에겐 목숨을 바칠 만큼 중요한 게 타인으로부터의 인정이다. 그러나 오늘날 인정은 비단 남자에게만 중요한 게 아니다. 여성의 경제활동참가율이 높아지면서 남자와는 사고방식이나 언어, 행동 등 모든 점에서 다른 여자들도 똑같이 조직생활을 해 나가는 과정에서 인정을 받고자 하고 이에 큰 의미를 부여하고 있다. 따라서 우리는 조직생활에서 특히 상위직으로 올라갈수록 다른 사람을 인정하고 칭찬할 줄 알아야 한다.

조직구성원들로 하여금 인정감(sense of recognition)을 받고 있다고 느끼게 할 수 있는 경우를 열거해보면 다음과 같다(박연호, 2001, 256).

① 관리자나 동료가 친근하게 해 줄 때
② 자기가 행하고 있는 일이 조직의 발전에 공헌할 수 있다는 느낌을 가질 때
③ 훌륭한 일을 했을 경우 관리자의 신임을 받거나 또는 칭찬을 들을 때
④ 자기에게 영향을 미치는 문제에 대해서 자기의 의사를 존중해 줄 때
⑤ 자기업무에 존경을 받을 때
⑥ 자기업무에 대해서 적절한 보수를 받을 때

미국의 철강왕 록펠러(J.D. Rockefeller)는 세상에서 황금과 사랑보다 인간에게 더 필요한 두 가지는 인정과 칭찬이라고 보았다. '미국 문학의 링컨'으로 평가 받는 소설가 트웨인(Mark Twain)은 "나는 칭찬 한 마디로 3개월을 산다"라고까지 말한 바 있다. 심리학자 제스 레어(Jess Lair)는 자신의 저서 〈나는 대단하진 않지만 나에게는 내가 전부이다(*I Ain't Much, Baby－But I'm All I've Got*)〉에서 "칭찬은 우리 인간의 영혼에 비치는 따뜻한 햇빛과도 같다. 햇빛 없이 우리는 꽃을 피울 수 없다. 마찬가지로 우리는 칭찬 없이는 자랄 수도 꽃을 피울 수도 없다. 그러나 많은 사람들이 다른 사람들의 비아냥대는 말을 피하고 싶어 하면서도 자신은 다른 사람에게 따뜻한 햇볕이 되어주는 일에 인색하다"고 말했다(Lair, 1974).

위에서 언급한 여러 유명인사들의 명언에서도 알 수 있듯이 칭찬은 세상에서 가장 설득력이 있으며 무엇보다도 강한 전염성을 지니고 있다. 칭찬은 긍정적인 자아개념을 개발하고 피그말리온효과(Pygmalion effect)[4]를 통해 보다 나은 성과를 가져온다(Lussier, 2017, 247).

그렇다. 직장에서의 인간관계는 메아리와 같고 부메랑과도 같다. 내가 상대방에

4 피그말리온 효과란 그리스 신화에 나오는 조각가 피그말리온의 이름에서 유래한 심리학 용어로 타인의 기대나 관심으로 인해 능률이 오르거나 결과가 좋아지는 현상을 말한다. 로젠탈(Rosenthal, Robert) 효과, 자성적 예언, 자기 충족적 예언이라고도 한다.

게 어떻게 하느냐에 따라 상대방의 태도가 결정되는 것이다. 우리가 다른 사람의 본질과 가치를 인정하고 칭찬한다면 그 사람도 우리의 존재가치를 인정하고 칭찬하여 좋은 결과를 가져오게 될 것이다.

얼마 전 베스트셀러가 되었던 켄 블랜차드(K. Blanchard)의 〈칭찬은 고래도 춤추게 한다〉(켄 블랜차드 외 지음, 조천제 옮김, 2002)에서도 언급된 바와 같이 동물도 칭찬과 격려에 고무되고 학습의욕이 고취되는데 하물며 사람은 말할 필요도 없다. 그런 의미에서 훌륭한 경영자는 항상 일을 훌륭하게 해낸 종업원에게 칭찬과 격려를 아끼지 말아야 한다. 이것은 평범한 말 같으면서도 우리들의 인간관계에 있어서 흔히 간과되는 경우가 많다.

우리들의 경험에 비추어 보더라도 당연히 자기가 칭찬을 받을 만한 일을 했는데도 불구하고 그것이 다른 사람에게 돌아가거나 또는 자기의 훌륭한 일에 관하여는 일언반구(一言半句)도 없이 잘못된 일만 가지고 책망당할 때, 우리들은 그러한 관리자에 대하여 존경심과 흥미를 잃는 수가 많다. 따라서 경영자와 종업원 사이에 보다 좋은 인간관계를 유지하기 위해서는 경영자는 종업원들의 발전에 대하여 항상 관심을 표명하여야 하는 동시에 그들의 수고에 대해서는 충분한 감사의 뜻을 표해야 한다.

(2) 소속감

소속감(sense of belongingness)은 집단의 당당한 일구성원이라는 느낌, 즉 집단과의 일체의식을 말한다. 어느 사람을 막론하고 소속집단의 일구성원이라는 느낌을 갖지 못하는 한 그곳에서 만족감을 얻을 수 없다. 숨을 쉬고 있는 현실적 인간으로서의 종업원이 일하고 있는 사무실이나 공장은 하나의 생산조직임과 동시에 조그마한 사회를 이루고 있는 사회적 조직인 것이다. 이러한 의미에서 모든 구성원들은 이들 조그마한 하나의 사회조직 내에서 존엄성을 갖는 인격체로서 환대한다는 느낌을 희구하고 있는 것이다.

인간은 소속에 대한 욕구가 충족되면 긍정적인 정서를 느끼지만, 반면에 충족되지 못할 때는 불안을 경험하게 된다(Baumeister & Leary, 1995). 또한 이러한 욕구는 인간이라면 누구나 사회에 소속되며 그 사회에서 자신의 위치에 대한 탐색을 하는 기본적인 것으로 간주하였다(Dinkmeyer & Dreikurs, 2000). 이처럼 인간은 사회적 존재로서 홀로 살아갈 수 없고 누구나 자신이 소속한 집단이나 체계 내에서 소속되어 있다는 느낌을 원한다는 것이다(김솔, 2018).

오늘날 일본의 근로자들이 어느 나라의 근로자보다도 소속감이 높고 이직률과 결근율이 낮은 이유는 흔히들 일본노사관계의 삼신기(三神器)라 일컬어지는 기업별 노조(company union), 연공서열형 체계(seniority system) 및 종신고용제(life－time employment)의 영향이 크다고 하는데, 그중에서도 최근 들어 많이 퇴색되긴 했지만 여전히 살아있는 종신고용제에 크게 영향을 받은 것은 주지의 사실이다.

(3) 성취감

조직구성원들에게 있어서 인정감 못지 않게 중요한 또 한 가지의 모티베이션 방법은 성취감(sense of achievement)이다. 성취감이란 어떤 일을 이루겠다는 내적 의욕,자신의 목표에 도달할 때까지 열심히 노력하고 그 결과 자신이 목적한 바를 이루었을 때 나타나는 느낌으로 어떤 특정한 상황이나 과제를 해결하고 성취하기 위해서 나타나는 것이다.

Nicholls(1989)에 따르면 사람들은 두 가지 방식으로 자신의 능력을 정의한다. 첫 번째 방식은 비교의 준거가 자신이 되는 것, 즉 기술이 향상되었다거나 노력을 많이 했으면 유능한 느낌이 들고 성공했다고 생각하는 것이다. 두 번째 방식은 비교의 준거가 타인이 되는 경우, 능력감이나 성공감을 느끼기 위해서는 남보다 더 잘 해야 하며, 동일하게 잘 했을 경우 남보다 노력을 더해야 한다는 의미이다. 이러한 성취감 또는 자기 성취감은 변화하는 세계와 현실에서 고립을 자초하는 '나'가 아니라, 앞으로 되려고 하는 '나' 또는 나의 의지와 결정의 주관자로서의 '나'에 관한 개념이라고 할 수 있다.

이 성취감은 앞서의 허즈버그의 이요인이론에서 근로의욕을 증진시키는 요인으로 성취, 성장 및 발전 등이 여기에 해당된다. 즉, 성취감은 조직에서 비단 승진의 기회가 존재해야 한다는 것만을 의미한다는 것이 아니라 새로운 경험을 얻을 수 있는 기회와 자기 자신의 능력을 발휘해 볼 수 있는 기회 및 개선을 위한 발언의 기회 등이 허용되어야 한다는 것을 전제로 한다. 요컨대 이것은 자기가 하는 일을 통하여 사회에서 공인받을 수 있는 전문가로서 자랄 수 있는 기회가 부여되어 있어야 한다는 것이다. 그러기 위해서는 선의의 실패에 대해서는 용인하는 분위기가 형성되어 있어야 한다.

(4) 임파워먼트

전통적으로 테일러에 의한 과학적 방식은 근로자에 대한 완전한 통제와 근로자 및 노조세력의 배제를 가정한다. 그러나 오늘날에 있어서는 그러한 방식으로는 더이상 근로자들의 마음에서 우러나오는 진정한 협력을 구하기 어렵게 되었다. 따라서 조직이 급변하는 환경에 유연하게 대처할 수 있도록 구성원들에게 자율과 혁신을 강조하는 임파워먼트는 많은 관심을 받아왔다(박원우, 1997).

임파워먼트의 개념에 대하여 정립된 합의가 이루어지지 않고 있으며, 학자들마다 다양한 의미로 사용되고 있다. 동기부여와 관련하여 Conger & Kanungo(1988)는 임파워먼트를 조직구성원들에게 자기효능감(self-efficacy)을 고취시켜 주는 과정으로 보고 있다. 보다 구체적으로 심리적인 동기부여 측면에서 개인의 문제와 욕구를 해결하도록 자기효능감을 증진시키는 것이며, 관계구조적 측면에서 조직구성원에게 활력을 주기 위하여 권한을 배분하는 과정으로 설명하고 있다. Thomas & Velthouse(1990)는 임파워먼트를 자신의 직무에 대한 의미감, 능숙하게 직무를 처리할 수 있는 능력, 직무를 스스로 선택할 수 있는 선택력, 자신의 직무가 결과에 미치는 영향 등 조직구성원에게 내적인 직무동기를 부여하는 과정으로 정의내리고 있다.

이와 같이 임파워먼트(empowerment)란 조직구성원에게 자신이 조직을 위하여 많은 중요한 일을 할 수 있는 권력, 힘, 능력 등을 갖고 있다는 확신을 심어주는 과정이다. 그러한 확신을 조직구성원들에게 심어주기 위해서는 능력과 의지를 키우는 일, 공식적 권력(권한)을 위임해 주는 일, 그리고 실제 의사결정과정에 깊이 참여하도록 함으로써 자신의 영향력을 체험하도록 하는 일들이 전제되어야 할 것이다(백기복, 2002).

특히 오늘날에는 글로벌 경쟁과 국제적 자본시장이 모든 것을 빠르게 진행시키기 때문에 전통적인 관료적 관리자들은 더 이상 최고의 자리를 지킬 수 없고 부단한 혁신, 자본의 재배치 그리고 위험의 감수를 요구하고 있다. 따라서 오늘날과 같은 광속경제의 시대에는 신속한 아이디어와 즉각적인 반응을 할 수 있는 스피드 경영이 필요한데, 임파워먼트는 구성원들의 의사결정에 대한 자유재량을 증대시켜 구성원들이 일에 대해 관심과 주체성을 갖고 보다 능동적이고도 적극적으로 일을 수행해 나갈 수 있기 때문에(Robbins & Coulter, 2016) 어떤 동기부여요인보다도 중요성이 증대되고 있다.

Chapter 08

갈등과 리더십

제 1 절

갈등의 의의

1. 갈등의 의의

한국사회갈등해소센터와 한국리서치가 공동으로 2013년부터 2018년까지 매년 실시해온 한국사회의 갈등수준 조사결과를 보면 [그림 8-1]에서 알 수 있듯이 우리 국민들은 우리 사회의 갈등을 심각하게 인식하고 있음을 알 수 있다. 2018년의 경우 만 19세 이상 성인 남녀 1,000명을 대상으로 2018년 12월에 조사한 결과 집단간 갈등이 '심각하다'고 응답한 비율은 90.0%로 국민 10명 중 9명이 집단간 갈등을 심각하게 인식하고 있었다.

이와 같이 국민의 절대다수는 우리 사회의 집단간 갈등수준이 심각하다고 인식하며, 이러한 인식은 최근 6년 동안 거의 개선되지 않고 있음을 본 조사결과를 통해 확인할 수 있었다. 이러한 인식은 많은 전문가들과 언론들 사이에서 관찰된다. 여러 전문가들이 우리 사회 집단간 갈등의 심각성을 다루면서 우리나라를 '갈등공화국'이

그림 8-1 | 우리 사회의 전반적 갈등 수준

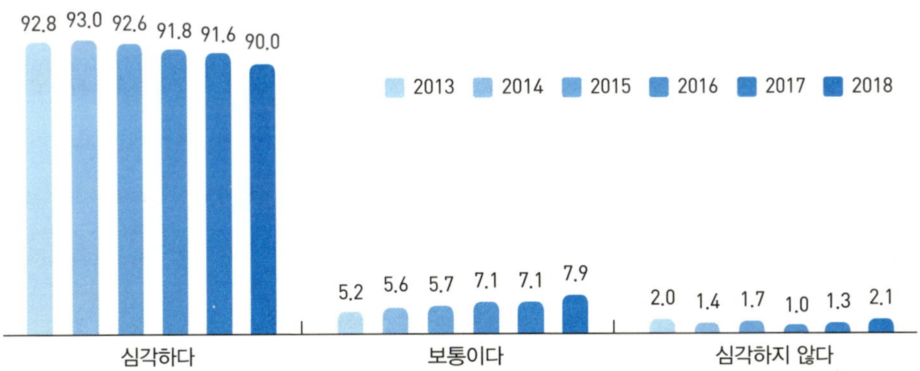

자료: 한국사회갈등해소센터-한국리서치(2016), 「2016 공공갈등에 대한 국민 및 전문가 조사」; 한국사회갈등해소센터-한국리서치(2019), 「2018 공공갈등에 대한 국민 및 전문가 조사」.

라고 부르고 있다(가상준, 2015; 김인유, 2017.4.28; 박태순, 2015; 최병대, 2017).

이렇게 심각한 갈등수준을 국제비교를 한 삼성경제연구소의 연구결과를 보면 [그림 8-2]와 같이 우리나라의 사회갈등 정도는 0.71(OECD 평균 0.44)로 OECD 회원국 가운데 4번째(터키 1.20, 폴란드 0.76, 슬로바키아 0.72)인 것으로 드러났다. 갈등지수가 높게 나온 것은 민주주의 성숙도(27위)가 꼴찌였고, 정부정책의 효과성도 23위였기 때문이다. 행정권이 다른 헌법기관보다 강하고, 정당체계도 불안정하며, 반대집단에 대한 관용이 미흡하다는 이유로 민주주의지수가 낮게 나왔으며 정책의 일관성이 부족하고 정부규제가 세련되지 못해 정부효과성지수도 떨어졌다.

전국경제인연합회가 여의도 KT빌딩에서 한국사회 갈등의 현주소와 관리방안을 주제로 개최한 '제2차 국민대통합 심포지엄'에서 위 연구를 토대로 후속 주제발표를 한 박준 삼성경제연구소 수석연구원은 "2010년 한국의 사회갈등 수준은 OECD 국가 중 종교분쟁을 겪고 있는 터키에 이어 두 번째로 심각하다"고 밝혔다. 이는 OECD 27개국 중 4번째로 심각했던 2009년 연구 결과보다도 더 악화된 것이다.[1]

삼성경제연구소가 2010년 각국의 민주주의 지수, 정부효과성 지수, 지니계수 변수로 측정한 사회갈등지수에서 한국은 0.72로 터키(1.27)를 제외하면 가장 높았다. 덴마크가 0.25로 가장 낮았고 독일 0.35, 영국·일본 0.41, 프랑스 0.43, 미국 0.47, 이탈리아 0.58 등이었다. 박 연구원은 "한국은 지역간, 노사간, 이념간, 공공정책 목표간 갈등이 원만히 관리되지 못하고 물리적으로 표출되며 갈등의 목표도 비현실적인 경우가 많다"고 지적했다.

이로 인한 우리나라의 경제적 손실도 어마어마한데 연간 최대 246조원에 이른다는 추정결과가 나왔다. 박 연구원은 "한국의 사회갈등지수가 10%만 낮아지더라도 1인당 GDP가 1.8~5.4% 높아지고, OECD 평균수준(0.44)으로만 개선되더라도 7~21% 증가하는 효과를 가져올 수 있다"고 주장했다(임선태, 2013.8.21).[2]

---

1 사회갈등지수의 순위는 매년 약간씩 달라지는데 2016년의 경우 OECD 국가별 사회갈등지수에서 한국은 1.88로 멕시코(3.92), 터키(2.46)에 이어 3위를 차지했다. 전체 국가들의 평균은 1.13이었다(전진우, 2016.11.21).

2 현대경제연구원이 2016년에 펴낸 '사회적 갈등의 경제적 효과 추정과 시사점' 보고서에서는 사회적 갈등 수준이 OECD 평균 수준으로 개선되면 실질 GDP가 0.2%p 정도(G7 평균수준으로 개선될 경우에는 0.3%p 상승) 추가상승할 것이라고 분석하였다(현대경제연구원, 2016).

그림 8-2 OECD 주요 국가 사회갈등지수 (단위: %)

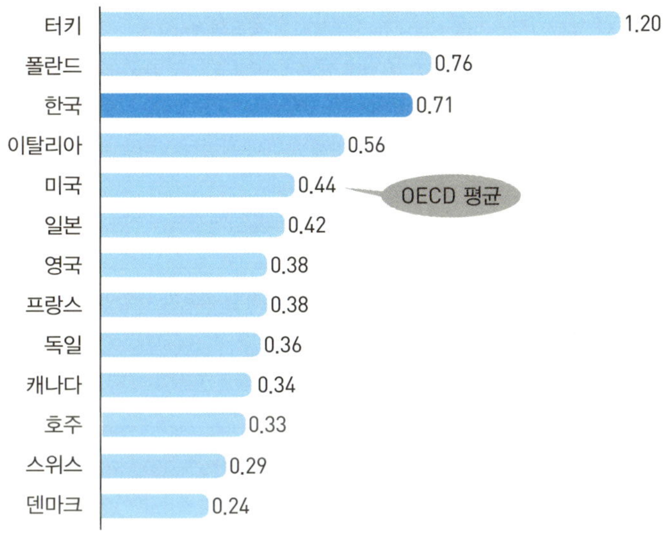

주: 지수가 높을수록 사회갈등이 심함.

자료: 박준·김용기·이동원·김선빈(2009.6.27), "한국의 사회갈등과 경제적 비용,"「CEO 인포메이션」, 삼성경제연구소, 제120호, 7.

한편 삼성경제연구소의 이전 연구에서는 한국이 이러한 사회갈등 때문에 치르는 비용이 국내총생산(GDP)의 27%에 달한다는 분석결과를 내놓았다. 따라서 우리 사회에 만연해 있는 갈등을 OECD 평균 정도로만 줄일 수 있다면 1인당 GDP가 5,000달러는 오를 것이라고 분석했다(박준 외, 2009.6.27).

위에서 살펴본 바와 같이 우리 사회의 심각한 갈등은 비단 오늘의 우리나라만의 문제는 아니다. 아담과 이브의 두 아들, 카인과 아벨의 갈등 이후 인간이 존재하는 곳에는 항상 갈등이 있어왔다. 특히 오늘날과 같이 복잡다단한 사회에서 많은 사람들과 집단들이 각기 다른 목표를 향해 활동하다 보면 마찰이나 불편한 관계가 발생하기 마련인데, 이에 따라 갈등(conflict)이 보편적인 현상으로 나타나고 있다. 때때로 개인은 각종 욕구 및 목표의 상충이나 가치관, 신념 등의 차이로 인하여 개인 내부와 상호간 그리고 집단 간에 여러 가지 유형의 갈등을 겪고 있다.

갈등(葛藤)이란 '칡'을 의미하는 한자어 '갈(葛)'과 '등나무'를 의미하는 등(藤)으로 구성된 것이다. 이들은 모두 덩굴식물로서 덩굴이 돌아가는 방향이 서로 다르다.

표 8-1 갈등의 정의

J. Litterer (1970)	어떤 개인이나 집단이 다른 사람이나 집단과의 상호작용이나 활동으로 상대적 손실을 지각한 결과, 대립, 다툼, 적대감이 발생하는 행동의 한 형태
M. Rahim (1996)	개인, 집단, 조직과 같은 사회적 실체의 내부나 그들 사이에서 모순, 의견 불일치나 상이함으로 인해 나타나는 상호작용적인 상태
K. Thomas (1992)	조직의 한 단위가 다른 단위로 인해 자기의 관심사가 좌절되었거나 좌절될 것을 지각할 때 생기는 과정
S. Robbins & T. Judge(2017)	목적을 달성하고 이익을 계속 추구하는 데 있어서 A가 의도적으로 B에게 좌절을 초래하기 위한 방해행동을 하는 과정
J. Greenberg & R. Baron(2000)	개인이나 집단이 최종적으로 추구하려고 하는 목표가 타인이나 타 집단에 의해서 좌절되거나 방해 받을 것이라고 인지하는 과정
R. Miles(1980)	조직의 한 단위나 전체 구성원들의 목표지향적 행동이 다른 조직단위 구성원들의 목표지향적인 행동과 기대로부터 방해를 받을 때 표현되는 조건

자료: 백기복(2014), 「조직행동연구」, 제6판, 창민사, 476을 토대로 수정한 것임.

칡은 오른쪽으로 감지만 등나무는 왼쪽으로 감는다. 이들이 서로 얽히면 풀기 어렵다. 갈등이란 이러한 나무들의 덩굴이 서로 복잡하게 뒤엉켜 있는 것과 마찬가지로 서로 적대시하며 분쟁을 일으키는 것을 말한다(박경규, 2014, 350). 이와 같이 갈등은 타인이나 다른 집단과의 관계 속에서 발생하게 된다. 곧 갈등은 한 개인이나 집단이 다른 개인이나 집단과의 상호작용의 과정에서 발생하게 된다.

여러 학자들이 다양한 관점에서 갈등에 대한 정의를 내리고 있는데 이 중 몇몇 주요 학자들의 정의를 살펴보면 〈표 8-1〉과 같다. 이러한 갈등의 정의를 종합해보면 갈등이란 희소자원이나 업무의 불균형배분 또는 목표, 가치, 인지 등의 차이로 인해서 개인, 집단 및 조직의 심리, 행동, 또는 그 양면에 나타나는 대립적 상호작용으로 다음과 같이 간단하게 정의 내릴 수 있다. 즉 갈등이란 양립될 수 없거나 상반되는 욕구, 바람, 생각, 관심 혹은 사람들 사이의 충돌상태를 말한다.

2. 갈등에 대한 사고의 변천

이러한 갈등에 대한 견해는 역사적으로 크게 변해왔다. 먼저 집단이나 조직 내의 갈등을 기능고장이나 오작동(malfunction)으로 생각하여 나쁘게 보던 전통적 관점에서 출발하여 갈등을 자연스럽고 불가피한 것으로 보던 인간관계론적 관점(human

리더십 **사례**

갈등관리 수준이 리더의 수준이다

일단 갈등이 발생하면 양보와 양해는 고려의 대상이 되지 않는다. 갈등 과정에선 이성적 판단보다 감정이 먼저 작동하기 때문이다. 따라서 외적인 조정이 없는 한 자동으로 갈등이 해결되는 경우는 한쪽이 완패하거나 회피한 경우라고 볼 수 있는데, 이때는 반드시 흉한 상처와 아픈 흉터를 남기게 된다. 이 밖에도 갈등은 갈등비용을 초래하고, 조직문화가 망가뜨려지며, 외부와의 갈등에 무기력해지고, 그리고 리더의 감시비용(monitoring cost)이 증가하는 등 부정적인 영향을 끼친다.

그렇다면 리더는 어떻게 해야 할까? 가장 먼저 리더는 갈등에서 멀리 있으면 안 된다. 갈등의 가해자가 되어서도 안 되며 당사자가 되어서도 안 된다. 하수는 갈등을 조장하고 선수는 갈등을 해소하며 고수는 갈등을 예방한다. 따라서 리더의 목표는 갈등을 예방하여 갈등을 최소화하고 일단 발생한 갈등은 신속하게 해결해야 하며 동일한 이유로 같은 갈등이 발생하지 않도록 해야 한다. 즉 사전 예방단계, 신속한 해결단계, 반복 방지단계를 실천해야 한다.

첫째, 사전예방 단계는 일하는 과정을 리더가 먼저 잘 파악해야 하는 단계이다. 어디서 갈등발생의 가능성이 큰가를 감지해야 한다. 조직에서 발생하는 갈등의 대부분은 놀다가 발생하는 것이 아니라 일을 하는 과정에서 발생하는 경우가 많다. 따라서 일하는 과정에서 갈등발생 여지가 큰 부분을 파악하고 이에 대하여 원칙과 기준을 수립하고 구성원들에게 이 점을 공유하고 충분한 설명해줌으로써 갈등발생의 여지를 최소화하는 것이다.

둘째, 신속한 해결단계에서는 무엇보다 공정성이 생명이다. 갈등의 출발이 공정성 시비에서 비롯된 경우가 많기 때문이다. 신속하게 갈등을 조정하고 해소한 후에는 반드시 갈등의 상처가 흉터로 남지 않도록 해야 한다.

셋째, 가장 중요한 리더의 갈등관리 역할 중 하나는 같은 이유로 같은 갈등이 반복되지 않도록 하는 것이다. 같은 갈등이 반복될수록 리더의 영향력은 감소하고 리더가 소외되는 불행한 경우도 왕왕 발생한다. 따라서 리더는 자신만의 갈등일지를 작성하고 관리해야 한다. 갈등의 발생 원인과 시작점 그리고 잠재된 문제와 주의 깊은 관찰이 필요한 구성원 등을 기록하고 기억해야 한다. 같은 이유의 갈등 발생의 원인에 대한 근본적인 방지 노력 및 정기적인 체크와 피드백 등이 지혜로운 리더의 갈등관리다. 갈등관리 수준이 리더의 수준이다.

정리해보면 리더가 갈등관리를 하는 것은 비용절감과 기대 이상의 성과 그리고 직원의 행복을 추구하기 위해 필요하다. 골치 아픈 갈등으로 시달리지 않는 구성원들은 불필요한 감정의 낭비 없이 행복하게 업무에 몰입할 수 있으며 성과 또한 향상된다면 누이 좋고 매부 좋은 것이다. 집안관리 못하는 리더가 성공할 확률이 높을 리 없다. 복잡하고 힘겨운 조직생활에서 경쟁은 불가피하고 갈등 또한 불가피한 현상이라면 리더의 지혜를 활용하여 갈등을 최소화하여 건강한 조직을 만드는 방법이 리더의 생존을 보장해준다고 믿는다.

자료: 신제구(2019.5.30). "[신제구의 '리더십 레슨'] 갈등관리 수준이 리더의 수준이다." 「포춘코리아」. 6월호.

relations view) 혹은 행동적 관점을 거쳐 집단의 건실한 발전을 위해서는 어느 정도의 갈등은 절대적으로 필요하다(some conflict is absolutely necessary)는 생각에서 어느 정도의 갈등을 부추겨야 한다고 보는 상호작용주의적 관점으로 발전해 오고 있다(Robbins, 2005, 422~423).

(1) 전통적 관점

갈등에 대한 전통적 관점(traditional view of conflict)은 갈등을 나쁘게 보는 것인데, 시기적으로는 1930년대와 1940년대 사이이다. 갈등은 원만하지 못한 의사소통, 구성원간 개방과 신뢰의 부족, 경영진이 종업원의 요구와 열망에 부응하지 못한 것 등에서 기인하는 역기능적인 결과물로 간주되었다(Robbins & Timothy, 2015, 433). 이런 입장에서 메이요(E. Mayo)는 갈등을 일종의 악(evil) 또는 대인적 능력의 부족증상(a symptom of the lack of social skills)으로 취급하고 협력만이 건강의 징후라고 하였다. 즉 갈등이 없는 상태가 가장 이상적인 상태이며, 갈등은 직무의 명확한 규정, 직위간 관계의 구체적 규정, 직위에 적합한 인원의 선발 및 훈련 등을 통해서 제거될 수 있다고 믿었다. 또한 갈등을 부정적인 것으로 보는 고전이론가들의 갈등관은 사회에서 오랫동안 중시되어 온 반갈등적 가치관(anti-conflict value)을 반영하고 있다.

의견일치나 조화 등은 좋은 것이며, 의견대립이나 불화 등은 나쁜 것으로 규정하는 가치체계 속에서 사회화의 과정을 겪어 온 사람들은 갈등을 나쁜 것이라고 생각하는 경향이 있다. 이와 같이 전통적 관점에서는 모든 갈등은 나쁜 것이라는 가정하에 갈등은 회피하여야 하기 때문에, 갈등의 원인과 갈등의 역기능의 해소에는 거의 관심을 두지 않게 된다(박연호·이종호·임영제, 2016).

(2) 행동적 관점

갈등에 대한 행동적 관점(behavioral view of conflict)은 갈등이 관리능력의 잘못에서 비롯되는 것이 아니라 두 사람 이상이 모여사는 집단에서는 필연적으로 발생하는 필요악의 일종으로 불가피하게 보던 것으로 시기적으로는 1940년대 말부터 1970년대 중반까지이다. 조직구성원들은 인간으로서 나름대로의 욕망이나 이해관계가 다르기 때문에 두 사람 이상이 모여 사는 집단에서는 갈등이 필연적으로 발생하는 필요악의 일종으로 보고 있다. 그러므로 갈등을 미리 예방하려고 비용과 노력을 투자하는 것은 오히려 헛수고이며, 갈등에 대해 흥분해서도 안 되고, 다만 조용히 수용하고 인내하고 양보하는 수밖에 없으며, 이것이 갈등에 대한 관리대책이라고 주장한다(임창희, 2003, 365; 임창희, 2017, 458).

이와 같이 행태론적 갈등관은 갈등의 존재를 합리화하면서 갈등은 배제할 수 없는 것이며, 그것은 때때로 조직의 업무수행에 도움이 될 수도 있다고 보고 견해이다. 그러나 이 행태론적 접근은 기껏해야 갈등의 표면적인 수용만을 나타낼 뿐이다.

(3) 상호작용주의적 관점

갈등에 대한 상호작용주의적 관점(interactionist view of conflict)은 갈등을 집단 내의 긍정적인 힘일 뿐만 아니라 집단을 효과적으로 수행하기 위해 절대적으로 필요하

그림 8-3 갈등의 수준과 성과와의 관계

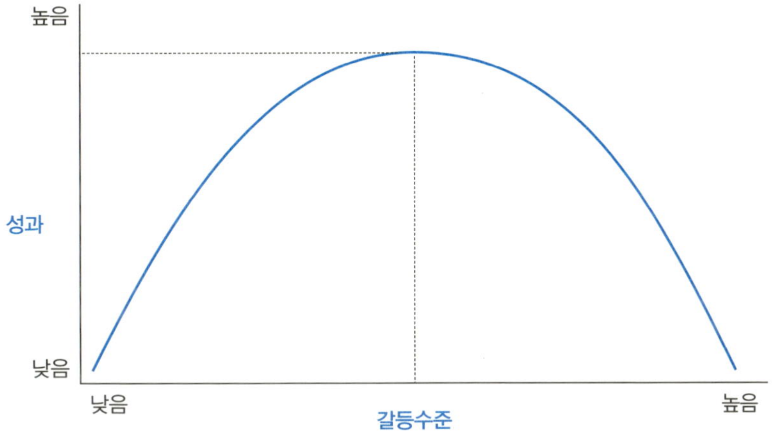

갈등 과소	갈등 적정	갈등 과다
• 적응력 둔화 • 획일적인 분위기 • 무사안일 • 포기·침체	• 변화지향성 • 창의성, 다양성 • 도전 정신 • 목표실천 행동	• 혼란이나 분열 • 투쟁, 비협조 • 불안, 위협 • 목표의식 결여

자료: 백기복(2014), 「조직행동연구 – 조직과 인간의 새로운 만남 –」, 제5판, 창민사, 494; 임창희(2017), 「조직행동」, 제6판, 비앤엠북스, 458.

다고 생각하는 신념체계이다. 곧 집단을 살아 움직이도록 하고(viable), 자기 비판적(self critical)이며, 창조적(creative)일 수 있도록 어느 정도의 갈등을 부추겨야 한다는 입장(De Dreu and Van de Vliert, 1997)으로 시기적으로는 1970년대 말에서 현재에 이르기까지이다.

따라서 이 새로운 관점은 조직 내에서 갈등은 피할 수 없는 것이며 때로는 필요한 것으로 보고 있다. 이는 갈등의 두 가지 기능을 인정하는 것으로, 한편으로는 조직을 활성화시키며, 효과적인 목표달성을 가능케 하고 조직의 혁신과 변화의 수단이 되며, 다른 한편으로는 구성원 개인이나 조직의 목표달성에 방해가 된다고 본다. 그러므로 조직의 관리자는 모든 갈등을 억제하거나 제거해서는 안 되며, 그 해로운 점을 최소한으로 줄이고 이로운 점을 극대화하도록 하여야 한다(백기복, 2002, 305).

이러한 관점을 반영하듯 실제로 갈등의 수준과 성과나 조직유효성과의 관련성에 관한 많은 연구결과 [그림 8-3]과 같이 갈등의 수준이 아주 많거나 적은 경우 성과가 낮은 반면 갈등수준이 적정한 중간 정도일 때 성과가 가장 높은 것으로 나타났다.

제 2 절 갈등의 원인과 결과

1. 갈등의 원인

갈등은 여러 가지 이유로 야기되는데 [그림 8-4]에서 알 수 있듯이 크게 다음의 네 가지 원인, 즉 집단목표의 차이, 상호의존, 지각의 차이 및 자원의 제한 등을 들 수 있다.

그림 8-4 갈등의 원인

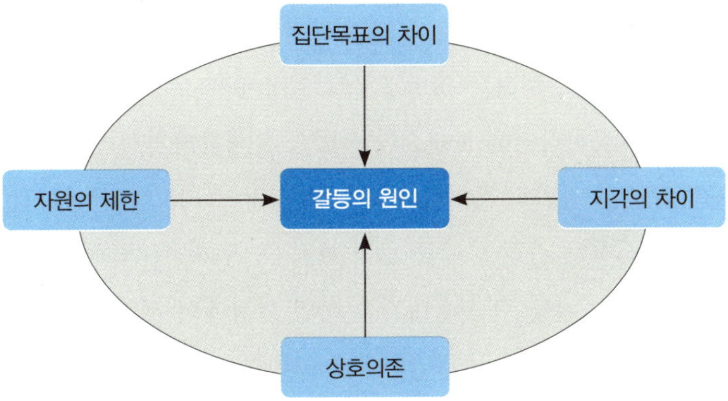

(1) 집단목표의 차이

집단간 갈등의 첫 번째 원인은 바로 집단목표의 차이이다. 집단은 조직체의 한 부분으로 조직 전체의 목표달성을 위해 매진하기는 하지만 그 과정에서 집단마다 추구하는 목표가 다를 수 있다. 이러한 이유로 집단 사이에는 적지 않은 갈등이 일어난다.

한 예로 영업부서와 생산부서를 들어보자. 영업부서는 항상 외부환경의 변화에 탄력적으로 대응하기 때문에 시장수요에 맞추어 제품이 생산되기를 바라고 또 매출액의 신장을 위해 다양한 제품이 생산되기를 기대한다. 반면에 생산부서는 생산원가와 유지비용을 줄이고 인력고용의 안정을 기하기 위해 항상 일정량의 제품을 생산하고자 한다. 또한 영업부서는 시장점유율을 높이기 위해 할인이나 할부 등을 통해 고객에게 보다 유리한 조건을 제시하고자 하지만 자금부서는 보다 신속한 자금회전에 목표를 두는 경우가 많다(이학종·박헌준, 2004, 304; Champoux, 2003, 220~221).

(2) 지각의 차이

집단목표의 차이는 목표달성과정에서 나타나는 행동의 차이뿐만 아니라 집단 상호간의 지각에도 차이를 가져옴으로써 집단 간의 마찰을 야기할 수 있다. 예를 들면 생산시설의 효율적인 유지를 위하여 생산부서는 일정한 생산속도로 일정량의 제품을 만들어내며 주기적으로 라인을 완전히 중단시키고 기계설비를 철저히 점검하고 정비함으로써 생산원가의 절감을 도모하려 한다. 반면에 변화하는 시장수요에 맞추어 매출액을 최대로 하려는 영업부서의 입장에서는 철야작업을 해서라도 주문을 맞추었으면 하고 정비작업을 불필요한 작업으로 생각하기도 한다.

아울러 갈등은 지위의 차이나 부정확한 지각 그리고 시간인식의 차이에서도 일어난다. 시간인식이나 관점을 예를 들어 보자. 연구개발(R&D)부서는 수년간의 시간을 두고 장기적으로 일을 추진해 나가는 반면 현장에서 제품을 생산하는 일반근로자들은 주어진 시간 내에 할당된 양만큼 만들어내지 않으면 안 된다. 이러한 집단간 서로 다른 시간인식에 의해서도 갈등이 야기된다.

(3) 상호의존

과업의 상호의존(interdependence)이란 두 집단이 조직체의 전체과업을 달성하기 위해 의존하는 정도를 말한다(Thompson, 1967). "기술은 인간의 지식적 신념에 따른 활동이 바람직한 결과를 생산하는 데 필요한 방법이다"라고 정의한 톰슨(J.D. Thompson)은 단위작업간의 상호의존을 [그림 8-5]와 같이 연합상호의존, 연쇄상호의존, 왕래상호의존 등으로 구분하고 있다. 그러면 이들 각각에 대해 간단히 살펴보기로 하겠다.

그림 8-5 상호의존의 유형

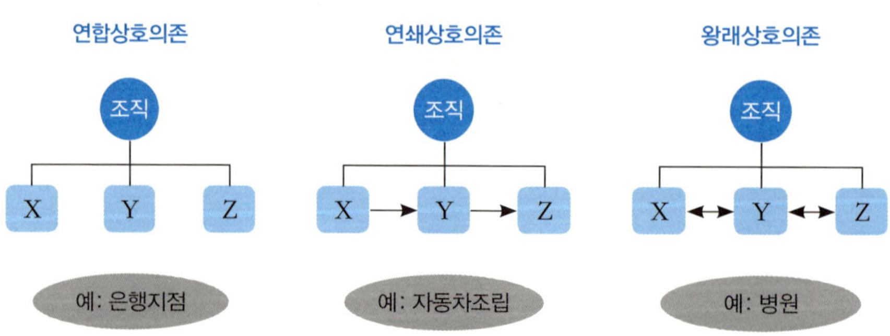

자료: J.A. Wagner Ⅲ & J.R. Hollenbeck(2014), *Organizational Behavior: Securing Competitive Advantage*, 2nd ed., Mason, Ohio: South-Western, 217~219.

1) 연합상호의존

연합상호의존(pooled interdependence)이란 집단이 비교적 상호간에 독립적이지만 조직의 전체목표를 달성하기 위해 상호의존하는 관계를 말한다. 이를테면 증권회사나 보험회사의 각 지점들 사이의 의존관계를 들 수 있다.

2) 연쇄상호의존

연쇄상호의존(sequential interdependence)이란 한 집단의 산출이 다른 집단의 투입이 되는 그러한 관계의 상호의존을 말한다. 전형적인 예로 대량생산공정에서 제조중인 제품을 연속적으로 이동시키기 위한 기계·장치·작업자의 배치를 갖추고 있는 자동차나 전자제품의 조립라인을 들 수 있다.

3) 왕래상호의존

왕래상호의존(reciprocal interdependence)이란 각 집단의 산출이 다른 집단의 투입이 되는 그러한 관계의 상호의존으로 대수술이 이루어지는 병원의 수술실이나 제약회사의 연구개발부와 영업부 사이의 유기적인 협력관계를 들 수 있다.

(4) 자원의 제한

조직은 그 활동을 수행해나가는 과정에서 많은 인적·물적 자원을 필요로 한다. 그러나 조직의 규모나 종류를 불문하고 대부분의 조직들은 각종 자원이 제한된 상태에서 조직활동을 영위한다. 그러는 가운데 각 집단이나 개인은 서로 보다 나은 인적·물적 자원을 확보하려고 경쟁하게 된다.

특히 최근에 많은 조직에서는 전통적인 연공에 의한 승진보다는 발탁인사를 비롯한 능력에 기초한 승진이 이루어지고, 임금관리에 있어서는 연봉제와 성과급을 도입해 가는 기업이 늘어나면서 보다 좋은 경영성과를 내는 것 자체가 부서와 개인의 성과에 직결되기 때문에 되도록이면 핵심인재를 자기 부서에 많이 확보하려고 하고 조직활동에 필요한 각종 물적 자원을 우선적으로 할당받으려 한다.

리더십 **사례**

"경제 양극화가 갈등 키웠다" [새로운 100년, 리스타트 코리아 분열을 넘어 통합으로]

내 집단이 아니면 '敵' 서로 벽만 쌓는 대한민국인
국민 90% 주요 갈등 원인으로 '경제적 문제' 지목
높은 실업률이 청년/기성세대, 남/녀간 대립 키워
의무·책임 그대로인데 사회적 배려 못 받는다 느껴

한국 사회는 '갈등 공화국'이다. 사용자와 노동자, 남자와 여자, 청년과 기성세대 등으로 사분오열 쪼개져 있다. 온·오프라인 공간 할 것 없이 서로 간에 혐오 표현을 쏟아내고 있다. 전문가들은 집단 간에 불신과 반목이 팽배해진 주원인을 '얼어붙은 경제'로 꼽았다.

갈등의 가장 큰 문제는 '경제'

20일 한국사회갈등해소센터에 따르면 국민 1,000명을 대상으로 지난해 말 '2018 한국인의 공공갈등 의식'을 조사한 결과 응답자 90%는 '우리 사회 집단 간 갈등이 심각하다'는 반응을 보였다. 노사 갈등이 심각하다는 응답이 가장 많았다. 이강원 한국사회갈등해소센터 소장은 "최근 최저임금 인상, 법정근로시간 단축 이슈가 있었다. 파급력 긴장도가 강하게 인식이 됐다"며 "최근 경제적 양극화가 강화되고 근로자, 자영업자 모두 경제적 여건에 민감하다 보니 서로 간 갈등이 부각됐다"고 말했다.

주요 갈등의 공통적인 원인은 '경제적 문제'다. 빈부격차(2위), 정규직 비정규직 갈등(4위) 등 악화된 경제상황이 저변에 깔려 있다. 높은 실업률을 놓고 '열정이 부족해'라는 기성세대와 '시대가 다르다'는 청년 간의 경제적 시각차는 신구 갈등으로 이어진다. 오재호 경기연구원 연구위원은 "산업화시대 청년에게 크게 의존하던 것과 달리 현재는 청년이 사회에 진입하는 기회가 줄었다"며 "경제수준이 높아지고 생활이 안정된 사회에서 과거와 같은 직업관이나 삶의 태도를 기대하긴 어렵다. 구인난에 처한 기업에 가보라고 청년에게 권유하는 정책은 곧 한계를 드러낸다"고 했다. 만연한 갈등을 해결하기 위해선 시민사회가 서로의 관점을 이해하는 교육체계가 이뤄져야 한다고 강조했다. 대표적인 사례로 독일의 정치교육인 '보이텔스바흐'협약을 들었다. 오 위원은 "이 협약은 절대로 남에게 자신의 견해를 강조하지 않는 데서 출발한다"며 "수평적 문화, 서로 협력하는 문화는 서로의 독립적 판단을 존중하면서 각자의 정치적 입장을 내는 것부터 시작된다"고 전했다.

높은 실업률이 남녀 갈등 부추겨

얼어붙은 경제는 청년과 기성세대 간의 갈등뿐 아니라 남녀 갈등에도 영향을 끼친다. 앞서 '2018 한국인의 공공갈등 의식' 조사에서 2017년 대비 가장 큰 폭으로 오른 건 남녀 갈등이 심각하다고 응답한 비율이었다. 여론조사기관 인사이트케이 배종찬 연구소장은 높은 실업률을 남녀 갈등의 이유로 꼽았다. 배 소장은 "20대 여성은 사회적 진출에 차별이 있다고 주장하고 20대 남성은 자신 세대에선 양성평등이 실현돼 오히려 취업에 불리함을 겪는다고 생각한다"며

"특히 20대 남성의 경우 과거 남성이 유리하던 시대가 지났다는 상대적 박탈감, 군복무로 인한 학력단절을 겪으며 정부가 추진하는 양성평등사업을 역차별로 인식한다. 군복무가 없는 여성이 취업과 사회진출에 더 유리하다고 여긴다"고 설명했다. 이어 "남녀 갈등은 정부 임기 내 이뤄지기도 어렵다. 극복 방안은 더 많은 대화와 토론이 필요하다"며 "남녀 갈등을 사회가 적극 문제로 인식하고 공론화해 이해하려는 노력이 필요하다"고 덧붙였다.

한편으로는 젠더 담론이 변화된 현실을 반영하지 못해 남녀 갈등을 촉발하고 있다는 분석도 나온다. 시대가 달라졌으나 남녀 문제는 예전과 같은 잣대로 보고 있다는 것이다. 김헌식 문화평론가는 "젠더 갈등을 풀어내는 데 가장 큰 고민은 남성들이 자기역할을 모색하지 못하고 있다는 점"이라며 "남성에게 모든 전권이 부여된 가부장사회와 달리 20대 남성의 경우 실업률이 높고, 취업이 되더라도 안정된 직장을 구하기 어려워 위축감을 가지고 있는 상황에서 양성평등성 문제는 그들에게 더 큰 압박감을 주고 있다"고 진단했다. 그러나 남녀 갈등의 해결 방안으로 여전히 여성의 불평등만을 강조하는 70, 80년대 여성학만을 제시하고 있어 20대 남성들의 상대적 박탈감이 극에 달했다는 얘기다. 김 평론가는 "20대 남성의 경우 해야 할 의무와 책임감은 그대로인데 사회적으로 배려받지 못한다는 불만이 크다. 정도가 심한 경우 일간베스트(일베)와 같은 극단적인 커뮤니티로 흘러들어가게 된다"며 "미디어에서도 남녀 간에 싸움을 붙이는 방향이 아니라 상대를 인정하고 공존이 무엇인지 생각할 수 있는 콘텐츠들을 만들어야 한다"고 강조했다.

"국가 차원 갈등관리법 필요"

전문가들은 갈등관리를 위한 기본법 제정과 독립적인 갈등 해소기구의 필요성을 강조했다. 정부에서 정책을 시행하는 과정에서 벌어지는 갈등을 관리할 체계가 부족하다는 이유다. 미국에는 대안적 분쟁해결제도인 행정분쟁해결법(ADRA)과 협상에 의한 규칙제정법(NRA)이 1996년 제정됐다. 일본도 ADR 기본법을 운용하고 있다. 한국은 대통령령인 '공공기관의 갈등 예방과 해결에 관한 규정'뿐이다. 이강원 소장은 "한국은 공공정책 관련해서 갈등이 발생했을 때 체계적으로 갈등을 관리하고 대응할 근거가 대통령령으로 정한 갈등관리기본법 정도만 있다"고 지적했다. 이어 "정부가 정책을 시행하면서 발생하는 갈등을 적극적으로 해결하려고 하지만 구속력이 떨어지다 보니 대응하는 게 역부족인 것 같다"며 "법제화를 통해 정부의 책무를 높이는 게 방안이 될 수 있다"고 밝혔다.

자료: 이진석·최용준(2019.6.20), ""경제 양극화가 갈등 키웠다" [새로운 100년, 리스타트 코리아 분열을 넘어 통합으로]," 「파이낸셜뉴스」.

2. 갈등의 결과

위에서 언급한 다양한 이유로 말미암아 집단 간에는 적지 않은 갈등이 일어나게 된다. 집단 간의 갈등은 역기능적인 측면과 순기능적인 측면을 동시에 갖고 있다. 역기능적인 측면은 조직 전반에 걸쳐 부정적인 결과를 초래한다. 이러한 역기능적 갈등은 조직 내에 여러 가지 변화를 야기하기도 한다. 그러면 역기능적 갈등으로 인하여 일어나는 집단 내의 변화와 집단 사이의 변화에 이어 집단갈등의 기능적 결과를 살펴보기로 하자.

(1) 집단갈등의 역기능적 결과

1) 집단 내의 변화

갈등으로 인한 집단 내의 변화(intragroup change)로는 크게 네 가지, 즉 집단응집성의 증대, 독재적 리더의 등장, 과업지향적 태도의 조성, 그리고 집단의 경화 등을 들 수 있다.

① 집단응집성의 증대

첫째로, 집단 간의 갈등은 집단 내에 경쟁심을 유발시키고 상대방으로부터 위협감을 느끼게 함으로써 집단구성원들 상호간의 응집력을 증대시킨다. 따라서 구성원들은 자신의 개인적인 불화나 불만을 제쳐 놓고 모두가 단합하여 집단에서의 소속감과 상호간의 의존감을 북돋워 준다.

② 독재적 리더의 등장

집단 간의 갈등이 심화되어 외부로부터 극도의 위협감을 느끼게 되는 경우, 구성원들은 민주적이고 자유방임적인 리더십 방법을 포기하고 그 대신 강력한 독재적·전제적 리더의 등장을 요구하게 된다.

③ 과업지향적 태도 조성

집단간의 갈등이 심해지면 개인의 성장과 만족감에 대한 관심은 감소되고 집단의 이익을 위해 개인의 손해도 감수한다. 외부 갈등으로부터 집단을 보호하고 이에 필요한 구성원의 역할을 강조하다 보니 보다 과업지향적으로 변하게 된다.

④ 집단의 경화

집단 간의 갈등이 첨예화되면 집단에 대한 규범행동을 더욱 강조하게 되고, 규범을 준수하는 것이 집단성과나 구성원들의 개인적인 만족보다 더 중요한 목표가 됨으로써 집단이 전반적으로 보다 경화(rigid)된다.

2) 집단 사이의 변화

집단과 집단 사이에 갈등이 생기게 되면 집단내부적으로 변화를 가져올 뿐만 아니라 집단과 집단 사이에서도 적지 않은 변화를 가져오는데, 집단 사이의 변화(inter-group change)는 크게 다음의 네 가지, 즉 지각의 왜곡, 다른 집단 활동의 모니터링, 집단의 상호 적대시, 상호작용의 감소 등이다.

① 지각의 왜곡

상대집단과 자기집단에 대하여 왜곡된 지각을 하게 된다. 일반적으로 상대집단의 역할과 기능은 과소평가하거나 부정적으로 보려는 경향이 있는 반면에, 자기집단의 기능과 중요성은 과대평가하거나 좋은 점만 보려는 행동경향을 나타낸다.

② 다른 집단활동의 모니터링

갈등관계에 있는 집단은 다른 집단의 활동에 대한 모니터링(monitoring)을 더욱 강화해 나간다. 이렇게 해서 관찰된 행동은 자기 집단의 성과를 평가하거나 다른 집단의 문제점이나 불법활동을 체크하는 데 사용된다.

③ 집단의 상호 적대시

집단간 갈등이 고조되고 집단의식이 지나치게 고조될수록 상대집단에 대한 불신과 편견이 증폭됨으로서 집단간의 불편한 관계를 넘어서 집단이 다른 집단의 구성원을 자기들의 목표달성을 방해하는 적(enemy)으로까지 간주함으로써 다른 집단을 적대시하게 된다.

④ 상호작용의 감소

집단간의 갈등은 상호간의 상호작용, 즉 커뮤니케이션을 감소시키면서 집단성과에 직접적인 영향을 준다. 대면적 상호작용은 감소되고, 커뮤니케이션은 필수적인 공식업무에만 국한되며, 커뮤니케이션 내용도 문제해결이나 성과향상에는 관계없이 절차나 방법 등 기술적인 측면에만 치중하는 경향을 보인다(이학종·김영조, 2014).

(2) 집단갈등의 순기능적 결과

집단갈등에는 역기능만 있는 것이 아니고 순기능도 있다. 순기능으로 첫째, 사람들이 갈등에 직면했을 때 종종 평상시보다 더 혁신적인 된다는 것이다. 갈등이 생겼다는 것은 서로의 생각이 다르다는 것을 의미하기 때문에 그것을 해결하려고 노력하다 보면 조직의 변화에 기여할 수 있고, 그 변화가 이루어졌을 때 혁신이 일어나게 된다. 둘째, 갈등이 다양한 심리적 요구를 만족시킬 수 있다. 사람들은 모두 다르기 때문에 그 차이에서 발생하는 갈등이 해결되면 개인이 가지고 있는 다른 욕구들을 충족시키는 계기가 되기도 한다. 셋째, 갈등은 가치 있는 변화와 혁신을 이끌어 낼 수 있다. 갈등을 통해 조직의 문제점을 이끌어 내고 그것을 해결하려고 노력하는 과정에서 변화와 혁신이 자연스럽게 이루어지는 것이다.

따라서 이러한 갈등의 순기능을 강조하여 성과를 끌어올리는 방법은 다양한 관점에서 조직에 유리하다. 적정한 갈등은 생산성을 향상시키고, 조직에 개방적인 의사소통을 도우며, 창의성을 높이고 문제 해결 능력을 향상시킬 수 있다. 또한 조직적 측면에서도 상호 관계를 강화하고 응집력을 높이는 효과가 있다.

이러한 갈등을 자극하기 위한 방법으로는 개인적인 경쟁을 증대시키거나 직무나 상황에 위협적인 정보를 제공하는 것이다. 또한 역할에 대한 갈등을 일으키게 하거나 보상을 차별화하는 것도 좋은 방법 중에 하나이다. 그러나 항상 욕심을 내면 문제가 생기게 마련이다. 적절한 갈등을 유지하되 그것이 조직이나 개인에게 감당할 정도의 수준으로 유지하는 노련함이 필요하다(유경철, 2018.2).

제 3 절

갈등의 유형

집단에서 일어나는 갈등을 구분하는 기준으로는 여러 가지가 사용되고 있다. 로빈스와 저지(S.P. Robbins & T.A. Judge)는 갈등을 카테고리에 따라 과업갈등, 관계갈등, 과정갈등으로 구분하고 있다(Robbins & Judge, 2017). 일반적으로는 조직 및 집단에서 일어나는 갈등을 구분하는 기준으로는 갈등수준에 따른 갈등의 유형을 가장 많이 다루고 있는데, 갈등수준에 따른 갈등유형은 [그림 8-6]과 같이 개인적 갈등, 개인간 갈등, 집단간 갈등 및 조직간 갈등 등으로 구분할 수 있다. 본서에서는 집단간 갈등에 초점을 맞추어 살펴보고자 한다.

그림 8-6 갈등의 유형

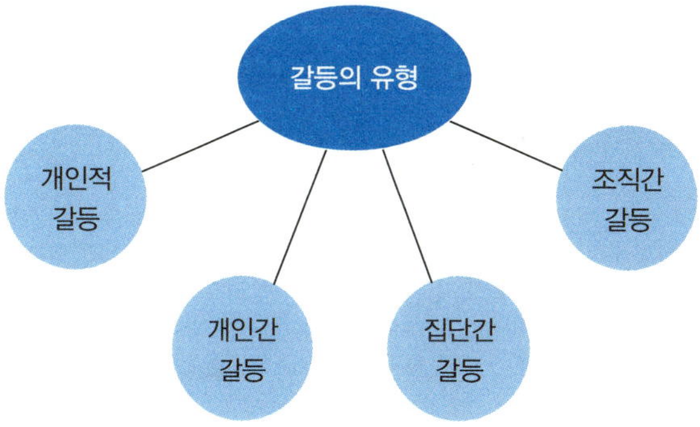

1. 개인적 갈등

개인적 갈등 혹은 개인내 갈등(intrapersonal conflict)이란 개인 내부에 존재하는 갈등을 의미한다. 인간은 여러 가지 형태의 욕구와 역할을 가지고 있으며, 그것을 실현하는 방법도 각기 상이하다. 이와 같이 개인들이 지니고 있는 다양한 욕구와 목표가 서로 상충되고 장애를 일으킴으로써 욕구충족을 위한 갈등을 일으키게 된다. 개인적 갈등은 일반적으로 좌절갈등, 목표갈등, 역할갈등으로 구분되기도 한다.

2. 개인간 갈등

개인간 갈등(interpersonal conflict)이란 개인과 개인 사이의 어떤 문제에 대해 발생하는 갈등을 말한다. 이러한 갈등은 주로 개인들이 추구하는 목표·가치관·신념·사고방식·태도 등에 대한 지각의 차이(Bartol & Martin 1994) 때문에 발생하는 것이 일반적이다. 개인간 갈등은 이 밖에도 [그림 8-7]과 같이 업무상의 요인이나 조직상의 요인들에 의해서도 일어난다. 조직체에서의 개인간 갈등은 조직구성원 사이에 흔히 경험하게 되는 현상으로 상호작용하는 종업원들의 인간관계에 중요한 영향을 미친다.

조직 내 개인 간의 갈등은 개인 상호간의 의사결정이 있어서 그 상황에 대한 과

그림 8-7 | 개인간 갈등의 요인

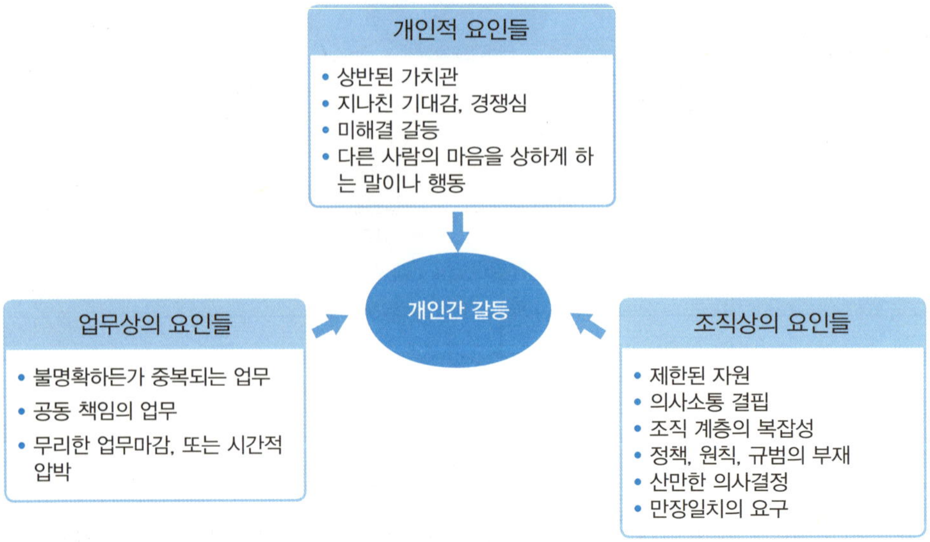

자료: A.C. Filley(1975), *Interpersonal Conflict Resolution, Glenview*, Ill.: Scott, Foresman, 9~12; 백기복(2014), 「조직행동연구」, 제6판, 창민사, 481.

거의 경험의 양과 결정의 복잡성으로 개개인의 상이한 선호도의 차이에 의해 발생한다. 서로 다른 집단에 소속되어 있는 영향력 있는 두 구성원이 서로 집단 갈등이 있을 때 그 양 집단은 적대적 관계를 초래할 수도 있다.

3. 집단간 갈등

집단간 갈등의 유형은 여러 가지로 나누어볼 수 있는데, 일반적으로 다음의 네 가지, 즉 계층적 갈등, 라인-스태프 갈등, 기능적 갈등, 그리고 경쟁적 갈등 등을 들 수 있다.

(1) 계층적 갈등

계층적 갈등(hierarchical conflict)이란 조직내 각 계층 사이에 존재하는 갈등으로, 이를테면 우리나라의 산업화과정에서 많이 표출되어왔던 노사간의 갈등을 들 수 있다. 아울러 각층 경영자, 즉 최고경영자, 중간경영자 및 하위관리자 사이에서도 갈등이 야기될 수 있는데 이들 사이의 갈등 역시 계층적 갈등이다.

(2) 라인-스태프 갈등

라인-스태프 갈등(line-staff conflict)이란 라인과 스태프는 역할, 권한, 책임 등이 각기 다르다. 전자는 의사결정, 명령 및 집행할 권한을 가지고 있는 사람들인 반면에 후자는 특정분야에 대한 전문지식과 풍부한 경험을 바탕으로 라인에 조언, 지원, 원조하는 사람들이다. 그렇기 때문에 이들이 일을 하는 과정에서 상대방의 업무를 이해하지 못하거나 상대방의 영역을 침범함으로써 갈등이 야기될 수 있는데 이러한 갈등을 라인-스태프 갈등이라 한다.

(3) 기능적 갈등

기능적 갈등(functional conflict)이란 조직내 동일수준의 각 집단(부서) 간에 야기되는 갈등으로 제조업체의 생산부서와 영업부서 사이의 갈등을 들 수 있다. 이러한 갈등은 주로 희소한 자원, 한정된 예산, 부족한 인력, 상충된 목표를 두고 부서 상호간의 이해관계나 인식차이에서 일어나게 되는 경우가 많다. 흔히들 수평적 갈등이라고도 한다.

(4) 경쟁적 갈등

경쟁적 갈등(competitive conflict)이란 앞서 언급했던 기능적 갈등과 어느 정도 관련이 되는 것으로 조직내 여러 집단이 유사한 기능의 일을 할 때 발생되는 갈등을 말한다. 이를테면 영업부 내의 영업 1과와 영업 2과 사이의 갈등을 들 수 있다. 오늘날과 같은 경쟁사회에서는 좋은 성과로 좋은 인사고과를 받고 성과급이나 인센티브를 더 받으려는 생각에서 이러한 갈등이 생기곤 한다.

지금까지 집단간 갈등에 대해 살펴보았다. 그러면 한국사회에서는 어떤 집단 사이에 갈등이 많을까? 한국행정연구원의 2017년 사회통합실태조사에 따르면 [그림 8-8]과 같이 응답자의 88%가 보수와 진보의 갈등이 심각하다고 응답해, 우리나라 국민들은 한국사회에서 이념갈등이 가장 심각하다고 인식하고 있음을 알 수 있다. 빈곤층과 중·상층 간의 계층갈등이 심각하다는 인식도 85.5%로 높았고, 그 다음으로 노사갈등, 개발론과 환경보존론의 갈등, 세대갈등, 수도권과 지방의 新지역갈등,

그림 8-8 | 우리 사회의 갈등유형별 갈등의 심각성 수준에 대한 인식 (단위: %)

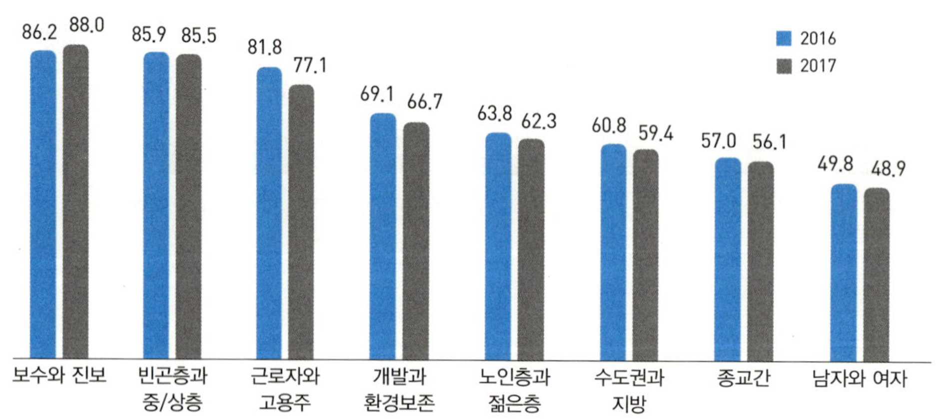

주: 갈등유형별 '약간 심하다'와 '매우 심하다'는 응답률의 합

자료: 한국행정연구원 사회조사센터(2017), 「2017년 사회통합실태조사」, 262~267을 재구성.
박준·정동재(2018.12.31), 「사회갈등지수와 갈등비용 추정」, 한국행정연구원.

그림 8-9 | 집단간 갈등 심각도 (단위: %)

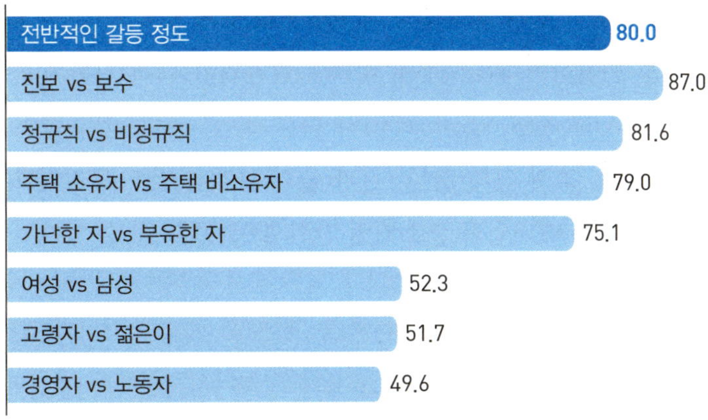

주: 질문에 '매우 심하다', '대체로 심하다'고 응답한 비율
자료: 한국보건사회연구원(2019.6), 「사회통합 실태 진단 및 대응방안 연구 보고서」.

종교갈등 및 남성과 여성간 갈등의 순서로 심각하다는 응답이 많았다(박준·정동재, 2018.12.31).

보다 최근에 한국보건사회연구원(2019.6)의 집단간 갈등 심각도 조사(질문에 '매우 심하다', '대체로 심하다'고 응답한 비율)에서도 역시 진보 대 보수와 같은 이념갈등이 가장 높게 나타났고(87.0%), 다음은 정규직 대 비정규직 갈등(81.6%)이었다(한국보건사회연구원, 2019.6).[3]

4. 조직간 갈등

조직간 갈등(interorganizational conflict)이란 조직과 조직 사이에 이해와 관심

3 물론 이러한 결과는 조사기관이나 시기에 따라 조금씩 다를 수 있다. 한 예로 비슷한 시기에 한국사회갈등해소센터와 한국리서치가 최근 집단간 갈등에 대한 심각성을 평가한 결과에서는 노사갈등, 즉 '경영자와 노동자 갈등'이 심각하다는 응답이 85.7%로 가장 높았다. 이는 최저임금 인상과 법정 근로시간 단축이 시행되면서 노사 갈등이 본격적으로 심화된 탓이다. 노사갈등은 2013년 첫 조사 때부터 2017년까지 5년 연속 상승세를 보이다 지난해 소폭 하락했으나 최근 3년 동안 심각성 정도에서 가장 높은 순위를 차지하고 있다. 이에 대해 윤순철 경실련 사무처장은 "과거 보수정부에서 억눌렸던 노동계의 요구들이 동시다발적으로 쏟아져 나온 측면을 간과할 수 없지만, 노사의 입장을 조율하지 못하고 양쪽의 반발이 뻔히 예상되는 정책을 섣불리 내놓은 정부 책임도 있다"고 말했다(박구원, 2019.1.27; 한국사회갈등해소센터-한국리서치, 2019).

의 차이로 말미암아 발생하는 갈등을 말한다. IMD나 WEF와 같은 권위있는 기관들의 노사관계경쟁력 평가에서 항상 최하수준을 면치 못하고 있는 노동계와 산업계 사이의 갈등을 비롯하여 최근 들어 역할과 발언권이 크게 강화되고 있는 비정부기구(NGO: nongovernmental organization)와 다른 조직, 특히 기업 간의 갈등을 비롯하여 경쟁관계에 있는 조직 간의 갈등, 갑과 을의 관계에 있는 모기업과 원재료 공급업체 간의 갈등, 그리고 대기업과 중소기업 간의 갈등 등을 들 수 있다.

제 4 절
갈등의 해결방법

갈등은 개인이나 조직 내에서 순기능과 역기능을 동시에 지니고 있다. 따라서 갈등과 관련된 관리방안은 갈등을 완전히 없애는 것보다는 완화·축소·해결하는 것이 바람직하다. 갈등의 해결방법에는 여러 가지 방법이 있고 이들을 유형화하는 방법 또한 다양하다. 이학종 교수는 갈등의 해결방법을 일반적인 해결방법, 구조적인

그림 8-10 | 갈등 해결방법

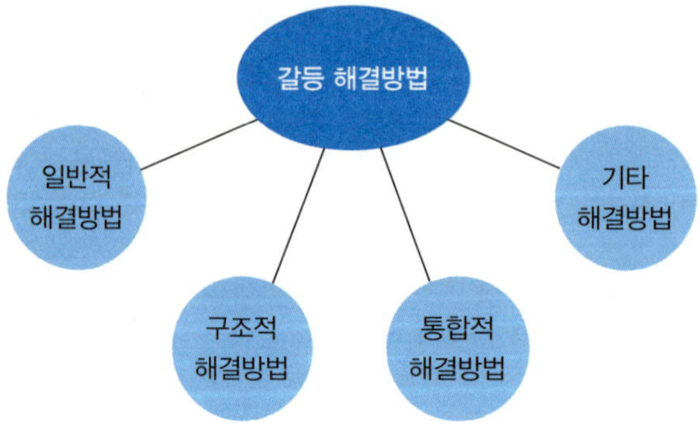

해결방법 및 통합작용방법 등으로 유형화하고 있다. 먼저 일반적인 해결방법에는 대면을 비롯하여 공동적의 설정, 상위목표의 설정, 자원의 확충 등을 들 수 있고, 구조적인 해결방법에는 규율이나 절차, 권한이나 계층 및 계획 등을 들 수 있다. 그리고 통합작용방법으로는 연락조정역, 태스크포스와 팀조직, 통합전담부서의 활용을 들 수 있다(이학종·박헌준, 2004). 본서에서는 이들과 더불어 기타방법으로 [그림 8-10]과같이 루블과 토마스(T. Rubble & K. Thomas)의 갈등해결방식과 '조하리의 창' 등에 대해 각각 살펴보기로 하겠다(이덕로·서향희, 2017).

1. 일반적 해결방법

(1) 대면

집단간 갈등해결의 가장 보편적인 방법이 바로 대면(confrontation)이다. 이 방법은 갈등의 당사자들이 서로 얼굴을 맞대고 문제가 되고 있는 부분에 대한 입장표명과 논의를 통해 서로간의 오해를 없애고 나아가 갈등을 해소하는 방법이다. 이 방법은 집단 간의 커뮤니케이션상의 문제나 상호간의 착각은 해소될 수 있으나 감정의 골이 깊거나 집단간의 이념문제의 해결에는 그다지 도움이 되지 않는다.

(2) 상위목표의 설정

상위목표(superordinate goals)의 설정이란 집단 간의 갈등을 초월하여 상호 공유하고 협조할 수 있는 초월적 목표를 설정하는 갈등해결방법이다. 1998년 IMF 외환위기 때 갈등을 빚고 있던 많은 기업의 노사가 IMF 극복이라는 상위목표를 설정하며 '한마음 운동'을 전개하고 '임금동결', '무교섭 타결', '항구적인 무파업선언'을 했던 것이 좋은 예이다. 이 방법은 집단들의 공통된 목표의 강도에 다라서 그 효과가 발생된다. 그러나 이 방법은 주로 단기적인 효과에만 국한되고 공동목표가 달성되면 집단간의 갈등이 다시 일어날 가능성이 크다.

(3) 공동 적의 설정

갈등을 빚고 있는 당사자들이 공동으로 위협을 느끼는 집단, 곧 공동의 적(common enemy)이나 경쟁대상을 선정하여 이에 공동대처함으로써 상호간의 갈등을 피해나갈 수 있다. 이 방법은 상위목표의 설정과 비슷하지만 상위목표에 비해 부정적인 성격을 띠고 있다는 차이점이 있다. 이 방법 또한 상위목표와 마찬가지로 비교적 단기적인 효과가 있을 뿐, 공동 적으로부터의 위협이 없어지는 경우에는 집단간 갈등이 재연될 가능성이 커 갈등의 근본적인 해결을 기대하기는 어렵다.

(4) 자원의 확충

인류가 경험한 전쟁의 대부분이 부족한 자원이나 비옥한 땅을 확보하기 위한 자원전쟁이었음을 우리는 역사를 통해 잘 알고 있다. 마찬가지로 집단이나 조직 내의 많은 갈등은 각종 인적·물적 자원이 부족하거나 제한되어 있기 때문에 야기된다. 예를 들어 지나치게 좁은 승진경로로 말미암아 승진대상자들의 경쟁이 격화되면 팀워크가 깨어지고 조직의 성과에 부정적으로 작용할 가능이 매우 크다. 따라서 승진이나 전직의 기회를 확대해줌으로써 부분적으로 갈등을 해결할 수 있다. 이와 같이 리더는 조직구성원을 위해 혜택의 총체적 수준을 끌어올리려는, 이른바 파이(pie)키우기 노력을 경주해야 한다(하미승, 2018, 289).

리더십 **사례**

고장 난 커뮤니케이션, 어떻게 고칠 수 있을까?

얼마 전 대기업 A본부장이 자기 부서 조직진단 결과를 보여주었다. 인사부에서 실시한 내용으로 60개 항목에 걸쳐 조사한 내용이었다. 그 결과 개선사항으로 결재 및 보고 방식, 역할과 책임 명확화, 평가의 수용성, 회의문화 등이 나왔다. 물론 작년보다 개선된 내용도 많으나 조직 전체로 보면 타 부문에 비해 차이가 나는 항목도 있었다. 그가 말했다. "어떻게 하면 좋을까요?"

결국 커뮤니케이션 문제였다. 필자가 조직생활할 때 한 직원이 했던 말이 생각났다. "소통에 있어 윗사람은 자기가 하고 싶은 말을 다 했으면 소통이 잘 되었다고 생각합니다. 그런데 정작 우리들의 말은 제대로 듣지도 않았고 우리는 의견도 내지 못했는데 어떻게 소통이 잘 되었다고 생각하는지 모르겠습니다." 정신이 번쩍 들었다. 결국 진정성 있는 쌍방향 커뮤니케이션을 언급한 것이다. 그러려면 리더의 마인드가 바뀌어야 한다.

아빈저연구소의 〈아웃워드 마인드셋(*Outward Mindset*)〉이란 책에는 변화의 시작은 나를 넘어 바라보는 힘에 있다고 했다. 우리는 통상 인워드 마인드셋(Inward Mindset)으로 일하고 있으며 이때에는 초점이 자신에게 맞춰지므로 다른 사람들이 그들 자신의 요구사항, 목표,

문제를 가진 사람들로 보이지 않고 나의 요구사항, 목표, 문제 해결에 활용할 수 있는 〈대상〉으로 보이게 된다는 것이다.

반면에 아웃워드 마인드셋에서는 타인의 요구사항, 목적, 문제를 인식하고 이에 관심을 가진다. 즉 타인을 〈사람〉으로 보는 것이다. 인워드 마인드셋에서 사람들은 자신을 보호하고 자신의 이익을 챙기는 방법으로 행동하고, 아웃워드 마인드셋에서는 자신들이 성취하고자 하는 공동의 결과물을 보다 더 잘 성취해 낼 수 있도록 생각하고 행동한다. 이러한 입장에서 커뮤니케이션이 되어야 하고, 리더십을 발휘하는 조직문화로 자리 잡아야 지속 성장하는 건강한 조직이 될 것이다.

사례 하나 소개하면, 2006년 보잉사에서 포드자동차 CEO로 취임한 멀랠리는 취임 후 얼마 지나지 않아 회사에 문제가 있는데도 모두가 책임감을 느끼지 않는 것을 알았다. 당시 포드는 매년 170억 달러의 손해를 보고 있었지만 회사의 임직원들은 각자 자신은 잘하고 있다고 믿고 있었다. 그래서 그는 사업계획 검토회의라는 BPR(Business Plan Review) 회의를 하면서 회의실 벽에 수칙 10가지를 붙이고 실천했다. 다음과 같다.

• 사람이 가장 우선이다. • 모든 사람이 참여해야 한다. • 강력한 비전이 있어야 한다. • 명확한 성과 목표가 있어야 한다. • 하나의 계획이 있어야 한다. • 사실과 테이터에 근거해야 한다. • '방법을 찾겠다'는 태도로 계획을 제안한다. • 서로 존중하고, 경청하고, 도와주며 감사한다. • 감정 회복의 탄력성을 가진다. 그리고 프로세스를 믿는다. • 서로와 함께하는 이 여정을 즐기고 재미를 느낀다. 이 중에서 여러분 회사에 맞는 몇 가지만이라도 도입하면 커뮤니케이션 활성화에 유익하리라 생각한다.

리더십 권위자이자 코치인 마샬 골드스미스는 저서 〈일 잘하는 당신이 성공을 못하는 20가지 비밀〉에서 다음과 같은 것을 지적한다. 가령, 과도한 승부욕, 쓸 데 없는 비평, 파괴적인 말, 부정적인 표현, 잘난 척 하기, 격한 감정, 인색한 칭찬, 남의 공 가로채기, 변명, 사과하지 않기, 경청하지 않기 등이다. 리더들이 한번쯤 되새겨 봐야 할 내용이다. 왜냐하면 쉽게 지나치기 때문이다.

리더십 전문가들이 공통적으로 이야기하는 것이 있다. 그것은 커뮤니케이션과 리더십에 있어서 〈감정수용－사고촉진－자발적 행동〉의 선순환 사이클을 가져가야 한다는 것이다. 이는 상대방을 감정을 가진 인격체로 먼저 보고 따뜻한 가슴으로 소통하며 그다음 냉철한 머리로 판단하고 실행하라는 내용과 궤를 같이하는 것이다. 우리는 종종 당장 해야 할 일만 보고 사람을 놓치는 경우가 많다. 사람이 일을 하는데 말이다. 축구에서 공만 보다 사람을 놓쳐 골을 먹는 사례와 비슷하다.

커뮤니케이션은 쌍방 간 생각과 의미를 전달하고 피드백 받는 과정의 연속이다. 인체 혈액의 순환과 비슷하다. 우리의 심장에서 각 기관에 산소와 영양분을 전달해주는 동맥과 다시 심장으로 들어가는 정맥이 동시에 존재해야 우리가 살 수 있듯이 그 어느 것 하나가 없다고 생각해 보라. 우리는 살 수가 없다. 조직도 마찬가지이다.

조직 내 〈고장 난 커뮤니케이션〉은 고칠 수 있다. 그러자면 리더들이 마인드를 바꾸고, 진실로 상대방을 대해야 한다. 그리고 공동의 결과물을 함께 성취해 가는 쌍방향 커뮤니케이션이 활성화된 조직문화를 만들어야 한다. 물론 이것 역시 리더의 몫이다.

자료: 김영헌(2019.3.5). "[김영헌의 마중물] 고장 난 커뮤니케이션, 어떻게 고칠 수 있을까?," 「한국경제신문」.

2. 구조적 해결방법

(1) 규정이나 절차

공식 규정이나 절차는 가장 간단하고 기본적인 구조적 문제해결방법으로, 집단 간의 갈등을 사전에 예측하고 이를 해결하기 위한 규정이나 절차를 마련하여 이것을 집단 사이에서 발생하는 문제에 적용하여 문제를 해결하는 것이다. 이와 같이 집단 간 문제발생시 당사자 간의 회합이 필요없이 이미 설정되어 있는 규정, 절차, 메뉴얼에 의해 즉시 해결할 수 있으므로 조직체의 안정을 유지해 주는 역할을 한다.

(2) 권한

집단 간에 갈등이 일어났을 때 공식적인 규정이나 절차에 의해 집단간 문제해결이 이루어지면 천만 다행이지만 경우에 따라서는 문제가 제대로 해결되지 않을 수도 있다. 이 때 필요한 방법 중의 하나가 바로 권한이나 계층을 이용하는 방법이다. 곧 갈등을 빚고 있는 양 당사자를 모두 아우르는 상위 관리자가 주어진 조정권한을 발휘하여 문제를 해결하는 방법이다.

(3) 계획

집단 간의 문제가 규정이나 절차, 그리고 권한에 의해서도 제대로 해결되지 않을 경우에는 관련 집단들이 사전에 서로 계획을 하여 상호간의 목표와 주요 과업을 중심으로 기능과 역할을 보다 분명히 함으로써 업무수행상에서 발생하는 문제에 보다 효율적으로 대처해 나갈 수 있다. 특히 프로젝트를 공동으로 수행할 경우 사전에 프로젝트 목표와 주요 업무 그리고 업무일정 등을 정확히 계획함으로써 문제예방과 해결에 크게 도움이 된다.

3. 통합적 해결방법

(1) 연락조정역

집단을 통합함으로써 갈등을 해결하는 가장 간단한 방법이 바로 연락조정역(liasion)을 두는 것이다. 관련 집단들 사이에 연락조정역을 둠으로써 집단 사이의 정보 자료와 커뮤니케이션을 원활하게 해주고 상호간의 이해와 조화를 증대시켜 보다 효율적이고 일관성 있는 의사결정을 해 나갈 수 있다. 연례적으로 실시되는 키 리졸브(Key Resolve)(구, 팀 스피리트 Team Spirit)와 같은 한미합동군사훈련 때 연락장교를 파견하는 것이 전형적인 예이다.

(2) 태스크포스 · 팀조직

집단 간의 관계가 복잡해지고 상호작용에 포함된 집단의 수가 많아지면 위에서 언급한 연락조정역과 같은 방법으로는 전문적인 통합작용도 한계에 도달하게 된다. 이러할 경우 관련 집단의 대표들로 이루어진 태스크포스팀(T/F Team)으로 하여금 주어진 문제를 집중적으로 연구 · 검토하고 집단 간의 견해를 종합함으로써 문제해결책을 모색할 수 있다.

(3) 통합전담부서의 활용

집단간의 상호관계가 더욱 복잡해져서 정보피드백과 상호작용이 대폭 증가하면 연락조정역이나 임시적으로 만들어지는 태스크포스팀과 같은 방법으로는 전문적이고 효율적인 통합기능이 충분히 발휘될 수 없게 된다. 이러할 경우 관련 집단들의 활동을 통합 · 조정하고 이를 상위경영층에 보고하는 통합전담자가 필요하게 되고, 나아가 통합기능이 확대됨에 따라서 통합기능을 전담하는 통합부서 또한 필요하게 된다(김태열 · 이덕로, 2014, 228~231).

4. 기타 해결방법

(1) 루블과 토마스의 갈등해결방식

집단간 갈등은 결코 전적으로 해결되거나 제거될 수 없다는 생각 때문에 집단들은 그런 갈등을 다룰 수 있는 다른 방법을 탐색할 필요성을 갖게 된다. 갈등해결과 관련하여 루블과 토마스(T. Rubble & K. Thomas)는 갈등해결방식을 다른 갈등당사자를 만족시켜 주려는 노력을 의미하는 협력성 차원(cooperativeness)과 자신의 관심사

그림 8-11 | 루블과 토마스에 의한 갈등해결방식

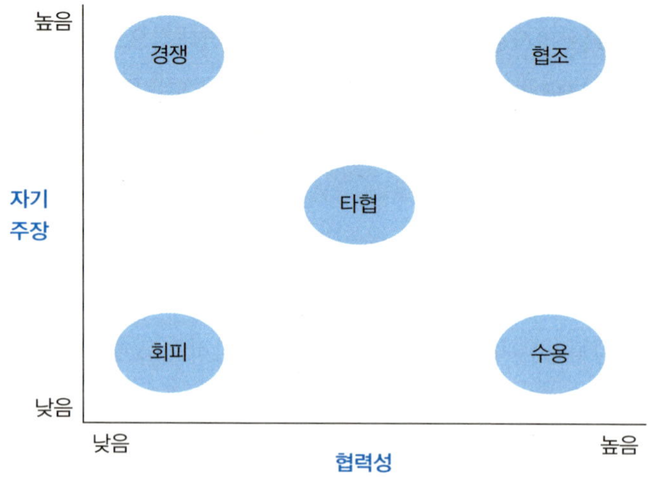

자료 : T. Rubble & K. Thomas(1976), "Support for a Two-Dimensional Model of Conflict Behavior," *Organizational Behavior and Human Performance*, 145. in A. B. Shani, D. Chandler, J. Coget, & J. B. Lau(2009), *Behavior in Organizations: An Experiential Approach*, 9th ed., Boston : McGraw-Hill Irwin, 174.

를 만족시키려는 노력을 의미하는 독단성 차원(assertiveness)에 의해 [그림 8-11]과 같이 회피, 타협, 수용, 협조, 경쟁 등의 5 가지로 들고 있다.

1) 회피

첫째는 낮은 협력과 낮은 자기주장의 회피(avoiding)로서, 양 당사자들이 갈등문제를 다루지 않겠다고 선택함으로써 갈등을 연기시키거나 그 문제들에서 피함으로써 관련된 갈등문제들을 무시하는 비단정적이고 비협력적인 갈등해결방식이다. 양자 모두 얻는 것이 없기 때문에 전형적인 패-패(lose - lose) 상황이다.

2) 경쟁

둘째는 낮은 협력과 높은 자기주장의 경쟁(competing)으로서, 당사자들은 논쟁, 권위, 위협, 심지어 물리적 강제력을 동원해 가면서까지 타 당사자를 희생시킴으로써 자신의 목표를 달성하려는 단정적이고 비협력적인 갈등해결방식이다. 예로써 '내기'를 들 수 있다. 내기에서는 경쟁해서 오직 한 사람만이 이길 수 있다.

3) 수용

셋째는 높은 협력과 낮은 자기주장의 수용 혹은 적응(accommodating)으로, 한 당사자가 그 자신의 관심사나 목표를 포기함으로써 타 당사자의 관심사를 만족시키려는 비단정적이고 협력적인 갈등해결방식이다. 곧 관계를 계속 유지하기 위해 한 쪽이 자신을 희생하는 것이다. 일종의 패－승(lose - wine) 상황이다.

4) 타협

넷째는 중간 정도의 협력과 중간 정도의 자기주장인 타협(compromising)으로, 상호희생을 반영하여 양 당사자가 어느 정도의 양보를 할 뿐 아니라 어느 정도의 양보를 획득하는 형태로 분명한 승자나 패자가 없다. 이 타협의 특징은 각 당사자가 무언가를 일정 부분 포기할 의지가 있다는 점이다.

5) 협조

다섯째는 높은 협력과 높은 자기주장의 협조(collaborating)로서, 양 당사자가 자신들의 관심사를 모두 만족시키려는 최상의, 협력적인 방식이다. 전형적인 윈윈식(win win style)의 갈등해결방법이다. 협조에서 당사자들의 의도는 그들의 여러 관점을 그냥 받아들이기보다 차이점을 분명히 함으로써 함께 문제를 해결하는 것이다(Robbins & Timothy, 2015, 439).

이러한 다섯 가지의 갈등해결방식 중 어느 것을 사용할 것인가에 대한 결정은 갈등을 빚고 있는 상황의 본질에 달려 있다고 루블과 토마스는 주장한다. 아울러 Lussier(2017, 177～179)는 다섯 가지의 갈등해결방식의 장단점에 대해 자세히 설명하고 있다.

(2) 조하리의 창

갈등해결과 관련하여 종종 언급되는 것이 바로 조하리의 창이다. 조하리의 창(Johari Window) 혹은 조하리의 '마음의 창(Johari's window of mind)'이란 사람들이 그들의 대인관계에 있어서 어떻게 타인들에게 자신을 노출시키고 그들로부터 피드백을 받는가 하는 것을 보여주는 모형으로 1950년대에 심리학자인 조셉 루프트(Joseph

그림 8-12 조하리의 창

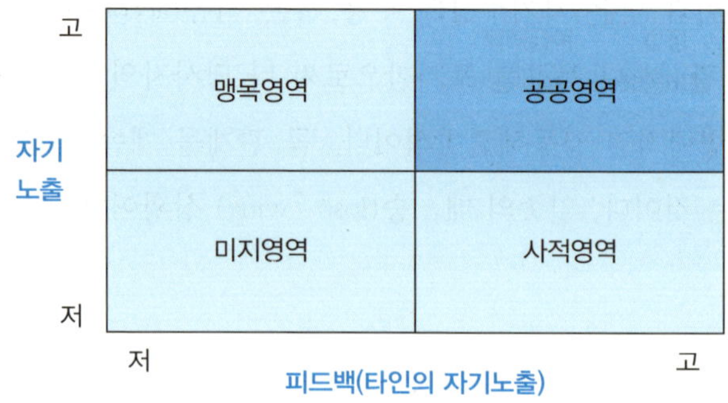

Luft)와 하리 잉함(Harry Ingham)의 이름을 결합한데서 유래되었다. 원래는 대인관계의 스타일을 설명하는 이론이었으나 대인관계능력의 함양이나 개인간 갈등의 원인을 설명하는 이론으로 발전하게 되었다(Luft, 1961).

조하리의 창에는 [그림 8-12]와 같이 공공영역, 맹목영역, 사적영역, 미지영역 등의 영역이 있다. 공공영역(public area)이란 타인과 자신 모두에게 알려져 있는 부분을 말하며, 맹목영역(blind area)이란 타인에게는 알려져 있으나 자신에게는 알려져 있지 않는 부분을 말한다. 사적영역(private area)이란 자신에게는 알려져 있으나 타인에게는 알려져 있지 않는 부분이다. 끝으로 미지영역(unknown area)이란 타인과 자신 모두에게 알려져 있지 않는 부분을 말한다. 따라서 자기노출과 피드백의 증가를 통해 공공영역을 확대해감으로써 대인관계가 원만해질 뿐만 아니라 개인 간의 갈등이 발생할 가능성도 줄여나갈 수 있다(Luthans, 1995). 결국 자신의 마음의 문을 열고 남의 말에 귀기울임으로써 공유영역을 확대하여 갈등을 해결하도록 하여야 한다.

바로 위에서 갈등해결과 관련하여 조하리의 창을 살펴보았다. 조하리의 창을 이용한 갈등해결은 결국 자신의 마음의 문을 열고 상대방의 말에 귀를 기울임으로써 공유영역을 확대하여 갈등을 해결한다는 것이다. 그런 의미에서 자기노출과 타인노출이 필요하고도 중요하다.

Chapter 09

커뮤니케이션과 리더십

제 1 절 커뮤니케이션의 의의

1. 커뮤니케이션의 의의

미국의 작가 스튜어드 체이스(Stuart Chase)는 “우리는 커뮤니케이션 바다에 살고 있다. 그러나 물속에 사는 물고기가 물속에 있는 것을 모르는 것처럼 우리는 이를 깨닫지 못하고 있다”라고 언급한 바 있다. 이는 커뮤니케이션의 일상 속에 있으면서도 그의 중요성을 간과하고 있음을 지적한 말이다.

경영학자이자 경영컨설턴트인 톰 피터스(Tom Peters)가 종업원이나 고객과 긴밀한 관계를 유지하기 위해 현장을 끊임없이 돌아다니면서 관리하는 경영방식인 배회관리(MBWA: Management By Wandering Around)(Peters & Austin, 1985)를 주장한 것도 일상의 작은 커뮤니케이션을 중시하자는 것이다.

이러한 맥락에서 경영의 대가인 피터 드러커(P. Drucker)는 “기업에서 발생하는 문제의 60% 정도는 잘못된 커뮤니케이션에서 비롯된다”고 지적하면서 리더들이 커뮤니케이션에 있어 보다 세심한 주의를 기울여야 하며 조직의 경쟁력을 좌우하는 것은 바로 소통, 즉 커뮤니케이션임을 강조하고 있다.

그렇다. 커뮤니케이션은 조직의 성공에 결정적으로 중요하다(Oldroyd & Morris, 2012). 그것은 커뮤니케이션과 대인기술(interpersonal skill)이 채용자(recruiter)가 직무후보자에게서 찾는 가장 중요한 특성으로 평가받는 이유이자(Blume, Baldwin, & Ryan, 2013) AACSB[1] 인증이 커뮤니케이션능력을 가르치고 평가할 것을 요구하는 이

1 AACSB란 Association to Advance Collegiate Schools of Business(국제경영대학발전협의회)의 약어로 국제적인 경영 및 회계학 교육기관의 모임이다. 자체적인 기준에 의해 고등교육기관의 경영학과에 대한 평가, 심사 및 인증을 행하며, 이는 경영학 교육기관에 대한 국제적으로 가장 권위 있는 인증으로 인정되고 있다.
본래 1916년 미국의 하버드, 스탠포드, 콜롬비아 대학교 등의 경영학과 학장들의 발의로 미국 내의 경영학 및 회계학 교육기관의 평가와 수준 인증을 목적으로 설립되었으나 2002년 현재의 이름으로 개칭한 이후 미국 외부의 대학을 대상으로도 문호를 넓혔다.

유이기도 하다. 커뮤니케이션 기술은 인간관계의 기초이다. 모든 조직활동은 조직 내 구성원들이나 집단 간에 끊임없는 커뮤니케이션을 통하여 이루어지고 있다. 특히 조직구성원들의 참여에 의한 동기가 유발되려면 원활한 커뮤니케이션이 이루어지지 않으면 안 된다.

커뮤니케이션(communication)을 간단히 정의 내리면 "언어적, 비언어적 상징들에 의해 의미가 전달되는 과정" 또는 "메시지를 통해 이루어지는 사회적 상호작용"을 말한다. 이와 같이 커뮤니케이션은 사람들 사이에 정보가 교환되는 과정이라고 말할 수 있는데, 이 때 꼭 정보만 교환되는 것이 아니라 의사소통과 감정의 이입(empathy)까지도 포함된다.

한 연구결과 좋지 않은 커뮤니케이션은 가장 빈번하게 인용되는 대인갈등의 원인으로 지적되고 있다. 개개인은 깨어있는 시간의 약 70%는 쓰고, 읽고, 말하고, 듣는 커뮤니케이션에 보내기 때문에 성공적인 집단성과의 최대 억제력 중의 하나는 효과적인 커뮤니케이션의 결여라고 결론내리는 것이 합당한 것처럼 보인다(Robbins, 2005, 298). 효과적인 커뮤니케이션은 의사전달자로서의 전달자(송신자)가 전달하는 정보에 대해 수신자가 일치된 의미를 가질 때 이루어진다.

앞서 언급한 바와 같이 조직체에서 구성원들은 커뮤니케이션에 많은 시간을 보낸다. 특히 관리자들은 업무시간의 70% 내지 90%를 각종 커뮤니케이션에 보낸다는 연구결과도 있다. 최근의 연구 결과도 관리자와 전문가들은 다양한 과업을 하며 매

그림 9-1 관리자와 전문가의 과업상의 시간배분

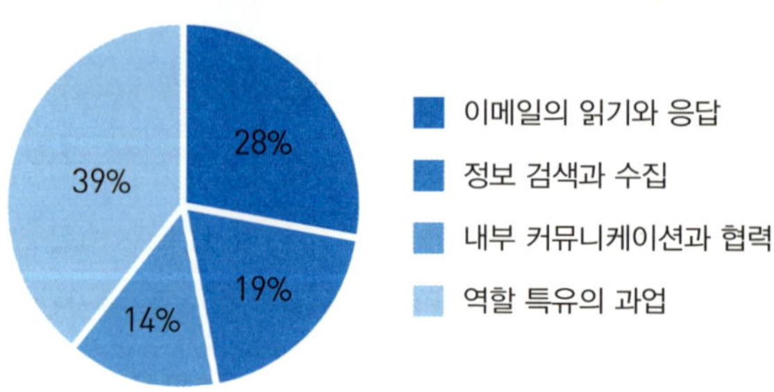

자료: M. Chui(July 2012), "The Social Economy: Unlocking Value and Productivity through Social Technologies," McKinsey & Company, in S.P. Robbins & A.J. Judge(2015), *Organizational Behavior*, 16th ed., Englewood Cliffs, N.J.: Prentice-Hall, Inc., 339.

표 9-1 관리자의 커뮤니케이션 방법과 대상

커뮤니케이션 방법		커뮤니케이션 대상	
직접 대화	81%	부 하	45%
공식 및 비공식 회의	53%	상 사	15%
전 화	13%	타부서 구성원	18%
메 모	13%	외부 사람들	24%

자료: 이학종·박헌준(2004), 「조직행동론」, 박영사, 257.

일매일을 보내고 있는데 그중에서 [그림 9-1]과 같이 이메일(28%), 정보검색과 수집(19%), 그리고 내부커뮤니케이션과 협력(14%)에 적지 않은 시간을 보내고 있음을 알 수 있다. 역할 고유의 과업을 제외하고 이메일에 가장 많은 시간을 보내고 있는데 많은 관리자들이 이메일에 너무 많은 시간을 보낸다고 하소연하고 있다. 참고로 전 세계적으로 31억 개 이상의 활동 중인 이메일 계정이 있고 기업의 종업원은 하루 평균 105건의 이메일을 받는 것으로 나타났다(Bilton, 2012).

근무시간의 상당한 시간을 커뮤니케이션에 보내는 관리자들은 조직 안팎의 다양한 구성원이나 외부인들과의 직접적인 대화는 물론 회의와 전화, 그리고 메모 등 여러 가지 커뮤니케이션 방법을 사용한다. 전통적으로는 〈표 9-1〉과 같이 직접대화와 공식 또는 비공식회의가 가장 널리 사용되는 커뮤니케이션 방법이었다. 하지만 근래에는 정보통신기술의 발달로 휴대폰이나 컴퓨터(전자우편, 인터넷) 등도 매우 중

그림 9-2 가장 선호하는 사내 커뮤니케이션 수단

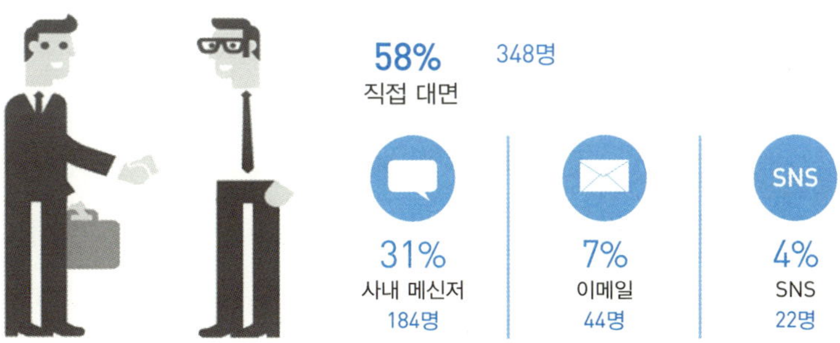

자료: 현대모비스(2015.9.2), "현대모비스 직원들에게 사내 커뮤니케이션의 현주소를 묻다," 현대자동차그룹블로그.

요한 커뮤니케이션 방법으로 활용되고 있다(이학종·박헌준, 2004, 256).

이러한 사실은 현대모비스가 2015년 8월 직원 598명을 대상으로 "가장 선호하는 사내 커뮤니케이션 수단은 무엇인가?"라고 물어본 조사결과에서도 잘 나타나 있다. 동 조사에서 [그림 9-2]와 같이 '직접 대면'이라고 응답한 구성원이 전체의 58%로 가장 높게 나타났다(현대모비스, 2015.9.2).

2. 커뮤니케이션의 기능과 목적

커뮤니케이션은 집단이나 조직 내에서 네 가지의 주요 기능, 즉 통제, 동기부여, 감정표현 및 정보 기능에 도움이 된다(Scott & Mitchell, 1976).

먼저 구성원의 행동을 몇 가지 방식으로 통제하기 위하여 커뮤니케이션이 작용한다. 조직은 종업원이 따라야 할 권력구조와 공식 지침을 갖고 있다. 종업원이 직무와 관련된 고충을 직속상사에게 말하거나 직무기술서를 따르거나 회사 방침을 따라야 할 때, 커뮤니케이션은 통제기능을 수행한다. 비공식 커뮤니케이션 또한 집단내 행동을 통제한다. 생산실적이 너무 좋은, 그래서 그 집단의 나머지 사람을 땡땡이치는 사람으로 보이도록 하는 작업자를 작업집단이 괴롭힐 때 그들은 비공식적으로 의사소통하며 구성원의 행동을 통제하곤 한다.

커뮤니케이션은 종업원에게 무엇을 해야 하고, 그것을 얼마나 잘하고 있으며, 성과를 어떻게 개선할 수 있는가를 명확하게 함으로써 동기부여를 강화할 수 있다. 목표설정이론에서 우리는 구체적이고도 달성가능한 특정 목표의 설정, 목표 쪽으로의 진행에 대한 피드백, 바라는 행동의 강화 모두 모티베이션을 자극하고 커뮤니케이션을 필요로 함을 알 수 있다.

작업집단은 사회적 상호작용의 원천이다. 작업집단 내에서 발생하는 커뮤니케이션은 구성원이 자신의 좌절과 만족감을 보여 주는 근본적인 메커니즘이다. 그러므로 커뮤니케이션은 종업원의 감정 표현과 사회적 욕구 충족을 제공한다.

커뮤니케이션의 마지막 기능은 의사결정을 촉진시키기 위한 정보교환이다. 커뮤니케이션은 대안을 확인하고 평가하는 데 필요한 각종 자료를 전달함으로써 개인과 집단이 의사결정을 하는 데 필요로 하는 다양한 정보를 제공한다.

한 집단이나 조직에서 발생하는 거의 모든 커뮤니케이션 상호작용은 이 기능 가운데 한 가지 이상을 수행한다. 그리고 이상의 네 가지 기능 가운데 어느 한 기능도 다른 기능보다 더 중요한 것은 아니다. 집단이 기능을 효과적으로 수행하기 위해서는 구성원에게 몇몇 형태의 통제를 유지하고 구성원이 일을 수행하도록 자극하며 감정을 표현할 수 있는 수단을 제공하고 의사결정을 할 필요가 있다(Robbins & Judge, 2015, 332).

이러한 커뮤니케이션기능은 계획, 조직, 충원, 지휘, 통제와 같은 관리기능의 모든 과정에서 광범위하게 적용되는 기능으로서, 특히 지휘기능에 있어서 무엇보다도 중요하다. 왜냐하면 이는 조직에서 공통의 목적을 달성하도록 구성원들을 서로 연결지어주는 수단으로서 이를 통해 조직의 활동이 통합화 내지 단일화될 수 있기 때문이다.

조직내 여러 가지 관리기능을 통합시킬 수 있는 커뮤니케이션은 구체적으로 ① 조직목표의 설정과 전달, ② 조직의 목적달성을 위한 계획의 개발, ③ 가장 효과적

그림 9-3 커뮤니케이션의 기능

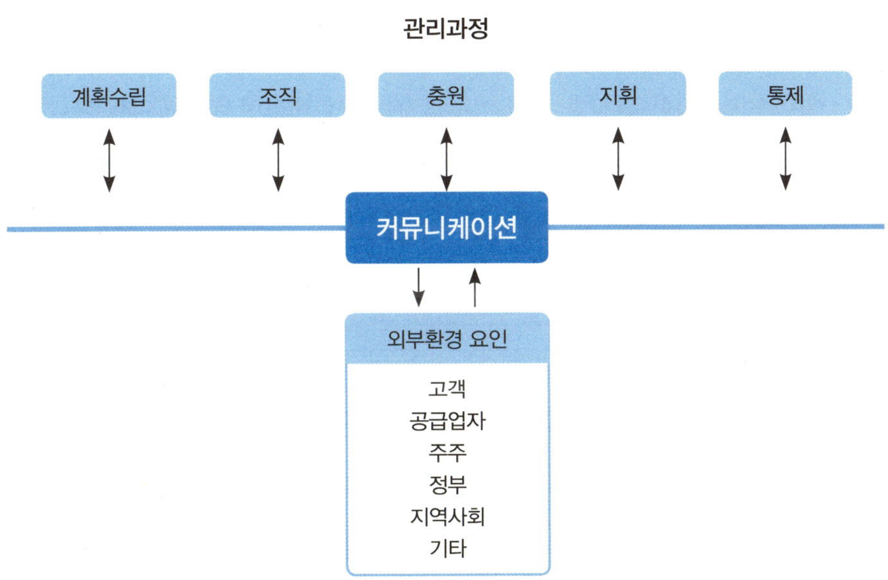

자료: H. Koontz, & H. Weihrich(2005), *Management: A Global Perspective*, 11th ed., Singapore: McGraw-Hill Book Co., 540.

인 방법으로 조직내 인적, 물적 자원의 조직화, ④ 조직구성원의 선발, 교육훈련 및 평가, ⑤ 지휘, 지시, 동기부여 및 조직구성원이 자발적으로 조직에 기여하도록 하는 조직풍토의 조성, ⑥ 성과통제 등의 조직내부 기능에 변화를 위해 필요하다(김태열·이덕로, 2014, 194~195).

[그림 9-3]은 커뮤니케이션이 계획, 조직, 충원, 지휘, 통제 등과 같은 내부적인 관리기능을 용이하게 할 뿐 아니라 조직외부의 수많은 이해관계자들과도 관련을 맺고 있음을 보여준다. 즉 경영자는 정보의 교환을 통하여 고객의 요구, 공급업자의 이용가능성, 주주들의 요구사항, 정부규제 및 지역사회의 관심을 알 수 있는 것이다. 이와 같이 조직이 환경과 상호작용하는 개방시스템이 되기 위해서는 커뮤니케이션을 통해서 비로소 가능한 것이다.

3. 커뮤니케이션의 과정

효과적인 커뮤니케이션은 정보의 출처인 전달자로부터 수신자에게 전달된 정보에 대해 쌍방이 일치된 의미를 가질 때 이루어지는 것이다. 따라서 커뮤니케이션이 이루어지는 과정을 잘 이해한다는 것은 매우 중요하다. 즉 누가 어떤 정보를 어떠한 경로로 누구에게 전달하며 그 효과는 어느 정도인가를 구체적으로 알기 위해서는 커뮤니케이션이 어떠한 과정을 거쳐 이루어지는가에 대하여 살펴보아야 한다.

[그림 9-4]는 전달자가 어떻게 메시지를 수신자에게 전달하는가에 대한 커뮤니

그림 9-4 | 커뮤니케이션 과정

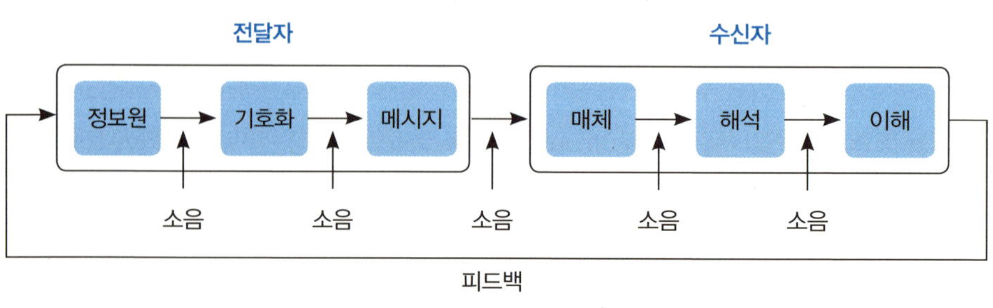

자료: H. Koontz, & H. Weihrich(1994), *Management: A Global Perspective*, 10th ed., New York: McGraw-Hill Book Co., 540.

케이션과정에 대해 설명한 것으로 크게 정보원(情報源), 기호화, 메시지, 매체, 해석 및 이해, 피드백, 소음 등의 기본요소로 이루어진다.

(1) 정보원

정보원(information source), 즉 전달자란 커뮤니케이션의 출발점을 말한다. 커뮤니케이션이 이루어지려면 전달자가 타인에게 전달하고자 하는 사고(thought), 아이디어(idea), 의도, 욕구, 느낌 및 목표 등을 가짐으로써 시작된다. 그 이후에는 전달자가 자신의 의도를 각색하고 기호화(encoding)하여 수신자에게 정확히 그리고 적시에 메시지가 전달해지도록 하는 노력이 뒤따른다.

(2) 기호화

기호화 혹은 부호화(encoding)란 전달자의 사고, 아이디어, 의도, 욕구, 느낌 및 목표 등을 수신자가 이해할 몇몇 형태의 메시지로 전환하는 과정을 말한다(Lussier, 2017, 129). 기호화과정에서는 전달자의 의도를 제대로 반영해줄 수 있는 적절한 상징매개수단이 필요한데 대개는 언어를 사용하고 있으나 비언어적인 상징도 사용되고 있다.

(3) 메시지

기호화과정의 결과가 바로 메시지(message)이다. 메시지란 어떤 사실을 알리거나 주장하거나 경고하기 위해 내세우거나 특별히 보내는 말을 의미한다. 메시지는 제2절에서 다루듯이 대체로 구두(oral), 문서(written), 그리고 비언어적((nonverbal) 커뮤니케이션으로 구분된다.

(4) 매체

매체(medium)란 메시지를 실어나르는 것을 말한다. 곧 전달자와 수신자를 연결하는 기능을 하는 것이 바로 매체이다. 여기에는 오디오 매체(audio medium), 비주얼 매체(visual medium), 및 오디오·비주얼 매체(audio-visual medium) 등이 있다.

오디오 매체에는 사내방송, 전화, 인터폰, 벨시스템 및 대화 등이 있다. 비주얼 매체에는 공문, 서류, 편지, 팸플릿, 게시판, 사내보, 사내잡지 등이 있다. 그리고 오디오·비주얼 매체에는 영화, 슬라이드 및 회의 등이 있다.

(5) 해석 및 이해

수신자는 송신자로부터 전달된 메시지를 받는 자로서 기호화된 메시지를 생각으로 바꾸는 해석(decoding) 단계와 그리고 그 정보가 갖는 의미를 이해하는 과정이 필요하다. 정확한 커뮤니케이션이 이루어지기 위해서는 송신자와 수신자 모두가 메시지를 구성하고 있는 상징(symbols)에 대하여 일치하거나 최소한 비슷한 의미를 갖고 있을 때 가능한 것이다. 따라서 수신자는 정보메시지를 접수하여 명확하게 해석한 후 그 정보가 갖는 의미를 이해하여야 한다.

(6) 피드백

커뮤니케이션이 효과적으로 이루어졌는가를 확인하기 위해서는 피드백(feedback)과정이 반드시 필요하다. 피드백이란 전달된 정보가 정보전달자에게 되돌아오는 것을 말한다. 메시지 전달자는 수신자로부터의 이러한 피드백을 통하여 정보가 자신이 의도한 대로 전달되었는지를 알 수 있게 된다. 또한 피드백은 커뮤니케이션의 결과로 개인 또는 조직의 변화가 발생되었는지를 확인해 줄 수 있다.

(7) 소음

커뮤니케이션 과정에서 메시지의 전달을 왜곡시키거나 방해하는 요인이 각 단계마다 나타날 수 있는데 이것을 소음(noise)이라 한다. 커뮤니케이션 과정에서의 잡음은 송신자의 경우 제약된 환경 내에서 정확한 생각의 표현이나 기호화에 실패함으로써 발생되기도 하며 메시지 전달과정에서는 전화 연결상태가 불량할 때처럼 경로상의 단절에 의해 나타날 수 있다. 수신자의 경우는 전달된 메시지에 대해 상징의 의미를 잘못 해석하거나 이해함으로써 또는 전달된 정보에 대한 수신자의 행동적 특성에 따라 다른 의미로 해석될 수 있다(이덕로·서향희, 2017, 213~217; Robbins & Judge, 2017, 383~385).

제 2 절

커뮤니케이션의 유형과 방법

커뮤니케이션의 유형은 다양한 기준에 따라 분류할 수 있는데, 넓은 의미에서는 공식적 커뮤니케이션과 비공식적 커뮤니케이션으로 나누어 볼 수 있다. 여기서 공식적 커뮤니케이션은 수직적 커뮤니케이션, 수평적 커뮤니케이션, 대각선 커뮤니케이션 및 대외적 커뮤니케이션으로 유형화할 수 있다. 또한 수직적 커뮤니케이션은 하향적(下向的) 커뮤니케이션과 상향적(上向的) 커뮤니케이션으로 세분화할 수 있다.

아울러 효과적인 커뮤니케이션이 이루어지기 위해서는 커뮤니케이션의 콘텐츠도 중요하지만 이에 못지 않게 중요한 것은 커뮤니케이션의 방법(방식)의 선택이다. 커뮤니케이션 방법은 크게 언어적(verbal) 커뮤니케이션과 비언어적(nonverbal) 커뮤니케이션으로 대별할 수 있다. 언어적 커뮤니케이션은 다시 구두(oral) 커뮤니케이션과 서면(written) 커뮤니케이션으로 구분된다.

1. 커뮤니케이션의 유형

(1) 공식적 커뮤니케이션

조직 내의 공식적인 조직도상에 직무수행과 정보전달을 위해 이미 만들어져 공개되어 있는 커뮤니케이션으로 공식적인 경로와 방식 그리고 절차에 따라 커뮤니케이션이 이루어진다. 여기서는 대체로 정보의 흐름(flow) 또는 방향(direction) 그리고 경로(channel)의 명칭으로 논의된다. 흔히 의사전달의 흐름이나 방향을 기준으로 수직적 커뮤니케이션, 수평적 커뮤니케이션 그리고 대각선 커뮤니케이션 방식으로 구분된다. [그림 9-5]는 공식조직구조상의 정보의 흐름의 유형을 도시한 것이다.

1) 수직적 커뮤니케이션

조직내의 의사전달이나 정보의 흐름이 조직구조상의 상하간에 이루어지는 커뮤

그림 9-5 조직내 정보의 흐름

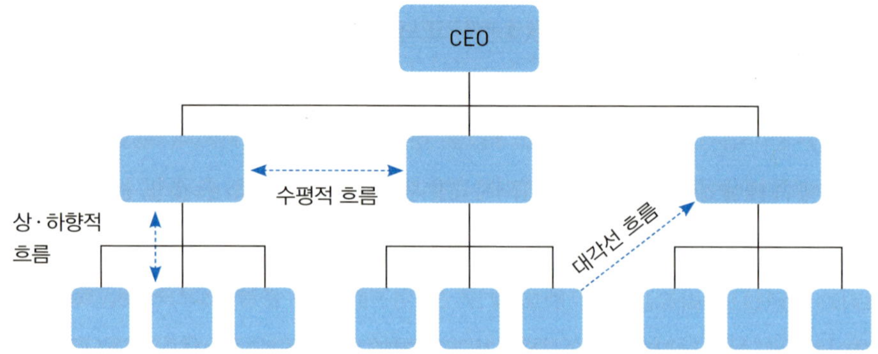

자료: H. Koontz, & H. Weihrich, *Management: A Global Perspective*, 10th ed., New York: McGraw-Hill Book Co., 1994, 544.

니케이션으로 주로 위에서 아래로 전달되는 하향적(top-down, downward) 커뮤니케이션과 아래에서 위로 행해지는 상향적(bottom-up, upward) 커뮤니케이션으로 구분될 수 있다.

① 하향적 커뮤니케이션

하향적(下向的) 커뮤니케이션을 통하여 전달되는 내용은 상사로부터의 지시와 명령, 공지사항의 전달 그리고 부하의 업적평가 결과의 피드백 등이 있으며 이러한 내용은 공식화된 지휘·명령체계에 따라 전달하게 된다. 그리고 하향적 커뮤니케이션을 통해 위의 정보들이 조직이나 집단의 구성원들에게 체계적으로 전달되면 구성원들이 자신의 업무처리 방향을 세우는 데 도움이 될 수 있다. 그러나 조직의 규모가 크고 의사전달자와 수신자 사이에 지위의 차이가 크면 커뮤니케이션 경로가 길수록 하향적 커뮤니케이션의 정확도는 낮아진다. 따라서 경영자들은 하향적 커뮤니케이션을 보다 효과적으로 활용하기 위해서는 다양한 방법과 경로를 활용하여야 할 것이다.

하향적 커뮤니케이션의 문제중의 하나가 일방적 본성이다. 일반적으로 관리자는 종업원에게 알리기는 하지만, 좀처럼 종업원의 조언이나 의견을 구하지는 않는다. 실제로 한 연구에서는 종업원의 약 3분의 2가 사장이 그들의 조언을 구하는 일이 거의 없거나 전혀 없다고 밝히고 있다(Richardson & Taylor, 2012).

② 상향적 커뮤니케이션

상향적(上向的) 커뮤니케이션은 조직내 하위 지위의 사람들로부터 상위 지위의 사람들에게 업무처리 결과나 수집된 정보의 보고, 새로운 아이디어의 제안 그리고 업무처리상 상사의 도움을 청하는 등의 경우에 활용된다. 많은 조직들은 제안제도나 고충처리제도와 같은 방식을 이용하여 종업원들이 갖고 있는 새로운 아이디어나 불만 등의 어려움을 알릴 수 있는 공식적인 상향적 커뮤니케이션 네트워크를 갖추고 있다.

상향적 커뮤니케이션은 주로 참여적이고 민주적인 조직환경에서 찾아볼 수 있는 형태인데 의사전달의 정확성에 문제를 갖게 될 경우가 있다. 즉 낮은 지위에 있는 사람들은 자신들이 정보를 선택하고 여과하는 과정에서 자기들에게 불리한 정보는 축소시키거나 반대로 자기에게 유리한 정보는 과장하는 경향이 있다.

따라서 상향적 커뮤니케이션이 효과적으로 이루어지기 위해서는 의사전달자와 수신자 간에 서로 신뢰할 수 있고 종업원들의 참신한 아이디어를 이끌어 내고 문제점 등을 솔직히 표현할 수 있도록 자유스런 조직분위기 형성이 필요한 것이다.

2) 수평적 커뮤니케이션

수평적 커뮤니케이션은 조직 내에서 동등한 부서간 또는 동료들 간에 이루어지는 커뮤니케이션방식으로 횡적(lateral) 혹은 상호작용적(interactive) 커뮤니케이션이라고도 한다. 조직의 목표를 효율적으로 달성하기 위해 분업화된 부서들이나 직무담당자들이 업무의 중복이나 불필요한 갈등을 줄이고 서로간에 협조를 이끌어내기 위해서 필요한 정보를 교환하는 커뮤니케이션 방식이다. 즉 수평적 커뮤니케이션은 주로 부서간 또는 집단 간의 협조를 구할 필요가 있거나 또는 부서 내의 문제해결을 필요로 할 때 그리고 라인부서에 업무처리에 대한 스태프의 조언을 위해 이용된다.

이러한 수평적 커뮤니케이션은 특히 타협이나 공동합의를 위해서는 필연적으로 있게 마련인데 보다 원활하게 진행될 수 있도록 하기 위해서는 자유스럽고 개방적인 분위기 조성이 중요하다.

3) 대각선 커뮤니케이션

이는 조직구조상 동일 또는 유사수준의 부서간 또는 사람들 간에 정보의 수평적 흐름이나 직접적 보고관계에 있지 않은 상이한 수준의 사람들 간의 대각선적인 정보교환 내지 흐름을 의미한다. 즉 대각선 커뮤니케이션이란 동일한 계층에 속하지도 않고 동일한 명령계층에 속하지도 않는 사람들 사이의 커뮤니케이션으로 라인과 스태프 사이에 이루어지는 커뮤니케이션을 들 수 있다.

이 커뮤니케이션 방식은 정보교환이나 흐름이 기능이나 조직의 계층에 구애받지 않고 이루어진다. 이러한 대각선 커뮤니케이션은 통상 어느 한편 또는 쌍방에게 정보와 협력 그리고 지원을 제공하려는 데 목적이 있다. 그러나 대각선 커뮤니케이션은 정상적인 명령체계에 따르지 않고 이루어지기 때문에 커뮤니케이션의 중복이나 부서 간의 마찰을 일으킬 수가 있다. 이러한 단점에도 불구하고 조직에서 대각선 커뮤니케이션이 자주 이용되는데 이는 커뮤니케이션이 보다 신속하고 능률적으로 이루어질 수 있기 때문이다(이덕로·서향희, 2017, 217~220).

4) 대외적 커뮤니케이션

대외적 커뮤니케이션(external communication)이란 조직을 둘러싸고 있는 외부의 이해관계자들과의 정보교류를 말한다. 예를 들면 고객이나 소비자, 주주, 부품을 공급하는 협력업체, 유통업체, 금융기관, 지역사회, 그리고 정부 등을 대상으로 하는 홍보, 광고, 웹 페이지(web page) 그리고 각종 행사 등이다. 관리자의 커뮤니케이션 방법과 대상(〈표 9-1〉 참조)에서도 살펴본 바와 같이 기업의 관리자들은 근무시간 중 거의 1/4을 외부 사람들과의 상호작용에 보내고 있음을 알 수 있다. 이러한 대외적 커뮤니케이션은 기업의 이미지를 제고시켜 근본적으로 조직의 경쟁력을 높이는 데 중요한 역할을 한다(박경규, 2014, 327).

(2) 비공식적 커뮤니케이션

조직내 커뮤니케이션은 항상 공식적으로만 이루어지는 것은 아니다. 실제로 조직에서 이루어지는 커뮤니케이션 중 많은 부분이 조직내 권한계층에 관련되지 않는 성질을 지닌 비공식적 커뮤니케이션을 통해서 이루어진다. 이러한 비공식적 커뮤니케이션은 공식적 커뮤니케이션과 공존하면서 불가분의 관계에 있고 또한 보완관계를 지니는 경향이 있기 때문에 실제로 조직 내에서 중요한 기능을 한다. 모든 조직에

표 9-2 공식적 및 비공식적 커뮤니케이션의 비교

공식적 커뮤니케이션	비공식적 커뮤니케이션
• 늦음 • 계획적 · 의도적 • 주로 문서에 의함 • 공표됨 • 일상적인 일에 관련됨 • 업무지향적 • 경영자 중심	• 빠름 • 자발적 · 무의식적 • 주로 구두에 의함 • 공표되지 않음 • 비일상적인 일에 관련됨 • 인간지향적 • 종업원 중심

존재하게 되는 비공식적 커뮤니케이션은 주로 정보의 결핍, 불확실성 및 정서적 갈등의 이유로 생겨나는 것으로 〈표 9-2〉와 같이 공식적 커뮤니케이션과는 몇 가지 측면에서 특성을 달리하고 있다.

한 집단이나 조직 내 비공식 커뮤니케이션 네트워크를 흔히 그레이프바인(grapevine)이라 부른다(Kurland & Pelled, 2000). 이는 의사전달체계가 포도덩굴을 닮았다 하여 그레이프바인(grapevine)이라 칭한다. 이 용어는 원래 미국의 남북전쟁 당시 전신체제가 엉망이어서 정보의 전달과 수신상태에 많은 문제가 발생한 데에서 유래되었다.

오늘날 모든 비공식적 커뮤니케이션을 지칭하는 의미로 사용되고 있다. 조직 내에서 이루어지는 사실과 다른 소문이나 악성 루머, 유언비어 등은 사실상 '그레이프바인'에 의해서 비롯된 것이 많다. 대부분의 경우 조직 안에서 이루어지는 비공식적 커뮤니케이션을 부정적으로 생각하는 경향이 있으나 의사전달 내용이나 정보가 비공식적 사교집단에 의해 만들어진다 해서 그것이 정보의 중요한 원천이 아니라는 것을 의미하는 것이 아니다. 예를 들어 한 조사에 의하면 종업원의 75%는 그레이프바인상의 소문을 통해 처음으로 문제에 접하게 되는 것으로 나타났다(Forbes, 1997).

조직적 측면에서 비공식 커뮤니케이션 체계를 흐르는 정보는 소문의 형태이고 왜곡될 소지가 있다 하여 소홀히 다루어져왔다. 그러나 실제에 있어서 그레이프바인은 집단이나 조직 커뮤니케이션 네트워크의 중요한 부분이다. 그것은 관리자에게 조직의 사기를 위한 감정을 제공하고 종업원이 중요하게 생각하는 문제를 확인하며 종업원의 불안에 접근하는 데 도움을 준다.

그레이프바인은 또한 종업원의 욕구에도 도움이 된다. 즉, 가십(gossip)은 비록 '외(out)'집단의 사람을 희생하여 만들게 된다는 연구결과가 제시되기는 했지만 정보를 공유하는 사람 사이에 친밀감과 우정을 불러일으키기도 한다(Bosson, Johnson, Niederhoffer, & Swann Jr., 2006). 가십은 관리자가 긍정적·부정적 정보가 조직을 통해 어떻게 흐르고 있는가에 대해 더욱 많은 것을 배우기 위하여 공부할 수 있는 종업원의 사회적 네트워크에 의해 주로 일어난다는 증거도 있다(Grosser, Lopez-Kidwell, & Labianca, 2010). 따라서 경영자들은 비공식적 커뮤니케이션의 중요성을 인식하고 이의 긍정적 활용을 위한 개방적인 조직분위기 조성에 노력해야 할 것이다.

그레이프바인의 특성으로는 ① 전달속도가 빠르다. ② 정보전달에 있어서 선택적이고, 임의적이다. ③ 공식 커뮤니케이션과 비공식 커뮤니케이션은 상호보완적이다. ④ 조직구성원들을 포함한 모든 사람들이 불안하거나, 변화에 직면했을 때 사용한다. ⑤ 경영자에 의해 통제되지 않는다. ⑥ 대부분의 종업원들은 최고경영진의 의해 발행되는 공식커뮤니케이션보다 신뢰할 만한 것으로 인식하고 있다. ⑦ 집단내 구성원들의 자기이익에 도움이 되기 위해 활용된다(Robbins, 2005, 306).

2. 커뮤니케이션의 방법

(1) 구두 커뮤니케이션

많은 정보들은 구두(oral)로 전달된다. 이를테면 직접적인 커뮤니케이션에서 두 사람 간의 직접적인 대화, 프레젠테이션(presentation), 전화통화 또는 집단토의와 같이 언어적 수단으로 정보를 교환하는 것이다. 이러한 언어적 수단에 의한 커뮤니케이션은 공식적 또는 비공식적으로 이루어질 수 있으며, 계획적이거나 우발적으로 이루어지기도 한다.

구두에 의한 커뮤니케이션의 장점은 우선 다른 수단에 의한 것보다 쉽게 이루어질 수 있다는 점이다. 즉 즉각적인 피드백에 의한 신속한 정보의 교환이 가능하며, 커뮤니케이션시 발생하는 의문사항에 대하여 질문이나 요점을 명백히 할 수 있다. 더욱이 상사와의 회합은 부하에게 무엇이 중요한가를 느끼게 해준다. 그리고 비공식적 또는 계획된 모임은 해결해야 할 문제의 이해에 크게 공헌하게 된다.

구두에 의한 커뮤니케이션은 위의 장점 외에 몇 가지 단점도 갖고 있다. 이를테면 의사전달자가 의사전달하는 과정에서 잘못된 단어를 사용하거나 또는 잡음이 발생하면 제대로 전달되지 못하는 경우가 있다. 그리고 의사전달이 빠르게 이루어질 경우 문제를 사려깊게 판단할 시간이 부족하여, 중요한 문제에 대한 커뮤니케이션의 방법으로는 부적합한 것이다. 그 외에도 커뮤니케이션의 내용에 관한 기록이 남겨지지 않았을 경우 나중에 문제를 야기시킬 수 있다는 점이다.

(2) 서면 커뮤니케이션

서면(written)으로 커뮤니케이션을 하는 것은 간단한 메모로부터 복잡한 내용에 이르기까지 여러 가지 형태로 정보전달을 하게 된다. 이 방법은 매우 정확하고 영구적인 기록으로 남길 수 있으며, 메시지를 준비할 수 있고 많은 대중에게 전달할 수 있는 장점이 있으며 정보를 전달받는 측도 충분한 시간을 갖고 전달된 내용을 신중히 검토할 수 있어 보다 정확하게 내용을 이해할 수 있다. 그러나 문서에 의한 커뮤니케이션 방법은 많은 시간이 걸리며, 피드백이 늦어지고 또는 피드백 시스템이 없는 경우에는 전달된 내용이 정확히 이해되었는지를 파악하는 데 많은 시간이 소요되는 점 등은 단점이라고 할 수 있다.

(3) 비언어적 커뮤니케이션

우리는 구두의 메시지를 전할 때마다 비언어적(nonverbal) 메시지도 함께 전한다(Rashotte, 2002). 때때로 비언어적 요소만 전달되기도 한다. 그래서 비언어적 커뮤니케이션을 고려하지 않고서는 커뮤니케이션에 관한 어떤 토론도 완전할 수 없다. 실제로 메시지의 의미를 구성하는 데 있어 비언어가 차지하는 비중이 68%에서 93%까지 된다고 한다(박경규, 2014, 334). 비언어적 커뮤니케이션에는 신체동작, 뉘앙스, 이미지, 우리가 단어에 부여하는 억양이나 강조, 얼굴 표정, 전달자와 수신자 사이의 물리적 거리 등이 포함된다. 〈표 9-3〉은 억양이 메시지의 의미를 어떻게 변화시키는지 보여주고 있다.

이러한 비언어적인 커뮤니케이션은 명확하지 않고 애매모호한 경우가 많아 언어적인 방법이 수반되지 않을 경우 전달하고자 하는 내용에 오해가 생길 수도 있다.

표 9-3 억양: 당신이 말하는 방식이다!(억양이 바뀌면 의미도 변한다)

강조의 위치	그 의미
왜 나는 **당신을** 오늘 밤 저녁식사에 데려갈 수 없는가?	나는 다른 사람을 데려가려고 한다.
왜 **나는** 당신을 오늘 밤 저녁식사에 데려갈 수 없는가?	당신이 동행하고 있는 사람 대신에
왜 나는 당신을 오늘 밤 저녁식사에 데려갈 수 **없는가**?	나는 당신을 데려가지 않을 이유를 찾고 있다.
왜 나는 당신을 오늘 밤 저녁식사에 데려갈 수 없는가?	당신은 나와 어떤 문제를 갖고 있는가?
왜 나는 당신을 오늘 밤 저녁식사에 **데려갈 수** 없는가?	당신이 스스로 가는 대신에
왜 나는 당신을 오늘 밤 **저녁식사에** 데려갈 수 없는가?	내일 점심 대신에
왜 나는 당신을 **오늘 밤** 저녁식사에 데려갈 수 없는가?	내일 밤이 아니라

자료: M. Kiely(October 1993) "When 'No'Means 'Yes,'"Marketing, 7~9. Reproduced in A. Huczynski & D. Buchanan(2001), Organizational Behavior, 4th ed., Essex, UK: Pearson Education, 194. in Robbins, S.P., & T.A. Judge(2017), *Organizational Behavior*, 18th ed., Harlow: Pearson Education Limited, 342.

따라서 비언어적 수단에 의한 커뮤니케이션은 언어적 수단과 동시에 보조적으로 사용할 때 그 효과가 증대될 수 있다.

제 3 절 커뮤니케이션 네트워크

1. 커뮤니케이션 네트워크의 의의와 유형

커뮤니케이션은 조직내 구성원이나 집단들을 여러 가지 커뮤니케이션 수단을 가지고 연결시켜 주게 된다. 그리고 커뮤니케이션이 이루어질 때는 의사전달자와 수신자 사이에 여러 개의 연결점을 갖는 커뮤니케이션 네트워크(communication network)를 형성하게 되며 이를 통하여 커뮤니케이션의 흐름을 파악할 수 있게 된다.

커뮤니케이션 네트워크(communication network)란 둘 이상의 집단 구성원들 사이에 교환되는 메시지의 흐름을 말한다. 커뮤니케이션 네트워크의 유형에 대해서는

그림 9-6 커뮤니케이션 네트워크 유형

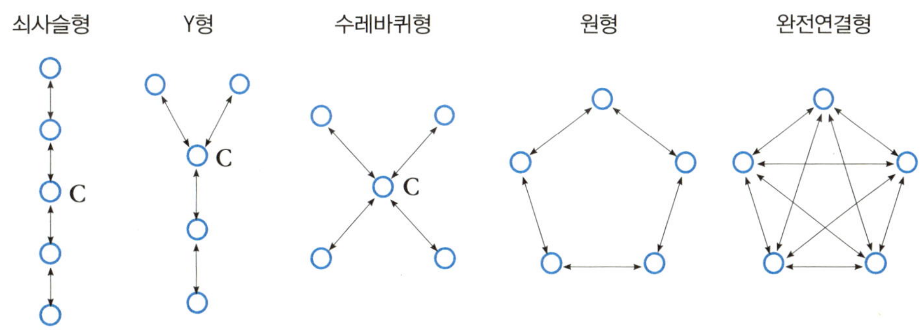

주: C는 중심인물을 나타냄

쇠사슬형, 수레바퀴형, 완전연결형 등의 세 가지(Robbins & Judge, 2017, 387)로 구분하는 학자가 있는가 하면, 쇠사슬형, 수레바퀴형, 원형, 완전연결형 등의 네 가지(박경규, 2014, 320)로 구분하는 학자도 있다. 그러나 본서에서는 가장 일반적인 커뮤니케이션 네트워크 유형인 [그림 9-6]과 같은 쇠사슬형, Y형, 수레바퀴형, 원형, 그리고 완전연결형 등과 같은 다섯 가지(이학종·박헌준, 2004; Callahan & Fleemor, 1988)로 구분하고자 한다.

1) 쇠사슬형

쇠사슬형(chain type)은 집단 내에서 지위의 차이에 의해 커뮤니케이션 경로가 엄격하게 정해져 있어 지위를 따라 상사와 부하 간에 직접적으로 커뮤니케이션이 이루어진다. 이 쇠사슬형은 수직적 커뮤니케이션과 수평적 커뮤니케이션의 두 가지로 구분될 수 있다. 수직적 커뮤니케이션은 공식적인 계통과 수직적인 경로를 통해서 정보전달이 이루어지는 형태로 조직의 라인이 대표적인 예라고 할 수 있다. 반면에 수평적 커뮤니케이션은 중간에 위치한 구성원이 중심적 역할을 하는 경우에 해당되며, 이 유형은 정보수집과 문제해결이 비교적 느리며 중간에 위치한 구성원을 제외하고는 주변에 위치한 구성원들의 만족감이 비교적 낮다는 평가이다.

2) Y형

Y형(Y type)은 다음에 설명될 수레바퀴형과는 달리 집단 내에 확고한 중심인물은 존재하지 않아도 대다수의 구성원들을 대표하는 리더가 존재하는 경우에 나타나는 커뮤니케이션 패턴이다. 특히 라인과 스태프의 혼합집단에서 흔히 볼 수 있으며 단순한 문제를 해결하는 데 있어서 정확도가 비교적 높다.

Y형은 주로 세력집단의 리더가 커뮤니케이션의 중심역할을 맡고, 비세력 혹은 하위집단에도 연결되어 전체적인 커뮤니케이션 네트워크를 형성하게 된다. 커뮤니케이션의 효과에 있어서 Y은 수레바퀴형과 원형 사이에 있지만, 더 정확히 말하면 원형보다는 수레바퀴형 쪽으로 더 치우쳐 있다고 할 수 있다.

3) 수레바퀴형

수레바퀴형(wheel type)은 집단구성원 간에 중심인물이 존재하고 있는 경우 흔히 나타나는 커뮤니케이션 네트워크 유형으로서 구성원들이 정보전달이 어느 중심인물이나 집단의 지도자에게 집중되는 패턴이다. 이러한 네트워크에서는 모든 정보가 리더를 중심으로 집중되며 그리고 이를 통해서 다른 사람에게 전달되게 된다. 이 유형은 신속한 정보수집과 중심인물이 정보를 종합할 수 있으므로 문제해결 시 정확한 상황파악과 신속한 문제해결이 이루어질 수 있는 장점을 지니고 있다. 하지만 문제의 성격이 간단하고 일상적일 때만 유효하고, 문제가 복잡하고 어려운 때에는 그 유효성이 발휘되지 않는다.

4) 원형

원형(circle type)은 위원회조직이나 태스크포스팀에서와 같이 집단 구성원 간에 뚜렷한 서열이 없는 경우에 나타나는 커뮤니케이션 네트워크 유형으로 중심인물이 없는 상황에서 의사소통의 목적과 방향 없이 구성원들 사이에 정보가 전달된다. 지역적으로 분리되어 있거나 자유방임적인 상태에서 함께 일하는 구성원 사이에서 이런 의사소통은 흔히 나타난다. 일반적으로 정보전달 및 수집, 종합적인 상황 파악, 문제 해결들이 가장 느리지만, 의사소통 목적이 명백할 경우 구성원의 만족도는 비교적 높다. 이는 위원회나 태스크포스(task force) 조직에서 형성되는 유형이다.

5) 완전연결형

완전연결형(all channel type)은 구성원들 사이의 의견이나 정보교환이 완전히 자유의지에 따라 이루어지는 유형으로 오늘날의 조직에서 가장 바람직한 커뮤니케이션 네트워크 유형이다. 일정한 규칙이 없이 자유롭게 의견교환이 이루어지다 보면 창의적이고 참신한 아이디어 산출이 가능해진다(백기복, 2014, 274). 또한 구성원 모두 정보를 교환하기 때문에 수레바퀴형에 비하여 종합적인 상황파악과 실제 문제해결의 소요시간은 더 걸리지만, 상황판단의 정확성이 높고, 복잡하고 어려운 문제나 구성원의 창의성이 요구되는 문제에 가장 효과적이며, 구성원의 만족도도 가장 높게 나타난다(이학종·박헌준, 2004, 264~267).

2. 커뮤니케이션 네트워크별 특성비교

커뮤니케이션이 소기의 목적대로 이루어지도록 하기 위해서는 어떤 네트워크가 보다 효율적인 방법인가를 살펴봐야 한다. 이러한 커뮤니케이션 네트워크의 유형은 앞서 살펴본 바와 같이 수레바퀴형, Y형, 쇠사슬형, 원형, 그리고 완전연결형 등으로

표 9-4 커뮤니케이션 네트워크별 특성

구분 \ 유형	쇠사슬형		Y형	수레바퀴형	원형	완전연결형
	수직형	수평형				
• 권한의 집중	고	중	중	중	저	저
• 문제해결 속도	빠름	느림	빠름	빠름	느림	느림
• 정확성						
단순한 문제	낮음	낮음	높음	높음	낮음	높음
복잡한 문제	낮음	낮음	낮음	낮음	높음	높음
• 구성원 만족감	낮음*	낮음*	낮음*	낮음*	높음	높음
• 리더 등장 가능성	높음	보통	높음	높음	없음	없음
• 조직구조 형태	수직적	수평적	수직적	수평적	수평적	수평적

주: * 중심인물 제외

자료: 김태열·이덕로(2014), 「현대사회와 리더십」, 문영사, 208; 이학종·박헌준(2004), 「조직행동론」, 박영사, 256~266; M.E. Shaw(1981), *Group Dynamics: The Psychology of Small Group Behavior*, 3d ed., New York: McGraw-Hill, 232; R.W. Mondy & S.R. Premeaux(1995), *Management: Concepts, Practices, and Skills*, 7th ed., Boston: Allyn and Bacon, 377.

구분된다. 그리고 이와 같은 커뮤니케이션 네트워크 유형은 여러 가지 기준으로 그 효과가 평가될 수 있다.

이러한 평가기준은 커뮤니케이션이 얼마나 신속하며 정확하게 이루어지는가에 대한 정보교환의 특성, 커뮤니케이션과 관련된 구성원의 특성, 권한의 집중, 조직구조형태 등의 기준에 의해 그 효과가 평가될 수 있다. 이러한 관계를 나타낸 커뮤니케이션 네트워크별 특성은 〈표 9-4〉와 같다. 결론적으로 여러 가지를 감안했을 때 가장 이상적인 커뮤니케이션 네트워크는 완전연결형이다.

제 4 절
효과적 커뮤니케이션의 장애요인

커뮤니케이션이 효과적으로 이루어지기 위해서는 정보수신자가 의사전달자의 메시지를 정확하게 해석하고 이해하여야 할 것이다. 그러나 의사전달 과정에서 가끔 의사전달이 두절되거나 정보의 정확성이 결여되어 커뮤니케이션이 원활하게 이루어지지 못하는 경우가 있다. 따라서 경영자는 커뮤니케이션의 효과를 높이기 위해서 커뮤니케이션을 방해하는 여러 요인이 무엇인지를 파악하고 커뮤니케이션의 개선을 위한 다각적인 노력을 해야 할 것이다.

효과적인 커뮤니케이션을 방해하는 요인에 대해서는 여러 가지 기준에 의해 구분될 수 있다. Griffin(1984)이 제시한 커뮤니케이션과정의 구성요인과 관련한 커뮤니케이션 장애요인을 전달자와 관련된 요인, 수신자와 관련된 요인, 송·수신자의 상호작용 및 환경적 요인 등이다. Lussier(2017, 131) 또한 이문화와 같은 환경요인이 미스커뮤니케이션을 가져온다고 주장하고 있다. 그러나 일반적으로는 〈표 9-5〉와 같이 크게 세 가지, 즉 전달자와 관련된 요인, 수신자와 관련된 요인, 상황과 관련된 요인 등으로 나누어볼 수 있다. 그러면 이들에 대해 보다 자세히 살펴보기로 하겠다.

표 9-5 효과적인 커뮤니케이션의 장애요인

전달자관련 요인	수신자관련 요인	상황관련 요인
• 커뮤니케이션 목표의 결여 • 커뮤니케이션 기술의 결여 • 대인 감수성의 결여 • 다른 준거틀 • 신뢰성의 결여	• 평가적인 경향 • 선입관 • 반응피드백의 결여 • 선택적 지각	• 어의상의 문제 • 정보의 과중 • 시간상의 압박

자료: R.W. Griffin(2013), *Management*, 11th ed., Mason, OH: South-Western Cengage Learning, 494를 수정한 것임.

1. 전달자관련 장애요인

전달자가 수신자에게 전달되는 전달내용이 서로 모순되거나 일치하지 않는 경우에는 효과적인 커뮤니케이션이 이루어질 수 없게 된다. 그리고 전달자가 전달하는 내용을 명확하게 알지 못하고 전달할 경우에는 수신자가 전달자에 대해 신뢰감을 갖지 않게 되므로 원활한 커뮤니케이션이 어렵게 된다.

(1) 커뮤니케이션 목표의 결여

로크(E. Locke)에 의해 제시된 목표설정이론(goal setting theory)에 따르면 구체적이고도 의식적인 목표는 목표가 없거나 일반적인 목표보다도 보다 높은 성과를 가져온다고 했다(Locke & Latham, 1990). 커뮤니케이션 또한 분명한 목적이 있어야 한다. 이 목적은 전달에게 메시지를 형성할 기초를 제공한다. 그러한 목적이 결여되었을 때 일관되지 않은 메시지의 형성을 가져오게 된다.

(2) 커뮤니케이션 기술의 결여

전달자가 전달해야 할 커뮤니케이션의 목표가 아무리 분명하다고 하더라도 이것을 제대로 전달할 수 없다면 이 또한 효과적인 커뮤니케이션이 될 수 없다. 구체적으로 부적절한 단어, 부적절한 발음, 부적절한 문장 그리고 어울리지 않은 매체 등을 사용하게 되면 의도된 커뮤니케이션의 효과를 거두기 어렵다. 우리는 사회적으로 저명한 인사들이 부적절한 언어를 사용하여 물의를 일으킨 예를 쉽게 찾아볼 수 있다.

(3) 대인 감수성의 결여

전달자가 전달해야 할 커뮤니케이션의 목표가 분명할 뿐만 아니라 필요로 하는 커뮤니케이션 기술을 충분히 갖추고 있다고 하더라도 대인 감수성(interpersonal sensitivity)의 결여로 말미암아 다른 사람의 반감을 불러일으키거나 다른 사람의 욕구나 감정과 무관한 언어를 사용함으로써 의도했던 커뮤니케이션 목표를 달성하지 못하는 경우가 많다.

(4) 각기 다른 준거틀

사람들 사이의 각기 다른 준거틀(different frame of reference)이 잘못된 커뮤니케이션(miscommunication)을 가져오기도 한다. 사람들은 상이한 연령, 경험, 성장과정 및 교육 배경에 따라 동일한 커뮤니케이션도 각기 다르게 지각할 수 있다. 서로 다른 세대 사이에 나타나는 가치관이나 행동 따위의 차이를 의미하는 세대차가 한 예이다. 따라서 전달자는 커뮤니케이션에 있어서 연령, 직급, 성 및 직종 등에 따른 인구특성을 충분히 고려하여야 한다.

(5) 신뢰성의 결여

수신자가 전달자의 말이나 행동에 대해 표시하는 믿음이 낮을 때 커뮤니케이션이 제대로 이루어지지 않는다. 스탠퍼드 대학의 프랜시스 후쿠야마(Francis Fukuyama) 교수는 〈신뢰(*Trust*)〉라는 저서에서 "새로운 글로벌 경제시대에는 사회 구성원간 '높은 신뢰'를 구축한 사회만이 유연한 조직을 만들어 경쟁력을 갖출 수 있다"고 강조할 정도로 신뢰를 국가경쟁력의 주된 요소로 보고 있다. 따라서 효과적인 커뮤니케이션을 위해서는 굳건한 신뢰를 구축하도록 하여야 한다.

2. 수신자관련 장애요인

의사전달자가 전달하는 내용이 명확한 것이라 해도 이를 받아들이는 수신자가 주의를 집중하지 않거나 전달되는 내용에 대해 어떠한 편견이나 고정관념을 가지고 있다면 정확한 해석과 이해가 어렵게 되므로 효과적인 커뮤니케이션을 기대할 수 없게 된다.

(1) 평가적인 경향

수신자가 전달자나 전달자의 메시지에 대해 어떤 판단이나 평가를 내린 뒤에는 그 메시지를 제대로 지각할 수 없다. 이를테면 수신자가 전달자의 말투나 헤어스타일이나 패션 등을 싫어할 때 전달자가 전하는 메시지의 나머지를 객관적으로 받아들이기가 어렵다. 그런 의미에서 하버드대 사회학과 교수였던 뢰슬리스버그(F.J. Roethlisberger)는 전달자를 평가하는 경향이 효과적인 커뮤니케이션의 가장 큰 장애요인이라고 하였다.

(2) 선입관

수신자가 미리 갖고 있는 심적 태도나 가치관에 따라서도 동일한 내용의 메시지가 상이하게 전달될 수 있다. 사회학자인 르윈과 머피(A.B. Lewin & T.K. Murphy)는 재미있는 실험을 한 적이 있다. 그들은 대학생들을 철저한 반공주의와 공산주의에 동조하는 학생 등 두 부류로 나누어 공산주의를 예리하게 비판하는 문제를 기억시킨 결과 철저한 반공주의 학생들은 그것을 쉽게 그리고 오래 기억하고 있는 반면에 공산주의에 동조하는 학생들은 그것을 잊어버렸거나 제대로 기억하지 못하는 것으로 나타났다.

(3) 반응피드백의 결여

전달자가 수신자에게 전달한 메시지에 대해 수신자가 아무런 반응을 보이지 않거나(no response) 아니면 부적절한 반응을 보이게 될 경우 전달자들은 수신이 제대로 되었는지의 여부를 잘 모르기 때문에 시의적절한 대응이나 대처를 하기가 어렵게 된다. 수신자의 이러한 반응은 전달자를 답답하게 만들거나 심지어 낙담시키게 되고, 그 결과 효과적인 커뮤니케이션이 제대로 이루어지지 않게 된다.

반응피드백의 결여가 수신자와 관련이 있기는 하지만 소수의 의견이 존중되고 작업집단의 정체성이 높으며 절차적 공정성이 잘 지켜지는 경우 반응피드백의 결여나 침묵이 일어날 가능성은 적다. 따라서 조직문화나 관리방식에 있어서의 변화노력도 필요하다(Tangirala & Ramunujam, 2008).

(4) 선택적 지각

개인은 외부환경으로부터의 자극에 대해 모두 감지하는 것이 아니라 자기 자신의 준거틀(frame of reference)에 유리하거나 적합한 자극만을 감지하는 경향이 있는데 이를 선택적 지각(selective perception)이라 한다. 특히 자극이 모호할수록 지각은 자극 자체보다도 개인의 이해관계, 즉, 태도, 관심, 배경 등에 의해 크게 영향을 받는 경향이 있다(Robbins & Judge, 2019, 413).

우리는 주변의 모든 것을 관찰할 수 없으므로 전달자가 전달한 메시지를 수신자가 모두 지각하는 것이 아니라 수신자의 준거틀에 적합한 것만 받아들이고 그렇지 않는 것은 기각하거나 받아들이려 하지 않을 때 판단에 필요한 정보의 완전한 이해 부족으로 결국 효과적인 커뮤니케이션이 이루어지지 않게 된다.

3. 상황관련 장애요인

(1) 어의상의 문제

같은 단어를 다른 뜻으로 해석하는 경우를 어의상의 문제(semantic problem)라고 한다. 전달자와 수신자 간에 커뮤니케이션을 할 때 사용하는 용어가 똑같다고 해도 서로 해석하고 이해하는 어의(語義)는 다를 수가 있는 것이다. 예를 들면 메이저리그 통산 124승을 거둠으로써 일본의 노모 히데오의 123승 기록을 깨며 동양인 최다승 신기록을 세운 박찬호의 쾌거를 다룬 2010년 10월 2일자 일간스포츠의 1면의 “박찬호 노모 따돌려”라는 타이틀을 생각해보자. 대부분은 박찬호의 기록경신으로 생각했지만 일부는 아메리칸 드림(American Dream)을 실현한 박찬호가 출세를 하더니 노모(老母)를 따돌린 것으로 생각했을 수도 있다.

이러한 상이한 해석의 원인은 문화 간, 국가 간, 노사 간 그리고 세대 간 등 매우 다양하다(박경규, 2014, 341~342). 이와 같이 어의상의 문제가 효과적인 커뮤니케이션을 어렵게 할 수 있다. 그리고 설명된 어의상의 차이 외에 전달자와 수신자 간의 지위나 권력 그리고 지각차이 등의 요인도 효과적인 커뮤니케이션을 방해하게 된다.

(2) 정보과중

개인은 자료를 처리하는 데 능력이 한정되어 있다. 전달해야 하는 정보나 지식의 양이 지나치게 많거나 아니면 처리능력을 초월하는 메시지의 과다한 유입으로 인해 무리하게 과도한 부담을 지는 정도를 정보과중(information overload) 혹은 과부하라 한다(Eppler & Mengis, 2004).

정보과중은 두 가지 측면에서 파악될 수 있다. 첫째는 양적인 정보과중으로 이는 수신자에게 그가 수용할 수 있는 이상의 과중한 메시지나 정보가 부과될 때 일어난다. SNS인 페이스북에서는 이미 2조 개를 넘는 게시물이 있고, 동영상만 매달 1억 개 이상의 새로운 동영상이 게시되고 있다(헤럴드경제, 2015). 이와 같이 개인이 너무 많은 정보에 노출됨으로써 정보 과부하가 나타날 가능성이 매우 높다. 회사일도 마찬가지이다. 둘째는 질적인 정보과중이다. 정보 과부하는 정보량뿐만 아니라 정보의 질적 측면에서도 고려되어야 한다는 주장이 많다. 정보의 질은 연관성, 애매모호함, 중요성, 복잡성 등의 다차원적인 특성으로 구성된다(Sprinkle & Tubbs, 1998). 정보 연관성은 어떤 정보가 사용자에게 도움이 되고 유용한지에 대한 정도를 말한다. 정보 이용자가 자신의 흥미나 선호와 연관된 정보를 받을 때, 사용자들은 정보가 유용하다 여기고 정보 처리에 대한 적은 부담을 받는다고 느낀다(Ayyagari et al., 2011). 즉, 높은 정보 연관성의 정도는 높은 질의 정보를 적시에 쉽게 사용할 수 있음으로써 정보처리 능력의 효율성에 영향을 줄 수 있다(Eppler and Mengis, 2004). 그러나 SNS 사용자들이 그들의 관심과 상관없이 다양한 정보들에 지속적으로 노출될 경우 그 정보가 사용자의 정보처리 능력을 넘어서게 되어 결국 정보 과부하가 발생하게 된다(Pennington & Tuttle, 2007).

이와 같이 정보통신기술(ICT)의 발달은 조직구성원들에게 충분한 정보량과 속도의 단축을 가능케 해 줌으로써 업무 효율성을 높여주는 장치로 기능할 것으로 간주되고 있지만 오히려 양적, 시간적 커뮤니케이션 과부하를 증가시키는 원인으로 기능하고 있다(Bawden, 2001; Edmunds & Morris, 2000).

이러한 정보과중은 커뮤니케이션의 전달자나 수신자로 하여금 잘못된 커뮤니케이션(miscommunication)을 가져오게 된다. 이를테면 최고경영자의 경우 주어진 시간

안에 다루어야 하는 정보가 매우 많은데, 자칫 잘못하면 사소한 정보의 처리에 시간을 보내고 정작 집중해야 할 중요한 문제는 소홀히 할 가능성이 있다. 이러한 문제의 해결을 위해 많은 기업이 경영정보시스템을 도입·활용하고 있다.

(3) 시간상의 압박

두 번째 요인과 어느 정도 관계되는 것으로 시간상의 압박(time pressure) 또한 커뮤니케이션의 주요 장애요인이 된다. 혹자는 커뮤니케이션의 생명은 타이밍(timing)이라고 한다. 비록 정보가 아무리 중요하다 하더라도 수신자가 필요로 할 때 전달되어야 한다. 그런 의미에서 전달자와 수신자 사이에 주어진 시간 안에 처리해야 할 정보가 지나치게 많아 시간에 쫓기게 되면 커뮤니케이션이 효과적으로 이루어질 수 없게 된다.

시간상의 압박을 성별로 보면 일반적으로 남성이 여성보다 시간압박을 더 많이 지각하는 것으로 나타났다. 아울러 시간압박과 관련 있는 특성의 구성에서도 남녀 모두 인구사회학적 특성, 직업특성, 시간활용 등이 시간압박과 관련이 있는 것으로 나타났지만, 여성은 시간압박과의 관련요인들을 남성의 경우와 비교해 볼 때 더 다양한 것으로 나타났다(차승은, 2010).

Chapter 10

스트레스와 리더십

제 1 절
스트레스의 의의

1. 스트레스의 의의

우리는 일상적인 대화나 언론매체에서 '스트레스(stress)'라는 용어를 매우 빈번하게 접하고 있다. 그래서 한국 사람들이 자주 사용하는 외래어 중 1위는 '스트레스'라고 한다. 그만큼 현대인에게 스트레스는 일상생활에서 자주 쓰는 단어일 뿐만 아니라 자주 접하는 말일 것이다(최재원, 2017.4.5). 스트레스공화국이라고까지 얘기되는 우리나라에서 스트레스는 30~40대 직장인의 과로사의 중요한 원인 중의 하나로 언급되기도 하고 인생사의 중요한 시기에 그림자처럼 따라다니는 고질병이자 불청객으로 간주되기도 한다.

21세기를 특징지우는 양대 키워드는 아마도 디지털라이제이션(Digitalization)과 글로벌라이제이션(Globalization)일 것이다. 디지털 경제를 지배하는 키워드는 외형적 팽창보다 그 속에서 일어나는 거대한 패러다임의 변화이다. 신속·정확을 생명으로 하는 디지털의 특성을 집약한 광속경제와 세계를 국경 없는 경쟁체제로 묶는 메가컴피티션(mega-competition) 속에서 현대인은 적자생존의 논리를 강요받고 있다. 발전과 퇴보 이 양자택일의 상황은 조직과 개인 모두에게 엄청난 스트레스를 주고 있다. 이제 인간은 직업을 떠나서 살 수 없고 정도의 차이는 있지만 각종 직무스트레스에 당면하여 살 수밖에 없는 시대에 살고 있다.

현대 산업사회의 근로자들은 일생을 통해서 약 10만 시간을 직장에서 일을 하며 보낸다고 한다. 이는 성인연령을 기준으로 했을 때 전체 시간의 약 50%에 해당하는 시간이 된다. 그러다 보니 현대인은 스트레스를 많이 받게 되는데, 특히 우리의 경우 심각하다. 의학계에 따르면 위궤양과 관련된 성인병의 70%가 스트레스에 의한 것이라 한다. 미국의 경우 근로자의 약 25% 정도가 스트레스와 관련된 각종 질병을 앓고

그림 10-1 주요 국가의 정신건강 비교(29개국)

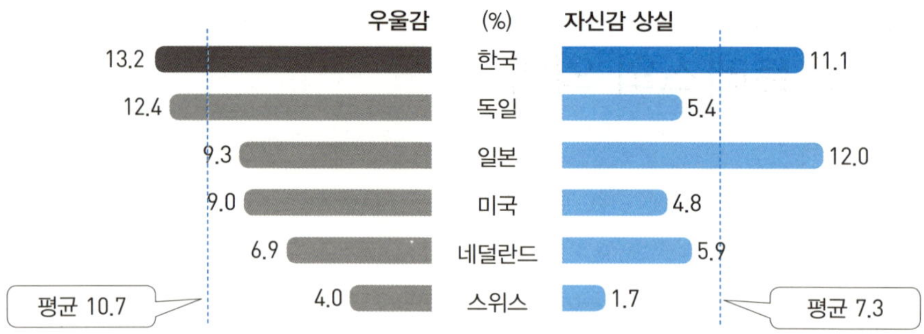

주: 18세 이상 중 지난 한 달 동안 우울감이나 자신감 상실을 '매우 자주' 또는 '자주' 느낀 사람의 비율
자료: 통계청·국제사회조사프로그램(ISSP)

있으며, 13%는 우울증[1]에 걸려 있는 것으로 나타났다(백기복, 2002. 107).[2]

국제사회조사프로그램(ISSP) 조사에서 [그림 10-1]과 같이 18세 이상 한국인의 13.2%가 지난 한 달 안에 "매우 자주 또는 자주 우울함을 느꼈다"고 답할 정도로 한국인은 주요 선진국가 국민에 비해 일상생활에서 우울함을 더 자주 느끼는 반면 자신감은 훨씬 더 약한 것으로 조사됐다. 신체적 건강이나 경제력 등 눈에 보이는 측면에서 선진국과 큰 차이를 보이지 않지만, 유독 정신적 측면에서 훨씬 건강하지 못한 결과를 보였다(이영창, 2015.12.10).

우리나라의 스트레스 수준은 어느 정도일까? 통계청이 2018년 11월 6일 발표한 '2018년 사회조사 결과' 13세 이상 인구의 54.4%는 전반적인 일상생활에서 스트레스를 받고 있다고 답했다. 부문별로 살펴보면 [그림 10-2]와 같이 직장생활에서 받는 스트레스가 71.8%로 가장 많았고, 학교생활에서는 49.6%가 스트레스를 느끼는 것으로 나타났다. 반면 가정생활에서는 스트레스를 '느끼지 않는다'는 사람이 상대적으로 많지만, 스트레스를 느낀다고 응답한 사람은 남자가 34.8%, 여자는 46.6%로 여자의

1 참고로 세계보건기구(WHO)가 발표한 '세계정신건강관련 보고서'에 따르면 전 세계 인구의 4%인 3억 2,200만 명이 우울증을 앓고 있다(구단비, 2017.2.24).

2 미국의 경우에 지난 25년 동안에 직무스트레스로 인한 의료비용이 800%나 증가되었다는 보고와 스트레스로 인한 경제적 총 손실이 GNP의 10%를 초과하고 있으며 이러한 손실의 상당한 부분이 직업스트레스와 직접적 또는 간접적으로 관련이 되어 있다는 연구결과들이 미국사회에서 밝혀지고 있으며 그 중요성이 더욱 강조되고 있다(이덕로·서향희, 2017).

그림 10-2 한국인의 스트레스 정도

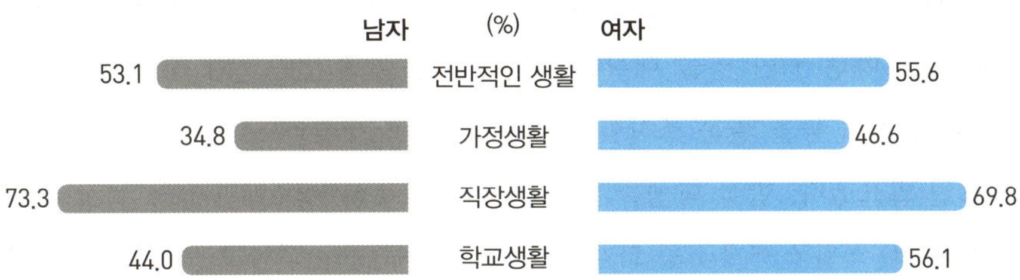

자료: 통계청(2018. 11), 「2018년 사회조사 결과(가족·교육·보건·안전·환경)」, 33.

비율이 높게 나타났다. 이와 같이 현대인이 받는 스트레스의 대부분은 직장과 학교에서 비롯되는 것으로 조사됐다(통계청, 2018. 11).

이어서 국가별 비교에서 우리나라의 스트레스수준은 어느 정도일까? AP 통신이 여론 조사기관 Ipsos와 공동으로 2006년에 한국, 미국, 영국, 프랑스, 독일, 캐나다, 호주, 이탈리아, 멕시코, 스페인 등 10개국 성인 1,000명을 상대로 조사한 결과 한국인 응답자 가운데 81%가 일상적으로 스트레스를 받는다고 답변했다. [그림 10-3]에서 알 수 있듯이 조사 해당국 중 가장 많은 스트레스 수치다. 그러나 최근에는 미국

그림 10-3 국가별 스트레스 순위

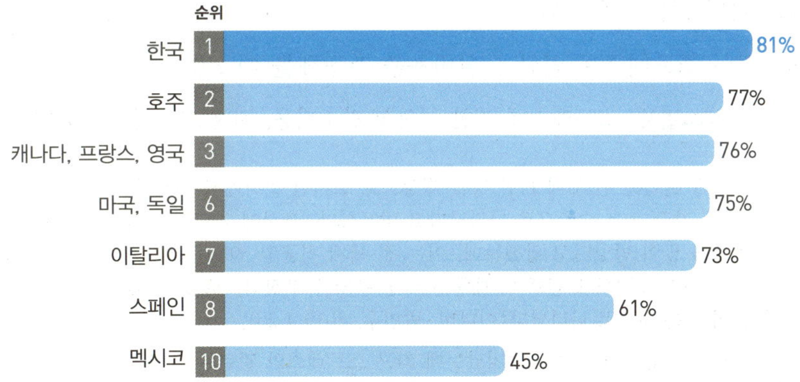

주: 일상적인 스트레스를 호소하는 응답자 비율

자료: Ipsos Public Affairs(2006). *International-stress Polls*.

인이 세계에서 스트레스를 가장 많이 받는다는 특이한 조사결과가 나오기도 했다.[3]

일반인이 아닌 학생들만을 대상으로 한 조사결과도 마찬가지이다. OECD는 전 세계 15세 학생 54만 명을 대상으로 전반적인 삶의 만족도와 성취동기, 신체 활동, 부모와의 관계 등을 설문 조사한 '국제학업성취도평가(PISA) 2015 학생 웰빙 보고서'를 19일 발표했다. 한국 학생들의 학력은 OECD(경제협력개발기구) 국가 가운데 최상위권(OECD 회원국 35개국 중 읽기 3~8위, 수학 1~4위, 과학 5~8위로 최상위권)이지만 '삶의 만족도'는 최하위 수준인 것으로 조사됐다.

OECD가 학생들에게 주관적 삶의 만족도를 0점(최하)~10점(최고) 척도로 물은 결과, [그림 10-4]와 같이 한국 학생들 평균 점수는 6.36점으로, OECD 28개 국가 가운데 터키(6.12점) 다음으로 낮았다. 비(非)OECD 국가를 합친 48개국 중에서도 터키 다음 최하위였다. 최상위권은 핀란드, 네덜란드, 아이슬란드, 스위스 등 유럽 국가들이 휩쓸었다(김연주, 2017.4.21).

그러면 스트레스로 인한 손실비용은 어느 정도일까? 직무스트레스로 인한 산업체 근로자의 결근, 전직, 의료비의 증대, 생산성 저하, 전직으로 인한 신규직원 교육비 등을 고려할 때, 그 비용은 상당할 것으로 추정된다. 이 직무스트레스는 날로 중요성이 더해가는 산업보건문제로 경제적 손실의 중요한 원인이 되며 개인의 안녕과 생산성에 영향을 미치는 중요한 사회적 인자이다. 스트레스와 관련하여 우리나라의 경우 직무스트레스이건 전반적인 스트레스이건 스트레스로 인한 손실비용이 계산된 통계치는 거의 없는 상황이다.[4]

전반적인 스트레스로 인한 손실비용을 추정해볼 때 2010년 수도권의 사회적 비용(스트레스 해소비용, 스트레스에 의한 생산성 감소비용, 관혼상제 및 사교육비로 인한 한

3 미 여론조사기관 갤럽은 전 세계 15만 명을 대상으로 실시한 조사에서 미국인의 스트레스와 분노, 걱정이 10년 만에 가장 높은 수준으로 나타났다고 발표했다. 조사에 따르면 미국인 응답자의 55%가 평소에 스트레스를 많이 받았다고 답했는데, 이는 전 세계 평균인 39%를 훌쩍 넘는 수치다. 특히 미국인 중 저소득층이며 도널드 트럼프 미 대통령 국정 운영을 부정적으로 보는 50세 이하 응답자들이 스트레스를 많이 받는 것으로 나타났다(이다비·박민수, 2019.4.26).

4 스트레스와 관련한 신조어도 여럿 생겨났는데 최근 스트레스와 관련된 유행어로 시발비용이 화제다. 시발비용은 비속어 'X발'과 '비용'을 합친 단어로 '스트레스를 받지 않았으면 쓰지 않았을 비용'을 뜻한다. 이 신조어는 현재 사회관계망서비스(SNS)에서 큰 공감을 얻으며 누리꾼들 사이에 통용되고 있다. 누리꾼들이 예로 든 시발비용에는 '스트레스를 받고 홧김에 시킨 치킨 값'과 '평소라면 대중교통을 이용했을텐데 짜증나서 탄 택시비' 등이 있다(이유진, 2017.1.29; 최재원, 2017.4.5).

그림 10-4 OECD 국가별 학생들의 '삶의 만족도'(최하 0점, 최고 10점)

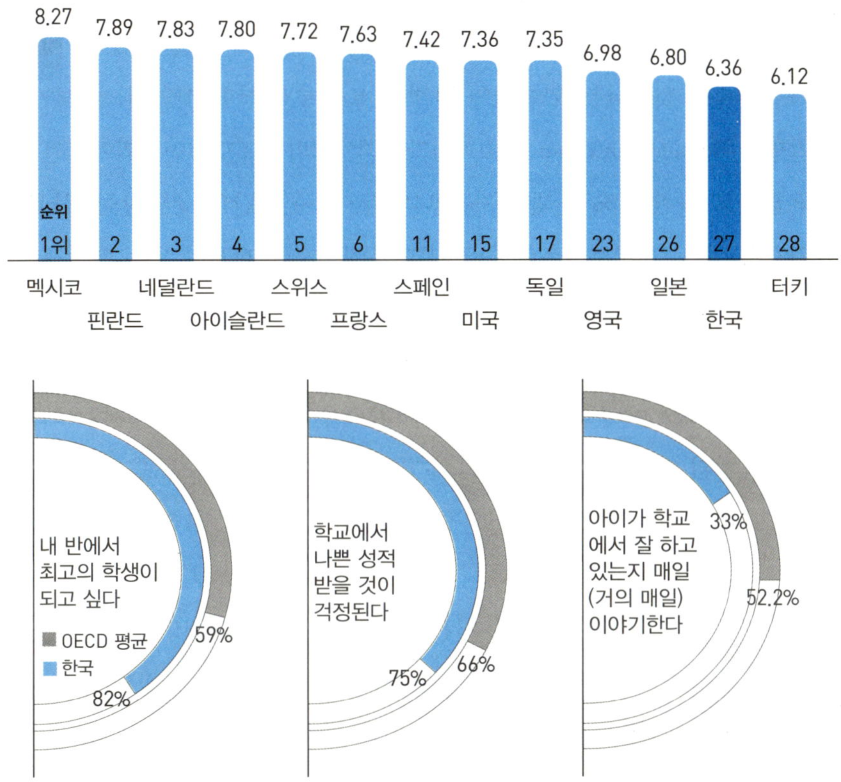

자료: 김연주(2017.4.21), "한국학생 '삶의 만족도' 48개국 중 47위," 「조선일보」.

국적 스트레스 비용)은 연간 37.5조원에 달하는 것으로 나타났다. 이것은 2010년 수도권의 GRDP(경상가격기준) 560.9조원(서울 271.6조원, 경기 232.4조원, 인천 56.9조원)의 6.7%에 해당되는 어마어마한 규모이다.

수도권 주민의 스트레스로 인한 총 사회적 비용 중 스트레스 해소비용은 연간 13.4조원, 스트레스에 의한 생산성 감소비용은 연간 2.4조원이었다. 극도의 스트레스를 받고 난 후 이를 해소하기 위한 비용은 음주가 연간 4.5조원으로 가장 컸고 그 다음으로 운동(3.2조원), 친구·동료와의 대화비용(2.5조원), 여행(2.4조원), 에스테틱(0.5조원), 병원치료(0.15조원) 등의 순으로 나타났다.

지금까지 스트레스의 수준이나 그에 따른 비용을 통해 우리도 모르게 우리는 온통 스트레스 속에 살고 있음을 살펴보았는데, 그러면 과연 스트레스(stress)란 무엇인가? 스트레스는 라틴어의 stringer(바짝 잡아끌다)에서 유래된 것으로 환경의 변화에 대한 반작용으로 발생하는 개인의 생리적·심리적 변화를 말한다. 곧 개인의 능력이나 자원한계를 벗어나는 위협적인 환경적 요구에 봉착한 개인이 경험하는 긴장상태를 말한다(Berkman and Neider, 1987). 농경사회와 같은 단순사회에서는 스트레스는 거의 없었고 또 있어도 큰 문제가 아니었다. 당시 인간의 생활방식, 사고방식, 그리고 인간의 생활 그 자체가 단순하였기 때문에 인간관계에서 오는 정신적 압박요인들은 인간 전체의 문제가 될 만큼 크지 않았다.

그러나 오늘날의 사회는 스트레스 사회라고 할 만큼 현대인은 스트레스에 싸여 살고 있다. 그래서 스트레스 연구의 아버지로 일컬어지는 셀리에(L. Selye)는 "스트레스로부터의 완전한 자유는 곧 죽음이다"라고까지 표현하고 있을 정도이다. 비록 오늘날과 같이 급격하게 변화하는 환경 속에서 현대인은 스트레스에 계속 노출되어 있기는 하지만 어떤 일에 대해 모든 사람이 똑같이 스트레스를 느끼는 것은 아니다. 그 사건을 어떻게 받아들이느냐에 따라 더 많이 스트레스를 느끼기도 하고, 오히려 즐거워하는 사람도 있을 수 있다. 즉 스트레스를 받아들이는 사람의 주관적 해석에 따라 많은 차이가 있을 수 있다.

스트레스라고 해서 모든 스트레스가 나쁜 것은 아니다. 적당한 스트레스는 오히려 삶의 활력소가 되기도 한다. 적절한 자극으로 작업능률이 오르고, 개인의 성장과 발달에 도움을 준다. 가볍고 조절 가능한 스트레스는 상쾌한 자극이 될 수 있다는 얘기다. 이와 같이 스트레스는 인간생활에 순기능과 역기능을 동시에 수행한다. 이 중 인간생활에 순기능적 역할을 하는 스트레스를 유스트레스(eustress) 혹은 유익스트레스라 한다.

문제는 스트레스가 '지속적이고 지나치게 강해 조절이 불가능한 상태'까지 이어지는 데 있다. 특수한 조건에 대처하기 위해 몸에 일종의 비상이 걸리는 스트레스 상황이 계속된다면 몸에 이상이 오는 것이다. 가끔 받아야 할 스트레스를 지속적으로 받게 되면 인체는 자기 조절능력을 상실하게 된다. 이와 같이 인간생활에 역기능적인 역할을 수행하는 스트레스를 디스트레스(distress) 혹은 유해스트레스라 한다. 디스트레스하에서 인체는 자기 조절능력을 상실한다. 체내 항상성(恒常性, homeostasis)

이 깨져 대뇌의 전달물질, 신경조절 물질, 신경내분비 기능의 변화를 초래하게 된다. 나아가 면역계의 기능저하나, 내분비 기능 장애의 발생, 심혈관계 및 소화기계에 변화를 가져온다. 특별한 질병이 없다는 진단을 받았는데도 자율조정 균형의 변화로 만성 소화불량, 생리불순, 수면 기능 장애, 만성 피로 등에 시달린다. 바로 스트레스성 질환이 생기는 것이다.

좋은 스트레스와 나쁜 스트레스는 어떤 기준으로 나눌까. 전문가들은 '예측'과 '통제'가 가능한지 여부를 놓고 구분한다. 사전에 예측할 수 있어 계획을 세울 수가 있고, 이를 통해 조절과 통제가 가능하다면 개인에게 부담을 주거나 질병을 일으키지 않는다는 것이다. 이런 상태에서는 좋은 스트레스가 발생한다는 것이다. 반면에 스트레스를 경험하는 당사자가 스트레스를 예측하지 못하고 또한 그것을 조절 내지 통제할 수 없다면 나쁜 스트레스로 발전할 가능성이 높다.

2. 스트레스와 직무성과와의 관계

지금까지 스트레스와 직무성과와의 관계를 조사한 상당한 연구들이 있다. 스트레스–직무성과에 관한 문헌에 있어서 가장 광범하게 연구된 유형은 '역의 U관계'(in-

그림 10-5 스트레스와 직무성과와의 관계

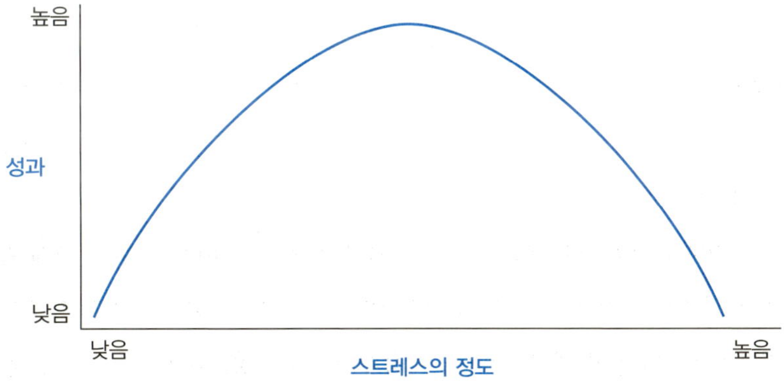

자료: A.J. Dubrin(2002), *Human Relations for Career and Personal Success*, 6th ed., Englewood Cliffs, N.J.:Prentice-Hall, Inc., 112.

verted U relationship)이다(Ivancevich & Matteson, 1985; Segerstrom & Miller, 2004: Zivnuska, Kiewitz, & Hochwarter, 2002). [그림 10-5]가 이러한 관계를 잘 보여주고 있다.

이 그림에서 잘 알 수 있듯이 직장인에게 있어 스트레스의 적절한 자극은 때로는 긴장감을 높여 작업과정에 윤활유나 촉매제의 역할을 함으로써 직무성과를 높이거나 생활의 활력을 높이는 긍정적 역할을 하기도 한다. 그러나 국내외의 많은 실증적 연구에서 근로자의 직무스트레스가 지나치면 직무에 대한 불만족을 일으키고, 결근이나 조퇴, 이직 등 직무에 대한 회피적인 행동을 증가시키게 되어(정상원·송은지, 2017; Grunberg, Moore, & Greenberg, 1998; Parker & Decotiis, 1983) 직무스트레스가 반생산적 업무행동을 높이는 중요한 요인으로 작용하게 되는 것으로 나타났다(김대수·윤정현, 2017; Fox et al., 2001).

이 스트레스는 개인차에 의해 다르게 나타나기도 하는데 그중 주요 요인이 바로 개인의 성격차원이다(Lussier, 2017, 38). 개인의 성격을 그의 건강과 관련하여 연구하는 성격유형으로 A형·B형 성격이 있다. A형·B형 성격분류와 이에 대한 연구는 원래 의학계에서 혈압, 스트레스 및 심장병과 관련하여 시작되었는데 그 결과가 조직행동에도 적용되면서 많은 관심의 대상이 되고 있다. A형·B형 성격은 서로 상반되는 성격유형개념으로서 심리검사, 면접, 그리고 관찰 등에 의해 측정된다.

A형·B형 성격은 그 특성이 판이한데, A형 행동유형의 특징은「보다 적은 시간에 보다 많은 성취를 하려고 끊임없이 투쟁에 적극적으로 개입되어 있는 사람」으로 나타났다. 이 밖에도 A형 행동유형의 특징으로는 경쟁적이고, 공격적이고, 시간적 긴박감을 느끼고, 말투나 어투가 매우 빠르고, 참지 못하는 경향을 보였다. 한편, B형 행동유행의 경우 위에 기술된 A형 행동유형의 특징은 보이지 않는다. Friedman & Rosenman(1974)에 의한 A형 행동양식과 B형 행동양식의 특징을 비교하면 〈표 10-1〉과 같다.

일반적으로 A형 성격의 소유자는 B형 성격소유자에 비해 2.37배 높게 관상성 심장병을 나타내고 있으며, 이러한 양상은 전통적인 위험요인으로 간주되었던 흡연, 고혈압, 콜레스테롤의 과다, 음식, 운동부족, 당뇨병, 나이, 가족력 등을 통제한 후에도 2배 정도 높게 나타났다.

표 10-1 Friedman & Rosenman의 A · B유형 행동양식의 특징 비교

A형 행동양식	B형 행동양식
1. 일반적으로 공격적이고 적대적이다.	1. 시간의 긴박함이나 압박, 조급함이 없다.
2. 빨리 먹고, 빨리 말하며, 빨리 걷는다.	2. 타인에 대한 적대감이 없다.
3. 과제진행에 조급해 하며 인내심이 없다.	3. 상황이 요구하지 않으면 개인이 실적을 논의할 필요를 느끼지 않는다.
4. 동시에 두 과제를 해야 하기에 바쁘다.	4. 경쟁을 통한 우위를 보일 필요가 없고 즐거움과 안락을 위하여 레크리에이션을 찾는다. 따라서 이기기 위해서가 아니라 즐기기 위해서 놀이를 한다.
5. 개인에 대한 관심을 주로 화제로 올릴 때가 많다.	5. 죄책감 없이 마음을 평안하게 하며 여가를 즐긴다.
6. 무사안일하거나 쉬는 것에 대해 죄책감을 느낀다. 따라서 여가선용을 하지 못하며 삶을 즐길 시간이 부족하다.	6. 서두르지 않고 일과를 수행하며 결코 성급하지 않다.
7. 심미적인 대상이나 관조적인 일은 잊는다.	7. 일과에 비교적 자유스럽다.
8. 생존하거나 생성하는 것보다 자기 것으로 소유하거나 실적을 중요하게 생각한다.	8. 자만하지 않으며 온순한 매너를 가진다.
9. 일과로 편안한 날이 없을 정도로 시간의 긴박함을 만성적으로 가진다.	9. 인내력이 있다.
10. 안일, 초연함을 싫어한다.	
11. 항상 긴장된 모습을 보인다.	
12. 모든 일과 사람을 숫자와 같은 효과의 대상으로 삼는다.	

자료: M. Friedman, & R.H. Rosenman(1975), *Type A Behavior and your Heart*, New York : Fawcett Crest, 240.

제 2 절 스트레스의 원인

스트레스는 여러 가지 원인에 의해 나타나게 되는데, 이 스트레스의 원인을 스트레서(stressor) 또는 유발인자(trigger)라고 한다. 이 스트레스의 원인과 관련하여 학자들은 다양한 구분에 의해 스트레스의 원인을 분류하고 있다. 일반적으로 직무스트레스에 영향을 미치는 요인으로 Cooper & O' Driscoll(2001)을 비롯한 많은 연구자들는 개인, 직무, 조직 환경요인의 차원에서 접근한다. 그러나 Robbins & Judge(2019)와 Lussier(2017)를 비롯한 몇몇 학자들이 조직외적 차원의 물리적 환경을 다루고 있

그림 10-6 직무스트레스 모델

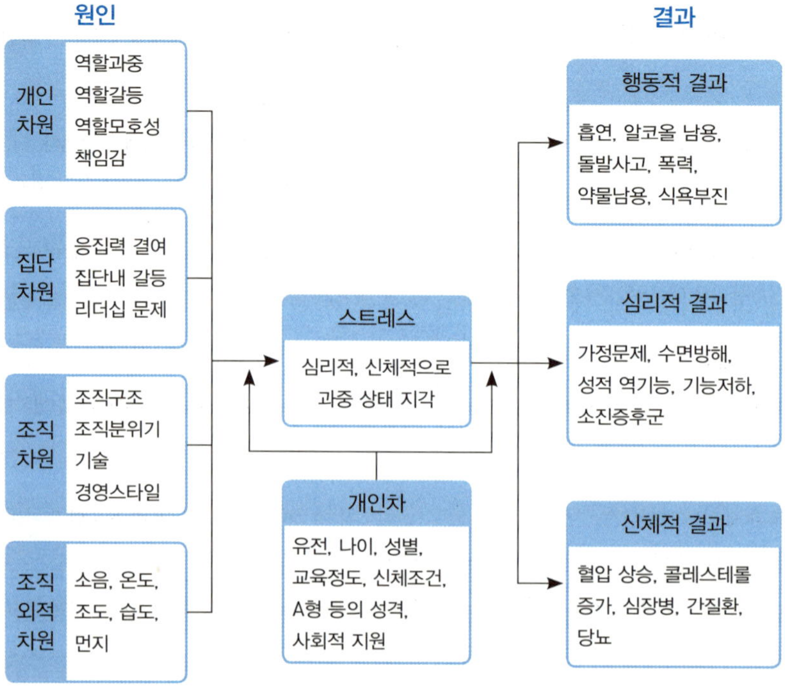

자료: 백기복(2014),「조직행동연구」, 창민사, 제6판, 50; S. P. Robbins & A. J. Timothy(2019), *Organizational Behavior*, 18th ed., Harlow : Pearson Education Limited, 642를 토대로 수정한 것임.

기 때문에 본서에서는 물리적 환경을 추가하여 4가지로 보기로 하겠다. 아울러 직무와 관련하여 스트레스의 결과가 어떻게 나타나는가와 관련하여 직무스트레스의 전반적인 모형을 보면 [그림 10-6]과 같다.

1. 개인차원

직무스트레스 요인 가운데 개인차원에서 볼 때 중요한 것은 역할관련 요인으로서 역할과중(과부하), 역할갈등, 역할모호성 등으로 나눌 수 있다. 이 밖에도 책임감을 비롯한 개인과 관련된 기타요인을 들 수 있는데 본서에서는 역할과중, 역할갈등, 역할모호성을 중심으로 살펴보기로 하겠다.

(1) 역할과중

역할과중(role overload)이란 흔히 역할과다, 때로는 작업과다로 불리기도 하는 것으로 시간이나 작업상의 어려움 때문에 요구되는 직무를 제때 완수하지 못하는 것을 의미한다. 역할과중은 다시 질적 과중과 양적 과중으로 구분된다. 양적 과중은 주어진 시간 안에 개인이 처리하기에 너무 많은 과제로 인한 과부하조건을 의미한다. 그리고 질적 과중이란 개인의 능력으로 처리하기에 너무 어려운 작업조건을 지칭한다. Farber & Heifetz(1982)는 과다한 업무량이 스트레스를 가장 많이 유발하는 원인이라고 보고하고 있다.

(2) 역할갈등

역할갈등(role conflict)이란 다양한 지시나 상충되는 지시를 받음으로써 일어나는 긴장상태를 말한다. 이것은 직무 내의 각종 요구(demand)가 개인적인 기준 및 직무요건들과 불일치하거나 또는 직무가 도덕이나 가치관과 상반되는 경우에 발생하는데 보통 다음과 같은 경우에 일어난다. ① 상급자가 하급자의 개인 윤리상 수행할 수 없다고 생각되는 행동을 요구할 때, ② 의무역할이 상충되는 관계에 있을 때, ③ 한 명의 부하가 2명 이상의 상급자의 지시를 따라야 할 때, ④ 한 상급자가 서로 상충되는 요구를 할 때 등이다. 역할갈등은 심박동률과 업무불만족과 관계가 있는 것으로 나타났다.

대부분의 종업원은 직업, 작업 집단, 부서, 인구통계 집단에 동시에 속해 있으며 이렇게 다른 정체성은 한 정체성의 기대가 다른 정체성의 기대와 다를 때 갈등을 유발할 수있다(Hogg & Terry, 2000). 인수합병 동안 종업원은 원래 조직의 구성원으로서의 정체성과 새로운 모기업의 정체성 사이에서 혼란스러울 수 있다(Vora & Kostova, 2007). 다국적 사업으로 구조화된 조직은 지역사업부와 국제조직 사이를 구분하는 종업원으로 이중 신분(dual identification)을 가져오는 것으로 나타났다(Reade, 2001).

(3) 역할모호성

역할모호성(role ambiguity)이란 조직구성원이 자신의 역할과 관련하여 의무, 책임, 권한 등에 관하여 충분한 정보가 주어지지 않아서 일어나는 긴장상태를 말한다. 환언하면 사람들은 자신이 무엇을 해야 하는지를 잘 모를 때 역할모호성을 경험하게 된다.

역할모호성은 통상 다음과 같은 경우에 일어난다. ① 특정직위에 관한 명확한 직무기술서(job description)가 결여되었을 때, ② 개개 구성원의 과업이 복잡하면 복잡할수록, ③ 자기직무에 대하여 자신감이 결여되어 있을 때, ④ 관리업무 지향적이면 지향적일수록 보다 많이 일어나게 된다.

이 밖에도 개인차원에서는 책임감, 경력문제, 가정문제, 경제문제, 그리고 최근 들어 관심의 대상이 되고 있는 생활의 질, 특히 웰빙(wellbeing) 문제와 관련하여 스트레스가 야기될 수도 있다.

2. 집단차원

직무스트레스 요인 가운데 집단차원에서 볼 때 중요한 것은 주로 동료나 상사를 포함한 대인관계에서 찾아볼 수 있다. 이를테면 응집성의 결여, 집단내 갈등 및 리더십문제 등을 들 수 있다.

(1) 응집성 결여

어떤 집단은 다른 집단에서는 볼 수 없는 단결된 분위기 혹은 공통의 태도나 행위를 보인다. 이러한 분위기를 일컬어 집단응집성이라 한다. 일반적으로 응집성(cohesiveness)이란 집단내 성원들 상호간의 친밀성의 정도를 말한다. 이는 집단 내의 구성원들이 같은 부류 혹은 '우리'라고 느끼는 힘을 의미하기도 하며 또 구성원들이 집단에 남아서 참여하게끔 영향을 미치는 요인이 집단을 이탈하게끔 만드는 요인보다 얼마나 큰가를 나타내 주는 지표이기도 하다.

응집성이 중요한 이유는 집단의 생산성과 밀접한 관계를 갖기 때문이다(Podsakoff, MacKenzie, & Ahearne, 1997; Mullen and Cooper, 1994). 따라서 지금까지 응집성은 많은 관심의 대상이 되어왔고 실제로 여러 학자들이 이들의 관계에 대해 연구를 해왔다.

직무스트레스 요인이 되는 응집성을 떨어트리는 요인으로는 집단목표에 대한 비동의, 대규모집단, 개인적인 비(非)매력, 집단 내의 경쟁 및 지배 등이 있다(Ticky, 1973; Szilagyi, and Wallace, 1987, 241~242).

(2) 집단내 갈등

바로 위에서 언급한 응집성과 밀접한 관계가 있는 것이 바로 갈등이다. 갈등이란 사람들 사이에 양립될 수 없거나 상반되는 욕구, 바람, 생각, 관심들 사이의 충돌상태를 말한다. 갈등에 대한 사고는 갈등을 부정적으로 혹은 중립적으로 보던 전통적 관점과 행동주의적 관점과는 달리 1970년대 말부터 현재까지 받아들여지는 관점인 상호작용주의적 관점에서는 집단을 살아 움직이도록 하고, 자기 비판적이며, 창조적일 수 있도록 하기 위해 어느 정도의 갈등을 부추겨야 한다고 보고 있다. 하지만 지나친 갈등은 여전히 스트레스를 비롯한 여러 가지 부작용을 불러일으킨다(박연호, 2001, 200~203; 백기복, 2002, 305).

(3) 리더십문제

끝으로 상사와의 관계에서 주요 요소 가운데 하나가 리더십문제이다. 실제에 있어 대부분의 직장인들은 꼴불견인 상사로 인해 근무의욕의 저하 경험했던 것으로 나타났다. 2017년 5월 취업 포털업체인 인크루트에 따르면 직장인 898명을 대상으로 '꼴불견 상사와 근무한 경험'에 대한 설문 조사 결과, 응답자의 97%는 '꼴불견 상사'와 근무했다고 답했다. 특히 이 가운데 98%는 꼴불견인 상사로 인해 근무의욕 저하를 경험했다고 밝혔다(허재경, 2017.5.25).

일반적으로 배려깊은 상사의 태도는 직무스트레스를 감소시킨다. 여기서 배려깊은 상사유형이란 부하로 하여금 의사결정과정에 적극적으로 참여시키고, 양방향적 의사소통을 제공하는 유형을 지칭한다.

이 밖에도 지위에 따르는 문제와 관련해서도 스트레스가 일어날 수 있다(이덕로·서향희, 2017, 306~310).

리더십 **사례**

직장인 스트레스 1위? 일하는 것보다 '이것' 때문에 더 힘들다

"일보다 사람이 더 힘들다"는 말이 실제 직장생활 속 극명한 현실인 것으로 밝혀졌다. 취업포털 파인드잡과 채용정보 검색엔진 '잡서치'가 함께 20대 이상 직장인 530명을 대상으로 '직장인 스트레스 현황' 설문조사를 실시했다. 그 결과 직장인 48.2%가 업무 시 가장 스트레스 받는 요인으로 '사람 상대'를 응답하여 직장인 둘 중 한 명은 직장 상사 및 동료와의 관계로부터 가장 큰 스트레스를 받는 것으로 나타났다.

'인간관계'가 직장인들의 스트레스 제1요인으로 꼽힌 데 이어 '과도한 업무 부담'(24.5%)과 '실적에 대한 압박감'(11.0%)이 직장인들의 주요 스트레스 요인 2,3위에 올랐다. 이어 4위 '직무 자율성 부재'(7.4%), 5위 '타 부서와의 협업'(6.1%), 6위 '잦은 회의'(1.5%), 7위 '업무 외의 접대'(1.3%) 순으로 직장인들은 업무 스트레스를 받고 있었다.

특히 직급에 따라 직장 내 주요 스트레스 요인이 달라 흥미를 자아냈다. 먼저 가장 말단인 사원급은 '사람 관계'에 대한 스트레스가 51.3%로 가장 컸다. 실무 비중이 가장 큰 대리급은 '과도한 업무 부담'(26.9%)에 타 직급보다 높은 스트레스를 받았으며, 준 관리자급인 과장급은 '타 부서와의 협업'(12.5%)에 대한 스트레스가 다른 직급보다 컸다. 반면 최고직급인 관리자급만이 '실적에 대한 압박감'(31.0%)에 다른 직급대비 약 3배 이상 높게 답해 직급이 높아지면서 책임감도 함께 상승, 실적달성에 대한 스트레스 수치가 높아지는 것으로 드러났다.

업종에 따라서도 직장 스트레스 주요 요인에 업종별 특성이 반영된 결과를 보였다. 사람을 주로 많이 상대하는 '서비스' 업종 종사자는 사람 관계에 대한 스트레스가 56.2%로 가장 높았으며, 영업 실적을 중시하는 '영업관리' 업종에서는 실적에 대한 스트레스가 25.0%로 타 업종 대비 가장 높았다. 업종 중 '디자인' 업종만이 '과도한 업무부담'이 42.3%의 높은 수치로 직장 스트레스 요인 1위를 차지해 업무 강도가 높은 업종임을 보여줬다. 또한 '타 부서와의 협업'(15.4%) 역시 타 업종 대비 약 2~3배 높은 응답률로 이들의 회사 내 고충을 간접적으로 확인케 했다.

성별에 따라서는 여성(53.0%)이 남성(41.9%)보다 '인간관계'에 대한 스트레스를 더 많이 받았으며, 반대로 남성은 여성보다 '과도한 업무부담'(남성 27.5%, 여성 22.1%)과 '실적에 대한 압박감'(남성 12.7%, 여성 9.7%)에 스트레스 지수가 더 높아지는 것으로 드러났다.

자료: 김민정(2015.5.18). "직장인 스트레스 1위? 일하는 것보다 '이것' 때문에 더 힘들다." 이데일리.

3. 조직차원

직무스트레스 요인 가운데 조직차원에서 볼 때 중요한 것은 조직구조(설계)이다. 조직구조는 조직의 목표를 달성하기 위하여 개인과 집단의 행동을 이끌어갈 직무와 부서의 체계적인 틀(frame)로서 조직화 기능의 기반을 제공하는 것이다(Ivancevich, Lorenzi, Skinner, Crosby, 1994, 254). 조직구조는 건물의 구조나 신체의 뼈와 같다. 건물이나 신체의 경우와 같이 조직의 경우에도 구조는 그 조직의 기본적인 골격을 유지해주는 역할을 한다. 이런 점에서 조직 내의 하위 단위조직을 의미한다(이덕로, 2005a).

조직구조에 관한 직무스트레스는 근로자들이 조직의 방향과 의사결정에서 관여하는 정도에 따라서 두 가지 종류의 구조로 구분할 수 있다. 그 하나는 중앙집중식 조직구조로서 의사결정의 대부분이 최고경영층에서 이루어진다. 반면에 탈중앙집중식 조직구조에서는 근로자들의 지위에 관계없이 보다 자신에 작업에 대하여 대한 통제를 갖고 있다.

일반적으로 근로자들을 의사결정에 보다 많이 참여시키고 그들에게 재량권을 부여하면 할수록 스트레스가 감소된다. 탈중앙집중식 조직일수록 직무만족이 높고, 직무스트레스가 적고, 작업수행이 높았다. 또한 의사결정의 증가로 인하여 근로자들의 작업에 대한 의미가 증가되고, 자율성, 책임성, 확실성, 통제성 및 소유권을 제공하기 때문인 것으로 보여진다.

이 밖에도 경영스타일, 기술 및 조직분위기 등도 스트레스의 주요 원인이 되고 있다.

4. 물리적 환경

작업장에서 물리적 환경요인은 스트레스를 유발하는 요인이 많을 것이다. 환경적으로 가장 위험한 요인은 소음노출에 의한 청력손실 등과 같은 건강에 해를 끼치는 것이다. 물리적인 노출, 화학적 노출, 인간공학적 문제들이 독립적 또는 집합적으로 스트레스의 원인이 된다. 소음은 여러 방면으로 스트레스의 요인이 될 수 있다. 소음으로 인한 와우관에 계속해서 자극이 되어 축적되면 갑자기 혈압이 올라간다. 뿐만 아니라 심한 소음으로 대화에 방해를 받거나 인접근로자에게서 소리를 통한 도움을 받을 수 없다. 기타 너무 춥거나 더운 것, 너무 센 조명 및 진동 등의 물리적인 노출도 나쁜 영향을 일으킬 수 있다.

이런 나쁜 물리적 영향은 그 자체로 질병을 일으키지 않을지 몰라도, 이와 관련된 문제들은 스트레스의 특성인 정신질환과 이차적 생리변화를 유발할 수 있다. 육체적으로 편안하고 쾌적한 환경은 정신건강과 관계가 있다. 또한 도구와 작업대의 구조 등을 디자인하는 데 있어 인체공학적 요인들은 근로자의 좌절감, 사기 및 궁극적 생산물에 중요한 역할을 한다. 이 밖에도 온도, 조도, 습도 및 먼지 등과 같은 물리적 환경도 스트레스와 밀접한 관련이 있다.

지금까지 스트레스의 원인에 대해 살펴보았는데 그러면 실제로 사람들은 어떤 변수에 어느 정도의 스트레스를 받게 될까? 일반적이고 폭넓게 인정되는 스트레스의 원인은 개인이 적응해야 하는 생활과 경력상의 변화이다. 특히 배우자의 죽음과 같은 생활상의 변화나 해고나 전보 등과 같은 경력상의 변화는 사실상 대부분의 사람들에게 매우 강한 스트레스를 주는 것으로 나타났다(Holmes & Rahe, 1967).

미국의 홈즈와 루크(T.H. Holmes & L.O. Ruch)는 생활스트레스가 질병에 선행되며, 이 스트레스들의 강도의 합이 질병의 심한 정도 및 기간과 상관성이 있는 것으로

표 10-2 미국인의 스트레스 평가

생활 사건	평정값	생활 사건	평정값
배우자의 죽음	100	만 달러 이상의 저당	31
이 혼	73	자녀의 가출	29
별 거	65	법률상의 분쟁	29
징 역	63	배우자의 취직이나 퇴직	26
가족의 죽음	63	입학이나 졸업	26
자신의 부상이나 질환	53	상사와의 분쟁	23
결 혼	50	근무시간, 작업조건의 변화	20
해 고	47	주거의 변화	20
퇴 직	45	전 학	20
가족건강상의 변화	44	여가생활의 변화	19
임 신	40	수면습관의 변화	16
성생활의 문제	39	친척수의 변화	15
가족수의 증가	39	식생활습관의 변화	15
재산의 증감	38	휴 가	13
친한 친구의 죽음	37	크리스마스	12
전 근	36	경미한 법규 위반	11

자료: L.O. Ruch & T.H. Holmes(1971), "Scaling of Life Changes: Comparison of Direct and Indirect Methods," *Journal of Psychosomatic Research*, 15, 224.

표 10-3 | 한국인의 스트레스 평가

삶의 변화	점 수	삶의 변화	점 수
자식 사망	74	사업의 일대 재정비	43
배우자 사망	73	직업전환	43
부모 사망	66	정년퇴직	41
이혼	63	해외취업	39
형제자매 사망	60	유산	38
혼외정사	59	임신	37
별거 후 재결합	54	입학시험, 취직 실패	37
부부의 이혼, 재혼	53	자식의 분가	36
별거	51	새 가족 등장	36
해고, 파면	50	가족 중 1명이 질병을 얻음	35
정든 친구의 사망	50	성취	35
결혼	50	주택, 사업, 부동산 매입	35
징역	49	정치적 신념의 변화	35
결혼 약속	44	시댁, 처가, 친척과의 알력	34
중병, 중상	44	학업의 시작, 중단	34

주: 300점 이상이면 금년에 질병을 앓을 가능성이 50%, 299～250점이면 금년에 질병을 앓을 가능성이 25%, 249～200점이면 금년에 질병을 앓을 가능성이 10%, 반면에 199점 이하이면 건강.

보아 우리가 일상생활에서 부딪치는 대표적인 스트레스 상황들을 생활변화량으로 정의하여 계산하는 척도를 개발하였다. 이러한 척도는 지난 1년간 경험한 각 항목의 횟수에 점수를 곱하여 전체점수를 합산해 내는 방법으로 총점이 200점 이상이면 질병을 일으킬 확률이 아주 높다. 하지만 이러한 평가척도는 절대적인 것은 아니며, 각 개인의 환경적, 성격적 특징에 따라 그 비중이 달라질 수 있다. 참고로 미국인의 스트레스를 평가해 보면 〈표 10-2〉와 같다.

이어서 동일한 측정방법으로 측정한 한국인의 스트레스를 평가해보면 〈표 10-3〉과 같이 앞서 언급한 미국인의 평가와는 약간의 차이를 보이고 있다.

지금까지 미국인과 한국인의 스트레스 평가에 대해 살펴보았다. 이러한 일반적인 스트레스의 원인에 이어 직업에 따라서도 스트레스가 달라질 수 있는데, 이와 관련하여 미국과 한국의 직업별 스트레스 순위를 살펴보도록 하자.

미국의 경우 먼저 *Wall Street Journal*이 1996년에 250개 직업을 대상으로 측정한 직업별 스트레스 수준을 살펴보면 〈표 10-4〉와 같이 정신적 스트레스에 가장 시

표 10-4 직업별 스트레스 평가(1996)

순 위	직 업	스트레스 점수	순 위	직 업	스트레스 점수
1	미국 대통령	176.6	20	증권중개인	71.7
2	소방수	110.9	22	조종사	68.7
3	최고경영자	108.6	31	변호사	64.3
5	외과의사	99.5	35	생활설계사	63.3
10	비행기 관제사	83.1	47	자동차판매원	56.3
17	부동산업자	73.1	50	대학교수	54.2

주: *Wall Street Journal*이 1996년에 250개 직업을 대상으로 측정한 스트레스 수준.
자료: 백기복(2000), 「조직행동연구」, 제2판, 법문사, 98.

달리는 직업은 대통령, 소방수, 최고경영자 등의 순이었으며, 반대로 대학교수, 자동차판매원, 생활설계사, 변호사 등은 정신적 스트레스를 가장 적게 받는 직업이었다.

이어서 비교적 최근인 2013년에 Career Cast와 CNBC가 공동으로 평가한 스트레스 적은 기업 top 10과 스트레스 많은 기업 top 10에 대해 각각 살펴보면 〈표 10-5〉와 같다. 미국 직업 전문사이트 커리어캐스트와 경제전문지 CNBC는 직업부문의 성장 잠재력, 수입, 마감 압박, 경쟁력, 물리적 요구, 위험발생도, 만족도 등의 스트레스 측정지표를 사용하여 '2013 스트레스 적게 받는 직업 10개'를 발표했다. 여

표 10-5 미국의 직업별 스트레스 평가(2013)

순위	스트레스 적은 직업	연봉(중앙값)	스트레스 많은 직업	연봉(중앙값)
1위	대학교수	6만 2,050달러	사병	4만 5,528달러
2위	양복 재단사	2만 5,850달러	장성(Military General)	19만 6,300달러
3위	의무기록사	3만 2,350달러	소방관	4만 2,250달러
4위	보석세공사	3만 5,170달러	민항기 조종사	9만 2,060달러
5위	임상병리사	4만 6,680달러	홍보 담당 임원	5만 7,550달러
6위	청능사(Audiologist)	6만 6,660달러	기업 경영인	10만 1,250달러
7위	영양사	5만 3,250달러	사진저널리스트	2만 9,130달러
8위	미용사	2만 2,500달러	신문기자	3만 6,000달러
9위	도서관 사서	5만 4,500달러	택시기사	2만 2,440달러
10위	드릴 기술자	3만 1,910달러	경찰	5만 5,010달러

자료: 김유성(2013.1.4), ""짜증나" 직업 스트레스 1위 군인…교수는 '널널'," 「이데일리」.

기서 스트레스가 많은 직업 1위로 사병(군인)이 뽑혔다. 군인 계급의 최고봉이라고 할 수 있는 장성은 그다음 순위인 2위를 기록했다. 3위는 소방관, 4위는 민항기 조종사, 5위는 홍보 담당 임원, 6위에는 기업 경영인이 올랐다. 사진 저널리스트가 7위, 신문기자가 8위였다. 택시기사와 경찰은 각각 9위와 10위를 차지했다. 이들 직업 종사자는 대부분이 다른 이의 간섭을 많이 받아 자기만의 시간을 갖는 데 어려움을 겪고 있다.

한편 스트레스가 적은 직업에는 자신의 전문 영역 구축이 쉽고 시간 활용도 비교적 자유로운 전문직이 많았다. 1위는 대학교수로 연봉도 높은 편이고 스트레스도 적은 편이다. 대학교수는 일반 기업과 달리 직업 안정성도 높다. 2위는 재단사, 3위는 의무기록사, 4위는 보석세공사였다. 5위와 6위는 임상병리사와 청능사다. 이들 직업은 노령화 시대로 의료 수요가 증가해 수입도 비교적 높은 수준이다. 7위는 영양사, 8위는 미용사, 9위는 도서관 사서, 10위는 드릴 기술자 순이다.

표 10-6 한국의 직업별 스트레스

순위	상위	수준	하위	수준
1	투자분석가(애널리스트)	4.48	모델	2.68
2	방송연출가(프로듀서)	4.48	악기수리원 및 조율사	2.77
3	외환딜러	4.44	사진작가	2.80
4	프로게이머	4.44	인문과학연구원	3.00
5	카지노딜러	4.34	물리치료사	3.04
6	만화가 및 애니메이터	4.32	통신장비기사	3.18
7	행사기획자	4.28	일반공무원	3.20
8	금융자산운용가	4.28	사서	3.20
9	회계사	4.24	연주가	3.20
10	기자	4.24	작업치료사	3.24
11	영업원	4.24	성직자	3.24
12	영화감독	4.20	스포츠에이전트	3.24
13	광고 및 홍보전문가	4.16	보석감정사	3.28
14	시장 및 여론조사전문가	4.16	인문사회계열 교수	3.28
15	치과기공사	4.16	약사 및 한약사	3.28
16	의사, 크레인·호이스트운전원	4.12	임상병리사	3.28

주: 전혀 없다=1, 별로 없다=2, 가끔 있다=3, 자주 있다=4, 항상 있다=5

자료: 교육인적자원부·한국직업능력개발원(2006), 「미래의 직업세계 2007」.

우리나라의 경우 직업별 스트레스 수준을 살펴보면 〈표 10-6〉과 같이 정신적 스트레스에 가장 시달리는 직업은 투자분석가(애널리스트), 방송연출가(프로듀서), 외환딜러, 프로게이머, 카지노딜러, 만화가 및 애니메이터, 쇼핑호스트 등의 순이었다. 반대로 모델, 플로리스트, 공예원, 악기수리원 및 조율사, 사진작가 등은 정신적 스트레스를 가장 적게 받는 직업이었다.

제 3 절 스트레스의 결과

스트레스의 반응이 지나치게 격렬하거나 자주 나타나서 개인이 적합한 배출구를 찾을 수 없을 때에 그 결과는 개인적 디스트레스(individual distress)로 나타나게 된다. 이러한 디스트레스, 즉 두통, 근심, 걱정의 표현은 개인별로 다양하므로 행동적·심리적 및 신체적 결과를 포괄하게 된다. 따라서 개인적 디스트레스는 갑작스러운 죽음이나 자살 등의 행위를 유발시킬 수 있으므로 이에 관한 내용은 행동적 결과, 심리적 결과 및 신체(의학)적 결과 등으로 구분해서 살펴보기로 하겠다.

1. 행동적 결과

행동적 결과(behavior consequences)의 내용에는 스트레스에 격증현상으로 나타나는 행동변화(behavior changes)의 여러 형태를 포괄하고 있다. 여기서 행동적 주요 변화로는 흡연, 알코올남용, 약물남용, 돌발사고, 폭력, 식욕부진 등의 행위적 결과를 들 수 있다. 그러나 이러한 행위적 변화는 비관적인 결과만 있는 것이 아니고, 건강에 중요한 영향을 행사하는 요소로 전환이 가능한 것이다.

(1) 흡연

흡연(smoking)은 스트레스의 가장 중요한 행동적 결과로 지적되고 있는데, 리섹(H. Russek)은 강한 스트레스를 느낄 수 있는 직업인의 46%가 흡연가임을 입증한 바 있다. 또한 콘웨이(T.L. Conway)와 그의 동료들은 직업적 스트레스와 담배소비 간에 상관관계가 있음을 확인한 바 있다. 따라서 스트레스가 격증된 상태에서 신경안정과 사고의 기회조정을 위한 흡연의 증가현상은 당연한 결과임을 입증하고 있다.

참고로 우리나라의 경우 2018년 19세 이상 인구 중 담배를 피우는 사람은 20.3%로 꾸준히 감소 추세에 있다. 그러나 여자의 경우 3.5%로 2년 전(3.1%)보다 0.4%p 증가했다. 흡연자의 절반 정도(53.7%)는 하루 평균 반 갑(10개비) 이하 정도를 피우며, 흡연자 중 4.1%는 한 갑(20개비)을 넘게 피우는 것으로 나타났다(통계청, 2018.11. 29).

(2) 알코올남용

알코올남용(alcohol abuse) 또한 스트레스반응의 대표적인 현상이다. 이는 교통사고와 자살을 유발하는 중요 요소로서 극단적 행동결과를 초래하게 되므로 개인의 불행은 물론이고 이에 따른 중독현상은 국가적 낭비를 초래하기도 한다. 반면에 고도의 스트레스를 느낄 수 있는 직업에서는 일시적인 해소방법으로 음주를 합리화하기도 하는 연구결과도 있다. 흡연과 음주량과 더불어 건강생활습관을 주요 국가와 비교해보면 〈표 10-7〉과 같이 우리나라가 단연 1위이다.

표 10-7 | 주요 국가의 건강생활 습관 비교

	한국	일본	미국	프랑스	OECD 평균
남성 흡연율(%)	40.8	32.2	16.7	26.4	25.9
월간 음주량(L)	12.1	7.3	8.7	12	9.5
비만+과체중(%)	30.2	25.3	69.2	42.9	52.7
신체 비활동(%)	74.1	60.2	40.5	32.5	–
하루 수면시간	7시간 8분	7시간 8분	8시간 6분	8시간 8분	8시간 4분

주: 신체 비활동은 주 5일 30분 이상 운동하지 않는 비율, 비만은 과체중 포함.

자료: 유근형(2013.10.28), "음주-흡연 OECD 국가 중 위험수준… 현재 50세男, 몸상태는 57세," 「동아일보」.

참고로 우리나라의 경우 음주 인구(지난 1년 동안 술을 한 잔 이상 마신 사람임) 비율은 65.2%로, 최근 들어 남자는 감소하는 한편 여자는 증가추세에 있다. 음주 횟수는「월 2~3회」가 29.4%로 가장 많았고,「거의 매일」마시는 경우도 4.8%나 되는 것으로 나타났다(통계청, 2018.11, 30).

(3) 약물남용

약물남용(drug abuse)이란 일정기간 동안 의사의 처방 없이 자신의 정신적 쾌락을 추구하기 위해 약물을 사용하는 것을 의미한다. 구체적으로 헤로인과 같은 불법약물이나 신경안정제 같은 합법약물을 의학적 지도감독 없이 사용하는 행위를 말한다. 이는 스트레스반응의 일종으로 일시적이고 잠정적인 스트레스의 망각상태를 조장하기 때문에 육체적·정신적 건강을 해칠 뿐 아니라 각종 사고의 유발은 물론이고 결근율의 격증과 생산성 저하를 가져오는 요소가 되기도 한다.

(4) 돌발사고

돌발적인 사고(accidents) 역시 스트레스반응의 일종으로 개인적·산업적인 측면에서 조직적 스트레스 효과에 중요한 영향을 미치고 있다. 즉, 스트레스 상태에 있는 사람은 돌발적인 사고를 유발할 수 있으며, 그 결과는 개인은 물론이고 조직에까지 영향을 미친다고 한다. 특히 자동차 사고와 가정에서의 우발적인 사고의 원인을 중심으로 분석한 보고서에는 사고자의 90% 이상이 스트레스의 요인이 누적될 수 있는 직무에 종사하고 있다는 사실을 지적하고 있다.

(5) 폭력

폭력(violence)이란 스트레스 반응의 일종으로 행동과 감정의 우발적·물리적 힘의 발휘를 의미한다. 폭력은 상해나 기물파손과 같은 물리적인 가해행동이라는 좁은 의미에서부터 울음을 터뜨리거나 공격적 언어폭력, 신체적 상해, 위협, 성희롱, 괴롭힘과 같은 간접적 또는 정신적 가해행동까지를 포함하는 넓은 의미를 가지고 있다(노연호·유양숙, 2012; Choi et al., 2003). 뉴만(G. Newman)은 폭력의 동태적인 시험과정에서 폭력은 좌절(frustration)을 격증시키고 있음을 지적하고 있으며, 프롬(E.

리더십 **사례**

2년차 검사 "업무 스트레스로 힘들다" 목매 숨져

자택서 2장 분량 유서… 자살 추정

서울남부지검 형사2부 김모 검사(33 · 사법연수원 41기)가 19일 오전 서울 양천구 자택에서 숨진 채 발견됐다.

이날 시신을 수습한 서울 양천경찰서는 자필로 수첩에 쓴 2장 분량의 유서에 "업무 스트레스로 힘들다"는 등 일이 많아서 힘겹다는 내용이 반복해서 나왔다고 밝혔다. 서울남부지검 관계자는 "전날 밤 업무를 마치고 늦게 퇴근한 김 검사가 다음 날인 19일 오전 출근하지 않아 동료 검사가 집으로 찾아가 보니 숨져 있었다"고 전했다. 검찰과 경찰은 김 검사가 유서를 남기고 목을 맨 점 등에 따라 자살로 추정하고 자세한 경위를 조사하고 있다.

지난해 4월 서울남부지검에 부임한 김 검사는 그해 지검에서 마련한 '신임 검사 부모님 초청 행사'에 어머니를 모시고 참여할 정도로 검사에 대한 자부심이 컸던 것으로 전해졌다. 가정폭력과 아동 학대 사건을 전담했던 김 검사는 신임이지만 군법무관 경력을 인정받아 다른 신임 검사보다 비교적 중대한 사건을 맡아 온 것으로 알려졌다. 하지만 미제 사건이 쌓이고 상사의 업무 지시 등에 스트레스를 받아 주변에 힘겨움을 하소연해 왔던 것으로 전해졌다.

자료: 전주영(2016.5.20). "2년차 검사 "업무 스트레스로 힘들다" 목매 숨져." 동아일보, A14면

Fromm)은 폭력으로 인한 공격행위는 일부 자비로운 경우도 있기는 하나 대부분 유해한 결과를 초래하고 있음을 강조하고 있다(Fromm, 1973).

(6) 식욕부진

식욕부진(appetite disorders)이란 식욕이 떨어지거나 식욕이 없는 현상으로서 정상적으로 먹던 양보다 적게 먹거나 전혀 먹지 못하는 것을 말한다. 식욕부진은 다른 이유로도 나타나지만 대부분 생리학적인 측면에서 나타나는 스트레스의 개별적인 결과로 나타나는 현상이다. 이러한 결과는 당연한 행동적 결과로 생각한다. 간혹 이와는 반대로 스트레스로 말미암아 식욕이 증대되어 과식이나 폭식을 하는 경우가 있는데 이 또한 행동적 원인의 하나이다.

2. 심리적 결과

스트레스에 의한 인간의 심리적 효과(psychological consequences)는 디스트레스의 행동적 결과와 밀접한 관련을 맺고 있다. 그러므로 심리적 스트레스반응의 결과로는 ① 가정문제, ② 수면방해, ③ 성적 역기능, ④ 우울, ⑤ 번아웃 등의 내용을 주축으로 이해하는 것이 바람직하다고 본다.

(1) 가정문제

부부간의 불화와 가족 간의 갈등은 다양한 원천에서 초래되는 결과이므로 역시 가정과 작업스트레스의 결합은 매우 중요한 요소이다. 스테이너(J. Steiner)는 가정과 직장의 균형 및 직업적 효과의 잠재적 파괴요인 등을 시험하는 과정에서 가정문제(family problems)를 중시한 바 있으며(Steiner, 1972), 버크(R.J. Burke)와 그의 동료들(Burke, Wier, & Duwors, Jr., 1979)은 직업에 관한 전문성에의 노력과 경쟁적 혹사 면에서 불균형상태를 나타내는 사람과 기혼여성의 사고와 관점을 시험·조사한 바 있다. 결론은 모두 기능저하상태와 불만, 친우관계의 부진, 긴장의 증대 및 화를 잘 내며, 고독과 범죄에 빠지기 쉬운 상태에 있다는 점을 공통적으로 지적하고 있다. 따라서 기혼자의 조직적 스트레스는 부부관계는 물론이고 자녀관계에까지 영향을 미치고 있으므로 기업은 가정문제와 조직의 문제 간에 상호작용을 효과적으로 조정·통제하여야 한다.

(2) 수면방해

건강한 삶을 위해 먹는 것, 마시는 것, 그리고 운동만큼 중요한 것이 바로 잠이다. 수면은 일상생활로 지친 몸과 마음 둘 다에게 에너지를 충전시켜주는 역할을 한다. 따라서 충분한 수면이야말로 건강한 삶을 위한 필수요소라 할 수 있다. 그런데 여러 가지 이유로 충분한 잠을 못자는 경우가 있는데 이것을 수면방해(sleep disturbances) 혹은 불면(insomnia)이라 한다.

직업적 스트레스는 만성적인 수면방해의 요인이 되고 있다. 특히 한국의 경우에 더욱 심각하다. 최근의 조사결과가 이것을 잘 보여준다. 한국인의 숙면을 방해하는 가장 큰 요인이 '일에 대한 걱정'이라는 조사 결과가 나왔다. 네덜란드 전자업체 필립스는 한국을 포함한 세계 10개 나라에서 8,000명을 대상으로 수면에 대한 조사를 실시한 결과, 한국인(500명 조사)은 수면 방해 요소로 '일에 대한 스트레스'(43%·복수응답)를 가장 많이 꼽았다. 이어 브라질(33%), 중국(32%), 영국(24%), 오스트레일리아(23%), 일본(23%) 등의 순으로 나타났다(김병철, 2015.3.16).

(3) 성적 역기능

일반적으로 정상적인 성기능 능력은 생활의 활력 및 자신감과 연관되어 있다고 믿어지기 때문에(Jonler et al., 1995). 성적 관계의 만족은 인간의 정신적·육체적 건강에 많은 도움이 된다. 그러나 이와는 달리 현대인은 성적 역기능(sexual dysfuction) 혹은 성적 능력의 저하를 경험하는 경우가 적지 않은데, 특히 남성들에게는 전반적인 영역에서 부정적인 영향을 미칠뿐만 아니라 삶의 질저하를 가져오게 된다.

이러한 성적 역기능은 신체적 장애, 성인병 특히 대사성질환인 당뇨병·비만과 심혈관계질환인 심근경색·협심증·고지혈증·동맥경화증·고혈압 등과 같은 질병, 피로, 약물남용과 같은 신체적 원인에 의해 일어나는 경우도 있으나, 대부분 스트레승와 같은 심리 사회적인 원인으로 말미암아 일어난다. 따라서 성적 역기능 문제의 해결은 스트레스관리(stress management)에 필수요소가 되고 있다.

(4) 우울

우울(depression)은 '마음의 감기'라고 부를 정도로 건강한 사람도 일상생활에서 흔히 경험할 수 있는 가벼운 증상에서부터(권호인, 2009) 지각, 판단, 기억, 인지사고, 대인관계 등의 부정적인 영향을 미칠 수 있는 마음의 상태이다(Beck, 1976). 우울이라는 용어는 B. C 400년경 Hippocrates가 조증과 우울 상태를 체계적으로 기술하면서 우울한 감정 상태를 'Melancholia'라는 용어로 명명하였고, 20세기 초 스위스의 정신의학자 Bleuler에 의해 'Depression'이라는 용어로 사용되었다(이학종, 2016).

다양한 연구대상을 중심으로 이루어진 국내외의 많은 선행연구(허연주·이민규, 2015; Hewitt, Flett, & Mosher, 1992)에 따르면, 스트레스 지각은 우울을 유의미하게 설명한다는 결과를 보여주었다. 특히 산업 현장에서 근로자들에게 나타나는 우울은 과도한 업무량이나 업무의 자율성저하 등의 만성적인 직무스트레스가 관여하고 있음이 지적되고 있다(박승경·이후연·조영채, 2018).

우울은 심리학적 측면에서 가장 중요시하고 있는 요소로서 자살이라는 심리적 결과를 유발할 수 있는 잠재력을 갖고 있다. 사업의 실패, 승진누락, 부당해고 등은 개인의 우울에 깊고 다양한 영향을 미치고 있기 때문에 자살까지 초래되는 잠재력을 갖게 된다.

(5) 번아웃

번아웃(burnout)은 소진이나 탈진이라고도 불리는 증상으로 일에 자신의 모든 에너지를 탕진한 나머지 정작 자기 삶을 위해 쓸 수 있는 기운이 남아 있지 않은 상태를 말한다. 이 소진은 정신과 의사인 허버트 프로이덴버거(H. Freudenberger, 1974)가 1974년에 직원들의 정서적, 신체적 고갈현상을 표현하기 위해 처음 사용하였다.

번아웃은 개인은 물론이고, 높은 성과에 대한 기대와 전문성을 고도로 요구하고 있는 전문직업에서 발생하는 경향이 있다. 특히 이러한 현상은 개인의 욕구와 만족이 일치하지 못하는 심리적 상태에서 유발되며, 그 때에 나타나는 증후는 〈표 10-8〉과 같다.

세계보건기구(WHO)가 현대인의 가장 위험한 병으로 바로 '번아웃 증후군'을 꼽고 있을 정도로 최근에는 번아웃이나 번아웃 증후군이 중요성이 증대되고 있다. 이런 맥락에서 이에 대해 좀 더 살펴보기로 하겠다.

독일의 아동문학가 미하엘 엔데(Michael Ende)의 소설 〈모모〉에는 이 '번아웃 증후군'을 마치 예견이라도 한 듯, 이미 지칠대로 지쳐버린 현대인의 자화상을 다음과 같이 묘사하고 있다.

> "갑자기 뭔가를 할 의욕이 나지 않는 거야. 점점 기분이 언짢아지고, 속이 텅 빈 것 같고, 자신과 세상에 점점 더 불만이 생기지. 그러다가 이런 감정마저 점점 없어지고 급기야는 아무 감정도 느끼지 못하게 된단다. 무관심해지고 생기가 없어지며, 세상이 낯설어지고, 아무것에도 상관하지 않게 되는 거야. 더 이상 화도 나지 않고 감동하지도 않고, 더 이상 기뻐하거나 슬퍼하지도 않게 되지. 웃음과 울음을 잊어버리게 돼. 그러고 나면 마음이 차가워지고, 더는 아무도, 아무것도 사랑할 수 없게 된단다."(미하엘 엔데, 1999).

표 10-8 번아웃 증세

1. 초기단계

a. 작업성과(work performance)
- 능률의 하락
- 진취적 기상의 하락
- 스트레스를 느끼는 시점에서 작업성과를 유지하는 능력이 감퇴

b. 육체적 조건(physical condition)
- 소모, 소진 및 피로 등의 육체적 조건의 감퇴
- 두통과 위경련
- 체중감소와 가쁜 숨

c. 행동적 징후(behavioral symptoms)
- 무드를 변화시키거나 파괴시킴
- 심경과민성을 증대시키고, 분노와 흥분상태가 나타남
- 의심
- 무기력한 감정
- 위험 증대

2. 후기단계

a. 자신의 약물치료 시도(신경안정제, 알코올 복용)

b. 완고성의 증대(사고는 폐쇄적이고, 태도는 완고하며, 부정적이며 냉소적임)

c. 극적인 생산성 하락으로 작업시간의 증대

자료: Leonard Moss(1981), *Management Stress*, Reading, Mass: Addison-Wesley.

분명 1970년대의 소설인데, 마치 21세기 현대인의 모습을 보는 것 같다. 시간을 저축한답시고 시간은행에 자신들의 시간을 저당 잡히자, 오히려 오늘을 제대로 살아낼 시간 자체가 턱없이 부족해 늘 시간에 쫓기는 사람들의 이야기. 너무 바빠 감정을 느끼는 마음의 회로 자체가 다 타버린 느낌, 그것이 바로 번아웃 증후군이다. '번아웃'을 처음으로 사용했던 허버트 프로이덴버거는 남을 돌보는 직업, 특히 간호사들에게서 이런 증상을 처음으로 발견한다. 처음에는 사명감으로 시작하지만, 점점 압박감과 피로감이 쌓여가면서 자존감이 떨어지고 냉소적으로 변해가는 사람들의 모습을 바라보면서 이것이 심각한 정신적 문제를 야기할 수 있음을 발견한다. 이제 번아웃은 모든 직종에서 나타나고 있다. 프랑스의 노동 사회학자 사빈 바타유(Sabine Bataille)의 저서 〈번아웃〉에 따르면, 남성과 여성은 번아웃을 표현하는 방식 자체가

다른 경우가 많다. 즉 남성들은 직접적으로 자신의 심리적 문제를 호소하기보다는 '조직'에 문제가 있다는 식으로 표현을 하는 경우가 많고, 여성들은 자신이 맺고 있는 '인간관계'를 둘러싼 문제로 번아웃을 호소할 때가 많다(사빈 바타유, 2015). 여성들이 언어나 표정, 눈물 등을 통해 감정표현을 함으로써 번아웃을 드러내는 반면, 남성들은 의식적으로 자신의 번아웃을 인정하지 않고 몸의 이상을 통해 갑작스럽게 문제를 확인하는 경우가 많기 때문에 어느 날 갑자기 쓰러져 입원하거나 과로사하는 비율이 높아진다. 자신이 느끼는 감정을 빨리 받아들이고, 좀 더 적극적으로 표현하는 것이 훨씬 성공적으로 번아웃을 극복하는 첫걸음이다(정여울, 2017.3.17).

시장조사전문기관 마크로밀엠브레인의 트렌드모니터가 전국 만 19~59세 직장인 남녀 1,000명을 대상으로 직장인 번아웃 증후군에 대한 설문조사를 실시한 결과에 따르면 [그림 10-7]과 같이 직장인의 61.4%가 주변에 육체적, 정신적 피로가 쌓여 탈진 상태에 빠져버리는 증상인 '번아웃 증후군'에 빠진 사람이 많은 것 같다고 바라보는 것으로 나타났다. 특히 20대(66%)와 30대(74%) 젊은 직장인들이 주변에서 번아웃 증후군을 겪는 동료 직장인들이 많다고 응답하는 경우가 많았다. 10명 중 4명(39.5%)은 본인이 현재 번아웃 증후군에 해당된다고 응답하기도 했다.

그림 10-7 아침에 일어나 출근할 생각만 하면 피곤을 느낀다 (N=1,000명, 단위: %)

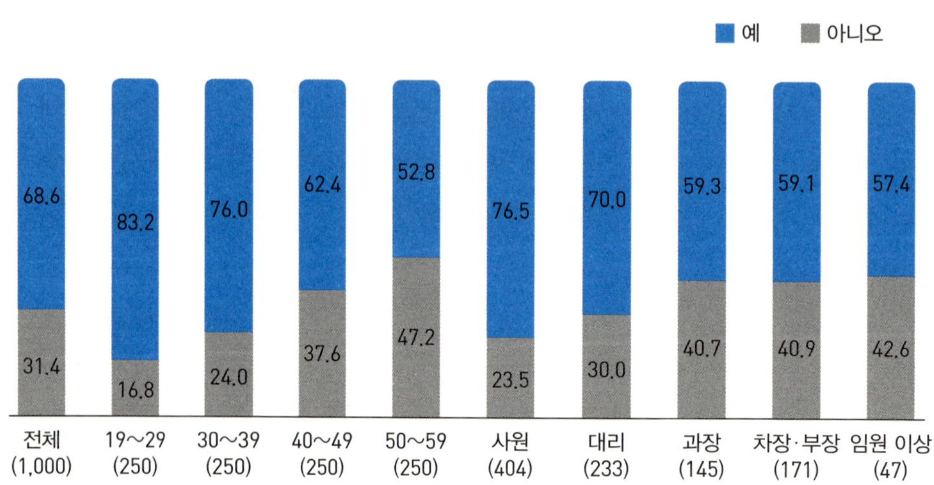

자료: 박지혜(2014.5.20). "'번아웃 증후군'에 빠진 직장인 68.6% "아침 출근 생각만하면 피곤"." 「메디컬투데이」.

실제로 직장인의 68.6%는 아침에 일어나 출근할 생각만 하면 피곤함을 느낀다는데 동의를 하고 있었다. 특히 연령(20대 83.2%, 30대 76%, 40대 62.4%, 50대 52.8%)과 직급(사원 76.5%, 대리 70%, 과장 59.3%, 차/부장 59.1%, 임원 이상 57.4%)이 낮을수록 출근을 고통스럽게 생각하는 것으로 조사됐다(박지혜, 2014.5.20).

3. 신체적 결과

스트레스의 개인적 결과 중에서 신체적 혹은 의학적 결과(physical or medical consequence)로 나타나는 내용으로는 ① 심장병과 뇌졸중(heart disease and stroke), ② 요통(backache), ③ 소화기궤양증과 기타 위나 장의 질환, ④ 두통, ⑤ 암(cancer), ⑥ 당뇨병, ⑦ 간경변증, ⑧ 폐질환, ⑨ 피부질환, ⑩ 고혈압상승, ⑪ 콜레스테롤 증가 등으로 요약된다. 이러한 증상은 개인의 생명까지 앗아가는 결과를 초래하고 있기 때문에 각별한 신경을 써야 한다. 이 요인들에 따른 사망률에 관한 통계를 제시하면 〈표 10-9〉과 같다.

이어서 스트레스로 말미암아 일어나는 각종 질병으로 인해 우리나라의 사망순

표 10-9 | 스트레스의 개인적 결과로 나타나는 의학적 결과

우선순위	사망원인	사망자 수 (1,000명 중)	사망자 수 (인구100,000명당)	전사망자 수의 백분율(%)
1	심장병	729	334	37.8
2	암	397	182	20.6
3	뇌졸중	176	80	9.1
4	우발적 사고	106	48	5.1
5	폐렴과 인플루엔자	58	27	3.0
6	당뇨병	34	15	1.8
7	간경변증	30	14	1.6
8	동맥경화증	29	13	1.5
9	자살	27	12	1.4
10	유년기의 질환	22	10	1.1
11	살인, 강도	20	9	1.1
12	기종(氣腫)	16	7	0.9

자료: U.S. Bureau of Census(1980), Table 116.

그림 10-8 | 2017년 사망원인통계 (단위: 명)

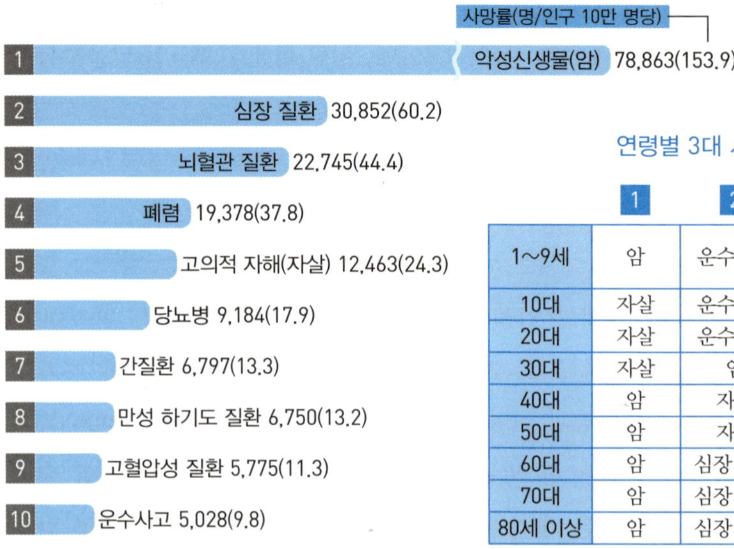

연령별 3대 사망원인

	1	2	3
1~9세	암	운수사고	선천·기형변형 염색체 이상
10대	자살	운수사고	암
20대	자살	운수사고	암
30대	자살	암	운수사고
40대	암	자살	간 질환
50대	암	자살	심장 질환
60대	암	심장 질환	뇌혈관 질환
70대	암	심장 질환	뇌혈관 질환
80세 이상	암	심장 질환	폐렴

자료: 통계청(2018.9), 「2017년 사망원인통계」, 7~9를 토대로 재작성

위와 사망률, 연령별 3대 사망원인이 어느 정도인가에 대해 살펴보면 [그림 10-8]과 같다.

지금까지 높은 스트레스에 따른 개인의 반응을 행동적, 심리적 신체적 결과로 구분하여 살펴보았다. 이 밖에 조직차원에서도 적지 않은 손실을 가져오는데 간단히 살펴보면 다음과 같다.

첫째, 의료비용의 증대를 가져온다. 스트레스로 인한 각종 질병의 검진, 치료 및 요양에 들어가는 비용이 급격하게 늘어나게 된다. 실제로 미국 기업에서 의료보험 및 손해배상액(claim cost)은 총급여의 약 10%를 차지하고 있을 정도이다(Downes, 2001).

둘째, 결근율이나 이직률의 증대이다. 스트레스는 직접적인 비용을 발생시킬 뿐만 아니라 결근이나 이직과 같은 간접적인 비용의 원천이기도 하다. 유능한 인재를 애써 확보하여 집중적으로 교육시켰음에도 불구하고 얼마 안 되어 타사로 옮겨가 버린다면 엄청난 경제적 손실을 가져온다. 예를 들면 Hewlett-Packard와 같은 하이테크회사의 경우 한 명의 중간관리자를 대체하는데 평균 40,000달러가 소요되는 것으로 나타났다(Wagner & Hollenbeck, 2005, 143).

셋째, 낮은 조직몰입(organizational commitment)과 낮은 조직시민행동(OCB: organizational citizenship behavior)이다. 조직몰입이란 사람들이 자신들이 몸담고 있는 조직과 동일시하는 정도를 의미하는데, 1990년대의 대대적인 구조조정을 경험하면서 이 주제는 최근에 상당한 관심을 끌고 있다. 실제로 현재의 종업원들에게 10년 전과 비교하여 그 때보다 애사심이 더 높은지 아니면 낮은지를 물어볼 본 결과 66%의 사람들은 애사심이 오히려 낮아졌다고 응답한 반면 22%만이 더 높아졌다고 응답했다(Wagner & Hollenbeck, 2005, 143).

Organ(1988)은 조직시민행동을 "공식적 보상시스템에 의하여 직접적이거나 명시적으로 인정되지 않는 자유재량적 개인행동, 즉 역할이나 직무기술서에 의해 강제적으로 요구되지 않는 추가적인 행동이라고 주장했는데 이 조직시민행동 또한 스트레스에 의해 영향을 받게 된다.

끝으로 작업장폭력(workplace violence)과 사보타지(sabotage)이다. 최근 작업장에서의 폭력이 주요 조직문제로 발전해왔다. 미국에서는 작업장자살이 급격히 증가

표 10-10 스트레스에 대한 자가 평가척도

분 야	항 목	
신체상의 징조	• 숨이 막힌다. • 목이나 입이 마른다. • 불면증이 있다. • 편두통이 있다. • 눈이 쉽게 피로해진다.	• 목이나 어깨가 가주 결린다. • 가슴이 답답해 토할 기분이다. • 식욕이 떨어진다. • 변비나 설사가 있다. • 신체가 나른하고 쉽게 피로하다.
행동상의 징조	• 반론이나 불평, 말대답이 많아진다. • 일의 실수가 증가한다. • 주량이 증가한다. • 필요 이상으로 일에 몰입한다. • 말수가 적어지고 생각에 깊이 잠긴다.	• 말이 많고, 억지 주장을 펼칠 때가 있다. • 사소한 일에도 화를 잘 낸다. • 화장과 복장에 관심이 없어진다. • 사무실에서 개인 전화를 하거나 • 화장실에 가는 횟수가 증가한다. • 결근, 지각, 조퇴가 증가한다.
심리, 감정상의 징조	• 언제나 초조해 하는 편이다. • 쉽게 흥분하거나 화를 잘 낸다. • 집중력이 저하되고 인내력이 없어진다. • 건망증이 심하다.	• 뭔가를 하는 것이 귀찮다. • 매사에 의심이 많고 망설이는 편이다. • 하는 일에 자신이 없고 쉽게 포기하곤 한다. • 뭔가 하지 않으면 진정할 수 없다

주: 다음 각 분야별로 항목 중 4개 이상이 자신에게 해당된다면 스트레스 수준이 심각하다고 할 수 있다.

하고 있으며 특히 여성에게서 그러한 경향이 강하다. 자살과 같은 극단적인 행동이 외에도 신체공격, 위협 및 기타의 괴롭힘과 같은 다른 형태의 작업관련 폭력 또한 급격히 증가하고 있다. 작업장 폭력이 사람에 대해 이루어지는 것이라면 조직사보타지는 회사의 자산에 대해 이루어지는 또 다른 폭력이다. 스트레스를 받고 있는 작업자들은 의식적이건 잠재의식적이건 결함이 있는 제품(faulty products)을 만들 수도 있다(Wagner & Hollenbeck, 2005, 144).

지금까지 스트레스로 인한 신체(의학)적 결과, 행동적 결과, 심리적 결과 등에 대해 각각 살펴보았다. 참고로 스트레스에 대한 자가 평가척도를 보면 〈표 10－10〉과 같다.

제 4 절 스트레스의 극복

스트레스로 인한 막대한 비용을 생각하더라도 조직의 관점에서 스트레스에 대한 관리는 불가결한 문제이다. 그러나 이는 결코 쉬운 문제가 아니다. 스트레스의 원천이 수없이 많은데다 스트레스에 대한 반응에 있어 개인들의 능력에 큰 차이가 있기 때문이다. 따라서 스트레스관리 프로그램은 매우 복잡하게 된다. 일반적으로 스트레스를 극복하기 위한 방안으로는 크게 조직관련 극복방안과 개인관련 극복방안으로 나누어볼 수 있다.

1. 조직관련 극복방안

(1) 조직구조 및 기능에 있어서의 변화

조직 내 스트레스의 많은 부분은 조직 내 구조나 기능에서 유래되므로 이러한 것들의 변화를 통해 개인 종업원이 경험하는 스트레스를 경감시킬 수 있다. 이러한 방안으로 중요한 것으로는 다음과 같은 것이 있다.

첫째, 분권화를 통해 직무스트레스를 크게 줄일 수 있다. 각계각층의 사람들이 의사결정권한을 나누어 갖는 분권화를 통해 종업원들의 무능감이나 통제의 결여를 경감시킬 수 있기 때문이다.

둘째, 조직이 활용하는 보상체계를 합리적으로 그리고 공정하게 조정하는 방안이 있다. 이와 같이 전제조건으로서의 공정한 업적평가와 이에 따른 보상의 배분이 합당하게 이루어진다면 이러한 문제로 인한 스트레스는 최소화된다.

셋째, 시의적절한 교육훈련이나 올바른 선발 및 적정배치 등을 통해 개인과 직무간의 부적합관계를 해소시킬 수 있다. 교육훈련에는 기술훈련뿐만 아니라 인간관계에 대한 훈련도 포함된다.

넷째, 기업경영이나 작업과 관련된 의사결정과정에 대해 종업원의 참여를 허용함으로써 스트레스를 감소시킬 수 있다.

다섯째, 작업집단의 응집성을 구축하는 방안도 있다. 즉 보다 생산적이고 후원적인 작업집단을 발전시킴으로써 사회적 후원을 마련할 수 있다.

끝으로 경영자들은 종업원들이 조직 내부의 여러 사정에 대한 정보를 알 수 있게끔 의사소통을 개방할 수 있다. 정보가 많아질수록 역할갈등이나 역할모호성은 줄어들고 쌍방향 의사소통이 원활히 이루어지면 스트레스는 크게 줄어든다.

(2) 직무성격의 변화

제7장에서 동기부여 방안으로 거론되었던 직무확대나 직무충실화, 혹은 직무특성모형과 같은 직무설계를 통해서도 스트레스는 줄어들게 된다. 많은 사람들에게 이러한 직무들은 환영받고 있는데, 직무-개인 간의 적합 단계를 증진시켜 스트레스 감소의 효과를 가져온다. 그러나 성취욕구가 낮거나 통제의 위치가 밖에 있는 외재론자들에게는 이러한 직무가 오히려 스트레스의 요인이 될 수 있으므로 이 전략은 선별적으로 적용하는 것이 바람직하다. 덧붙여 직무순환도 특히 스트레스를 많이 주는 직무로부터 단기적인 피난처를 제공해줄 수 있다.

또한 유연근무제의 실시도 스트레스 해소에 도움이 될 수 있다. 유연근무제란

근로자가 자율적으로 근무 시간을 일정 범위 내에서 조정할 수 있게 함으로써 근로자의 삶과 업무의 일부 조화를 꾀하고자 하는 근무제다. 여기에는 시차출근제, 자율출퇴근제, 집중시간제, 재량근로제 등이 있다. 한 예로 근로자들이 선호하는 자율출퇴근제의 경우 정해진 출퇴근 시간 없이 오전 6시부터 오후 6시 사이 자유롭게 출근해, 하루 4시간 이상 일주일 40시간을 채우는 제도이다.

취업포털 잡코리아가 2017년 3월 직장인 1,869명을 대상으로 '유연근무제'에 관한 설문조사한 결과, 91.1%는 '유연근무제 도입에 찬성'한다고 답했다. 기업형태별로는 대기업에 종사 중인 직장인 95%가 유연근무제 도입에 찬성한다고 답해 가장 높은 응답률을 나타냈다. 이어 중견기업(92.9%), 공기업/공공기관(90.5%), 외국계기업(90.4%), 중소기업(90.1%) 순이었다. 업종별로는 식음료/외식 기업 종사자 98.1%가 유연근무제 도입에 찬성한다고 답한 반면, 조선/중공업 종사자들은 76.0%만이 유연근무제 도입에 찬성한다고 답해 눈길을 끌었다.

직장인들이 유연근무제 도입에 찬성하는 이유로는 '업무 효율성, 업무 만족도가 크게 증가할 것 같아서(75.3%)', '불필요한 야근·추가근무가 줄어들 것 같아서(55.3%)', '육아, 원거리 출근 등 개인적인 이유 때문에(22.0%) 등의 답변이 있었다.

그러나 실제 기업들의 유연근무제 실시 현황을 보면 19.8%의 응답자만이 '시행하고 있다'고 답했다. 기업형태별로는 공기업/공공기관(36.2%), 대기업(30.7%)이 유연근무제 시행 비율이 높았다. 반면 중소기업 재직자들의 경우 15.8%만이 유연근무제를 시행한다고 답했다(오세은, 2017.3.9). 따라서 유연근무제의 확대 실시로 업무효율성과 업무 만족도를 높여나갈 필요가 있다.

2. 개인관련 극복방안

(1) 스트레스 공격

일반적으로 볼 때 스트레스는 우리에게 매우 부정적인 이미지를 주고 있다. 그러나 우리는 살면서 결코 스트레스를 피할 수는 없다. 문제는 이것을 어떻게 극복하는가 하는 것이다. 우리는 강한 의지를 통하여 얼마든지 스트레스를 정복할 수 있다. 우리는 스트레스를 피하는 것이 아니라 오히려 공격함으로써 스트레스에 대해 강한 내성을 길러야 할 것이다.

스트레스를 받거나 그것이 쌓이게 될 때 사람은 스트레스 유발요인에 대처하여 동태적 균형상태(homeostasis)를 유지하기 위해 생리적 반응을 보이게 된다. 그 반응은 주로 전투(fight) 아니면 도피(escape)의 형태로 나타난다. 물론 스트레스의 원인이 무엇이냐에 따라 대응방식이 달라지겠지만 도피보다 그것에 대항하는 전투력을 가질 필요가 있다.

이를테면 가난으로 엄청난 스트레스를 받고 있다면 억척같이 돈을 벌어 지긋지긋한 가난에서 벗어나려고 노력하는 것이다. 또한 몸이 약해 등산과 같은 야외활동을 제대로 못할 뿐만 아니라 학업 내지 직장생활에도 지장을 초래하고 있다면 규칙적인 운동으로 체력을 보강하고 몸짱이 되도록 노력하는 것이다.

(2) 인지치료법

흔히 스트레스는 충분한 휴식이나 운동, 그리고 레저 등으로 충분히 풀 수 있다고 생각하지만 스트레스란 원래 생각에서 비롯되는 마음의 병인 만큼 사고방식을 스스로 조절하는 방법으로도 풀 수 있다. 이른바 인지치료법이다.

일반적으로 업무로 인해 직장상사로부터 야단을 맞을 경우 '나만 미워한다'고, 일이 잘 안 풀리면 '나는 무능하다', 진급에서 누락되면 '나는 되는 일이 하나도 없다'는 식으로 생각하기 쉽다. 그러다 보니 행동도 삐뚤어지면서 조직사회에 적응하기 힘들어지든지, 내색을 않고 버티다 스트레스로 인해 몸이 실제로 아프기까지 한다. 따라서 스트레스를 증폭시키는 이러한 잘못된 외골 생각이나 버릇, 곧 '인지왜곡'을 스스로 파악하고 바로 잡는 것이 스트레스 해소의 지름길이다.

인지치료법은 스트레스 받던 때의 사건, 상황, 생각, 감정 등을 기록해두었다가 나중에 마음이 평온해졌을 때 다시 보면서 스스로의 생활형태, 스스로의 원인 등을 파악하고 해결책도 자신이 만드는 것이다. 따라서 스트레스가 심한 사람은 자신이 스트레스를 받았던 순간의 상황을 자세히 기록해 봄으로써 스트레스의 근본원인을 찾아 스스로 해결할 수 있다. 그 이유는 스트레스의 원인과 그 해결법은 사실 자기자신이 가장 잘 알고 있기 때문이다.

(3) 긍정적인 자기진술법

스트레스에 대처하는 방법으로 스스로 다짐하는 자기진술(self-statement, self-talk)이 있다. 자기진술에는 자기성취적인 것과 자기패배적인 것이 있다. 자기성취적인 것은 진술이 합리적이고 긍정적임에 비해, 자기패배적인 것은 비합리적이고 부정적 인식이 깔려 있다.

자기진술이 자기패배적이면 당면한 문제를 해결하기보다는 더 복잡하고 어렵게 만들게 된다. 자기패배적 자기진술의 보기로 '인간은 주위의 모든 사람들로부터 인정과 사랑을 받는 것이 절대로 필요하다', '나에게는 실패란 있을 수 없다' 등 우리가 쉽게 사용하는 말들이 있다. 비합리적 사고나 자기패배적 진술을 보다 긍정적 진술을 통해 열린 마음과 태도를 가질 필요가 있다.

그런 의미에서 일본 이미지 트레이닝 지도의 개척자로 불리는 니시다 후미오의 다음 표현이 눈길을 끈다.

> "매일 매일 긍정하라. 나는 불쾌해지면 '감사하다, 감사하다, 나에게 넘어야 할 벽을 만들어 주셔서 감사하다'라고 뇌에게 말한다. '감사하다'라고 말하면 연동되어 있는 뇌에서도 이것을 상상한다. 긍정적인 말을 하는 것으로 긍정적 착각을 할 수 있다(니시다 후미오, 2017)."

(4) 합리적 대안 모색

스트레스는 개인적이고 주관적인 평가에 기인한다. 따라서 개인의 주관적 평가가 비현실적이거나 부정적인 경우 스트레스 상황에 놓이기 쉽다. 엘리스(A. Ellis)의 RET 방법에 따르면 어떤 사건에 대한 부정적인 감정반응은 그 사건 자체가 아니라 그 사건에 대한 우리의 해석에 기인한다. 우리가 부정적으로 생각하면 우리의 감정반응도 부정적일 수밖에 없다. 그러나 보다 합리적이고 긍정적으로 생각하면 오히려 안정을 얻고 희망적이 된다. 그는 이것을 정서반응에 대한 A-B-C 모형으로 제시하고 있다(Ellis, 1977, 1985).

여기서 A는 승진에서의 탈락, 데이트에서 바람 맞음, 입시에서의 패배 등 스트레스를 일으키는 사건들(A: activating event)을 가리킨다. 우리는 이런 사건을 만나면 실망하고 낙담하는 결과(C: consequence)에 이르게 된다고 생각한다. 그러나 엘리스는 이 사이에 B, 곧 신념 및 사고체계(belief system)를 집어넣고, 사건에 대한 신념 및 평가에 따라 결과가 달라진다고 보았다. 사건에 대한 평가가 합리적일 수도 있고 비합리적일 수도 있다.

비합리적인 평가는 부정적 감정을 야기해 결국 파국으로 몰고 가게 된다. 그는 이것을 파국적 사고(catastrophic thinking)라 불렀다. 그러나 합리적 평가는 파국으로 몰고 가기보다 합리적 대안을 찾고자 노력하며, 결국 안정과 희망으로 가게 된다.

데이트에서 바람을 맞은 경우 '나는 매력이 없는 사람임에 틀림없어'라고 생각하는 것은 비합리적 평가에 속한다. 자신도 모든 사람을 좋아하지 않으면서 모든 사람이 자기를 좋아해야 한다고 생각하는 것은 비합리적이다. 비합리적 평가는 실망과 낙담 등 부정적 감정을 일으킴은 물론 정서적 혼란을 가져온다. 그러나 '실망이기는 하지만 이 일로 주말을 망칠 수는 없지. 다른 보람있는 일을 찾아보자. 나와 잘 맞는 사람을 다시 만날 수 있겠지'라고 생각하는 것은 합리적 평가에 속한다. 자기에 대한 남들의 평가나 사랑보다 스스로 자신을 존중할 수 있어야 한다.

합리적 평가는 정서적 안정을 가져오고, 미래를 희망적으로 만든다. 스트레스는 비합리적 가정에 바탕을 둔 사고에서 비롯되므로 이러한 사고를 없애는 동시에 상황에 대해 합리적이고 현실적인 대안을 찾아 나서야 스트레스를 벗어날 수 있다.

(5) 명상과 상상

인간의 모든 스트레스의 근원은 자기의 생각과 상상에 너무 집착하는 데 있다. 이러한 집착에서 자유로워지려면 자기내면을 자각하고 끊임없이 욕구충동을 초월함으로써 마음의 평정을 얻어야 한다. 명상은 짧은 기간 동안 집착을 억제하고 인간에 잠재된 새로운 양상의 의식을 개발하는 데 도움을 준다.

1) 명상

명상(mediation)에는 집중명상법과 개인적 명상법이 있다. 집중명상법은 명상의 대상이나 어떤 말에 주의를 집중하여 자각의 정도를 축소시키는 방법이고, 개인적 명상법은 자신이 하는 활동에 주의를 기울이는 것을 말한다. 대부분 명상훈련은 1회당 20~30분 정도, 하루에 아침과 저녁에 두 번씩 한다. 처음에는 짧게 연습하지만 점점 깊어지면 복잡한 명상훈련을 하게 된다.

2) 구체적 상상

구체적인 상상은 상상력의 도움을 받아 잠깐 쉬는 시간을 갖는다. 마음의 눈인 상상력을 이용하여 잠깐 동안 기분전환을 해볼 수 있다. 눈을 감고 지난 여름 야영했던 장소를 생각한다든지 호숫가에 서 있는 느낌을 가져본다. 이른 아침 침대에 편안히 누운 자신을 상상해보기도 한다.

(6) 이완훈련

스트레스가 심하게 되면 과도하게 긴장하게 되고, 그 결과 불안해지고 심장박동이 빨라지며, 숨이 가쁘고, 손에 땀이 나거나, 얼굴에 경련이 일고, 근육에 쥐가 난다. 긴장상태가 오래 지속되면 효과적으로 적응하기 어렵다. 이완훈련(relaxation training)은 긴장할 때의 느낌과 이완할 때의 느낌에 대한 차이를 지각시킴으로써 자신의 의지로 근육과 정신을 이완시키는 것을 말한다.

이완훈련은 매우 조용하고 부드럽고 기분 좋은 목소리를 사용해 단계적으로 실시한다. 조용한 곳에서 호흡운동, 근육수축운동, 심상형성연습 등을 통해 개인의 신경근육 상태를 지각한다. 심상연습의 경우 호숫가에 앉아 있거나 아름다운 초원을 거니는 것과 같은 이전 이완상황의 심상을 만들도록 한다. 고요하고 평화로운 상태에 도달하게 하는 것이 중요하다. 이 때 몸의 곳곳을 마음속에 그리면서 몸의 각 부분, 특히 얼굴 근육을 시각화하면서 근육을 이완하도록 가르친다. 이 훈련은 머리, 목, 팔, 어깨, 등, 복부, 가슴, 그리고 다리의 순서로 내려가면서 이완시킨다. 이완훈련을 하면 편안한 느낌을 갖게 됨은 물론 생활에 활기를 찾게 된다. 최대의 효과를 얻기 위해서는 이완훈련의 기초를 배우고 나서도 날마다 연습을 해야 한다.

(7) 호흡법

호흡법에는 8-8-8호흡과 복식호흡법 등이 있다. 8-8-8호흡은 긴장했을 때 얕은 호흡을 한다는 것을 전제한 것이다. 이것은 들여 마시고, 숨을 멈추고, 다시 내쉬는

3단계로 이뤄져 있다. 우선 폐 속의 공기를 있는 대로 다 토해내며 배에 힘을 준다. 4개월 된 임산부 정도로 배를 불리는 것이다. 숨을 들이쉬면서 천천히 여덟까지 센다. 그리고 나서 천천히 여덟을 세며 숨을 내쉰다. 보통 때 같이 숨을 몇 분간 쉰 다음 이것을 반복한다. 전체적으로 이 운동을 하는데 2~3분 정도 걸린다.

복식호흡은 가슴이나 어깨를 움직이지 않고 횡경막을 움직여 배로 숨을 쉬는 것을 말한다. 내쉬는 숨 속에 온 몸에 쌓인 스트레스가 빠져나간다는 생각으로 호흡을 하는 것이 좋다. 익숙해지면 업무 도중 잠깐잠깐 할 수도 있다. 구체적인 과정은 다음과 같다.

① 위를 보고 눕는다. 몇 분간 긴장을 준다.
② 폐속에 공기를 다 뱉어내면서 배를 앞으로 내민다. 앞배를 뒷 척추까지 닿도록 밀어본다.
③ 그리고 나서 가능한 깊이 숨을 들이쉰다.
④ 몸을 쭉 펴고 원상태로 돌아오게 한다.
⑤ 잠시 보통 호흡을 한 뒤 다시 반복한다.

(8) 불면증 다스리기

스트레스가 쌓이면 잠이 잘 오지 않는다. 심하면 불면증에 이르기도 한다. 불면증은 사람을 괴롭게 해 그것이 오히려 스트레스를 가중시킨다. 답답함과 괴로움은 가족 간의 갈등을 불러오기도 한다. 불면의 괴로움에서 벗어나기 위해 차라리 죽어버리는 것이 낫겠다고 말하는 사람도 있다.

벼랑 끝에 몰린 사람들은 수단과 방법을 가리지 않고 잠을 청한다. 그러나 잠은 노력한다고 오는 것이 아니다. 최선을 다해 잠을 쟁취하겠다며 혼신의 노력을 하면 할수록 불면증의 노예가 되기 싶다. 며칠 잠을 설쳤다고 수면제를 먹으면 만성 불면증의 세계로 굴러 떨어지기 쉽다. 약은 또 다른 부작용을 낳기도 한다.

서울의대 정도언 교수에 따르면 스트레스에 관한 한 불면증을 달랠 수 있는 도구는 오히려 불면증에 대한 대범함과 배짱이다. "오늘 못 자면 내일, 내일 못 자면 모레"라는 식으로 생각하는 것이 바람직하다. 밥을 굶으면 허기가 찾아오듯 불면 뒤에는 반드시 깊은 잠이 오게 되어 있기 때문이다. 쓸데없이 재촉하다가 문턱에 들어서는 잠을 본의 아니게 쫓아버릴 것이 아니라 인내심을 가지고 기다릴 필요가 있다.

스트레스로 잠 못 드는 밤에 취할 수 있는 조치들은 다음과 같다.

① 잠들기 전에 가벼운 산책을 한다.
② 카페인 없는 따뜻한 차를 마신다. 모과차, 대추차는 향만으로도 푸근한 마음을 갖게 한다.
③ 따뜻한 물에 20분 정도 몸을 담근다, 샤워는 도움이 안 된다.
④ 머리맡에 가벼운 수필집과 만화책을 놓아둔다. 살아남아야 한다며 잠자리에서까지 처세술과 관련된 책을 펴는 일은 하지 않는다.
⑤ 실내온도는 20도 정도가 적당하다. 방안을 너무 춥거나 덥게 만들지 말자
⑥ 촉수 낮은 스탠드를 준비한다.
⑦ 깊은 숨을 규칙적으로 몰아쉬면 스스로 잠이 온다.
⑧ 머리를 비우고 마인드 컨트롤(mind control)로 아름다운 풍경을 떠올려 본다.
⑨ 잠시 보통 호흡을 한 뒤 다시 반복한다.

지금까지 스트레스를 극복하는 방법에 대해 살펴보았다. 그러면 실제로 한국인이 스트레스를 어떤 식으로 해소할까? 조선일보 최현묵 취재팀이 서울 백병원 신경정신과 우종민 교수와 함께 서울 시내 직장인 920명(남 423명, 여 497명)을 대상으로 25개 항목을 제시하며 '가장 선호하는 스트레스 해소법'을 설문조사한 결과, [그림 10-9]와 같이 전문가들이 권하는 바람직한 스트레스 해소법과는 거리가 멀고 오히려 건강을 해치는 방법들이 많았다.

그러나 미국에서 실시한 한 설문조사(복수응답)에서는 음악감상 등 취미활동(92%), 가족 친구와의 대화(71%), 기도.묵상(62%), 운동(55%), 음식섭취(37%) 등의 순으로 흡연 또는 음주로 스트레스를 해소하는 사람은 26%에 불과했다. 우종민 교수는 "우리나라 사람은 미국이나 영국인에 비해 스트레스에 수동적이고 정서적으로 대처하는 경우가 많으며, 문제를 잠시 잊는 방법도 취미활동이나 운동 대신 술을 택하는 경향이 높아 문제다"라고 말했다(최현묵, 2007.1.24).

그림 10-9 한국인이 가장 선호하는 스트레스 해소법 (단위: %)

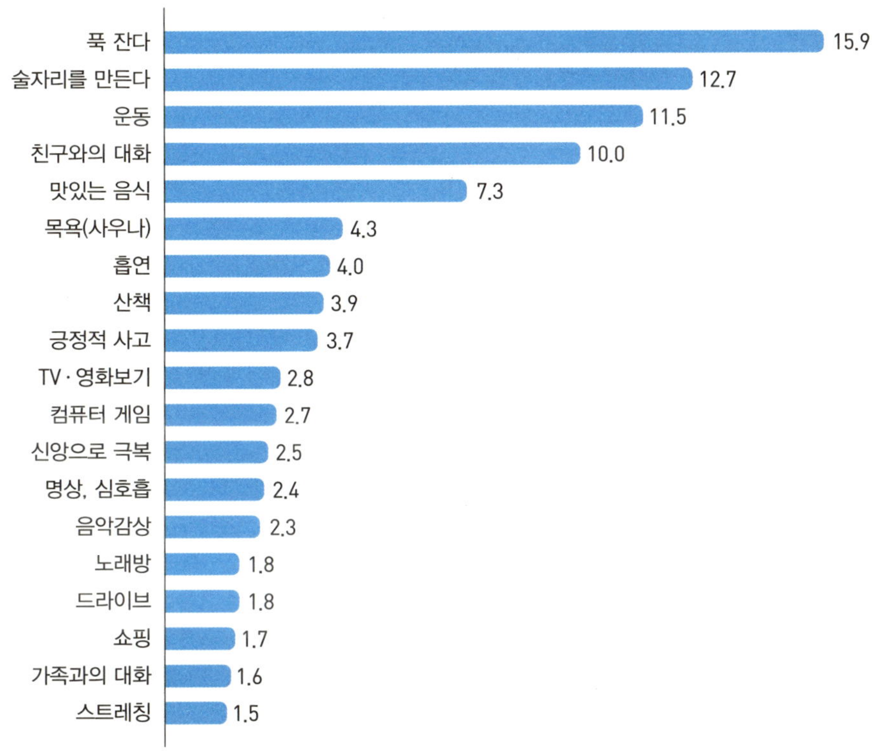

주: 이 밖에도 운다(1.5%), 찜질방(1.4%), 청소(1.1%), 머리스타일 변경(0.8%), 일기를 쓴다(0.4%), 자수를 놓는다(0.1%) 등이 있다.

자료: 최현묵(2007.1.24), "한국인 스트레스 관리법 낙제 수준," 「조선일보」.

제 5 절 스트레스의 예방

전술했던 스트레스의 극복방안들이 사후적인 조치라면 스트레스의 예방조치는 사전적인 대비책이라고 할 수 있다. 우리 속담에 "예방은 치료보다 낫다"라는 말이 있다. 스트레스 또한 마찬가지이다. 스트레스에 억눌리기보다는 이것을 미리미리 예방하는 것이 훨씬 바람직하다고 비용도 적게 든다. 이를 위해서는 긍정적 사고를 비롯한 다음과 같은 예방조치가 요구된다.

1. 긍정적 사고

긍정적 사고보다 비관적 사고를 가지면 스트레스에 더 빠질 수 있다. 따라서 스트레스를 예방하는 방법 가운데 하나는 우리의 모든 일에 있어서 생각을 보다 긍정적으로 가지는 것이다.

인생에 대해 비관적인 남성들은 수명이 단축되고 사고사의 위협도 보통 사람보다 25%가량 더 높은 것으로 조사되었다. 미시간 대학 크리스토퍼 피터슨(C. Peterson) 교수 등은 성인 남녀 1,100여 명을 대상으로 조사한 결과 성인 남성의 경우 '나쁜 일이 일어날 것'이라고 생각하는 사람이 수명도 짧고 각종 사고에 의한 사망확률도 높았다. 사고나 폭력 사건으로 인한 사망은 우연만은 아니며 잘못된 시간에 잘못된 장소에 있게 된 것도 비관적인 생활방식과 일부 연관이 있는 것으로 조사되었다.

참고로 긍정적인 사고를 통해 직장에서 행복을 유지하는 비결 6가지를 들어보면 다음과 같다(백성욱, 2010.8.26; Fisher, 2009).

① '고마운 일'을 찾아라. 매일 감사 리스트(gratitude list)를 작성하라.

② 일하는 틈틈이 재미를 찾아라. 뇌신경은 재미를 느낄 때 더 큰 자극을 받아 창의력이 높아진다.

③ 업무 환경을 밝게 꾸며라. 긍정적인 생각을 유도할 수 있는 사진이나 장식들로 책상을 꾸며라.

④ '걱정 노트'를 만들어라. 부정적인 생각을 떨쳐내고자 할 때는 이를 언어화하는 것이 효과적이다.

⑤ 인간관계에 투자하라. 하루에 한 사람에게 다가가는 노력부터 시작하라.

⑥ 쉬면서 업무 효율을 높여라. 90~120분 동안 일하고 5분 쉴 때 업무 효율이 극대화된다.

2. 음식 주의

술과 담배, 카페인, 설탕, 소금 등과 같은 자극성 있는 음식을 피한다. 사람들은 스트레스를 받을 때 술과 담배를 찾는다. 그러나 술과 담배는 가장 중요한 스트레스 발생요인이다. 술을 마시면 수면시간이 단축되고, 깨어날 때 머리와 속이 아프며, 다음날 업무능력이 떨어지며 이 때문에 큰 스트레스를 받게 된다.

카페인이 많이 든 음식은 스트레스를 악화시킨다. 커피나 홍차, 드링크류, 초콜릿 등에 많은 카페인은 각성효과가 있으나 정신과 근육을 긴장시키고 불안과 초조감을 높인다. 설탕, 소름, 유제품, 붉은 고기, 식품첨가제가 많이 든 음식도 스트레스를 악화시키는 것으로 알려져 있다. 설탕은 혈관을 좁게 해 피로감을 가중시키며, 소금은 체내 칼슘을 고갈시켜 신경계 기능을 방해한다. MSG나 아스파탐 같은 식품첨가제는 두통과 불안감, 심지어 공황장애를 유발한다.

자연의학자들은 일반적으로 과일이나 야채, 생선류, 콩류, 씨앗류, 전분 등이 정신과 육체의 긴장을 이완시키는 효과가 있다고 주장한다.

3. 고양이 잠자기

순간의 졸음운전으로 대형사고가 났다는 뉴스를 간혹 접하곤 한다. 그렇다. 졸음운전은 천하장사도 막을 수 없다. 약간의 휴식이나 스트레칭만으로도 끔직한 사고를 미연에 막을 수 있는데, 짧은 시간이라도 눈을 조금 붙이고 나면 사고예방뿐만 아니라 건강에도 더더욱 좋다.

마찬가지로 약 10~20분 잠깐 눈을 부치는, 이른바 고양이 잠자기는 피로회복 뿐만 아니라 스트레스 예방에도 도움이 된다. 나폴레옹과 같은 군사지도자들이 이 방법을 자주 사용한 것으로 전해지고 있다. 에디슨도 유명한 잠꾸러기였다고 한다. 그는 밤에 못 잔 잠을 낮 동안에 채우곤 했다. 우리 주위에도 일과 중에 잠깐 눈을 부치기로 유명한 저명인사가 있다. 국회의원을 지냈던 유인태 의원은 청와대 정무수석시절 심지어 대통령 주제의 회의석상에서도 눈을 부칠 정도로 잠과 관련된 일화로 유명하다.

4. 취미생활

아무 일도 하지 않고 푹 쉬면서 머리를 완전히 비워두는 것도 정신적·육체적 건강에 크게 도움이 된다. 그러나 자신이 좋아하는 건전한 일이나 놀이에 빠져드는 것도 정신적·육체적 건강에 적지 않은 도움이 된다. 그중의 하나가 잠시 동안이라도 완전히 자신에 몰두할 수 있는 건전한 취미생활을 하는 것이다. 특히 일의 내용이나 성격이 독특하고 힘들수록 나름대로 한두 가지 취미생활을 규칙적으로 하는 게 좋다. 이를테면 음악을 듣거나 모형배를 만들거나 조깅을 하거나 도자기를 빚거나 그림을 그리거나 하는 것이다. 이따금씩 시간을 내어 아니면 규칙적으로 이런 취미생활에 맘껏 빠져들 때 긴장의 이완을 가져다 주고 그 결과 일로 찌든 일상에 삶의 활력을 불어넣을 수 있다. 이와 같이 재미있는 일에 이따금씩 빠져드는 것은 스트레스 예방에 좋을 뿐만 아니라 몸의 건강에도 좋다.

5. 일상적인 틀에서 벗어나기

오랫동안 해오던 방법이 아닌 전혀 다른 새로운 방법을 시도해보는 것도 스트레스의 예방에 도움이 된다. 이를테면 식사 때 젓가락을 오른손을 사용하는 사람이 왼손을 사용해 본다든지, 뒤로 걷는다든지, 그냥 걷지 않고 춤추듯 또는 새로운 동작을 가미한다든지, 계단을 오를 때 뒤로 걸어본다든지 한다.

저자도 중요한 논문이나 저서를 끝내거나 대형 프로젝트를 완성할 경우 계절과 밤낮없이 지냈던 연구실에서 벗어나 여행을 가거나 조용한 곳을 찾아 쉬며 머리를 식히곤 한다. 그 땐 그랜드캐니언 웨스트림의 스카이워크에서 바라본 절경이 아니라도 좋고 영혼을 머물게 하는 해안도시 노르웨이의 베르겐이 아니어도 좋다. 그저 일상에서 벗어나 길을 나서는 것만으로도 새로운 일을 다시금 시작할 수 있는 용기와 아이디어가 나오게 된다.

6. 항스트레스 제품 이용

방향제, 음악, 마사지 롤러, 옥제품, 팩, 오일 등 스트레스 예방제품이 있다. 방향제에는 천연재료를 사용하는 것과 그렇지 않은 것이 있다. 향나무, 단향 등 천연재료를 사용하는 향은 향기가 기의 순행을 돕고 머리를 맑게 하며 불안한 정신을 가다듬게 한다. 라벤더향은 신경안정에 효과가 있고, 장미향은 감성을 증진시키며, 그린애플향은 활기를 주고, 라일락향은 안정감을 준다고 한다.

음악을 이용한 제품은 주로 클래식 음악을 모아 스트레스를 완화시키고 긴장을 풀게 한다. 음악제품은 주로 알파파를 자극하는 연주곡들을 모아놓은 것이다. 알파파는 뇌파 중 기분을 좋게 만들고 긴장을 풀어준다.

마사지 롤러는 직장인의 부은 다리를 풀어준다. 옥제품은 목, 어깨, 팔, 다리 등 신체부위에 부착해 혈압을 낮추고 원적외선을 방사시킨다. 적외선을 쬐어 관절의 혈액순환을 돕는다. 눈의 피로를 풀어 주는 팩(pack), 그리고 페퍼민트나 천연 라벤더 오일이 첨가된 제품도 있다.

7. 슬럼프 벗어나기

취업포털 잡코리아가 세계 최대 온라인 리크루팅 기업인 몬스터월드와이드와 함께 한국의 직장인 738명을 대상으로 '근무의욕 고취를 위한 조건'을 설문조사 결과 한국 직장인들은 89.6%가 직장생활 중 슬럼프를 겪어봤으며, 슬럼프 주기에 대해 38.1%가 '특정 주기에 상관없이 수시로 온다'고 응답했다. 이러한 결과는 여성

(86.7%)보다 오히려 남성(91.6%)에게서 더 높게 나타났다.

직장인들이 겪는 슬럼프 증상으로는 ① 모든 일에 시큰둥으로 일관(48.1%), ② 근무시간에 온라인 쇼핑 등 딴짓(18.8%), ③ 주변 사람에게 괜한 투정(9.2%), ④ 틈만 나면 회사, 직장동료 험담(6.8%), ⑤ 잦은 지각, 조퇴, 결근(6.1%) 등이었다(박지희, 2009.5.4).

이러한 슬럼프(slump)는 마치 늪과도 같아서 한 번 빠지면 계속 빠져 들어가는 속성이 있다. 슬럼프는 일에 대한 의욕을 상실시킬 뿐 아니라 대인관계에도 손상을 가져온다. 슬럼프는 지도자들뿐 아니라 조직구성원 누구에게든 찾아올 수 있는 것이므로 사전에 차단할 필요가 있다.

슬럼프에 빠지게 되면 일만 생각해도 자꾸 기분이 우울해지고, 동료들의 활기찬 모습을 보면 공연히 심술이 나며, 조직 내에서 혼자 외톨이가 된 기분이고, 함께 일하는 사람과 마음이 맞지 않아 일하기가 싫어진다. 나의 업무는 별 볼일 없는 것이라 생각돼 의욕이 떨어지고, 능력을 충분히 발휘하지 못해 불만스러우며, 조직 내에서 받은 스트레스를 집에서 푼다. 일이 손에 잡히지 않고 집중력이 떨어지며, 자꾸 그만둘 생각을 하게 된다. 이유 없이 슬퍼지거나 울고 싶을 때가 있고, 잠이 잘 오지 않으며, 식욕이 떨어지고, 설사 또는 변비 증세가 있으며, 심장박동이 빨라지고 숨이 찰 때가 있다. 마음이 불안하고 머리가 혼란스러우며 결단력이 약해진다. 성공한 친구 얘기를 들으면 초조해지고, 이성에 대한 관심도 없어진다.

슬럼프에 빠졌다고 해서 이 모든 현상이 함께 나타나는 것은 아니지만 이런 현상이 비교적 많을 경우 사소한 일로 자기 자신을 비판하지 않도록 하고, 업무능률이 떨어지면 원인분석을 통해 정상회복을 시도하여야 한다. 구체적으로 전술한 명상과 상상, 이완훈련, 호흡법 등을 활용하는 것도 한 방법이다. 이 과정에서 혼자의 힘으로 스트레스의 예방이 어려울 때에는 전문가와 상의할 필요가 있다. 무엇보다 스트레스에 시달리지 않기 위해서는 매사를 긍정적으로 보고, 평소 편안하게 상담할 수 있는 상대를 만들어 두는 것이 매우 중요하다(김태열·이덕로, 2014; 양창삼, 1999).

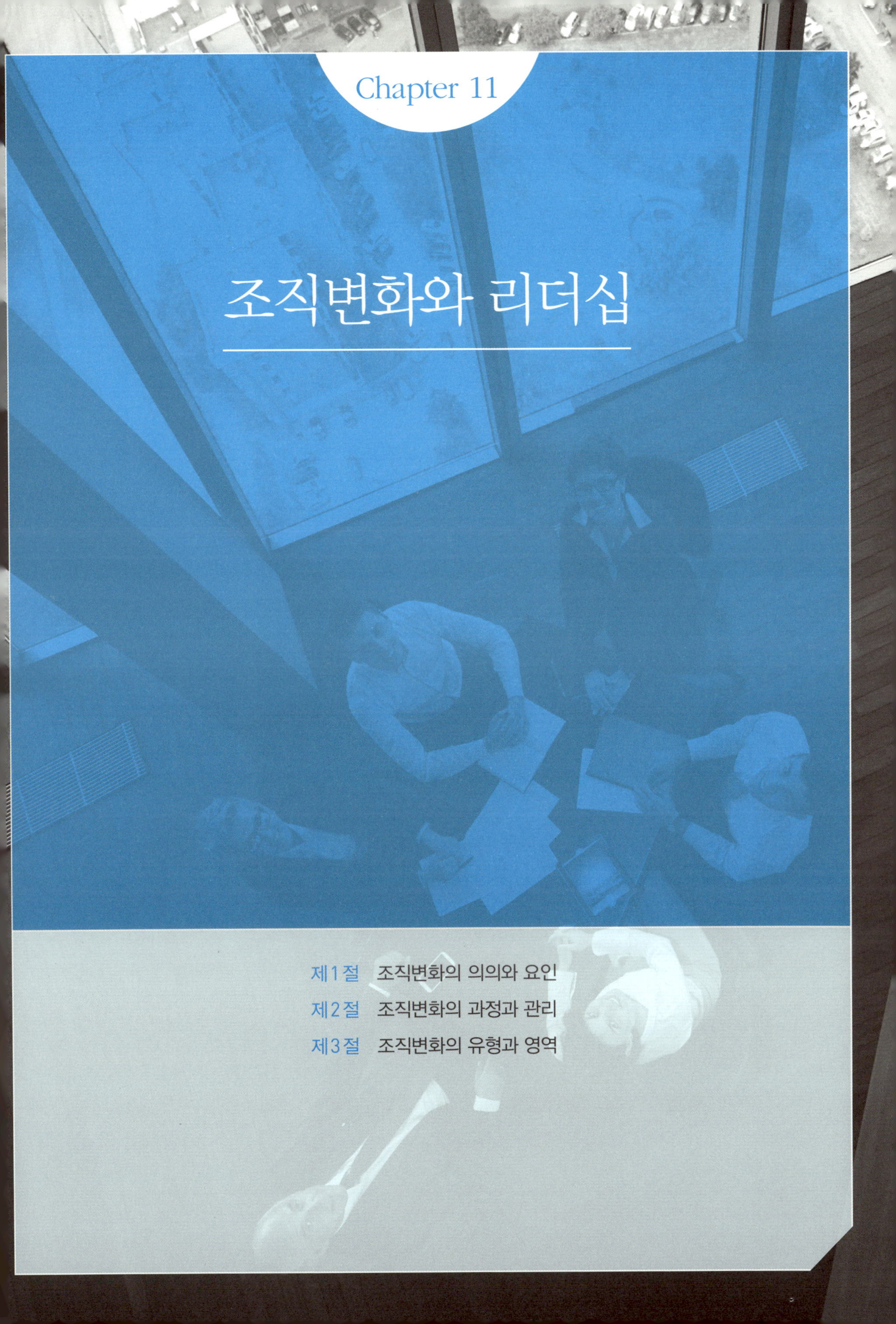

Chapter 11

조직변화와 리더십

제 1 절

조직변화의 의의와 요인

조직변화 혹은 조직혁신이란 말은 매우 포괄적이다. 기업조직이라면 지금까지 해오던 사업과 업무를 새로운 아이디어와 새로운 방식으로 탈바꿈하는 것을 포함하여 새로운 비전과 경영이념, 새로운 조직설계와 리더십, 새로운 기술과 공정, 조직구성원을 변화시키는 새로운 교육프로그램 등을 의도적으로 실행함으로써 기업의 운명을 본질적으로 변화시키는 과정을 일컫는 말이다. 그러면 먼저 조직변화의 의의를 살펴보고 이에 영향을 미치는 내외부 요인에 대해 살펴보기로 하자.

1. 조직변화의 의의

영국의 유명 경제전문지 *Economist*는 얼마전 다음과 같은 자료를 발표했다. “1930년대 기업의 수명은 70년 정도였던 것이, 1970년 수명은 30년으로 떨어졌다. 그것이 1990년대 20년으로 단축되고 최근에는 15년으로 줄었다.” 그만큼 기업을 둘러싼 환경이 복잡다단하고 급격하게 변화한다는 의미이다.

그렇다. 기업을 둘러싸고 있는 환경, 곧 시장, 고객, 기술이 급격하게 바뀌고 있다. 기업이 이러한 환경변화를 알지 못하거나 알더라도 마지 못해 받아들이고 시의적절하게 대응하지 않는다면 적자생존의 냉엄한 논리 속에서 결국 도태되고 말 것이다. 따라서 “변화 아니면 죽음이다!(Change or die!)”는 오늘날 전 세계 경영자들의 공통적인 구호가 되어버렸다.

환경변화에 따른 조직변화는 경영학의 주요 연구주제 중 하나였다(Hannan & Freeman, 1984;Kotter, 1995). 경영학에서 조직변화에 관한 연구가 주목을 받아 온 이유는 국제간 무역분쟁이 가속화되고 그리고 기업 간 경쟁이 치열해지며 고객의 요구 또한 다양해지면서 환경변화에 대한 기업 차원의 민첩하고 적절한 대응이 중요해졌기 때문이다(정흥준·최용득·이동섭, 2013).

4차 산업혁명시대의 조직들은 조직을 둘러싼 환경과 다양한 요인들의 부단한 변화에 직면하고 있다. 따라서 조직이 유지·생존·발전하기 위해서는 이러한 변화에 대비한 변화관리를 철저히 해야 할 것이다. 여기서 조직변화(organizational change)란 조직을 구성하고 있는 사람(people), 구조(structure), 기술(technology) 등의 변화를 의미한다(Robbins, 2005, 548~559).

이들 각각은 모두 조직시스템을 이루는 구성부분이기 때문에 독립된 부분으로서 변화를 이룰 수 있으나, 일반적으로 한 부분의 변화가 다른 부분의 변화를 유발하고 나아가 조직 전체의 변화를 가져오게 된다. 예를 들면 새로운 기술을 도입하여 사용하게 될 경우, 그 기술을 다룰 수 있는 능력 있는 종업원이 요구될 경우 현재의 종업원들을 교육훈련을 시켜 담당하게 하거나, 아니면 신규로 채용하여 담당하도록 해야 할 것이다. 그리고 이러한 신기술의 도입을 작업구조나 조직설계에도 영향을 미치게 된다. 따라서 경영자는 조직이 직면한 변화의 요인이 무엇이며, 이들 요인이 조직의 어떤 영역에 어떠한 영향을 미칠 것인가를 예측하여 효과적인 변화관리를 할 수 있도록 해야 한다.

이처럼 변화가 조직의 중요한 과제임에도 불구하고, 실제 조직변화의 성공률은 그리 높지 않은 것으로 알려져 있다(Higgs & Rowland, 2005). 많은 연구자들은 성공적인 조직변화를 어렵게 만드는 요인 중의 하나로 변화에 대한 구성원의 저항에 주목할 필요가 있음을 지적해 왔다(Oreg, 2003). 변화의 내용을 책임 있게 수행해야 할 구성원들이 변화에 대해 동의하지 못하고 부정적인 태도와 행동을 보일 경우, 애초에 의도했던 바람직한 조직변화를 기대할 수 없기 때문이다(이병주·장제윤, 2011; Isabella, 1990). 그런 의미에서 리더는 조직변화과정에서 나타날 수 있는 구성원들의 저항을 충분히 예측하여 단계별로 적절한 대응을 통해 변화관리의 전략적·체계적 변화관리를 통해 변화와 혁신을 성공적으로 이끌어 나가야 한다.

2. 조직변화의 영향요인

조직은 다양한 요인들에 의해 영향을 받거나 영향을 주기도 하면서 변화한다. 1960년대 이후 주목받기 시작한 개방체제이론에서부터 조직을 구성형태(organiza-

그림 11-1 | **조직변화의 영향요인**

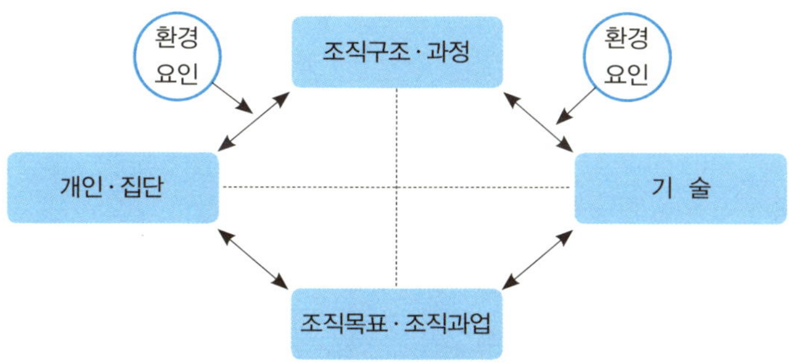

자료: P.P. Schoderbek, R.A. Cosier, & J.C. Alpin(1991), *Management*, 2nd ed., San Diego: Harcourt Brace Jovanovich Inc., 205.

tional configuration)로 이해하려는 최근의 노력들은 조직은 사회적 진공상태(social vacuum)에서는 존재할 수 없다는 것을 보여주는 것이다(안형기·김종수, 2007). 따라서 조직은 조직을 둘러싸고 있는 다양한 외부적(환경적) 요인뿐만 아니라 조직을 구성하고 있는 내부적 요인과의 상호작용 속에서 존재하며, 조직의 변화는 이러한 맥락 속에서 이해될 필요가 있다. [그림 11-1]은 조직을 경계로 한 조직내외의 변화요인관계를 제시하고 있다.

(1) 조직외부 요인

조직외부 요인이란 조직외부에 존재하는 환경으로 다양한 기회와 위협을 제공하며 모든 조직에 공통적으로 영향을 미치는 일반환경요인과 한 조직의 성장, 성공 및 생존에 직접적인 영향력을 미치는, 종업원, 경쟁업체, 주주, 소비자, 지역사회, 공급업자, 언론기관, 금융기관, 정부 등과 같은 과업환경요인으로 나눌 수 있다(Robbins & Coulter, 2016). 여기에서는 주로 일반환경요인에 대해 살펴보기로 하자.

조직이 직면하고 있는 경제적, 기술적, 사회문화적, 정치적, 자연적, 국제적 환경 등과 같은 일반환경의 변화는 모두 조직변화를 요구하는 요인이 될 수 있다. 구체적으로는 기업들 간의 경쟁의 심화, 고객들의 다양한 욕구의 변화에 따른 시장환경의 변화, 기업활동에 대한 정부의 규제나 법의 제정, 기술혁신의 가속화와 신기술의

그림 11-2 한국의 1인당 국내총생산(명목, 달러표시) 추이

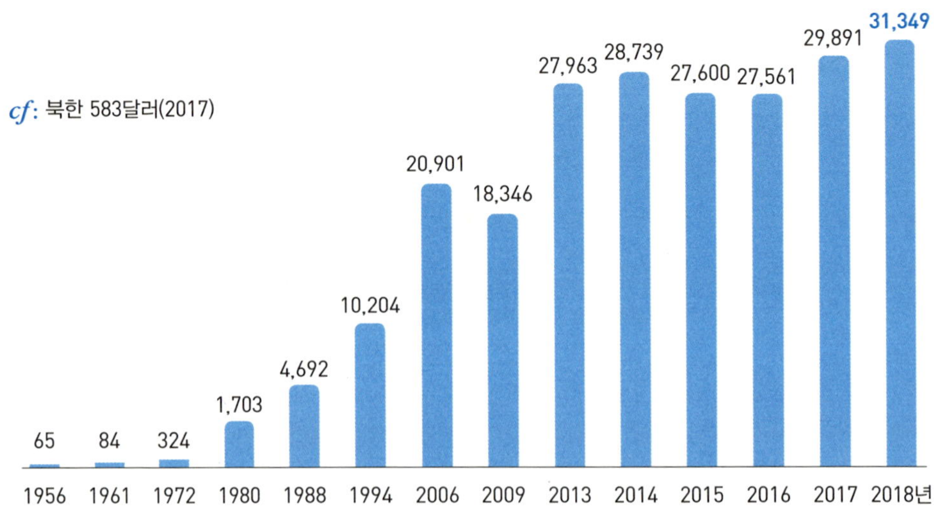

자료: 통계청

그림 11-3 합계 출산율과 출생아수 추이

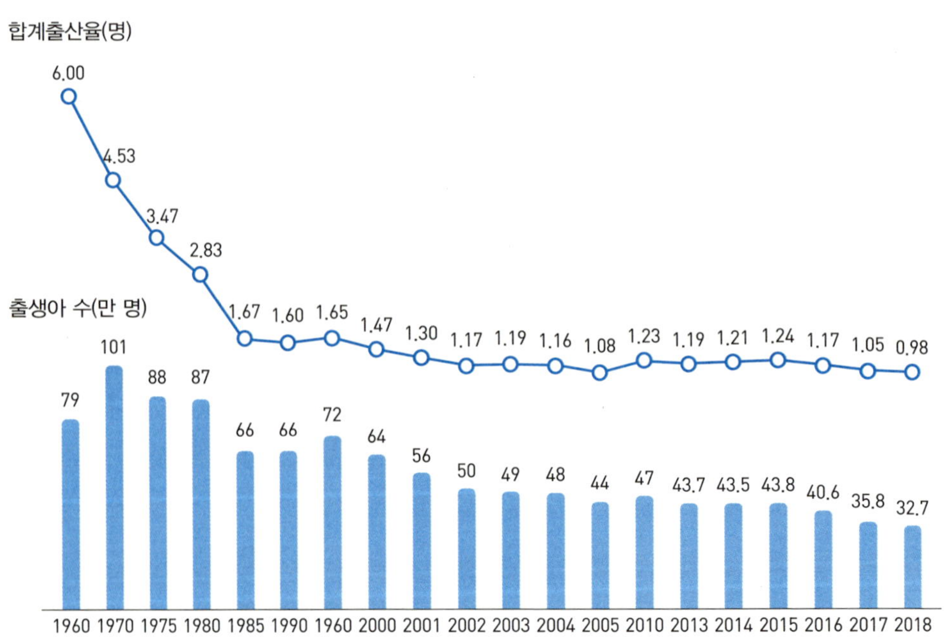

자료: 통계청(2019), 인구동태통계연보.

개발, 저출산, 고령화, 모바일 SNS를 트렌드로 하는 사회문화적 변화, 물가상승이나 환율변동 등 경제적 요인의 변화, FTA 타결에 따른 국내외 기업환경의 변화, 노동시장 변화에 따른 노동력의 구성변화, 그리고 최근 급속히 확산되고 있는 정보전달체계의 발전은 모두 조직의 변화를 요구하는 조직외부 요인들이다. 참고로 경제적 요인으로 한국의 1인당 국내총생산(명목, 달러표시) 추이를 살펴보면 [그림 11-2]와 같고 사회문화적 요인으로 최근 고령화와 더불어 큰 사회적 문제가 되고 있는 합계 출산율과 출생아수 추이를 보면 [그림 11-3]과 같다.

경영자들은 조직의 이러한 외부환경적 변화요인들을 잘 파악하여 변화를 수용하고 시의적절하게 대응할 수 있는 새로운 조직목표, 새로운 전략과 조직구조, 그리고 적절한 경영관리방안을 마련하여야 한다.

(2) 조직내부 요인

조직변화 요인은 위와 같은 외부적인 요인 외에 조직내부적인 요인에 의해서도 이루어진다. 조직의 변화를 가져오는 내부 요인으로서는 보통 사명이나 비전, 조직목표의 변화 및 새로운 전략, 조직(기업)문화, 최고경영자의 관리스타일, 노동조합을 포함한 노동력의 변화, 작업기술이나 설비의 변화, 그리고 구성원들의 태도 변화를 꼽을 수 있다(Mondy & Premeaux, 1995).

보다 구체적으로 기업이 다른 기업보다 경쟁우위를 점해 지속가능한 경영을 하기 위해서는 이를 위한 새로운 목표를 설정하고 이를 달성할 수 있는 새로운 전략이 요구된다든지, 노동력의 특성 요인인 연령, 성, 교육수준 등의 변화에 따른 조직내 직무시스템 및 보상시스템의 변화요구, 새로운 작업설비의 도입에 따른 새로운 작업설계 및 이를 이용한 작업자의 배치전환이나 교육훈련 프로그램 등의 변화를 가져오게 된다. 그리고 종업원들의 일에 대한 태도나 가치관의 변화도 조직 내 여러 측면의 변화를 초래할 수 있는 요인이 된다.

한 예로 조직문화를 들어보자. 문화란 한 사회소속 구성원들이 공유하고 있는 가치, 태도, 신념, 이념, 관습, 규범, 그리고 지식과 기술체계 등을 총칭하는 거시적이고 종합적인 개념으로서 사회구성원의 행위에 영향을 주는 중요한 요소이다. 이러한 문화를 조직에 적용했을 때 조직문화(organizational culture)라고 하고 기업에 적용

그림 11-4 조직문화 혁신기업과 일반기업의 재무성과 비교 (단위: %)

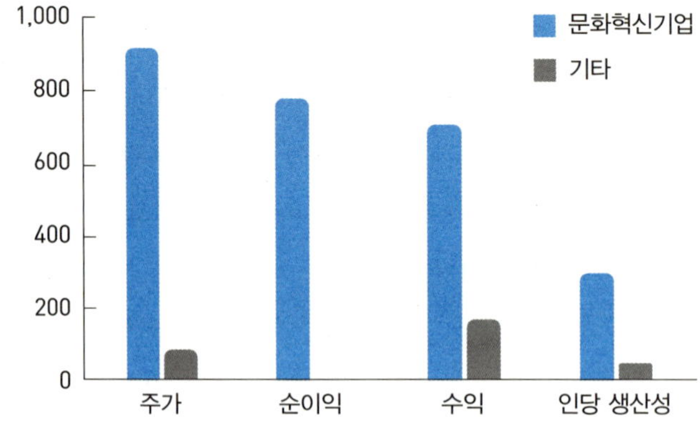

자료: J.P. Kotter & J.L. Heskett(1992), *Corporate Culture and Performance*, New York : Free Press, 69.

했을 때 기업문화(corporate culture)라 한다(이덕로, 2018, 385).

이러한 조직문화가 중요하고 이에 대하여 각별한 관심을 가져야 하는 이유는 무엇인가? 조직문화는 조직의 공식적, 비공식적 운영과정에 광범위하게 영향을 미칠 뿐만 아니라 조직의 전략과정에도 영향을 미쳐 경쟁력의 원천이 됨으로써 [그림 11-4]와 같이 조직의 성과와 밀접한 관련이 있기 때문이다(정종진·이덕로·이지만, 2018, 27~29).

한때 우리 사회에 만연해 있었고 지금도 일부 남아있는 SSKK문화(시키면 시키는 대로 하고 까라면 까는 문화),[1] 갑질문화, 남성 위주의 조직문화 등을 하루 빨리 청산하지 않으면 조직의 성장이나 발전은커녕 생존조차 담보하기 어렵다. 따라서 조직에 맞는 올바른 조직문화를 정립하고 시의적절하게 그 문화를 혁신시켜 지속가능한 경영을 하도록 하여야 한다.

1 밀레니얼 세대의 특징 중 하나는 결코 SSKK 문화를 용인하지 않는다는 점이다(정은혜, 2019.7.1).

제 2 절
조직변화의 과정과 관리

경영자가 변화에 대한 내용을 잘 파악하고 조직변화관리를 제대로 해나가기 위해서는 조직변화의 과정을 비롯하여 변화에 대한 저항이유, 그리고 조직변화에 대한 저항의 극복방안 등을 잘 이해하여야 한다.

Piderit(2000)은 조직변화의 성공은 구성원으로부터 변화에 대한 몰입과 지원을 얼마만큼 이끌어 낼 수 있느냐에 달려 있다고 하였다. 조직 환경의 변화는 변화에 대한 수동적인 적응(adaption)이 아닌, 보다 적극적이고 능동적인 적응력(adaptability)을 필요로 한다. 이러한 적응능력을 갖추기 위해서는 의도적이고 계획적이며 미래지향적인 활동이 필요하다. 따라서 리더가 효과적인 조직변화를 해나가기 위해서는 변화가 이루어지는 상황에 대한 건전한 이해와 더불어 변화를 저해하는 저항요소를 파악하고, 이에 대한 효과적인 관리방안이 필수적이다(이학종, 1999).

1. 조직변화의 과정

조직변화의 관리에 대한 방법으로는 여러 가지가 있는데, 르윈(K. Lewin)의 고전적 3단계 변화과정모델, 코터(J.P. Kotter)의 8단계 계획, 행동 연구, 그리고 조직개발 등이 그것이다. 본서에서는 앞의 두 가지 방법에 대해 살펴보기로 하겠다.

(1) 르윈의 3단계 변화과정모델

르윈은 조직에서의 성공적인 변화는 3단계를 거쳐야 한다고 주장했다. 즉 조직변화의 과정은 [그림 11 - 5]와 같이 해빙단계(unfreezing phase), 변화단계(changing phase) 그리고 재동결단계(refreezing phase) 등으로 구분하고 있다(Lewin, 1951). 본서에서는 이들을 중심으로 살펴보기로 하겠다.

그림 11-5 르윈의 3단계 변화모형

자료: S.P. Robbins & T.A. Judge(2017), *Organizational Behavior*, 17th ed., Boston: Pearson, 649.

1) 해빙단계

해빙단계란 조직변화를 위한 준비단계로 구성원이 갖고 있는 고정관념과 가치의식을 녹이는(unfreezing) 과정으로 마치 얼음을 녹여 물로 변환시키는 것에 비유될 수 있다. 이러한 해빙단계에서는 구성원들이 변화의 필요성을 인식하고 기존의 조직특성이나 고정관념에서 탈피할 수 있는 준비를 해야 한다. 따라서 경영자는 종업원들에게 변화에 대한 필요성을 인식시킴으로써 변화의 저항을 최소화시키도록 노력해야 한다.

2) 변화단계

두 번째 단계인 변화단계는 이동단계라고도 하는데 변화영역에 실제로 변화를 주입(change conversion)시키는 단계이다. 따라서 이 단계에서는 변화시키고자 의도하는 방향으로 조직시스템을 형성하기 위한 조직구조, 기술, 그리고 구성원의 행동양식 등을 결정해야 한다. 이 단계에서 경영자들은 새로운 조직변화를 위한 시스템 변화나 역할관계 등이 구성원들에게 유리하다는 확신을 주어야 하며, 조직변화를 효과적으로 수행할 수 있는 조직개발 기법들을 잘 선택해서 이용하여야 한다.

3) 재동결단계

마지막 변화단계로서의 재동결단계는 변화노력에 의해 새로이 형성된 가치관과 행동이 계속 반복되고 강화됨으로써 영구적인 행동패턴으로 정착될 수 있도록 변화를 지원하고 강화시키는 과정이다. 이러한 재동결과정이 없으면 변화된 새로운 행동은 소멸되어 변화되기 전의 상태로 되돌아갈 위험성이 크다. 따라서 경영자는 변화를 정착시키기 위하여 집단 구성원과의 상호관계나 보상제도 등의 환경조건을 조성하는 등 필요한 지원을 적극 뒷받침해야 한다.

위에 제시된 조직변화에 대한 3단계 과정은 조직의 균형이 깨어졌을 때 조직의 균형을 유지하기 위해 조직변화를 시도할 때 거치는 변화단계이다. 따라서 변화가 비교적 적고 안정적인 1950년에서 1970년대까지의 조직환경하에서는 적합하게 적용할 수 있는 변화단계라고 할 수 있으나 변화가 불규칙적으로 급격히 일어나는 최근의 조직환경에서는 보다 획기적인 변화책이 요구되며, 조직은 이러한 혁신적인 변화를 추진할 수 있는 경영자를 필요로 하고 있는 추세이다(Robbins, 2005, 551~552).

르윈의 모델은 조직변화를 이해할 수 있는 일반적 프레임을 제공해준다. 이 3단계변화이론은 매우 광범위하여 추가적인 정교화노력이 이어져 왔다. 예를 들어 Lippitt, Watson, & Westley(1958)은 르윈의 모델을 7단계로 나누어 탐색, 진입, 진단(해빙), 계획, 실행(이동), 안정화 및 평가, 그리고 종료(재동결)로 정리하였다. 바로 이어 설명할 코터(J.P. Kotter)는 위기감조성, 추진기구 구성, 비전과 전략 개발, 비전공유(해빙), 전면적 실행, 단기성과 확인(이동), 최종성과 안정화, 문화정착(재동결) 등의 8가지로 구체화하였다(Kotter, 2012). 이러한 정교화 노력에도 불구하고 르윈의 모델은 여전히 여러 형태의 변화실행과정을 설명하는 데 활용되고 있다. 예컨대 르윈의 모델을 통해 조직에서 정보기술의 효율적 실행을 설명할 수 있다(커밍스, 2016, 24).

(2) 코터의 변화실행의 8단계 계획

조직변화에 있어서 리더십의 중요성을 강조하면서 성공적 조직변화의 70~90%는 최고경영층의 리더십에 의해서 결정된다고 주장한 바 있는(백기복, 2011, 558) 하버드대 경영대학원의 존 코터(John Kotter)는 르윈의 3단계 모델을 바탕으로 변화실행을 위한 보다 구체적인 방법을 제시했다.

코터는 먼저 경영자들이 변화를 실행하려고 할 때 흔히 일어나는 실패를 열거했다. 즉, 변화의 필요성에 대해 공감대를 형성하지 못하는 것, 변화 과정을 함께 관리할 연합을 형성하지 못하는 것, 변화에 대한 비전의 결여와 비전을 효과적으로 전달하지 못하는 것, 비전의 달성에 방해가 되는 장애물을 제거하지 못하는 것, 단기적이고 달성 가능한 목표를 제공하지 못하는 것, 너무 빨리 성공을 선언하는 경향, 그리

표 11-1 코터의 변화실행을 위한 8단계 계획

1. 변화하지 않으면 안 될 강력한 이유를 제시하여 공감대를 조성함
2. 조직내 각 분야, 각 계층에서 변화를 이끌 수 있는 힘 주도세력을 결집함
3. 변화의 방향을 제시할 새로운 비전 및 비전을 달성할 전략을 제시함
4. 새로운 비전을 지속적으로 전파하기 위한 커뮤니케이션 전략의 수립과 실천
5. 다른 사람들이 비전을 달성하도록 권한을 위양하고 위험선호와 창의적 문제해결을 장려함
6. 단기적 변화성과를 인정하고 보상함으로써 변화가 가시화될 수 있다는 자신감 제공
7. 개선의 통합, 변화의 재평가, 필요한 조정을 새 프로그램에 반영하여 변화를 확산시킴
8. 새로운 행동을 조직의 성공과 연결시킴으로써 조직문화로 고착시키고 지속시킴

자료: 스티븐 로빈스·티모시 저지 저, 이덕로·김태열·박기찬·박원우 공역(2015), 「조직행동론」, 제16판, 한티미디어, 627.

고 변화를 조직의 문화에 뿌리내리지 못하게 하는 것 등이다.

코터는 이러한 문제를 극복하기 위한 여덟 가지 단계를 고안했다. 그 단계는 〈표 11-1〉에 열거되어 있다. 〈표 11-1〉이 르윈의 3단계 모델과 어떻게 연결되는지 생각해보자. 코터의 첫 네 가지 단계는 본질적으로 '해동'단계를 풀어놓은 것이다. 5단계에서 7단계까지는 '이동'이다. 그리고 마지막 단계는 '재동결'에 상응한다. 그래서 코터의 공헌은 경영자와 변화관리자에게 성공적인 변화실행을 위한 보다 구체적인 가이드를 제시했다는 데 있다(이덕로, 2006, 673~676).

2. 조직변화에 대한 저항 이유

조직변화에 대해 조직구성원들은 [그림 11-6]처럼 다양한 반응을 보이게 된다. 새로운 것에 대한 기대감으로 열정을 보이거나 협조를 하기도 하지만 많은 경우에 불편불만을 늘어놓거나 무반응을 보이며 심지어 영국의 러다이트운동(Luddite movement)[2]에서처럼 적극적으로 방해행동을 보이기도 한다.

2 산업혁명기에 직기의 발달로 말미암아 실직이나 임금의 인하를 당한 (가내)수공업의 숙련공들이 신식기계에 반감을 갖고 이를 파괴하는 일종의 기계파괴운동이다. 이 운동은 18세기의 8, 90년대에 시작되어 1811~1813년에 절정에 달했다가 1817년까지 계속되었는데 랭카셔, 요크셔, 노팅엄에서 출발하여 영국 전역의 공장지대로까지 파급되었다. 러다이트라는 이름은 이 운동을 이끈 네드 러드(Ned Lud)의 이름에서 유래되었다(정종진·이덕로, 2017).

그림 11-6 **조직변화에 대한 찬반 반응**

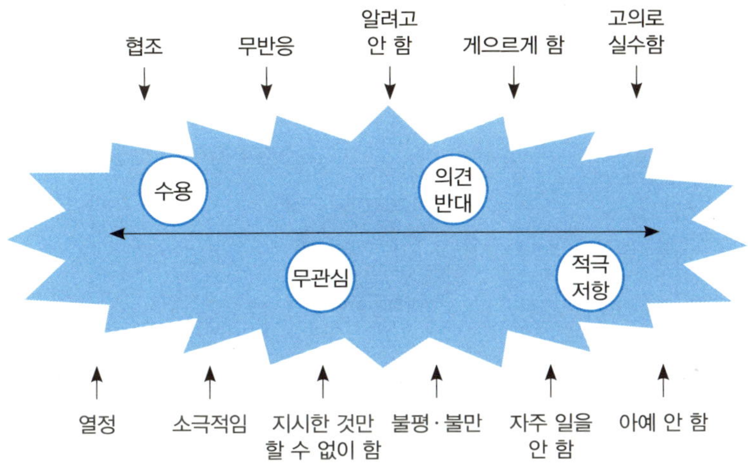

자료: 임창희(2015), 「조직론 이해」, 제2판, 학현사, 367.

조직은 위에서 논의된 조직내외의 환경요인에 의해 변화압력을 받게 되고 이에 대해 경영자는 조직을 생존·발전시키기 위해 의도한 대로 계획적인 변화를 추진하게 되는데, 이와 관련하여 조직구성원들로부터 적지 않은 저항을 받게 된다.

일반적으로 변화에 대해 압력을 가하는 요소들이 있는가 하면, 기존의 것을 고수하려는 요소들이 있는데, 이러한 의미에서 저항은 변화에 따른 압력에 대항하는 성향을 의미한다. Chawla & Kelloway(2004)는 변화에 대한 저항을 조직변화의 목표를 저해하는 태도 또는 행동의 고수(adherence)로 파악하였다. 즉 저항은 조직의 변화에 대한 반항적인 태도나 행위 자체로 정의할 수 있다.

대부분의 조직은 변화를 계획하고 실천하는 과정에서 갖가지 저항에 부딪힌다. 화, 불안, 좌절감, 냉소주의, 염려, 무관심, 반감, 소극적 협조, 무사안일 등의 심리적 저항을 보이는가 하면(Watson & Clark, 1997), 변화에 대해 불평하거나 다른 사람들에게 변화가 나쁘다고 설득하는 것과 같은 특정한 행동 양식, 의도적인 행동, 무시뿐만 아니라 항의, 사직, 태업 등과 같은 행동적 저항을 보이기도 한다(Prasad & Prasad, 2000). 이와 같은 변화에 거부하는 태도나 행동이 발생하는 것은 변화 과정에서 필연적인 반작용일 수 있다.

그림 11-7 조직변화에 대한 저항요인

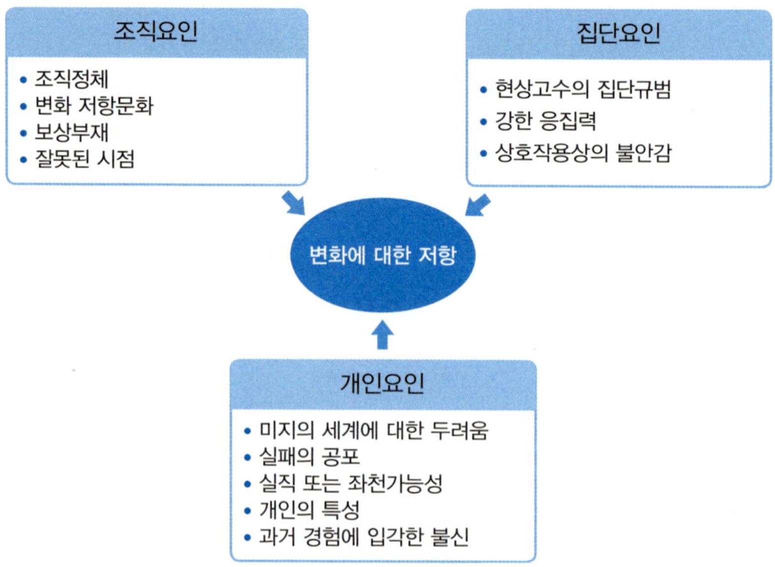

자료 : 백기복(2014), 「조직행동연구」, 제6판, 창민사, 553을 수정한 것임.

앞서 언급한 바와 같이 변화추진 과정에서 발생하는 저항은 예상치 못한 지연 활동이나 비용을 동반하게 되고 변화 과정의 불안정한 상태를 야기시키는 구성원의 대응행동으로 나타날 수 있다. 따라서 조직변화에 대한 저항의 본질과 개념을 명확히 파악해야 할 것이다.

조직구성원들이 조직변화에 대해 저항(resistance to change)하는 이유에는 여러 가지가 있을 수 있다. 이 이유는 [그림 11-7]과 같이 크게 조직요인, 집단요인, 개인요인으로 요약될 수 있다. 본서에서는 가장 중요하다고 생각되는 다섯 가지, 즉 구성원들의 신뢰부족을 비롯하여 지위상실에 대한 위협감, 경력상의 불안감, 작업상의 불편함, 상호작용상의 불안감 등을 살펴보기로 하자.

(1) 신뢰의 부족

변화에 대한 저항의 기본 이유는 그것을 제안한 사람에 대한 불신이다. 불신은 저항의 다른 원천의 효과를 확대시킬 수 있다. 아무런 분명한 위협이 없는 경우에도 사람들이 숨겨진, 불순한 의미(ominous implication)가 있다고 상상한다면 변화는 저항을 받을지도 모른다. 상호불신(mutual mistrust)은 리더로 하여금 변화에 대한 이유를 숨기도록 조장함으로써 의심과 저항을 더욱더 증가시킨다(Yukl, 2002).

(2) 고용불안과 지위상실에 대한 위협감

조직변화에 대한 구성원들의 저항감은 대부분 고용안정에 대한 위협으로부터 오게 된다. 그러나 설령 고용안정을 위협받지 않는다 하더라도 조직구성원들은 조직구조의 변화나 직무내용의 변화로 인하여 안정된 직위나 대우 또는 기존에 확립된 위상에 적지 않은 손실이 있을 것으로 예측되는 경우 이를 두려워하고 새로운 변화에 저항감을 보이게 된다.

(3) 경력상의 불안감

조직구성원들은 조직변화로 인한 일자리나 지위의 상실 외에도 변화로 인한 새로운 직무나 지위 그리고 역할이 그들 자신의 경력경로에 도움이 되지 않는다고 생각할 수 있다. 이와 같이 구성원들이 경력상의 변화에 대해서도 불이익이 뒤따를 수 있다고 생각할 경우 조직변화에 불안감을 느끼게 되어 변화에 대해 저항감을 표출하게 된다.

(4) 작업상의 불편함

익숙하지 않은 불편함도 주요한 이유 중의 하나이다. 사람들은 불편한 것을 싫어한다. 새로운 방법을 알더라도, 그것이 '내 것'이 되어 자연스럽게 활용하기까지는 시간이 걸리는 법인데 그 과정을 견뎌내기 힘들어 한다.

새로운 기술이나 작업방법의 도입은 기존의, 안정된 작업방법에 많은 변화를 가져오게 되어 구성원들에게 이에 적응할 수 있도록 하기 위한 교육훈련이나 많은 노력을 요구하게 됨으로써 불편을 가져오게 된다. 이러한 요구가 오래 계속될 것이라고 예상될수록 저항감은 더욱 크게 나타나게 된다.

(5) 상호작용상의 불안감

조직변화로 말미암아 집단구성원이나 직무관계에 변화가 있을 경우 새로운 상급자와 구성원들 사이에 새로운 인간관계나 상호작용이 요구될 수 있다. 이와 같이 기존의 시스템에서의 안정감과 소속감을 희생하고 새로운 관계를 형성하게 되는 과정에서 구성원들은 불확실성과 불안감을 느끼게 되고, 따라서 조직변화에 대한 저항감을 표출하게 된다(이학종, 1989).

이상과 같은 변화에 대한 구성원들의 저항감은 그들의 태도와 행동에 있어서 여러 가지의 형태로 나타난다. 구체적으로 조직의 변화추진에 비협조적이어서 일정에 지연을 초래하고 변화목표의 달성을 저해하기도 한다. 그뿐만 아니라, 조직몰입, 직무만족과 같은 조직유효성에도 부정적인 영향을 미치게 된다(Oreg, 2006). 개인들은 기존의 안정적인 행동양식을 통해 자신을 보호하려는 속성을 지니고 있기 때문에, 변화에 대한 구성원들의 부정적인 태도는 불가피한 현상이라 할 수 있다. 따라서 경영자는 구성원들이 변화에 대한 저항감을 갖게 되는 원인이 무엇인지를 파악하고 대비책을 마련함으로써 변화목표를 달성하도록 노력해야 한다(엄유경, 2012).

3. 조직변화에 대한 저항의 극복

조직구성원들이 변화에 대한 저항으로 조직에 역기능의 영향을 끼칠 때 경영자들이 변화에 대한 저항을 극복(overcoming resistance to change)하기 위해 적절한 조치를 취하지 않으면 안된다. 이때 활용할 수 있는 방법으로 다음과 같은 여섯 가지를 생각해 볼 수 있다(Kotter & Schesinger, 1979;Robbins, 2005, 552~554).

(1) 교육과 커뮤니케이션

일반적으로 조직변화를 추진하는 경영층과 조직구성원들의 변화에 대한 인식이 상이한 경우, 구성원들은 변화에 저항하게 된다. 이러한 변화에 대한 저항은 구성원들에게 논리적인 변화의 필요성을 인식시킬 수 있는 교육과 커뮤니케이션을 통해서 감소될 수 있다. 특히 변화에 대한 저항이 오해나 커뮤니케이션 부족에서 비롯되었다면 이러한 방법을 통해서 경영자와 종업원들 간에 상호신뢰를 갖도록 해야 한다.

(2) 참여

조직변화 과정에서 구성원들에게 앞으로 발생하게 될 변화와 이러한 변화가 조직에 어떠한 영향을 줄 것인가에 관한 정보가 필요하다. 그런데 그에 관한 적절한 정보가 없다면 변화가 직무와 조직에 어떤 영향을 주며 어떻게 반응해야 할 것인가에 대한 판단이 불확실해지면서(Milliken, 1987) 정보의 차이로 인해 변화 상황을 다르게 판단한 조직구성원들로부터 저항을 초래할 수 있다(김정진·박경규, 2008).

따라서 조직변화를 계획하고 실행하는 과정에 조직구성원들, 특히 저항을 하는 구성원들을 참여시킴으로써(participating) 변화에 대한 이해를 촉진하고 변화에 대한 불안감을 해소시킬 수 있다. 그러므로 경영자들은 변화를 계획할 때 특히 변화에 영향을 많이 받게 될 구성원들을 많이 참여시키도록 해야 한다.

(3) 촉진과 지원

조직구성원들이 변화에 대한 걱정과 불안감을 매우 크게 느낄 때에는 종업원상담이나 새로운 기능훈련, 그리고 단기휴가 등의 방법을 통하여 변화에 대한 저항을 줄이기 위한 노력을 촉진하고 지원할 수 있다. 이를테면 직원들의 두려움과 걱정이 클 때 각종 심리상담, 새로운 기술습득을 위한 교육훈련이나 연수기회제공, 혹은 짧은 유급휴가 등이 변화의 적응에 도움을 줄 수 있다. 이 방법의 단점은 다른 것과 마찬가지로 시간이 많이 걸린다는 점이다. 그리고 비용이 많이 들고 성공한다는 보장이 없다는 것도 단점이다.

(4) 협상

변화의 결과가 모든 조직구성원들과 부서에 공평하게 영향을 미치는 것은 아니다. 부서나 개인에 따라서는 피해를 보거나 다른 부서보다 더 큰 피해를 입을 수도 있다. 이러 경우 변화관리자가 저항에 대처하기 위해 쓸 수 있는 또 다른 방법은 뭔가 가치 있는 것을 저항을 줄이는 대가로 제공하는 것이다. 예컨대, 만약 저항이 몇몇 힘 있는 사람들 중심으로 생겨나면, 그들의 개인적 욕구를 충족시켜줄 구체적인 보상 패키지를 가지고 협상을 할 수 있다. 협상전술은 권력 있는 사람이 저항을 할 때 필요하지만 협상의 비용이 무시하지 못할 정도로 높을 수 있다. 또한, 변화관리자가 한 당사자와 협상(negotiation)을 하여 저항을 피했을 때, 다른 파워 있는 사람들도 뭔가를 요구하며 위협할 수 있는 위험이 있다(이덕로 역, 2006).

(5) 조종과 호선

조종(manipulation)은 종업원들에게 변화를 수용하도록 거짓으로 소문을 내거나 사실을 왜곡시킴으로써 은밀하게 영향력을 행사하는 방법으로 변화에 대한 저항을 감소시키는 방법으로 사용될 수 있는 방법이다. 그리고 호선(cooptation)은 조정과 참여의 두 가지 방법을 결합한 방법으로 저항그룹의 리더를 매수하여 조직변화 결정에 중요한 역할을 맡김으로써 사전이해를 돕기도 하고 적극적인 협조도 얻을 수 있는 방법이다. 이러한 전술적 방법들은 비낭비적이고 빠르게 문제해결이 될 수 있으나 이런 전술이 잘못 알려지게 되어 저항그룹으로부터 속임을 당했다고 느끼게 되면 문제가 더욱 커질 수 있다는 단점도 있다.

(6) 강압적 방법

변화에 대한 저항을 억제하기 위한 최후 수단으로써 강압(coercion)에 의한 방법을 사용할 수 있다. 구체적으로는 공장폐쇄를 한다든가, 배치이동(transfer), 승진상의 불이익, 인사고과상의 불이익 등을 통하여 변화를 수용하도록 하는 방법이다. 변화에 대한 저항을 감소시키기 위한 위의 방법들은 상황에 따라서 장·단점이 다르게 나타날 수 있다. 따라서 경영자는 변화의 저항을 감소시키고자 할 때 상황에 적합한 방법을 선택해서 활용해야 하며, 경우에 따라서는 여러 가지 방법을 복합적으로 활용하는 것이 훨씬 효과적일 수 있다.

지금까지 변화에 대한 조직구성원들의 저항을 극복하기 위해 활용가능한 여섯 가지에 대해 살펴보았다. 이들을 통해 저항을 어느 정도 극복할 수 있겠지만 문제는 이들의 실천이고 이것은 결국 각계 각층 리더의 리더십에 달려 있다고 볼 수 있다.

1990년대 초반, 무너져 가던 IBM의 구원 투수로 영입된 거스너(Louis V. Gerstner)는 당시 상황에 대해 "IBM에는 똑똑하고 우수한 인재들이 부족하지 않았다. 기술이 없던 것도 아니다. 시장에서 이기기 위한 전략을 수립한 보고서는 서랍마다 가득히 쌓여 있었다… 그런데, 움직이는 사람들이 없었다"라고 회상한 적이 있다. 가장 근본적인 문제는 무언가 실행이 제대로 되지 않았다는 것이다. 이런 상황은 비단 IBM에만 있었던 일이 아니다. 많은 기업들이 위기와 조직 변화를 이야기하지만, 실제로 변화에 성공한 기업은 많지 않다. 하버드 비즈니스 스쿨의 코터(J.P. Kotter) 교수는 "수많은 기업들이 환경 변화에 대응하여 생존하기 위해, 사업 방식을 근본적으로 변화시키려 노력하지만, 대다수는 제대로 실행에 옮겨지지 못하고 기대수준 이하의 성과를 내는 것으로 마무리 된다"라고 지적했다.

그렇다면 어째서 이런 일들이 생기는 것일까? 우수한 인재들과 내부 자원이 충분히 있음에도 불구하고, 새로운 투자와 혁신적 활동들이 조직에서 제대로 이루어지지 않는 이유는 과연 무엇일까? 그 이유로 여러 가지가 있을 수 있겠지만, 중요한 한 가지로 리더십 관성(leadership inertia)를 꼽을 수 있다.

리더십 관성이란, 변화의 요구에도 불구하고 리더들로 하여금 기존의 습관에 따라 일을 하도록 만드는 힘을 의미한다. 즉 리더들의 사고 및 일 처리 방식에 있어서의 관성을 뜻한다. 리더십 관성은, 변화 필요성을 깨닫고 있다 하더라도, 리더들로 하여금 실제로 주요 투자 의사결정을 해야 하는 순간이 오면 새로운 기준을 적용하기보다는 자신에게 익숙한 과거의 기준과 감(感)으로 결정하게끔 만든다. 또 조직을 운영하면서 구성원들에게 권한을 더 위임해야 한다고 머리로 생각하다가도 얼마 지나지 않아 다시금 명령하고 지시하는 형태로 일을 처리하게 만들기도 한다. 이렇듯 변화의 힘은 저항하는 관성의 힘에 부딪혀 약화되기 쉽다.

따라서 무엇보다도 CEO가 조직을 변화시키겠다는 강력한 의지를 보여줄 필요가 있다. 사람들은 비전이나 전략 등의 내용도 중시하지만, 그보다는 "이를 주도할 사람이 얼마나 강단 있게 이끌 것인가"에 대한 판단을 보다 중시한다. 결국 일을 만들어 내는 것은 사람이기 때문이다. 그런 만큼 "하다가 안되면 그만 두겠지"와 같은 인식이 자라나지 않도록, 변화에 대한 의지를 보다 적극적으로 나타내야 한다.

이를 위해선 우선, CEO 본인 스스로가 조직 변화에 적극적으로 몰입하고 있음을 가시적으로 보여주는 것이 중요하다. 스스로 변화의 밑그림을 그리고, 이에 대한 열렬한 전도자가 되어야 한다. 언제 어디서나 변화에 대해 이야기하는 모습을 보여줘야 한다. 임직원 모두가 'CEO 의지가 확실하구나'라는 것을 온 몸과 마음으로 느낄 수 있도록 해야 한다(이덕로·김태열, 2014, 288~294; 황인경, 2012).

제 3 절 조직변화의 유형과 영역

1. 조직변화의 유형

변화압력에 대응하는 조직의 대응방식은 여러 가지 유형으로 나눌 수 있다. 즉 시간에 따른 변화량의 수준에 따라 점진적 변화와 급진적 변화로, 변화의 주도권이 어디에 위치하는가에 따라 참여적 변화와 강압적 변화로, 그리고 예측 여부에 따라 반응적 변화와 예측적 변화로 나눌 수 있다. 본서에서는 변화의 속도와 시간 측면을 고려하여 점진적 변화와 급진적 변화에 대해 살펴보기로 하겠다.

(1) 점진적 변화

점진적 변화(incremental change)란 조직의 전략이나 구조 등 근본적 체계는 유지한 채 환경이 변화하는 대로 적응해 가면서 점차 개선해 나가는 방식이다. 사회기술적 접근과 전사적 품질경영(TQM: Total Quality Management) 방식 등은 조직이 목표한 바가 잘 진행되도록 업무프로세스를 변화에 맞추는 기업이기 때문에 점진적이라 할 수 있다.

점진적 조직변화의 대표적인 예로 타비스톡연구소(Tavistock Institute)의 사회기술 시스템이론을 살펴보자. 제2차 세계대전 후 영국의 한 탄광회사에 새로운 기술이 도입되었다. 이전까지만 해도 한 팀의 작업자들이 갱속에 들어가 석탄을 캐서 지상으로 운반하는 것까지 모두 책임지고 했기 때문에 팀원 상호간의 유대관계와 응집력에 의해 생산성이 좌우되었다. 그러다가 신기계의 도입으로 석탄을 드릴로 캐어 컨베이어벨트에 의해 지상으로 운반되는 대량생산체제로 변화되니까 작업은 개별적으로 나뉘어져서 단순·반복노동이 되고 표준화되었다. 그 결과 불만과 결근율이 이전보다 증가하고 생산성은 별로 오르지 않았다.

왜 그랬을까? 타비스톡연구팀이 찾아낸 이유는 신기술의 도입으로 그동안 작업자들 간에 형성되어 있던 인간적 관계와 규범이 깨어지고 친밀한 상호관계와 응집력이 해체된 때문이었다. 따라서 그 연구팀은 과거에 존재하던 역할관계와 작업방법은 살려둔 채로 신기술을 조금씩 천천히 도입하면서 분위기가 안정된 다음에 점차로 늘려가는 방식을 제안하였다. 그러자 생산성이 오르고 불만이 줄어들게 되었다. 이 연구결과는 조직의 기술적·사회적 시스템은 서로 적절하게 조화되어야 하며 조직내 과업이나 역할관계를 변화시키려 할 때는 인간관계나 집단의 규범을 혼란시키지 말고 점진적으로 시도해야 한다는 교훈을 알려주고 있다.

점진적 변화는 비교적 장기간에 걸쳐 조금씩 변화시며 나아가는 것인데 질서있는 변화를 이룰 수 있을지는 모르지만 변화에 대한 저항을 효과적으로 극복하기 힘들다는 비판을 받아왔다.

(2) 혁신적 변화

혁신적 변화(revolutionary change) 혹은 양자론적 변화(quantum change)란 조직의 구조와 전략을 뜯어고치면서 근본적이면서 폭넓고 빠르게 변화를 시도하는 방식이다. 업무프로세스를 근본적으로 바꾸는 리엔지니어링(Reengineering), 조직구조의 재조정(restructuring), 조직목표나 전략의 개편 등은 모두 이에 속한다.

한 예로 1990년대 혁신적 조직변화기법의 상징이었던 비즈니스 프로세스 리엔지니어링(BPR: Business Process Reengineering)은 비용, 품질, 고객대우, 업무스피드 등의 각종 성과지표를 획기적으로 향상시키기 위해 업무진행 프로세스를 근본적으로 재고하면서 재설계하는 것을 의미한다. 기존의 업무프로세스가 제품의 생산 또는 기능 중심이던 것을 어떻게 하면 고객에게 더 질 좋은 제품과 서비스를 더 빨리 제공할 수 있을까 하는 고객 중심의 프로세스로 과감하게 조직을 변화시키는 방법이다(임창희, 2015, 358~360).

변화에 대한 저항을 제대로 극복하기 위한 방안으로 급진적 또는 양자론적 변화방식이 많이 거론된다. 즉 짧은 기간 동안에 광범위하고 대대적으로 조직변화를 시도해야 과거와 단절된 원하는 변화를 얻어낼 수 있다는 것이다(백기복. 2014, 552).

이 두 변화의 유형을 그래프로 나타내면 [그림 11-8]과 같다.

그림 11-8 조직변화의 두 가지 유형

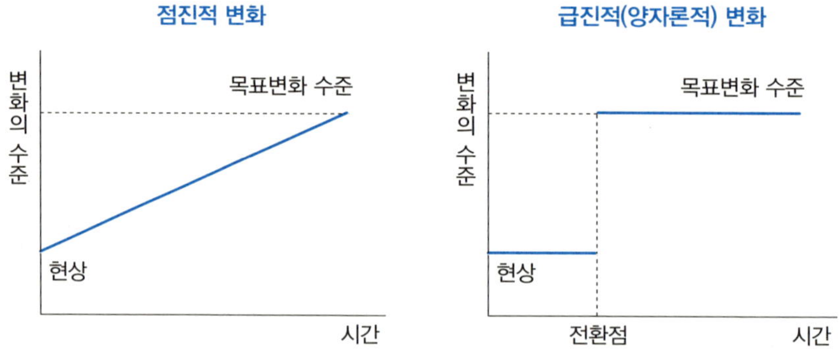

자료: 백기복(2014), 「조직행동연구」, 제6판, 창민사, 553을 수정한 것임.

2. 조직변화의 영역

그렇다면 조직은 과연 무엇을 변화시키는가? 곧 조직변화라고 할 때 변화의 대상은 무엇인가? 조직변화의 영역으로 [그림 11-9]와 같은 크게 세 가지를 생각해 볼 수 있다.

그림 11-9 무엇을 변화시킬 것인가?

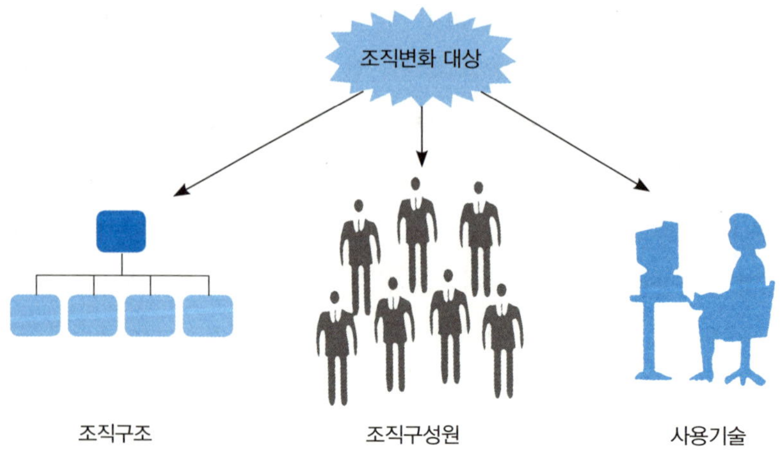

자료: 임창희(2015), 「조직론 이해」, 제2판, 학현사, 354.

결국 기업경영자들이 조직변화를 시도할 수 있는 영역은 복잡성 정도, 공식화수준, 집권화, 직무설계 등과 같은 구조적(structural) 측면, 작업과정, 작업방법, 작업설비 등과 같은 기술적(technical) 측면, 그리고 태도, 기대, 지각, 행동 등과 같은 사람(people) 측면으로 구분될 수 있다(김태열·이덕로, 2014). 그러면 각 변화측면별 영역을 간단히 살펴보기로 하자.

(1) 구조적 변화

조직구조는 앞서 논의한 바와 같이 복잡성(complexity), 공식화(formulization) 및 집권화(centralization), 직무설계 등에 의해서 구성되는데 이러한 구성요인들의 변화를 구조적 변화라고 한다. 예를 들면 관리한계(span of control)의 폭을 확대시킴으로써 조직구조를 보다 수평적 조직으로 한다든가, 표준화 수준을 높이기 위하여 보다 많은 규칙과 절차를 마련하고, 그리고 의사결정 과정이 보다 신속하게 이루어질 수 있도록 권한의 분권화를 확대하는 등의 방식으로 변화를 꾀할 수가 있다. 보다 광범위한 구조적 변화로 부문화의 원칙을 변화시켜 기능적 조직구조를 제품별 또는 행렬식 조직구조로 전환하는 방법, 또는 일을 분할하고 작업일정을 바꾸는 방법들이 있다. 그리고 보상체계를 바꾸거나 업적평가시스템을 변경하여 종업원들에게 동기부여를 하는 것도 구조적 조직변화의 한 방법이다.

(2) 기술적 변화

새로운 지식과 과학의 발달은 기술혁신의 가속화를 초래했으며 조직들은 새로운 기술을 도입함으로써 조직변화를 이루고 있다. 경영학의 발달과정에서 보면 일찍이 과학적 관리법 시대의 공장관리자들은 생산성 향상을 이룩하고자 시간연구나 동작연구들의 방식으로 기술적 변화를 실천해 왔다. 그러나 오늘날의 기술적 변화는 대체로 새로운 설비의 도입, 작업방법, 자동화(automation), 또는 전산화(computerization) 등의 영역을 포함한다. 보다 유리한 경쟁기업이 되기 위해서는 신기술의 도입, 새로운 설비나 도구 또는 작업방법을 도입하여 생산성을 높일 수 있도록 조직변화를 시켜야 한다.

특히 자동화(automation)는 사람의 작업을 기계로 대체할 수 있는 기술적 변화로서 산업혁명 이래 꾸준히 추진되고 있는 기술적 변화방법이다. 오늘날과 같이 인건비가 상승하고 생산직 종업원을 구하기 어려운 경우에 자동화 생산방식으로 대체하여 기술적 변화를 이루는 것은 아주 유익한 것이다. 최근에는 생산부문의 자동화 이외에 사무자동화(office automation)도 확산되고 있다.

최근에 가장 현저하게 발전하고 있는 전산화의 확대는 많은 기업들이 체계적인 경영정보시스템(management information system)을 구축함으로써 기술적 변화를 촉진하고 있다.

(3) 사람 중심적 변화

조직 내 사람에 대한 변화는 구성원들의 태도, 기대, 성격, 지각 그리고 행동면의 변화에 초점을 두고 이루어진다. 이러한 변화의 노력들은 주로 다음 절에서 다룰 조직개발(organizational development)에 의해 이루어진다. 일반적으로 조직개발이란 환경변화에 대한 조직체의 적응능력을 기르기 위하여 조직체의 변화와 조직구성원의 행동개선을 가져오는 것을 의미한다(Robbins, 2005, 558). 조직변화를 위해 사용되는 조직개발기법은 개인, 집단, 그리고 조직전체 수준의 행동변화에 초점을 두고 다양하게 사용되고 있다(이학종, 1999).

지금까지 사람 중심의 조직변화 노력에 대해 살펴보았다. 사람 중심의 조직변화 노력은 조직개발 기법 이외에도 인적자원관리를 통해서 이루어질 수 있다. 새로운 기술의 도입에 따른 전문 담당자를 새로 채용하거나 교체하는 방법 또는 구성원들의 능력향상을 위한 여러 가지 교육훈련기법을 통해서도 조직변화를 이룰 수 있다(이덕로·김태열, 2014, 298~300).

리더십 **사례**

KFC 할아버지 샌더스의 끊임없는 도전

세계적인 치킨 체인점인 KFC의 창립자인 할랜드 데이비드 샌더스(Harland David Sanders)는 1890년에 미국 인디애나 주 헨리빌에서 태어났다. 6세의 나이에 아버지를 잃었고 12세에 어머니가 재혼을 하며 고향을 떠난 이후로는 생계를 위해 페인트공, 타이어 영업, 유람선, 주유소 등 닥치는 대로 일을 해야만 했다. 이때 집에서 요리를 담당하면서 요리에 흥미를 가지게 된다. 1907년 17세가 되어 집에서 독립할 시기가 오자 샌더스는 생계를 위해 미 육군에 입대한다.

40세가 되어 어느 정도 돈이 생기자 육군에서 전역한 뒤 켄터키주 코빈의 국도변 주유소 옆에서 평소의 요리실력을 살려 자신만의 조리법으로 만든 닭튀김을 만들어 팔기 시작하면서 요식업에 뛰어들었다. 식당이 잘 되어 샌더스 식당은 전미에서 맛집으로 유명해졌고 1950년에는 켄터키 커넬이라는 명예 호칭까지 수여받게 된다. 하지만 곧 시련이 닥쳤다. 식당에 화재가 발생하면서 모든 것을 한순간에 잃어버렸다. 이후 어렵게 재기해 다시 식당을 열었지만 바로 옆에 고속도로가 놓이게 되면서 찾아오는 손님이 하나도 없게 되었고, 마침내 가게가 경매에 넘어가버리는 바람에 65세가 되던 해에 식당을 폐업하고 말았다.

남은 재산이라고는 월 105달러의 사회 보장금과 낡은 트럭 한 대밖에 안 남은 상태에서 샌더스는 힘들지만 낙심하지 않고 다시 사업에 도전하기로 결심했다. 그동안 레스토랑을 운영하며 꾸준히 개발해 온 독특한 조리법을 팔아보기로 했다. 트럭에서 잠을 자고 주유소 화장실에서 면도하며 미국 전역을 돌아다녔다.

쉽지 않은 도전이었다. 그가 믿었던 소중한 꿈이 사람들에게 외면당하기 일쑤였다. 영업을 위해 찾아가는 식당마다 그의 소스를 반기는 사람은 없었다. 실패하면 방법을 달리해서 또 도전했다. 할 때까지, 될 때까지, 이룰 때까지… 무려 1,008번이나 거절당했다. 그러다가 마침내 1009번째 자신의 조리법을 받아들인 식당을 찾아내게 된다. 웬디스(Wendy's) 창립자인 데이브 토마스(Dave Thomas)가 자신의 식당에서 샌더스의 요리법으로 만들어진 치킨을 판매하는 조건으로 샌더스에게 치킨 1조각당 $0.04의 로열티를 지불하기로 계약을 맺게 되었다. 이후 샌더스는 사업가 피트 하먼(Pete Harman)과 계약해서 마침내 KFC 1호점을 탄생시키게 된다. 현재 KFC가 자리를 잡은 이후 할랜드 샌더스는 자신을 샌더스 대령이라고 칭하며 흰 양복을 입고 KFC의 마스코트를 자처하고 장학 재단을 설립하는 등 왕성히 활동하다가 1980년에 90세를 일기로 별세했다. 그의 모습은 오늘날 1만 개가 넘는 전 세계에 있는 KFC 체인점 앞에 서있는 플라스틱 상과 KFC의 마스코트 엠블렘으로 찾아볼 수 있으며 켄터키주 의사당 앞에는 그의 동상이 있다.

자료: https://namu.wiki 나무위키와 사랑 쉼터

참고문헌

Chapter 1 리더십의 기초

김수영(2019.4.18), "방탄소년단, 美 타임지 선정 '2019 세계에서 가장 영향력 있는 인물 100'," 「한국경제신문」.

김종명(2016.7.16), "[직장인 톡] ④ 스트레스를 부르는 그 이름 '직장상사'," 「KBS 뉴스」.

김태열·이덕로(2014), 「현대사회와 리더십」, 문영사, 16.

민경호(2010), 「리더십 이론과 개발」, 무역경영사, 10.

백기복(2005), 「리더십리뷰 -이론과 실제-」, 창민사, 18.

백기복·신제구·김정훈(2009), 「리더십의 이해」, 창민사, 47-53.

백기복·신제구·김정훈(2018), 「리더십의 이해」, 제2판, 창민사. 49-54.

서도원·이덕로(2016),「현대경영학원론」, 박영사. 19-506.

손택균(2019.7.18.), "BTS, 3년 연속 '인터넷 영향력 25인'," 「동아일보」.

스튜어트 크레이너 저, 양영철 역(2012), 「경영 구루들의 살아있는 아이디어」, 평림출판사.

오경묵(2019.7.10), "영남대,500대 기업 CEO 배출 전국 9위," 「한국경제신문」.

윤종성(2015), 「리더십 입문서: 리더십 사상·이론·원리」, 시간의 물레, 19.

이덕로·서도원·이원우 공저(2008), 「경영학의 이해」, 박영사, 250-277.

이연정(2019.7.10), "경북대·영남대, 국내 500대 기업 CEO 배출 전국 9위," 「매일신문」.

이학종·박헌준(2004), 「조직행동론」, 박영사, 335-374.

이한검(1994), 「경영학의 에센스」, 형설출판사, 14-55.

이현주(2019.6.26), "대한민국 100대 CEO &기업," 「한경비즈니스」, 1230호, 1-2.

임창희·홍용기(2011), 「리더십 이론과 실제」, 비앤엠북스.

정우일(2006), 「리더와 리더십」, 박영사, 36-38.

최윤신·배동주(2019.5.25), "[이코노미스트] 1959년 서울生, 서울대 출신이 주류," 「중앙일보」.

허정민(2015.12.6), "똑똑한 매니저와 현명한 리더의 차이는?," 「머니투데이」.

홍석환(2017.5.22), "[홍석환의 인사 잘하는 남자] "사람이 경쟁력이라는데…" 기업 회장들의 고민," 「한국경제신문」.

Bennis, W. & Nanus, B.(1985), *Leaders: The Strategies for Taking Charge*, New York: Harper & Row, 20.

Berle, A. A., Jr. & Means, G. C.(1932), *The Modern Corporation and Private Property*, New York: MacMillan, 70-94.

Boone, L. E. & Kurtz, D. L.(1992), *Management*, New York: McGraw-Hill, 245-290.

Burns, J. M.(1978), *Leandership*, New York : Harper & Row.

Donnelly, J. H., Jr., Gibson, J. L., & Ivancevich, J. M(1995), *Fundamentals of Management*, 9th ed., Chicago : Irwin.

Fayol, H.(1930), *Industrial and General Administration*, Geneva : International Management Institute.

Fayol, H.(1949), *Industrial Management*, London : Sir Issac Pitman & Sons, 20-41.

Gibson, J. L., Ivancevich, J. M., & Donnelly, J. H.(2000), *Organizations: Behavior, Structure, Processes,* 10th ed., Boston : McGraw-Hill.

Hellriegel, D., Jackson, S. E., & Slocum, J. W.(2008), *Managing: A Competency-Based Approach*, 11th ed., Mason, OH : Thomson/South-Western, 16-18.

Katz, R. L.(1974), "Skills of an Effective Administrator," *Harvard Business Review*, 52(5), 90-101.

Lewis, P. S., Goodman, S. H., & Fandt, P. M.(2004), *Management: Challenges for Romorrow's Leaders*, 4th ed., Mason, Ohio : Thomson/South-Western, 223-589.

Lussier, R. N. & Achua, C. F.(2016), *Leadership: Theory Application, and Skill Development*, 6th ed., Boston, MA : Cengage Learning, 10-14..

Miller, M.(2013), *The Heart of Leadership Becoming a Leader People Want to Follow,* Oakland : Berrett-Koehler Publishers.

Mintzberg, H.(1973), *The Nature of Managerial Work*, New York : Harper & Row, 49-61.

Nanus, B.(1992), *Visionary Leadership: Creating a Compelling Sense of Direction for Your Organization,* San Francisco : Jossey-Bass.

Nelson, D. L. & Quick, J. C.(2008), *Understanding Organizational Behavior*, 3rd ed., Cincinnati, Ohio : South-Western Publishing Co., 275-276.

Nickels, G., McHugh, J. M., & McHugh, S. M.(2016), *Understanding Business*, 11th ed., New York, NY : McGraw-Hill Education, 201-241.

Nickels, W. G., McHugh, J. M., & McHugh, S. M.(2012), *Understanding Business*, 9th ed., Homewood, IL : Irwin, 191-193.

Peters, T. & Austin, N.(1985), *A Passion for Excellence: The Leadership Difference,* New York : Random House.

Robbins, S. P. & Coulter, M. K.(2016), *Management*, 13th ed., Boston : Pearson, 221-594.

Robbins, S. P. & Judge, T. A.(2013), *Organizational Behavior*, 15th ed., Boston : Pearson, 402-403.

Robbins, S. P. & Judge, T. A.(2019), *Organizational Behavior*, 18th ed., Harlow : Pearson Education Limited, 421.

Yukl, G. A.(2013), *Leadership in Organizations*, 8th ed., Boston : Pearson, 19-22.

Chapter 2 한국의 리더십

감명국(2013.1.19), "국회의원 하면 떠오르는 첫 이미지는 '싸움꾼'," 「시사저널」, 1213호, 6-10.

교육부·한국교육개발원(2018.9), 「OECD 교육지표 2018」.

구태우(2018.8.28), "노동시간 단축에 생산성 고민…정작 직원 교육훈련에는 인색," 「뉴스토마토」.

김광웅(2011), 「서울대 리더십 강의: 이 시대의 진정한 지도자는 누구인가」, 21세기북스.

김기태(2008), "교육훈련 투자가 조직성과에 미치는 영향," 「조직과 인사관리연구」, 32(4), 29-57.

김기태·조봉순(2008), "인적자원관리와 조직성과 간의 관계에 관한 연구: 인적자원관리 성과로서 종업원 태도의 매개효과를 중심으로," 「인사·조직연구」, 16(1), 115-157.

김동현(2015.8.4), "최고의 CEO 리더십은…'수평적 리더십'," 「뉴시스」.

김민경·나인강(2012), "교육훈련이 기업성과에 미치는 영향: 교육훈련전이의 매개효과를 중심으로," 「대한경영학회지」, 25(4), 2047-2064.

김아름(2016.11.23), 직장인 61% "상사 리더십,10점 만점에 '5점이하'" 「파이낸셜뉴스」.

김안국(2002). 「기업 교육훈련의 생산성 효과 분석」, 「경제학연구」, 50(3), 341-367.

김이삭(2018.9.11), "여전히 뜨거운 교육열… OECD 국가 압도," 「한국일보」.

김지예(2019.7.26), "90년대생들의 '최애' 정치인은," 「서울신문」.

김태열·이덕로(2014.2), 「현대사회와 리더십」, 문영사, 50-52.

김회권(2013.10.28), "[차세대리더 100] 리더는 '능력'보다 '품성'이 좋아야," 「시사저널」.

나인강(2010), "기업의 훈련이 근로자의 인적자원성과 및 기업성과에 미치는 영향," 「인적자원관리연구」, 17(1), 39-56.

나인강(2016). 「교육훈련투자와 기업성과간의 인과관계 분석」, 「인적자원관리연구」, 23(1), 323-344.

노엘 티시 저, 이재규·이덕로 공역(2000), 「리더십 엔진」, 21세기 북스, 33-198.

노용진·김현기(2008.1.30), "대한민국 직장인 리더십 진단," 「LG Business Insight」, LG경제연구원, 1-16.

노용진·채창균(2009), "기업 내 교육훈련의 경영성과 효과," 「노동정책연구」, 9(2), 67-93.

대한상공회의소(2006.11), 「신입직원에 대한 교육훈련 실태조사」, 2.

마크로밀 엠 브레인 트렌드모니터(2016.11.16), 「2016년 리더십 유형과 직급체계 관련 인식 조사」.

매일경제신문 특별취재팀(2004.3.22), "한국엔 리더십이 없다" 「매일경제신문」.

Thornton A. May(2017.5.10), "IT혁명에 필요한 리더십," 「CIO Korea」.

박영훈(2012.6.14), "중국의 인재양성", 「해럴드경제」.

박일근(2010.7.21), "인재경영 외치더니… 기업 교육비 작년 20% 감소," 「한국일보」.

박준성·김환일(2008), 「한국기업의 인사평가제도 실태조사」, 한국경영자총협회, 25-26.

박홍수·이장우·오명열·유창조·전병준(2014), 「경영학회가 제안하는 공유가치창출 전략: CSR에서 CSV로」, 박영사.

반가운(2009). 「외환위기 이후 생산성 추이와 교육훈련효과-상장제조 기업 자료를 이용한 동적 패널

분석」, 「한국노동경제논집」, 32(2), 95-124.

반가운(2011). 「외환위기 이후 기업의 교육훈련활동과 연구개발활동의 생산성 효과: 교육훈련스톡 추계치를 이용한 분석」, 「한국노동경제논집」, 34(1), 33-69.

반가운·김미란·김봄이·박동진·최혜란(2016), 「한국의 기업은 왜 교육훈련에 투자하지 않는가?」, 한국직업능력개발원,

반가운·김봄이(2016). 「2016년 기업직업훈련실태조사」, 한국직업능력개발원.

배종석(2012), 「인적자원론」, 제2판, 홍문사.

배진한(2018), 「기업 내부노동시장 변화와 인적자원개발 투자 유인」, 「노동경제논집」, 41(1), 83-124.

백기복(2002), 「이슈리더십」, 창민사, 17-21.

백기복(2005), 「리더십리뷰 -이론과 실제-」, 창민사, 15-17.

백기복(2011), 「조직행동연구」, 제5판, 창민사, 334-335.

백기복·신제구·김정훈(2009), 「리더십의 이해」, 창민사, 14-24.

백우진(2002),「한국경제실패학」, 지식공작소.

서도원·이덕로(2016),「현대경영학원론」, 박영사, 457-459.

서민준(2019.3.18), "세계에서 '30-50클럽' 가입 국가는 한국 포함 7개국뿐," 「한국경제신문」.

성유진(2017.8.25), "너희 집 앞에도, 우리 집 앞에도 안돼," 「조선일보」.

송현정(2016.12.24), "맥쿼리 "정치리더십 부재가 한국경제 짓누를 수도" 「KBS News」.

신지수(2017.9.5), "장애인 학부모들 오열하며 무릎 꿇었지만.." 「오마이뉴스」.

오윤희(2010.10.25), "조기 유학생들이 크게 줄고 있다," 「조선일보」.

원호연(2012.8.8), "한국사회 리더십 전반적 낙제점 평가…침체·저성장 빠질 우려," 「헤럴드경제」.

유대근(2017.7.7), "명백한 불법 vs 현실과 괴리…초·중학생 조기유학 딜레마," 「서울신문」.

이경희·정진화(2008), "인적자원의 개발 및 관리와 기업성과," 「직업능력개발연구」, 11(3), 71-96.

이덕로·김태열(2013.3), "상사의 유머가 부하직원의 창의성에 미치는 영향: 내재적 동기부여의 매개효과와 팀인적자본의 조절효과를 중심으로," 「인사조직연구」, 21(1), 1-35.

이설(2018.9.8), ""아이들이 몰라서 그나마 다행.. 상처는 우리가 안고 가야죠," 「동아일보」.

이승환(2012.6.23), "기재부, "우리나라 세계 7번째 20-50클럽 진입"," 「파이낸셜뉴스」.

이유진(2019.3), "세계 수출시장 1위 품목으로 본 우리 수출의 경쟁력 현황(2017년 기준)", 「Trade Focus」, 한국무역협회 국제무역연구원, 2-11.

이학종·박헌준(2004), 「조직행동론」, 박영사, 335-374.

임정연·이영민(2010), "중소제조기업의 교육훈련투자가 기업성과에 미치는 영향 분석," 「인적자원관리연구」, 17(2), 139-162.

장성근(2012.7.4), "R&D, 돈이 아니라 리더십이 문제다," 「정책연구 Working Paper Series」, LG경제연구원, 2.

장하나(2011.10.16), "국민 10명 중 8~9명 정치·정치인 불신,"「연합뉴스」.

전경운·강영운(2018.10.4), "삼성전자 브랜드가치 도요타 제치고 세계 6위,"「매일경제신문」.

정재웅(2019.7.23), "16개 한국기업 '포춘 글로벌 500' 올라...삼성전자 15위,"「포춘코리아」.

정종진·이덕로·이지만(2018),「21세기 인적자원관리」, 집현재, 254.

조민정(2016.12.24), "맥쿼리 "정치리더십 부재가 한국경제 짓누를 수도",「연합뉴스」.

최우석(2019.3.20), "한국, 세계 수출시장 점유율 1위 품목 77개… 화학·철강·섬유제품에서 경쟁력,"「기계신문」.

피터 노스하우스 저, 김남현 역(2011),「리더십: 이론, 응용, 비판, 측정, 사례」, 5판, 경문사, 3-18.

한국경영자총협회(2013.11.22),「2013년 신입사원 교육·훈련 및 수습사원 관리 현황 조사」, 12-14.

한국경영자총협회(2013.12.15),「2014년 최고경영자 경제전망 조사」, 14.

한국대학신문(2013.10.15), "가장 존경하는 인물은 반기문·스티브 잡스,"「2013 전국 대학생 의식조사(3) 인물선호도」.

한국언론진흥재단(2016),「2016 10대 청소년 미디어 이용 조사」.

한여진(2019.6.3), "뉴질랜드 조기 유학 현장을 가다: 미래 지향적인 교육을 제공하는 나라 1위,"「여성동아」, 666호, 134-137.

홍석환(2017.5.22), "[홍석환의 인사 잘하는 남자] "사람이 경쟁력이라는데…" 기업 회장들의 고민,"「한국경제신문」.

Achua, C. F. & Lussier, R. N.(2010), *Effective Leadership*, 4th ed., Cincinnati, Ohio: South-Western College Publishing, 3-20.

ASTD(2008), *2008 State of the Industry Report*. American Society for Training & Development.

ASTD(2010), *State of the Industry Report 2009*. American Society for Training and Development.

Carmeli, A., & Schaubroeck, J.(2005), "How Leveraging Human Resource Capital with Its Competitive Distinctiveness enhances The Performance of Commercial and Public Organizations," *Human Resource Management*, 44(4), 391-412.

Ivancevich, J. M.(2004), *Human Resource Management*, 9th ed., New York: McGraw-Hill Book Co., 392-432.

Jackson, S. E. & Schuler, R. S.(2003), *Managing Human Resources Through Strategic Partnership*, 9th ed., Cincinnati, Ohio: South-Western Publishing Co., 408-511.

Noe, R. A., Hollenbeck, J. R., Gerhart, B., & Wright, P. M.(2004), *Human Resource Management*, 9th ed., New York: McGraw-Hill Book Co.

Peters, T. J. & Astin, N.(1985), *A Passion for Excellence*, N.Y.: Random House, 5-6.

Porter M. E., & Kramer, M. R.(2006), "Strategy & Society: The Link Between Competitive Advantage and Corporate Social Responsibility," *Harvard Business Review*, 84(12), 78-85.

Porter M. E. & Kramer, M. R.(2011), "Creating Shared Value: How to reinvent Capitalism and unleash a Wave of Innovation and Growth," *Harvard Business Review*, 1-17.

Robbins, S. P. (2005), *Organizational Behavior*, 11th ed., Englewood Cliffs, N.J.: Prentice-Hall, Inc., 337-338.

Skaggs, B. C., & Youndt, M. A. (2004), "Strategic Positioning, Human Capital, and Performance in Service Organizations: A Customer Interaction Approach," *Strategic Management Journal*, 25, 85-99.

Subramaniam, M., & Youndt, M. A. (2005), "The Influence of Intellectual Capital on the Types of Innovative Capabilities," *Academy of Management Journal*, 48(3), 450-463.

Tharenou, P., Saks, A. M., & Moore, C. (2007), "A Review and Critique of Research on Training and Organizational-level Outcomes," *Human Resource Management Review*, 17(3), 251-273.

Tichy, N. M. & Cohen, E. (1997), *Leadership Engine: How Winning Companies Build Leaders at Every Level*, New York: Harper Business.

Chapter 3 리더십 특성이론

강신규·이기돈·이철호·추헌(2003), 「조직행동론」, 형설출판사, 504-509.

곽효문(2013), "임진왜란기 곽재우장군의 섬김리더십에 관한 연구," 「한국행정사학지」, 33, 113-132.

구창환(2015.1.1), "구창환의 마케팅 손자병법," 「업코리아」.

김경수·서미례·김병주·박래효·조영만·장정하(2004), "명장의 리더십에 관한 연구," 「경영학연구」, 33(5), 1355-1396.

김남권(2017), 「참군인 채명신의 리더십과 효충사상 연구」, 박사학위논문, 성산효대학원대학교.

김형곤(2013), 델라웨어 도강작전에 나타난 조지 워싱턴 장군의 리더십, 「서양역사와 문화연구」, 28, 41-82.

박내회(2002), 「조직행동론」, 신정판, 박영사, 196-197.

백기복(2000), 「이슈리더십」, 창민사, 17-166.

백기복(2002), 「조직행동연구-조직과 인간의 새로운 만남-」, 제3판, 창민사, 364-365.

백기복(2011), 「조직행동연구」, 제5판, 창민사, 340-342.

백기복·서재현·구자숙·김정훈(2010.12), "한국형 리더십," 「인사조직연구」, 18(4), 33-70.

백기복·신제구·김정훈(2009), 「리더십의 이해」, 창민사, 107-109.

양명호·박갑룡(2017), "연해주 항일독립운동가 김경천 장군 리더십 연구," 「한국보훈논총」, 16(2), 35-61.

에드거 F. 퍼이어 지음, 윤상용 옮김(2012), 「명장의 코드: 무엇이 그들을 성공한 리더로 만들었는가」, 한울.

이덕로(2018), 「조직행동론」, 피앤씨미디어, 294-300.
이상호(2018), 「조직과 리더십」, 3판, 북넷, 76-77.
이학종·박헌준(2004), 「조직행동론」, 박영사, 348.
임창희(1999), 「조직행동」, 제2판, 학현사, 340-342.
조성식(2005), 「장군들의 리더십 : 비전 창출의 뉴카리스마」, 늘푸른소나무,
최병운(2012), 「(병법에서 배우는) 명장의 조건」, 21세기북스.
최해진(2007), "이순신 장군의 전략적 리더십,"「인적자원관리연구」, 14(2), 209-221.
피터 노다우스 저, 김남현 역(2009), 「리더십 : 이론. 응용. 비판. 측정. 사례」, 경문사, 25-40.
하미승(2017), 「조직학 : 철학과 새 이론 탐색」, 탑북스, 359.
하미승(2018), 「리더십 : 이론과 개발」, 윤성사, 81-82.

Achua, C. F. & Lussier, R. N.(2010), *Effective Leadership*, 4th ed., Cincinnati, Ohio : South-Western College Publishing, 28-42.

Ancona, D. G.(2005), *Managing for the Future: Organizational Behavior & Processes*, 3rd ed., Mason, OH : Thomson/South-Western.

Barnard, C. I.(1946), *The Nature of Leadership: Human Factors in Management*, N.Y., Harper & Brother, 23-26.

Bass, B. M. & Stogdill, R.(1981), *Handbook of Leadership,* N.Y. : Free Press, 233-234.

Bass, B. M.(1985), *Leadership and Performance beyond Expectations*, New York : Free Press, 233.

Davis, K.(1972), *Human Behavior at Work*, 4th ed., N.Y., McGraw-Hill Inc., 102-104.

Hilgard, E.(1962), *Introduction to Psychology*, New York : Harcourt, Brace World, 476.

Jago, A. G.(1982), "Leadership : Perspectives in Theory and Research," *Management Science*, 28(3), 315-330.

Kirkpatrick, S. A. & Locke, C. A.(1991), "Leadership : do Traits matter?," *The Executive*, 5(2), 48-60.

Kreitner, R. & Kinicki, A.(2004), *Organizational Behavior*, 6th ed., New York : McGraw-Hill Book Co., 595-599.

Lewis, P. S., Goodman, S. H., & Fandt, P. M.(2004), *Management Challenges for Tomorrow's Leaders*, 4th ed., Cincinnati, Ohio : South-Western College Publishing.

Lord, R. G., de Vader, C. L., & Alliger, G.(1986), "A Meta-Analysis of the Relation between Personality Traits and Leadership Perceptions : An Application of Validity Generalization Procedures," *Journal of applied psychology*, 71(3), 402-410.

Lussier, R. N. & Achua, C. F.(2016), *Leadership: Theory, Application and Skill Development*, 6th ed., Boston, MA, USA : Cengage Learning, 66-90.

Luthans, F.(2005), *Organizational Behavior*, 10th ed., New York : McGraw-Hill Book Co., 544-564.

Mann, R. D.(1959), "A Review of the Relationship between Personality and Performance in Small Groups," *Psychological Bulletin*, 56(4), 241-270.

Manning, G. & Curtis, K.(2009), *The Art of Leadership*, 3rd ed., New York: McGraw-Hill Book Co., 16-17.

Nelson, D. L. & J. C. Quick(2008), *Understanding Organizational Behavior*, 3rd ed., Cincinnati, Ohio: South-Western Publishing Co., 276-277.

O'Reilly, C. A. & Pfeffer, J.(2000), *Hidden Value: How Great Companies achieve Extraordinary Results with Ordinary People*, Boston: Harvard Business School Press.

Pierce, J. L. & Newstrom, J. W.(2003), *Leaders & the Leadership Process: Readings, Self-assessments* & Applications, 3rd ed., New York: McGraw-Hill Book Co., 61-84.

Robbins, S. P. & Judge, T. A.(2019), *Organizational Behavior*, 18th ed., Harlow: Pearson Education Limited, 411-412.

Robbins, S. P. & Judge, T. A.(2013), *Organizational Behavior*, 15th ed., Boston: Pearson, 403-404.

Robbins, S. P.(2005), *Organizational Behavior*, 11th ed., Englewood Cliffs, N.J.: Prentice-Hall, Inc., 333-334.

Wagner, J. A. Ⅲ & Hollenbeck, J. R.(2005), *Organizational Behavior*: Securing *Competitive Advantage*, 5th ed., Mason, Ohio: South-Western, 285-302.

Yukl, G. A.(2002), *Leadership in Organizations*, 5th ed., Englewood Cliffs, NJ: Prentice-Hall, 11-12.

Yukl, G. A.(2010), *Leadership in Organizations*, 7th ed., Upper Saddle River, N.J.: Pearson, 43-45.

Yukl, G. A.(2013), *Leadership in organizations*, 8th ed., Boston: Pearson, 46-48.

Chapter 4 리더십 행동이론

박내회(2002), 「조직행동론」, 신정판, 박영사, 221-251.

백기복(2000), 「이슈리더십」, 창민사, 155-166.

백기복(2002), 「조직행동연구 -조직과 인간의 새로운 만남-」, 제3판, 창민사, 377-388.

이덕로(2018), 「조직행동론」, 피앤씨미디어, 301-309.

이덕로·서도원·김용순(2003), "변혁적·거래적 리더십이 조직시민행동에 미치는 영향 - 신뢰의 매개효과를 중심으로 -," 「경영학연구」, 32(2), 107-132.

이덕로·서향희(2017), 「인간관계론」, 피앤씨미디어, 248-250.

이덕로·이원우·서도원(2002), 「경영학원론」, 제2개정판, 박영사, 292-293.

이상호(2018), 「조직과 리더십」, 제3판, 북넷, 76-97.

이학종·박헌준(2004), 「조직행동론」, 박영사, 335-374.
임창희(1999), 「조직행동」, 2판, 학현사, 340-342.
하미승(2017), 「조직학: 철학과 새 이론 탐색」, 탑북스, 359.

Achua, C. F. & Lussier, R. N.(2010), *Effective Leadership*, 4th ed., Cincinnati, Ohio: South-Western College Publishing, 136-150.

Ancona, D. G.(2005), *Managing for the Future: Organizational Behavior & Processes*, 3rd ed., Mason, OH: Thomson/South-Western.

Fiedler, F. E.(1971), "Validation and Extension of the Contingency Model of Leadership Effectiveness: A Review of Empirical Findings," *Psychological Bulletin*, 76, 131.

Fiedler, F. E.(1976), *Improving Leadership Effectiveness*, New York: John Wiley & Sons, 41.

Hellriegel, D. & Slocum, J. W., Jr.(1992), *Management*, 6th ed., Massachusetts: Addison-Wesley Publishing Company, 491.

House, R. J. & Aditya, R. N.(1997), "The Social Scientific Study of Leadership," *Journal of Management*, 23(3), 422-473.

Lussier, R. N. & Achua, C. F.(2001), *Leadership: Theory, Application and Skill Development*, Cincinnati, Ohio: South-Western College Publishing.

Manning, G. & Curtis, K.(2009), *The Art of Leadership*, 3rd ed., New York: McGraw-Hill Book Co., 25-26.

Nelson, D. L. & Quick, J. C.(2008), *Understanding Organizational Behavior*, 3rd ed., Cincinnati, Ohio: South-Western Publishing Co., 280-284.

Rice, R. W.(1978), "Psychometric Properties of the Esteem for the Least Preferred Coworker(LPC) Scale," *Academy of Management Review*, January, 106–118.

Robbins, S. P., & Judge, T. A.(2017), *Organizational Behavior*, 17th ed., Harlow: Pearson Education Limited, 426.

Robbins, S. P. & Judge, T. A.(2013), *Organizational Behavior*, 15th ed., Boston: Pearson, 406-410.

Robbins, S. P., & Judge, T. A.(2019), *Organizational Behavior*, 18th ed., Harlow: Pearson Education Limited, 423.

Schein, E. H.(1980), *Organizational Psychology*, 3rd ed., Upper Saddle River, NJ: Prentice Hall, 116–117.

Schermerhorn, J. R., Jr.(2013), *Management*, 12th ed., Hoboken, NJ: John Wiley & Sons Inc., 332.

Schermerhorn, J. R., Jr.(1996), *Management*, 5th ed., New York: John Wiley & Sons, Inc., 329.

Schriesheim, C. A., Bannister, B. D. & Money, W. H.(1979), "Psychometric Properties of the LPC

Scale : An Extension of Rice's Review," *Academy of Management Review*, 4(2), 287-290.

Schriesheim, C. A., Tepper, B. J., & Tetrault, L. A.(1994), "Least Preferred Coworker Score, Situational Control, and Leadership Effectiveness : A Meta-Analysis of Contingency Model Performance Predictions," *Journal of Applied Psychology*, 79(4), 561 – 573.

Shani, A. B., & Lau, J. B.(2005), *Behavior in Organizations: An Experiential Approach*, 8th ed., New York : McGraw-Hill Book Co., 59.

Wagner, J. A. Ⅲ & Hollenbeck, J. R.(2005), *Organizational Behavior: Securing Competitive Advantage*, 5th ed., Mason, Ohio : South-Western, 295-300.

Yukl, G. A.(2002), *Leadership in Organizations*, 5th ed., Englewood Cliffs, NJ : Prentice-Hall, 253-254.

Yukl, G. A.(2010), *Leadership in Organizations*, 7th ed., New York : Pearson, 165-175.

Chapter 5 리더십 상황이론

강신규·이기돈·이철호·추헌(2003), 「조직행동론」, 형설출판사, 504-509.

곽효문(2013), "임진왜란기 곽재우장군의 섬김리더십에 관한 연구," 「한국행정사학지」, 113-132.

구창환(2015.1.1), "구창환의 마케팅 손자병법," 「업코리아」.

김경수 외(2004), "명장의 리더십에 관한 연구," 「경영학연구」, 33(5), 1355-1396.

김남권(2017), 「참군인 채명신의 리더십과 효충사상 연구」, 박사학위논문, 성산효대학원대학교.

김형곤(2013), 델라웨어 도강작전에 나타난 조지 워싱턴 장군의 리더십, 「서양 역사와 문화 연구」, 28, 41-82.

박내회(2002), 「조직행동론」, 신정판, 박영사, 196-197.

백기복(2000), 「이슈리더십」, 창민사, 17-166.

백기복(2002), 「조직행동연구 -조직과 인간의 새로운 만남-」, 제3판, 창민사, 364-365.

백기복(2011), 「조직행동연구」, 제5판, 창민사, 340-342.

백기복·서재현·구자숙·김정훈(2010.12), "한국형 리더십," 「인사조직연구」, 18(4), 33-70.

백기복·신제구·김정훈(2009), 「리더십의 이해」, 창민사, 107-109.

양명호·박갑룡(2017), "연해주 항일독립운동가 김경천 장군 리더십 연구," 「한국보훈논총, 16(2), 35-61.

에드거 F. 퍼이어 저, 윤상용 역(2012), 「명장의 코드 : 무엇이 그들을 성공한 리더로 만들었는가」, 한울.

이덕로(2018), 「조직행동론」, 피앤씨미디어, 294-300.

이상호(2018), 「조직과 리더십」, 제3판, 북넷, 76-77.

이학종·박헌준(2004),「조직행동론」, 박영사, 348.

임창희(2008),「조직행동」, 제4판, 비앤엠북스, 345-368.

조성식(2005),「장군들의 리더십 : 비전 창출의 뉴카리스마」, 늘푸른소나무.

최병운(2012),「(병법에서 배우는) 명장의 조건」, 21세기북스.

최해진(2007), "이순신 장군의 전략적 리더십,"「인적자원관리연구」, 14(2), 209-221.

피터 노다우스 저, 김남현 역(2009),「리더십 : 이론. 응용. 비판. 측정. 사례」, 경문사, 25-40.

하미승(2017),「조직학 : 철학과 새 이론 탐색,」탑북스, 359.

하미승(2018),「리더십 : 이론과 개발」, 윤성사, 81-82.

Achua, C. F. & Lussier, R. N.(2010), *Effective Leadership*, 4th ed., Cincinnati, Ohio : South-Western College Publishing, 28-42.

Ancona, D. G.(2005), *Managing for the Future: Organizational Behavior & Processes*, 3rd ed., Mason, OH : Thomson/South-Western.

Barnard, C. I.(1946), The Nature of *Leadership: Human Factors in Management*, N.Y., Harper & Brother, 23-26.

Bass, B. M. & Stogdill, R.(1981), *Handbook of Leadership,* N.Y. : Free Press, 233-234.

Bass, B. M.(1985), *Leadership and Performance beyond Expectations*, New York : Free Press, 233.

Davis, K.(1972), *Human Behavior at Work*, 4th ed., N.Y., McGraw-Hill Inc., 102-104.

Hilgard, E.(1962), *Introduction to Psychology*, New York : Harcourt, Brace World, 476.

Jago, A. G.(1982), "Leadership : Perspectives in Theory and Research," *Management Science*, 28(3), 315-330.

Kirkpatrick, S. A. & Locke, C. A.(1991), "Leadership : do Traits matter?," *The Executive*, 5(2), 48-60.

Kreitner, R. & A. Kinicki(2004), *Organizational Behavior*, 6th ed., New York : McGraw-Hill Book Co., 595-599.

Kurtz, D. L., Boone, L. E., & Fieenor, C. P.(1989), *CEO: Who gets to the Top in America?* East Lansing, MI : Michigan State University Press.

Lewis, P. S., Goodman, S. H., & Fandt, P. M.(2004), *Management Challenges for Tomorrow's Leaders*, 4th ed., Cincinnati, Ohio : South-Western College Publishing.

Lord, R. G., de Vader, C. L., & Alliger, G.(1986), "A Meta-Analysis of the Relation between Personality Traits and Leadership Perceptions : An Application of Validity Generalization Procedures," *Journal of Applied Psychology*, 71(3), 402-410.

Lussier, R. N. & Achua, C. F.(2001), *Leadership: Theory, Application and Skill Development*, Cincinnati, Ohio : South-Western College Publishing, 9-10.

Lussier, R. N. & Achua, C. F.(2004), *Leadership: Theory, Application and Skill Development*, 2nd ed., Cincinnati, Ohio: South-Western College Publishing, 62-88.

Luthans, F.(2005), *Organizational Behavior*, 10th ed., New York: McGraw-Hill Book Co., 544-564.

Mann, R. D.(1959), "A Review of the Relationship between Personality and Performance in Small Groups," *Psychological Bulletin*, 56(4), 241-270.

Manning, G. & Curtis, K.(2009), *The Art of Leadership*, 3rd ed., New York: McGraw-Hill Book Co., 16-17.

Nelson, D. L. & Quick, J. C.(2008), *Understanding Organizational Behavior*, 3rd ed., Cincinnati, Ohio: South-Western Publishing Co., 276-277.

O'Reilly, C. A, & Pfeffer, J.(2000), *Hidden Value: How Great Companies achieve Extraordinary Results with Ordinary People*, Boston: Harvard Business School Press.

Pierce, J. L. & Newstrom, J. W.(2003), *Leaders & the Leadership Process: Readings, Self-assessments* & Applications, 3rd ed., New York: McGraw-Hill Book Co., 61-84.

Robbins, S. P.(2005), *Organizational Behavior*, 11th ed., Englewood Cliffs, N.J.: Prentice-Hall, Inc., 333-334.

Robbins, S. P. & Judge, T. A.(2013), *Organizational Behavior*, 15th ed., Boston: Pearson, 403-404.

Robbins, S. P. & Judge, T. A.(2019), *Organizational Behavior*, 18th ed., Harlow: Pearson Education Limited, 411-412..

Wagner, J. A. Ⅲ & Hollenbeck, J. R.(2005), *Organizational Behavior*: Securing *Competitive Advantage*, 5th ed., Mason, Ohio: South-Western, 285-302.

Yukl, G. A.(2002), *Leadership in Organizations*, 5th ed., Englewood Cliffs, NJ: Prentice-Hall, 11-12.

Yukl, G. A.(2010), *Leadership in Organizations*, 7th ed., Englewood Cliffs, New York: Pearson, 43-45.

Yukl, G. A.(2013), *Leadership in organizations*, 8th ed., Boston: Pearson, 46-48.

Chapter 6 새로운 리더십이론

김경수·김광숙·노현재·김인숙·양동민(2011), "수퍼리더십이 부하의 셀프리더십 및 성과에 미치는 영향: 매개효과 및 조절효과의 검증," 「인사·조직연구」, 19(3), 31-65.

김경진(2019.1.31), "한국, 국가청렴도 180개국 중 45위…전년비 6계단 ↑," 「중앙일보」.

노엘 티시 저, 이재규·이덕로 공역(2000), 「리더십 엔진」, 21세기 북스.

류은영·박형준(2009). "리더십 행동유형과 조직몰입, 직무만족간의 구조적 관계에 관한 연구: 9개 책임운영기관 공무원의 인식을 중심으로."「정부학연구」, 15(3), 205-240.

매일경제신문(2019),「매경시사용어사전」,

박경규(2016),「신인사관리: 노동과 자본의 통합이론」, 제6판, 홍문사, 300.

박유진(2009),「현대사회의 조직과 리더십」, 제3판, 양서각, 149-150.

백기복(2000),「이슈리더십」, 창민사, 166.

백기복(2011),「조직행동연구」, 제5판, 창민사, 351.

백기복(2014),「조직행동연구」, 제6판, 창민사, 397.

백기복(2017),「한국형 리더십」, 북코리아, 24-66.

백기복·서재현·구자숙·김정훈(2010), "한국형 리더십,"「인사조직연구」, 18(4), 33-69.

백기복·신제구·김정훈(2009),「리더십의 이해」, 창민사, 208-348

백기복·신제구·차동옥(1998), "한국 경영학계의 리더십 연구 30년: 문헌 검증 및 비판",「경영학연구」, 제27권, 113-156.

서도원·이덕로(2016),「현대경영학원론」, 박영사. 393.

성균관대학교 서베이리서치센터(2019),「한국종합사회조사」.

신구범(2007), "리더십 대체이론에 대한 연구,"「인적자원관리연구」, 14(1), 97-108.

신동엽(1999), "신뢰의 경영: 신뢰기반 경영체제의 이론적 바탕과 실제 예,"「연세경영연구」, 36(1), 65-104.

신숙희(2011), 서번트리더십이 부하직원의 직무태도에 미치는 영향에 관한 연구: 리더의 감성지능과 직무역량의 조절효과를 중심으로, 박사학위논문, 경희대학교 대학원, 24.

신유근 외(2002),「한국경영의 새로운 도전」, 다산출판사, 329.

유병규·한재진·이부형(2012.5.25), "부패와 경제성장,"「한국경제주평」, 현대경제연구원, 2-14.

이덕로(1994), "변혁적·거래적 리더십이 부하의 추가노력, 직무만족 및 조직몰입에 미치는 영향에 관한 연구,"「인사관리연구」, 18, 217.

이덕로(2018),「조직행동론」, 피앤씨미디어, 329.

이덕로·이종찬(1999), "중소기업 최고경영자의 리더십 유형분류에 관한 연구,"「생산성논집」, 한국생산성학회, 13(3), 253.

이상호(2009),「조직과 리더십」, 북넷, 267-268.

이상호(2018),「조직과 리더십, 3판, 북넷, 280-283.

이수광(2003), "리더십 대체요인의 개별적 대체효과와 결합적 대체효과,"「관광경영연구」, 18, 99-112.

이철우(2017), "카리스마적 리더십이 개인 혁신행동에 미치는 영향 - 자기효능감의 매개효과와 개인의 리더수용의 조절효과,"「산업경제연구」, 30(2), 623-647.

이태식·우승배· 함상우(2017), "협력적 노사관계의 효과: 노조와 조직몰입 및 신뢰의 관계,"「대한 경영학회지」, 30(5), 857-880.

이학종·박헌준(2004), 「조직행동론」, 박영사, 335-374.

이형우·양승범(2012), "신뢰의 개인차에 영향을 미치는 요인에 대한 연구: 일반화된 기대이론과 심리적 종결이론을 중심으로," 「인사·조직연구」, 20(3), 189-223.

정종진·이덕로·이지만(2018.8),「21세기 인적자원관리」, 집현재, 214.

최계영(2017.5.31), "4차 산업혁명과 ICT," KISDI Premium Report, 17-02, 정보통신정책연구원, 12.

최병권·문형구·주영란·정재식(2017), "변혁적·거래적 리더십의 국내 연구동향과 향후 연구방향," 「인사조직연구」, 25(2), 74.

최용득·정흥준·이동섭(2012), 리더의 유머사용과 구성원의 성과 및 행복: 리더신뢰의 조절효과와 긍정심리자본의 매개효과, 「경영학연구」, 41(3), 575-606.

최우재·신제구·백기복(2018), "제4차 산업혁명 시대가 요구하는 리더십은 무엇인가?," *Korea Business Review*, 22(3), 175-195.

하미승(2018), 「리더십: 이론과 개발」, 윤성사, 265.

한국은행, Trading Economics.

허영림·정선영(2009), "서번트리더십이 보육교사의 효능감과 직무스트레스에 미치는 영향," 「생태유아교육연구」, 8(3), 77-95.

홍계훈·오세미·양회창(2017), "다수준 분석을 통한 조직 공정성과 직무탈진 간의 관계에서 변혁적/거래적 리더십의 조절효과에 관한 연구," 「경영학연구」, 46(2), 455-480.

황인경(2002.1.9), "서번트 리더십," 「LG주간경제」, LG경제연구원.

Achua, C. F. & Lussier, R. N.(2012), *Effective Leadership*, 5th ed., Mason, Ohio: South-Western, 159-315.

Avolio, B. J., Walumbwa, F. O., & Weber, T. J.(2009). "Leadership: Current Theories, Research, and Future Directions," *Annual Review of Psychology*, 50, 421-449.

Avolio, B. J., Bass, B. M., & Jung, D. I.(1999), "Re-examining the Components of Transformational and Transactional Leadership using the Multifactor Leadership Questionnaire," *Journal of Occupational and Organizational Psychology*, 72, 441-462.

Bass, B. M. & Stogdill, R.(1982), *Handbook of Leadership: A* Survey of Theory and Research, New York: Free Press, 233-234.

Bass, B. M.(1985), *Leadership and Performance beyond Expectations*, New York: Free Press, 233.

Bass, B. M.(1990). "From Transactional to Transformational Leadership: Learning to Share the Vision," *Organizational Dynamics*, 18(3), 19-31.

Bersin, J.(2016). "Digital Leadership is not an Optional Part of Being a CEO," *Harvard Business Review*, Dec.1.

Brashear, T. G., Manolis, C., & Brooks, C. M.(2005), "The Effects of Control, Trust, and Justice on Salesperson Turnover," *Journal of Business Research*, 58(3), 241-249.

Brynjolfsson, E., & McAfee, A.(2015) "Will Humans Go the Way of Horses? Labor in the Second Machine Age," *Foreign Affairs*, 94(4), 8-14.

Conger, J. A.(1989), *The Charismatic Leader. Behind the Mystique of Exceptional Leadership*, San Francisco: Jossey-Bass Publishers,

Conger, J. A., & Kanungo, R. N.(1987), "Toward a Behavioral Theory of Charismatic Leadership in Organizational Settings," *Academy of Management Review*, 12(4), 637-647.

Conger, J. A., & Kanungo, R. N.(1998), *Charismatic Leadership in Organizations*, Thousand Oaks, Calif: Sage Publications, 94.

Daft, R. L.(1999), *Leadership: Theory and Practice*, Fort Worth: The Dryden Press, 72-73.

Dansereau, F., Graen, G., & Haga, W. J.(1975), "A Vertical Dyad Linage Approach to Leadership within Formal Organizations," *Organizational Behavior and Human Performance*, 13(1), 46-78.

Dionne, S. D., Yammarino, F. J., Atwater, L. E., & James, L. R.(2002), "Neutralizing substitutes for Leadership Theory: Leadership Effects and Common-source Bias," *Journal of Applied Psychology*, 87(3), 454-464.

Duan, J., Li, C., Xu, Y., & Wu, C.(2017), "Transformational Leadership and Employee Voice Behavior: A Pygmalion Mechanism," *Journal of Organizational Behavior*, 38(5), 650-670.

Dvir, T., Eden, D.,, Avolio, B. J. & Shamir, B.(2002), "Impact of Transformational Leadership on Follower Development and Performance: A Field Experiment", *Academy of Management Journal*, 45(4), 735.

Fiedler, F. E.(1967), *A Theory of Leadership Effectiveness*, New York: McGraw-Hill, 41.

Fiedler, F. E.(1971), "Validation and Extension of the Contingency Model of Leadership Effectiveness: A Review of Empirical Findings," *Psychological Bulletin*, 76, 131.

Frank, R. H. & Cook, P. J.(1995), *The Winner-Take-All Society*, New York: Free Press.

Fukuyama, F.(1995), *Trust: The Social Virtues and the Creation of Prosperity*, New York: Free Press.

Galvin, B. M., Waldman, D. A., & Balthazard, P.(2010), "Visionary Communication Qualities as Mediators of the Relationship between Narcissism and Attributions of Leader Charisma," *Personnel Psychology*, 63(3), 509 – 537.

Gambetta, D.(1988), "Can we trust Trust?" In D. Gambetta (Ed.), *Trust: Making and Breaking Cooperative Relations*. New York: Basil Blackwell, 213-238.

Graham, J. W.(1991), "Servant-leadership in Organizations: Inspirational and Moral," *The Leadership Quarterly*, 2(2), 105-119.

Graham, J. W.(1995), "Leadership, Moral Development, and Citizenship Behavior," *Business Ethics Quarterly,* 5(1), 43-54.

Greenleaf, R. K.(1970), *The Servant as Leader,* Indianapolis: The Robert K. Greenleaf Center.

Hater, J. J. & Bass, B. M.(1988), "Superiors' Evaluations and Subordinates Perceptions of Transformational and Transactional Leadership," *Journal of Applied Psychology*, 73, 695-702.

Hellriegel, D., & Slocum, J. W., Jr.(1996), *Management*, 7th ed., Massachusetts: Addison-Wesley Publishing Company, 28.

Howell, J. S., & Dorfman, S. W.(1981), "Substitutes for Leadership: Test of a Construct," *Academy of Management Journal*, 24(4), 714-728.

Jermier, J. M., & Berkes, L. J.(1979), "Leader Behavior in a Police Command Bureaucracy: A Closer Look at the Quasi-Military Model," *Administrative Science Quarterly*, 24(1), 1-23.

Kerr, S., & Jermier, J. M.(1978), "Substitute for Leadership: Their Meaning and Measurement," *Organizational Behavior and Human Performance*, 22(3), 375-403.

Kinicki, A. & Fugate, M.(2018), *Organizational Behavior: A Practical, Problem-Solving Approach*, 2nd ed., New York: McGraw-Hill Education.

Konradt, U. & Andreβen, P.(2009), "Self-leadership in Organizational Teams: A Multilevel Analysis of Moderators and Mediators," *European Journal of Work And Organizational Psychology,* 18(3), 322-346.

Kreitner R. & Kinicki, A.(2013), *Organizational Behavior*, 10th ed., New York: McGraw-Hill/Irwin, 633.

Lippman, L. H., Ryberg, R., Carney, R., & Moore, K. A.(2015). *Workforce Connections: Key "Soft Skills" that foster youth Workforce Success: toward a Consensus across Fields*. Washington, DC: Child Trends

Loewenstein, K.(1966), *Max Weber's Political Ideas in the Perspective of our Time*, Mass.: University of Massachusetts Press.

Lussier, R. N. & Achua, C. F.(2004), *Leadership: Theory, Application and Skill Development*, 2nd ed., Cincinnati, Ohio: South-Western College Pub- lishing, 338-406.

Luthans, F.(2008), *Organizational Behavior*, 11th ed., Boston: McGraw-Hill/Irwin, 548-559.

Manz, C. C.(1990), "How to Become a Super Leader," *Executive Excellence*, 7(6), 10-13.

Manz, C. C.(1992), "Gorbachev: An Anatomy of Leadership, Superleadership, or Nonleadership," *Human Resource Development*, 3, 187-190.

Manz, C. C. & Sims, H. P.(1989), *Super Leadership: Leading Others to Lead Themselves,* New York: Berkley.

Manz, C. C. & Sims, H. P.(1991), "Superleadership: beyond the Myth of Heroic Leadership," *Or-*

ganizational Dynamics, 19(4). 18-35.

Maslyn, J. M. & Uhl-Bien, M.(2001), "Leader-Member Exchange and Its Dimensions: Effects of Self-Effort and Other's Effort on Relationship Quality," *Journal of Applied Psychology*, 86(4), 697-708.

Mello, J. A.(2002), *Strategic Human Resources Management*, Cincinnati, Ohio: South-Western Publishing Co., 330-333.

Muchiri, M. K. & Cooksey, R. W.(2011), "Examining The Effects of Substitutes for Leadership on Performance Outcomes," *Leadership and Organization Development Journal*, 32(8), 817-836.

Neck, C. P., & Houghton, J. D.(2006), "Two Decades of Self-leadership Theory and Research," *Journal of Managerial Psychology*, 21(4), 270-295.

Nelson, D. L. & Quick, J. C.(2002), *Organizational Behavior*, 4th ed., Cincinnati, Ohio: South-Western Publishing Co., 398-404.

Parris, D. L. & Peachey, J. W.(2013). "A Systematic Literature Review of Servant Leadership Theory in Organizational Contexts," *Journal of Business Ethics*, 113(3), 377-393.

Pascale, R. T. & Athos, A. G.(1981), *The Art of Japanese Management*, New York: Penguine Books, 202-206.

Pearce, C. & Manz, C.(2004), "Self and Shared Leadership," *Executive Excellence*, 21(7), 6-8.

Peters, T. J. & Waterman, R. H.(1982), *In Search of Excellence*, N.Y.: Haper & Rowe.

Pfeffer, J.(1994), *Competitive Advantage Through People*, Boston, Massachusetts: Harvard Business School Press, 27-65.

Pierce, J. L & Newstrom, J. W.(2003), *Leaders & the Leadership Process: Readings, Self-assessments & Applications*, 3rd ed., New York: McGraw-Hill Book Co., 363-380.

Podsakoff, P. M., MacKenzie, S. B., & Bommer, W. H.(1996)., "Transformational Leader Behaviors and Substitutes for Leadership as Determinants of Employee Satisfaction, Commitment, Trust, and Organizational Citizenship Behaviors," *Journal of Management*, 22, 259-298.

Podsakoff, S. M., Niehoff, B. S., MacKenzie, S. B., & Williams, M. L.(1993), "Do Substitutes for Leadership really Substitute for Leadership? An Empirical Examination of Kerr and Jermiers Substitute for Leadership Model," *Organizational Behavior and Human Decision Processes*, 54, 1-44.

Robbins, S. P.(2005), *Organizational Behavior*, 11th ed., Englewood Cliffs, N.J.: Prentice-Hall, Inc., 334-337.

Robbins, S. P. & Judge, T. A.(2013), *Organizational Behavior*, 15th ed., Boston: Pearson, 411-424.

Robbins, S. P. & Judge, T. A.(2015), *Organizational Behavior*, 16th ed., Englewood Cliffs, N.J.: Prentice-Hall, Inc., 367.

Robinson, S. L.(1996), "Trust and Breach of the Psychological Contract," *Administrative Science Quarterly*, 41: 574-599.

Schermerhorn, J. R., Jr., Hunt, J. G., & Osborn, R. N.(2000), *Organizational Behavior*, 7th ed., New York: John Wiley & Sons, 285-305.

Schwab, K.(2017). *The Fourth Industrial Revolution*. New York: Crown Business.

Senge, P. M.(1995). Robert Greenleaf's Theory of Servant-Leadership *influenced Today's Top management Thinkers*. New York: John Wily & Sons, Inc.

Shani, A. B. & James, B. L.(2000), *Behavior in Organization: An Experimental Approach*, 7th ed., New York: McGraw-Hill Book Co., 43-60.

Shin, S. J., & Shou, J. (2003). "Transformational Leadership, Conservation, and Creativity: Evidence from Korea," *Academy of Management Journal*, 46(6), 703-714.

Spears, L. C.(1995), *Insights on Leadership: Service, Stewardship, Spirit, and Servant-Leadership*, New York: John Wily & Sons, 198-213.

Spencer, L. M. & S. M. Spencer(1993). *Competence at Work: Models for Superior Performance*. New York: John Wiley & Sons.

Spreitzer, G. M.(1995), "Psychological Empowerment in the Workplace: Dimensions, Measurement, and Validation," *Academy of Management Journal*, 38(5), 1442-1465.

Stogdill, R. M.(1974), *Handbook of Leadership*, New York: Free Press, 7-16.

Thomas, K. W., & Velthouse, B. A.(1990), "Cognitive Elements of Empowerment: An 'Interpretive' Model of Intrinsic Task Motivation," *Academy of Management Review*, 15(4), 666-681.

Tepper, B. J., Dimotakis, N., & Lambert, L.(2018), "Examining Follower Responses to Transformational Leadership from a Dynamic, Person—Environment Fit Perspective," *Academy of Management Journal*, 61(4), 1343-1368.

Thurow, L.(1991), *Head to Head*, New York: William Morrow & Co., 55.

Tosi, H. L., Misangyi, V. F., Fanelli, A., Waldman, D. A. & Yammarino, F. J.(2004), "CEO Charisma, Compensation, and Firm Performance," *Leadership Quarterly*, 15(3), 405 – 420.

Wagner, J. A. Ⅲ & J. R. Hollenbeck(2005), *Organizational Behavior: Securing Competitive Advantage*, 5th ed., Mason, Ohio: South-Western, 301-303.

Weber, M., Henderson, A. M., & Parsons, T.(1947), *The Theory of Social and Economic Organization*, New York: The Free Press.

Whitener, E. M.(2001), "Do High Commitment Human Resource Practices affect Employee Commitment? A Cross-Level Analysis using Hierarchical Liner Modeling," *Journal of Management*, 27: 515-535.

Wu, Y. C.(2010), "An Exploration of Substitutes for Leadership: Problems and Prospects," *Social*

Behavior and Personality, 38(5), 583-596.

Yukl, G. A.(2002), Leadership in Organizations, 5th ed., Englewood Cliffs, NJ: Prentice-Hall, 253-254.

Yukl, G. A.(2010), *Leadership in Organizations*, 7th ed., Englewood Cliffs, New York: Pearson, 235-287.

Zhang, W., Sun, S. L., Jiang, Y. & Zhang, W.(2019), "Openness to Experience and Team Creativity: Effects of Knowledge Sharing and Transformational Leadership," *Creativity Research Journal*, 31(1), 62-73.

Chapter 7 모티베이션과 리더십

고용노동부(2018), 「기업체노동비용조사보고서」.

김경일(2019.7.8), "혁신하려면 채찍보다 당근을 택하라," 「동아일보」.

김경진(2018.11.28), "한국 인재경쟁력 세계 33위..노동자 동기부여는 최하위권" 「중앙일보」.

김솔(2018), 「결혼이주여성의 지역사회 소속감에 미치는 영향 연구: 서비스 접근성과 사회적 접근성을 중심으로」, 박사학위논문, 인하대학교 대학원, 52-53.

김수진(2019.6.24), "대학생이 꼽은 가장 일하고 싶은 기업, 2019년 1위 '네이버'… TOP 10은?," 「에듀동아」.

박경환·한인수(1999), "혁신행위에 영향을 미치는 개인성격과 작업환경-R&D 연구원 기술인력을 중심으로-," 「경영학연구」, 28(2), 477-504.

박시진·홍원기(2018), "승진 영향요인과 직무특성이 공무원 직무만족에 미치는 영향: 중앙부처를 중심으로," 「한국인사행정학회보」, 17(1), 141-165.

백기복(2011), 「조직행동연구」, 제5판, 창민사, 147-192.

성재민·이기쁨·김소라·김종욱·임용빈·조규준(2019.7.30), 「2019 KLI 노동통계」, 한국노동연구원, 85.

송병식(2005), "직무특성과 혁신행동간의 창의성의 매개효과에 대한 탐색적 연구," 「대한경영학회지」, 18(4), 1483-1503.

스티븐 로빈스·티모시 저지 저, 이덕로·김태열·박기찬·박원우 공역(2015), 「조직행동론」, 제16판, 한티 미디어, 271-278.

신유근(1987), 「조직행위론」, 다산출판사, 1987, 239-250.

심덕섭·양동민·하성욱(2010), "직무특성, 통제위치, 리더," 「인사·조직연구」, 18(3), 175-216.

양석곤·김성용·안성익(2017), "상사신뢰가 혁신행동에 미치는 영향: 직무특성의 조절효과를 중심으로," 「리더십연구」, 8(4), 131-163.

이덕로(2018),「조직행동론」, 피앤씨미디어, 172-173.

이진규(2001),「전략적·윤리적 인사관리」, 박영사, 143-147.

이학종·박헌준(2004),「조직행동론」, 박영사, 186-374.

임창희(2008),「조직행동」, 제4판, 비앤엠북스, 381-396.

정종진·이덕로·이지만(2018),「21세기 인적자원관리」, 집현재, 327-329.

조윤형·김태진·조영호(2011), "직무특성과 정서노동이 직무몰입과 혁신성향에 미치는 영향,"「조직과 인사관리연구」, 35(3), 1-37.

진태희(2019.5.07), "삼성전자 '일하고 싶은 기업' 글로벌 2위…애플도 제쳐,"「조선일보」.

켄 블랜차드 외 지음, 조천제 옮김(2002),「칭찬은 고래도 춤추게 한다」21세기 북스.

하미승(2018),「리더십: 이론과 개발」, 윤성사, 280-281.

한국노동연구원(2018),「2018 KLI 노동통계」, 81.

Alderper, C. P.(1969) "An Empirical Test of a New Theory of Human Needs," *Organizational Behavior and Human Performance*, May, 142-175.

Cambell, J. P. & Prichard, R. D.(1976), "Motivation Theory In Industrial and Organizational Psychology," M. D. Dunnette (ed.), *Handbook of Industrial and Organizational Psychology*, Chicago: Rand McNally, 63-130.

Colquitt, J. A., Lepine, J. A., & Wesson, M. J.(2009). *Organizational Behavior: Improving Performance and Commitment in the Workplace,* NY: McGraw- Hill, 188.

Gibson, C. B., Gibbs, J. L., Stanko, T. L., & Tesluk, P.(2011), "Including the "I" in Virtuality and Modern Job Design: Extending the Job Characteristics Model to Include the Moderating Effect of Individual Experiences of Electronic Dependence and Copresence," *Organization Science*, 22(6), 1481-1499.

Gomez-Mejia, L. R., Balkin, D. B., & Cardy, R. L.(2010), *Managing Human Resources*, 6th ed., New Jersey: Pearson Education Inc., 404.

Greenberg J. & Baron, R. A.(1993), *Behavior in Organization: Understanding and Managing The Human Side Work*, 4th ed., Boston: Allyn and Bacon, 13-15.

Greenberg, J. & Baron, R. A.(2000), *Behavior in Organization: Understanding and Managing The Human Side Work*, 7th ed., Upper Saddle River, NJ: Prentice Hall, 15.

Hackman, J. R. & Oldham, G. R.(1975), "Development of the Job Diagnostic Survey," *Journal of Applied Psychology*, April, 159-170.

Hackman, J. R. & Oldman, G. R.(1980), *Work Design*, MA: Addison-Wesley Publishing Company, 77-80.

Herzberg, F.(1968), "One more Time: How Do You Motivate Employees?" *Harvard Business Review*, January-February, 57.

Herzberg, F.(1979), "Orthodox Job Enrichment," in L.E. Davis and J.C. Taylor eds., *Design of Jobs*, 2nd ed., Santa Monica, Calif.: Goodyear Publishing, Inc., 136.

Hofstede, G.(1980), "Motivation, Leadership, and Organization: Do American Theories Apply Abroad?" *Organizational Dynamics*, 9(1), 42-55.

House, R. J. & Wigdor, L. A.(1967), "Herzberg's Dual-Factor Theory of Job Satisfaction and Motivations: A Review of the Evidence and Criticism," *Personnel Psychology*, 20(4), 369-389.

Jiang, L. & Johnson, M. J.(2018), "Meaningful Work and Affective Commitment: A Moderated Mediation Model of Positive Work Reflection and Work Centrality," *Journal of Business and Psychology*, 33(4), 545-558.

Lair, J.(1974), *I Ain't Much, Baby--But I'm All I've Got Garden City*, N.Y.: Doubleday.

Latham , G. P. & Saari, L. M.(1979), "The Effects of holding Goal Difficulty Constant on Asigned and Participatively Set Goals," *Academy of Management Journal*, 22, 163-198.

Locke, E. A.(2004), "Guest Editor's Introduction: Goal setting theory and its application to the world of business," *Academy of Management Executive*, 18(4), 124-125.

Locke, E. A. & Latham, G. P.(1990), *A Theory of Goal Setting and Task Performance*, Englewood Cliffs, NJ: Prentice-Hall.

Locke, E. A. & Latham, G. P.(2002), "Building a Practically Useful Theory of Goal Setting and Task Motivation: A 35-year Odyssey," *American Psychologist*, 57, 705-717.

Lussier, R. N.(2017), *Human Relations in Organizations: Applications and Skill Building*, 10th ed., New York: McGraw-Hill Book Co., 247-250.

Maslow, A. H.(1943), "A Theory of Human Motivation," *Psychological Review*, 50(4), 370-396.

Maslow, A. H.(1954), *Motivation and Personality*, New York: Harper and Row Publishers, 92.

McClelland, D. C. & D. H. Burnham(1976), "Power is the Great Motivator," *Harvard Business Review*, March-April, 100-110.

Miner, J. B., Smith, N. R., & Bracker, J. S.(1994), "Role of Entrepreneurial Task Motivation in the Growth of Technologically Innovative Firms: Interpretations from Follow-up Data," *Journal of Applied Psychology*, 79(4), 627-630.

Murray, H. A.(1938), *Explorations in Personality: A Clinical and Experimental Study of Fifty Men of College Age*, New York: Oxford Univ. Press.

Nelson, D. L. & Quick, J. C.(2008), *Understanding Organizational Behavior*, 3rd ed., Cincinnati, Ohio: South-Western Publishing Co., 121-140.

Nicholls, J. G.(1989). *The Competitive Ethos and Democratic Education*, Cambridge, MA: Harvard University Press.

Pierce, J. L., Jussila, I., & Cummings, A.(2009), "Psychological Ownership within the Job Design

Context : Revision of the Job Characteristics Model," *Journal of Organizational Behavior*, 30(4), 477-496.

Pinder, C.(2008), *Work Motivation in Organizational Behavior*, 2nd ed. London, UK : Psychology Press.

Porter, L. W. & Lawler, E. E. Ⅲ(1968), *Managerial Attitudes and Performance*, Burr Ridge, IL : Richard D. Irwin, 165.

Rauschenberger, J., Schmitt, N., & Hunter, J. E.(1980), "A Test of the Need Hierarchy Concept by a Markov Model of Change in Need Strength," *Administrative Science Quarterly*, 25(4), 654-670.

Robbins, S. P. & Judge, T. A.(2019), *Organizational Behavior*, 18th ed., Harlow : Pearson Education Limited, 240-284.

Robbins, S. P. & Judge, T. A.(2017), *Organizational Behavior*, 17th ed., Harlow : Pearson Education Limited, 184.

Robbins, S. P. & Judge, A. J.(2013), *Organizational Behavior*, 15th ed., Boston : Pearson, 236-260.

Schermerhorn, J. R.(1996), *Management*, 5th ed., New York : John Wiley & Sons, 349.

Schwab, D. P. & Cummings, L. L.(1970), "Theories of Performance and Satisfaction : A Review," *Industrial Relations*, 9(4), 403-430.

Zhou, J.(1998), "Feedback Valence, Feedback Style, Task Autonomy, and Achievement Orientation : Interactive Effects on Creative Performance," *Journal of Applied Psychology*, 83(2), 261-276.

Chapter 8 갈등과 리더십

가상준(2015). 한국사회 정치관용에 대한 연구」. 「한국정당학회보」, 14(1), 129-155.

김인유(2017.4.28), "부끄러운 '갈등 공화국'은 이제 그만," 「연합뉴스」.

김태열·이덕로(2014), 「현대사회와 리더십」, 문영사, 228-231.

박경규(2014), 「조직행동」, 홍문사, 350.

박구원(2019.1.27), "집단 간 갈등의 심각성," 「한국일보」.

박연호·이종호·임영제(2016), 「현대인간관계론」, 제9판, 박영사, 120-122.

박준·김용기·이동원·김선빈(2009.6.27), "한국의사회갈등과 경제적 비용,"「CEO 인포메이션」, 삼성경제연구소, 120, 7.

박준·정동재(2018.12.31), 「사회갈등지수와 갈등비용 추정」, 한국행정연구원,

박태순(2015). 갈등공화국 대한민국, 그 해결의 길.「월간 공공정책」, 112, 11-13.
백기복(2011),「조직행동연구」, 제5판, 창민사, 475-498
백기복(2014),「조직행동연구」, 제6판, 창민사, 481-496.
신제구(2019.5.30), "[신제구의 '리더십 레슨'] 갈등관리 수준이 리더의 수준이다,"「포춘코리아」, 6월호.
유경철(2018.2), "적절한 갈등 관리로 생산성까지 높일 수 있다,"「월간경영」, 38-41.
이덕로·서향희(2017),「인간관계론」, 피앤씨미디어, 189-196.
이진석·최용준(2019.6.20), ""경제 양극화가 갈등 키웠다" [새로운 100년, 리스타트 코리아 분열을 넘어 통합으로],"「파이낸셜뉴스」.
이학종·김영조(2014),「조직행동의 이해와 관리」, 오래, 332-334.
이학종·박헌준(2004),「조직행동론」, 박영사, 257-304.
임선태(2013.8.21), "삼성경제硏 "韓 사회갈등에 따른 경제손실 年 246조","「아시아경제」.
임창희(2003),「조직행동」, 제3판, 학현사., 359-365.
임창희(2017),「조직행동」, 제6판, 비앤엠북스, 458.
전진우(2016.11.21), "한국, 규제·사회 갈등 OECD 최상위"「뉴시스」.
최병대(2017), "갈등관리: 대한민국은 '민주공화국'이 아니라 '갈등공화국',"「지방행정」, 66(763), 20-21.
하미승(2018),「리더십: 이론과 개발」, 윤성사, 289
한국보건사회연구원(2019.6),「사회통합 실태 진단 및 대응방안 연구」.
한국사회갈등해소센터-한국리서치(2016),「2016 공공갈등에 대한 국민 및 전문가 조사」3-5.
한국사회갈등해소센터-한국리서치(2019),「2018 공공갈등에 대한 국민 및 전문가 조사」, 3-7.
한국행정연구원 사회조사센터(2017),「2017년 사회통합실태조사」. 262-267
현대경제연구원(2016),「사회적 갈등의 경제적 효과 추정과 시사점」.

Bartol, K. M. & Martin, D. C.(1994), *Management*, 2nd ed., New York: McGraw-Hill.
Champoux, J. E.(2003), *Organization Behavior: Essential Tenets*, 2nd ed., Mason, Ohio: South-Western, 220-221.
Filley, A. C.(1975), *Interpersonal Conflict Resolution*, Glenview, Ill.: Scott, Foresman, 9-12.
Greenberg, J. & Baron, R. A.(2000), *Behavior in Organization: Understanding and Managing The Human Side Work*, 7th ed., Upper Saddle River, NJ: Prentice Hall.
Griffin, R. W(2017), *Organizational Behavior: Managing People and Organizations*, CA: Cengage Learning.
Luft, J.(1961), "The Johari Window," *Human Relations and Training News*, Jan. 6-7.
Lussier, R. N.(2017), *Human Relations in Organizations: Applications and Skill Building*, 10th ed., New York: McGraw-Hill Book Co., 177-179.

Luthans, F.(1995), *Organization Behavior*, 7th ed., New York : McGraw-Hill Book Co.

Neck, C. P., Houghton, J. D., & Murray, E. L.(2017), *Organizational Behavior: A Critical-thinking Approach*, California : Sage.

Rahim, M. A.(1996), *Managing Conflict in Organizations*, NY : Praeger Publishers.

Robbins, S. P. & Judge, T. A.(2015) *Organizational Behavior*, 16th ed., Boston : Pearson, 433-448.

Robbins, S. P. & Judge, T. A.(2017) *Organizational Behavior*, 17th ed., Boston : Pearson, 497.

Rubble, T. & Thomas, K.(1976), "Support for a Two-Dimensional Model of Conflict Behavior," *Organizational Behavior and Human Performance*, 145. in A. B. Shani, D. Chandler, J. Coget, & J. B. Lau(2009), *Behavior in Organizations: An Experiential Approach*, 9th ed., Boston : McGraw-Hill Irwin, 174.

Shani, A. B., Chandler, D., Coget, J., & Lau, J. B.(2009), *Behavior in Organizations: An Experiential Approach*, 9th ed., Boston : McGraw-Hill Irwin, 174..

Thomas, K. W.(1992), "Conflict and Negotiation Processes in Organizations," in M. D. Dunnette & L. M. Hough eds., *Handbook of Industrial and Organizational Psychology*, 2nd ed., vol. 3, Palo Alto, CA : Consulting Psychologists Press, 651-717.

Wagner, J. A. Ⅲ & Hollenbeck, J. R.(2014), *Organizational Behavior: Securing Competitive Advantage*, 2nd ed., Mason, Ohio : South-Western, 217-219.

Chapter 9 커뮤니케이션과 리더십

김영헌(2019.3.5), "[김영헌의 마중물] 고장 난 커뮤니케이션, 어떻게 고칠 수 있을까?," 「한국경제신문」.

김태열·이덕로(2014), 「현대사회와 리더십」, 문영사, 208.

박경규(2014), 「조직행동」, 홍문사, 327-342.

박동수·이희영·정성한(2011), 「조직행동」, 제2판, 경세원, 364-383.

박연호·이종호·임영제(2016), 「현대인간관계론」, 제9판, 박영사.

백기복(2014), 「조직행동연구」, 제6판, 창민사, 245-249.

이덕로·서향희(2017), 「인간관계론」, 피앤씨미디어, 213-217.

이학종·박헌준(2004), 「조직행동론」, 박영사, 256-266.

임창희(2003), 「조직행동」, 제3판, 학현사, 257-285.

임창희(2008), 「조직행동」, 제4판, 비엔엠북스, 5-48.

차승은(2010), "남녀의 시간압박인식 차이와 관련요인 탐색," 「한국인구학」, 33(1), 27-49.

현대모비스(2015.9.2), "현대모비스 직원들에게 사내 커뮤니케이션의 현주소를 묻다,"「현대자동차 그룹 블로그」.

황유진(2015.4.9.), "페이스북 동영상, 월 평균 1억 개 업로드…모바일 이용자 65%↑,"「헤럴드경제」.

Ayyagari, R., Grover, V., & Purvis, R.(2011), "Technostress: Technological Antecedents and Implications," *MIS Quarterly*, 35(4), 831-858.

Bawden, D.(2001), "Information and digital literacies: a review of concepts," *Journal of Documentation*, 57(2), 218-259.

Bosson, J. K., Johnson, A. B., Niederhoffer, K., & Swann, W. B., Jr.(2006), "Interpersonal Chemistry Through Negativity: Bonding by Sharing Negative Attitudes About Others," *Personal Relationships*, 13(2), 135-150.

Callahan, R. E. & Fleemor, C. P.(1988), *Managing Human Relations, Columbus*, Ohio: Merill Publishing Co., 141.

Edmunds, A. & Morris, A.(2000), "The Problem of Information Overload in Business Organisations: A Review of the Literature," *International Journal of Information Management*, 20(1), 17-28.

Eppler, M. J. & Mengis, J.(2004), "The Concept of Information Overload: A Review of Literature from Organization Science, Accounting, Marketing, Mis, and Related Disciplines," *The Information Society*, 20(5), 325-344.

Filley, A. C.(1975), *Interpersonal Conflict Resolution*, Glenview, Ill.: Scott, Foresman, 9-12.

Forbes(February 10, 1997), "Heard It through the Grapevine," 22.

Fukuyama, F.(1995), *Trust: The Social Virtues and the Creation of Prosperity*, New York: Free Press.

Griffin, R. W.(2013), *Management*, 11th ed., Mason, OH: South-Western Cengage Learning, 494.

Grosser, T. J., Lopez-Kidwell, V., & Labianca, G.(2010), "A Social Network Analysis of Positive and Negative Gossip in Organizational Life," *Group and Organization Management* 35,(2), 177-212.

Hellriegel, D., Jackson, S. E., & Slocum, J. W., Jr.(2005), Management: A *Competency-based Approach*, 10th ed., Singapore: South-Western, 36.

Huczynski, A. & Buchanan, D.(2001), *Organizational Behavior*, 4th ed., Essex, UK: Pearson Education, 194.

Kiely, M.(October 1993) "When 'No' Means 'Yes,'" *Marketing*, 7-9.

Koontz, H. & Weihrich, H.(1994), *Management: A Global Perspective*, 10th ed., New York: McGraw-Hill Book Co., 1994, 538-549.

Koontz, H. & Weihrich, H.(2005), *Management: A Global Perspective*, 11th ed., Singapore: Mc-

Graw-Hill Book Co., 540..

Kurland, N. B. & L. H. Pelled(2000), "Passing the Word: Toward a Model of Gossip and Power in the Workplace," *Academy of Management Review*, 428-438.

Locke, E. A. & G. P. Latham(1990), *A Theory of Goal Setting and Task Performance*, Englewood Cliffs, NJ: Prentice Hall.

Lussier, R. N.(2017), *Human Relations in Organizations: Applications and Skill Building*, 10th ed., New York: McGraw-Hill Book Co., 124-142.

Oldroyd, J. B. & Morris, S. S.(2012), "Catching Falling Stars: A Human Resource Response to Social Capital's Detrimental Effect of Information Overload on Star Employees," *Academy of Management Review*, 37(3), July, 396-418.

Pennington, R. & Tuttle, B.(2007), "The Effects of Information Overload on Software Project Risk Assessment," *Decision Sciences*, 38(3), 489-526.

Peters, T. & Austin, N.(1985), *A Passion for Excellence: The Leadership Difference*, New York: Random House.

Rahim, M. A.(1996), *Managing Conflict in Organizations*, 3rd ed., NY: Praeger Publishers.

Rashotte, L. S.(2002), "What Does That Smile Mean? The Meaning of Nonverbal Behaviors in Social Interaction," *Social Psychology Quarterly*, 65(1), 92-102.

Richardson, H. A. & Taylor, S. G. (2012), "Understanding Input Events: A Model of Employees' Responses to Requests for Their Input," *Academy of Management Review*, 37, 471-491.

Robbins, S. P., & Judge, T. A.(2019), *Organizational Behavior*, 18th ed., Harlow: Pearson Education Limited, 413.

Robbins, S. P., & Judge, T. A.(2017), *Organizational Behavior*, 17th ed., Upper Saddle River Cliffs, N.J.: Pearson Edcation, Inc., 383-403.

Robbins, S. P. & Judge, T. A.(2015), *Organizational Behavior*, 16th ed., Englewood Cliffs, N.J.: Prentice-Hall, Inc., 339.

Schermerhorn, J. R., Jr.(1996), *Management*, 5th ed., New York: John Wiley & Sons, Inc..

Schermerhorn, J. R., Jr., Hunt, J. S., & Osborn, R. N.(2008), *Organizational Behavior*, 10th ed., New York: John Wiley & Sons.

Scott, W. G. & T. R. Mitchell(1976), *Organization Theory: A Structural and Behavioral Analysis*, Homewood, IL: Richard D. Irwin.

Shaw, M. E.(1981), *Group Dynamics: The Psychology of Small Group Behavior*, 3rd ed., New York: McGraw-Hill, 232.

Sprinkle, G. B. & Tubbs, R. M.(1998), "The Effects of Audit Risk and Information Importance on Auditor Memory during Working Paper Review," *Accounting Review*, 73(4), 475-502.

Tangirala, S. & Ramunujam, R.(2008), "Employee Silence on Critical Work Issues: The Cross-Level Effects of Procedural Justice Climate," *Personnel Psychology*, 61(1), 37 – 68.

Wagner, J. A., Ⅲ & Hollenbeck, J. R.(2005), *Organizational Behavior: Securing Competitive Advantage*, 5th ed., Mason, Ohio: South-Western, 216-223.

Chapter 10 스트레스와 리더십

교육인적자원부·한국직업능력개발원(2006), 「미래의 직업세계 2007」.

구단비(2017.2.24), "전세계 3억 2,200만 명이 우울증: 10년 전보다 18% 증가,"「한국일보」.

권호인(2009). 「우울증에 영향을 미치는 인지적 취약성과 대인관계적 취약성」, 박사학위논문, 고려대학교 대학원.

김대수·윤정현(2017), "직무스트레스, 위험한 직무환경, 그리고 직무복잡성이 반생산적 업무행동에 미치는 영향"「경영교육연구」, 32(1), 47-78.

김병철(2015.3.16), "한국인의 수면을 방해하는 요인 1위는?,"「허핑턴포스트 코리아」

김연주(2017.4.21), "한국학생 '삶의 만족도' 48개국 중 47위,"「조선일보」.

김태열·이덕로(2014), 「현대사회와 리더십」, 문영사, 240-275.

노연호·유양숙(2012), "수술실 간호사의 폭력경험과 스트레스 및 이직의도,"「성인간호학회지」, 24(5), 489-498.

니시다 후미오 저, 장현주 역(2017.5.19), 「매일매일 긍정하라」, 경향미디어.

미하엘 엔데 저, 한미희 역(1999), 「모모」, 비룡소.

박연호(2001), 「현대인간관계론 -새 시대의 인간관계-」, 박영사, 346-361.

박지혜(2014.5.20), "'번아웃 증후군'에 빠진 직장인 68.6% "아침 출근 생각만하면 피곤","「메디컬투데이」.

박지희(2009.5.4), "직장인 근로의욕 고취 최고 '당근'은…,"「경향신문」.

백기복(2002),「조직행동연구 -조직과 인간의 새로운 만남-」, 법문사, 제3판, 107-110.

백기복(2014),「조직행동연구」, 창민사, 제6판, 50.

백성욱(2010.8.26), "직장인 스트레스 관리, 3·3 전략,"「SERI 경영노트」, 삼성경제연구소, 5.

사빈 바타유 지음, 배영란 옮김(2015), 「번아웃: 회사는 나를 다 태워 버리라고 한다: 피로사회에서 나를 살려 내는 번아웃 탈출 프로젝트」, 착한책가게.

신혜진(2019), "지각된 스트레스와 불안 및 우울의 관계: 성별에 따른 인지적 유연성과 속박감의 조절효과,'「학습자중심교과교육연구」, 19(11), 937-965.

오세은(2017.3.9), "직장인 10명중 9명, 유연근무제 도입 찬성,"「아시아투데이」.

유근형(2013.10.28), "음주-흡연 OECD 국가중 위험수준… 현재 50세男, 몸상태는 57세,"「동아일보」.

이다비·박민수(2019.4.26), "미국인이 세계에서 가장 스트레스 많이 받아,"「조선일보」.

이덕로·서향희(2017),「인간관계론」, 피앤씨미디어, 296-310.

이영창(2015.12.10), "연대감 부족한 한국인, 우울함 자주 느끼고 자신감 잃어간다,"「한국일보」.

이유진(2017.01.29), "스트레스 사회, '시발비용'을 아십니까,"「경향신문」.

이학종·박헌준(2004),「조직행동론」, 서울: 박영사, 230-237.

이향종(2016),「청소년의 스트레스와 우울 간의 관계에서 인지적 정서조절전략, 낙관성 및 사회적 지지의 조절효과」, 박사학위논문, 가천대학교 일반대학원.

정상원·송은지(2017), "직무스트레스 원천이 맥락적성과에 미치는 영향 - 민간기관 사회복지사와 사회복지직 공무원 비교 -,"「한국사회복지행정학」, 19(2), 243-270.

정여울(2017.3.17), "마음의 탈진, '번아웃 증후군',"「월간중앙」, 4월호.

최재원(2017.4.5), "스트레스로 쓴 '홧김비용', 빅데이터 분석해 보니,"「한경비즈니스」, 제1114호.

최현묵(2007.1.24), "한국인 스트레스 관리법 낙제 수준,"「조선일보」.

통계청(2018.11),「2018년 사회조사 결과(가족·교육·보건·안전·환경)」, 29-33.

허연주·이민규(2015), "지각된 스트레스와 우울과의 관계에서 회피성 신념과 경험회피의 조절효과,"「한국심리학회지: 건강」, 20(1), 193-211.

허재경(2017.05.25.), "최고 복리후생은 '좋은 상사'…직장인 98% "꼴불견 상사에 사기 저하","「한국일보」.

Beck, A. T.(1976). *Cognitive Therapy and the Emotional Disorders*. New York, NY: International Universities Press.

Berkman, H. W. & Neider, L. L.(1987), *The Human Relations of Organizations*, Belmont, California: Wardsword, Inc, 343.

Burke, R. J., Wier, T., & Duwors, R. E., Jr.(1979), "Type A Behavior of Administrators and Wives, Report of Marital Satisfaction and Well-Being," *Journal of Applied Psychology*, 64, 57-65.

Choi, I. S., Bark, H. M., Lee, S. R., Noh, S. H., Cho, E. K., & Park, S. J., et al.(2003). *Violence in Korea: Diagnosis and Prospects*. Seoul: Korean Institute of Criminology.

Cooper, C. L., Dewe, P. J. & O' Driscoll, M. P.(2001). "Organizational Stress. A Review and Critique of Theory, Research, and Applications," *Organization Studies*, 24(4), 655-657.[

Downes, J.(2001), *2000 Employee Benefits Survey*, U.S. Chamber of Commerce, Washington, DC.

Farber B. A, & Heifetz, L. J.(1982), "Perceived Situational Moderators of the Relationship Subjective Role Ambiguity and Role Strain", *Journal of Applied Psychology*, 13(2), 293-301

Fisher. A.(2009), "6 Ways to be happier at Work," *Fortune*.

Fox, S., Spector, P. E., & Miles, D.(2001). "Counter Productive Work Behavior(CWB) in Response to Job Stressors and Organizational Justice: Some Mediator and Moderator Tests for Autonomy and Emotions," *Journal of Vocational Behavior*. 59(3), 291-309.

Freudenberger, H. J. (1974), "Staff Burnout," *Journal of Social Issue*, 30, 159-165.

Grunberg, L., S. Moore, & E. S. Greenberg(1998). "Work Stress and Problem Alcohol Behavior: A Test of the Spillover Model," *Journal of Occupational Behavior*, 19(5), 487-502.

Hewitt, B. L., Flett, G. L., & Mosher, S. W. (1992), "The Perceived Stress Scale: Factor Structure and Relation to Depression Symptom in A Psychiatric Sample," *Journal of Psychopathology and Behavioral Assessment*, 14(3), 247-257.

Hogg, M. A. & Terry, D. J. (2000), "Social Identity and Self-Categorization Processes in Organizational Contexts," *Academy of Management Review*, 25(1), 121-140.

Holmes, T. H. & Rahe, R. H. (1967), "Social Readjustment Rating Scale," *Journal of Psychosomatic Research*, 11, 213-218.

Ipsos Public Affairs(2006). *International Stress Polls*.

Ivancevich, J. M., & Matteson, M. T. (1981), *Stress and Work*, Glenview, IL: Scott, Foresman.

Ivancevich, J. M., Lorenzi, P., Skinner, S. J., & Crosby, P. B. (1994), *Management: Quality and Competitiveness*, Burr Ridge, Ill.: Irwin, 254.

Jonler, M., Moon, T., Brannan, W., Stone, N. N., Heisey, D., & Bruskewitz, R. C. (1995), "Thee Ffect of Age, Ethnicity and Geographical Location on Impotence and Quality Oflife," *Britishi Journal of Urology*, 75(5), 651-655.

Lussier, R. N. (2017), *Human Relations in Organizations: Applications and Skill Building*, 10th ed. New York: McGraw-Hill Book Co., 36-41.

Mullen, B. & Cooper, C. (1994), "The Relation Between Group Cohesiveness and Performance: Integration," *Psychology Bulletin*, 115(2), 210-227.

Organ, D. W. (1988), *Organizational Citizenship Behavior: The Good Soldier Syndrome*, Lexington, MA: Lexington Books.

Parker, D. F., & DeCotiis, T. A. (1983), "Organizational Determinants of Job Stress," *Organizational Behavior and Human Performance*, 32(2), 160-177.

Podsakoff, P. M., MacKenzie, S. B., & Ahearne, M. (1997), "Moderating Effects of Goal Acceptance on the Relationship Between Group Cohesiveness and Productivity," *Journal of Applied Psychology*, 82(4), 974-983.

Reade, C. (2001), "Dual Identification in Multinational Corporations: Local Managers and Their Psychological Attachment to the Subsidiary Versus the Global Organization," *International Journal of Human Resource Management*, 12(3), 405-424.

Robbins, S. P. (2005), *Organizational Behavior*, 11th ed., Englewood Cliffs, N.J.: Prentice-Hall, Inc., 569-579.

Robbins, S. P., & Judge, T. A. (2019), *Organizational Behavior*, 18th ed., Harlow: Pearson Education Limited, 642.

Robbins, S. P., & Judge, T. A.(2015), *Organizational Behavior*, 16th ed., Englewood Cliffs, N.J.: Prentice-Hall, Inc., 582-586.

Steiner, J.(1972), "What Price Success?" *Harvard Business Review*, 50, March-April, 69-74.

Vora, D. & Kostova, T.(2007). "A Model of Dual Organizational Identification in the Context of the Multinational Enterprise," *Journal of Organizational Behavior*, 28(3), 327-350.

Wagner, J. A., Ⅲ & Hollenbeck, J. R.(2005), *Organizational Behavior: Securing Competitive Advantage*, 5th ed., Mason, Ohio: South-Western, 142-144.

Zivnuska, S., Kiewitz, C. & Hochwarter, W. A.(2002), "What is Too Much or Too Little? The Curvilinear Effects of Job Tension on Turnover Intent, Value Attainment, and Job Satisfaction," *Journal of Applied Social Psychology*, 32(7), July, 1344-1360.

Chapter 11 조직변화와 리더십

김성국(2015), 「조직행동의 이해」, 탑북스, 321-340.

김정진·박경규(2008), "조직변화에 대한 구성원 저항의 다차원적 접근," 「인사·조직연구」, 16(3), 1-41.

박경규(2014), 「조직행동」, 홍문사, 460-461.

박주호(2010), "우리나라 학교조직에 조직개발 적용의 제한점과 기능적 유용성," 「한국HRD연구」, 5(4), 25-48.

백기복(2014), 「조직행동연구」, 제6판, 창민사. 549-577.

서도원·이덕로(2016),「현대경영학원론」, 박영사. 307-340.

스티븐 로빈스·티모시 저지 저, 이덕로·김태열·박기찬·박원우 공역(2015), 「조직행동론」, 제16판, 한티 미디어, 627.

안형기·김종수(2007), "'소용돌이의 장'과 지방행정조직의 대응전략," 「한국정책과학학회보」, 11(3), 109-125.

이덕로(2018), 「조직행동론」, 피앤씨미디어, 385.

이병주·장재윤(2011), "변화 필요성 인식, 비전 명확성, 및 임파워먼트가 변화 성과에 미치는 영향: 집합적 정서의 매개 효과", 「한국심리학회지: 산업 및 조직」, 24(3), 575-596.

이학종·박헌준(2004), 「조직행동론」, 박영사, 531-574.

임창희(2015), 「조직론 이해」, 제2판, 학현사, 367.

임창희(2017), 「조직행동」, 제6판, 비앤엠북스, 355-396.

정은혜(2019.7.01), "90년생이 온다! 신입사원 교육을 바꿔라," 「HR Insight」.

정종진·이덕로(2017), 「최신노사관계론」, 법문사. 38.

정종진·이덕로·이지만(2018.8),「21세기 인적자원관리」, 집현재. 27-29.

정흥준·최용득·이동섭(2013), "조직변화에 대한 저항과 조직몰입: 직무스트레스의 매개효과 및 노조수단성과 절차적 공정성의 조절효과,"「인사·조직연구」, 21(2), 1-36.

커밍스, 토머스 G. 저, 이은형·문재승·박재춘·심덕섭·이동명·정동일 역(2016),「조직개발과 변화」, 한경사.

황인경(2012.12.25), "리더십 이너샤, 조직변화를 가로막는 벽을 깨려면,"「LG Business Insight」, LG 경제연구원, 16-17.

Burke, W.(1982), *Organization Development: Principle and Practice*. Boston: Little, Brown.

Chawla, A., & Kelloway, E. K.(2004), "Predicting Openness and Commitment to Change," *Leadership & Organizational Development Journal*, 25(6), 485-498.

Cummings, T. G., & Worley, C. G.(2001), *Organizational Development & Change*, 7th ed., Cincinnati Ohio: South-Western College Publishing.

Fauth, T., Hattrub, K.., Mueller, K., & Roberts, B.(2013), "Nonresponse in Employee Attitude Surveys: A Group-Level Analysis," *Journal of Business and Psychology*, 28(1), 1-16.

French, W. L., & Bell, C. H.(1999), *Organizational Development: Behavioral Science Interventions for Organization Improvement*, 6th ed., New Jersey: Prentice Hall.

Hannan, M. T. & Freeman, J.(1984), "Structural Inertia and Organizational Change," *American Sociological Review*, 49(2), 149-164.

Higgs, M. & Rowland, D.(2005). "All Changes Great and Small: Exploring Approaches to change and its Leadership," *Journal of Change Management*, 5(2), 121-151.

Isabella, L. A.(1990), "Evolving Interpretations as a Change Unfolds: How Managers construe Key Organizational Events," *Academy of Management Journal*, 33(1), 7-41.

Kotter, J. P. & Heskett, J. L.(1992), *Corporate Culture and Performance*, New York: Free Press, 69.

Kotter, J. P. & Schlesinger, L. A.(1979), "Choosing Strategies for Change," *Harvard Business Review*, 57(2), 106-114.

Kotter, J. P.(1995), "Leading Change: Why Transformation Efforts fail," *Harvard Business Review*, 85(1), 59-67.

Kotter, J. P.(2012), *Leading Change*, Boston, Mass.: Harvard Business Review Press,

Lewin, K.(1951), *Field Theory in Social Science*, New York: Harper & Row.

Marshak, R. J.(2006). "Organization Development as a Profession and a Field," In B. B. Jones & M. Brazzel eds., *The NTL Handbook of Organization Development and Change: Principles, Practices, and Perspectives*, San Francisco, CA: Pfeiffer, 13-27.

Milliken, F. J.(1987), "Three Types of Perceived Uncertainty about the Environment," *Academy of Management Review*, 12(1), 133-143.

Mondy, R. W. & Premeaux, S. R. (1995), *Management: Concepts, Practices, and Skills*, 7th ed., Englewood Cliffs: Prentice-Hall, 50-54.

Oreg, S. (2003), "Resistance to Change: Developing an Individual Differences Measure," *Journal of Applied Psychology*, 88(4), 680-693.

Oreg, S. (2006), "Personality, Context, and Resistance to Organizational Change," *European Journal of Work and Organizational Psychology*, 15(1), 73-101.

Piderit, S. K. (2000), "Rethinking Resistance and Recognizing Ambivalence: A Multidimensional View of Attitudes toward an Organizational Change," *Academy of Management Review*, 25(4), 783-794.

Robbins, S. P. & Coulter, M. K. (2016), *Management*, 13th ed., Boston: Pearson, 77-80.

Robbins, S. P. & Judge, T. A. (2017), *Organizational Behavior*, 17th ed., Boston: Pearson, 535-649.

Roethlisberger, F. J. & Dickson, W. J. (2000), *Management and the Worker*, Cambridge, Bristol: Thoemmes, 189.

인명색인

사항색인

저자소개

Tae-Yeol Kim(Ph.D., University of North Carolina-Chapel Hill) is Philips Chair in Management, CEIBS and serving the Department as Chair. Professor Kim is an Associate Editor at Human Relations. He has won many awards, such as 2017 Medal for Research Excellence, 2012 Research Excellence Award at CEIBS, and etc. His current research interests include creativity, leadership, proactivity, and person-environment fit. His papers have appeared in the *Academy of Management Journal*, *Journal of Applied Psychology*, *Journal of Management*, and *Human Relations* among others.

이덕로(연세대 경영학 박사)는 서원대학교 경영학과 교수로 현재 글로벌 경영대학장을 맡고 있다. 충북지방노동위원회와 중앙노동위원회의 조정담당 공익위원을 역임했다. 인적자원개발연구의 편집위원장과 한국경영학회의 Korea Business Review를 비롯한 다수 학술지의 편집위원을 맡았다. 관심분야는 유머, 창의성, 리더십 및 노사파트너십 등이며, 연구결과를 경영학연구, 사회학연구, 인사조직연구, *Academy of Management Journal, Journal of Organizational Behavior, Creativity Research Journal, Personnel Review, Journal of Business and Psychology, Journal of Business Research, Journal of Business Economics and Management* 등에 게재했다.

4차 산업혁명시대와 리더십

초판 인쇄 2019년 8월 20일
초판 발행 2019년 8월 31일

지은이 김태열 · 이덕로
펴낸이 박노일

총괄기획 김중용 · 최준규
편 집 심성보

펴낸곳 pnc publishing and culture 피앤씨미디어
경기도 고양시 일산동구 강송로 153 310-1501
등록 제396-2012-000203호
전 화 070)7550-3758 팩 스 02)718-8554
홈페이지 www.pncmedia.co.kr 이메일 pnc@pncmedia.co.kr
ISBN 979-11-5730-698-5 93320

정 가 26,000원